wagamama no.0 72

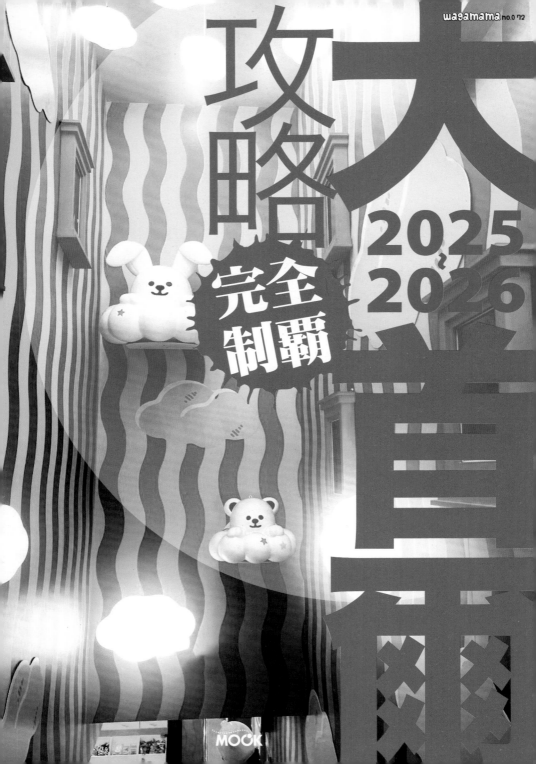

大轟雷

攻略

完全
制覇

2025
~
2026

MOOK

大首爾攻略
完全制霸
2025~2026
contents

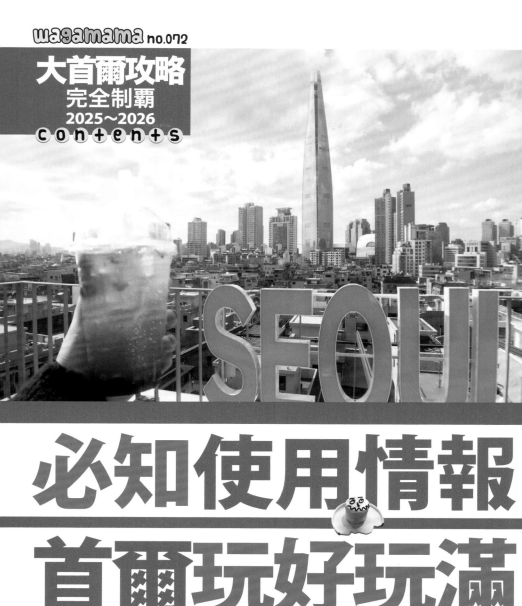

必知使用情報
首爾玩好玩滿
全攻略！

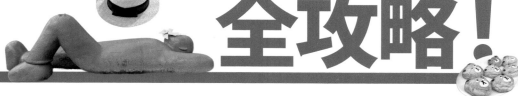

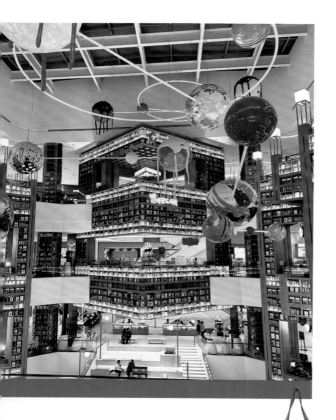

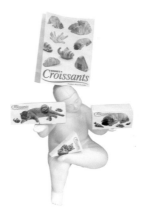

編輯部
特別企劃
韓式料理
吃起來！ P.027
韓國花季
追起來！ P.034
韓國超市
補貨去！ P.037

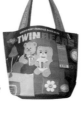

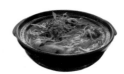

wagamama no.072

大首爾攻略
完全制霸
2025～2026
如 何 使 用 本 書

本書所提供的各項可能變動性資訊，如交通、時間、價格(含票價)、地址、電話、網址，係以2024年10月前所收集的為準，正確內容請以當地即時標示的資訊為主。如果你在旅行中發現資訊已更新，或是有任何內文或地圖需要修正的地方，歡迎隨時指正和批評。你可以透過下列方式告訴我們：
寫信：115台北市南港區昆陽街16號7樓MOOK編輯部收
傳真：02-25007796
E-mail：mook_service@hmg.com.tw
FB粉絲團：「MOOK墨刻出版」
www.facebook.com/travelmook

全面普查的完整精確資訊。

頁碼

分區名稱與英韓文拼音。

看一眼就知道的符號說明

⊙ **弘大延南洞**
홍대 연남동
🗺 別冊P.8E1 🚇 2號線弘大入口即達 📍首爾市麻浦區延南

弘大

홍익대학교 & 주변
HONGIK UNIVERS

「弘大」是指位於首爾市麻浦區的弘益大學的簡稱，這間學校以藝術科系馳名，無論是美術系、建築系、音樂系或者設計科系，畢業後的學生在韓國享有極高的評價，因此弘益大學的周圍也隨著它的學風，處處洋溢著自由風氣。

除了街頭林立的美術用品店和藝廊，襯托出不一樣的藝術氣息；到了晚上，「停車場街」沿途酒吧、夜店、居酒屋招牌一家家亮起，而成為學生與上班族最激愛的夜店街，每到火五(붕금)，指周五晚上)更是熱鬧喧囂High到深夜。

交通路線＆出站資訊
● **地鐵**
弘大入口站2號線
合井站02、6號線
上水站06號線
出站便利通
◎弘大地區主要以地鐵弘大入口站、合井站以及上水站周邊而延伸出一塊年輕人的活動地盤，因距離較近故與站之前的店家皆可步行抵達，其主要出口以弘大入口站8、9號出口、合井站3號出口以及上水站1號出口為主。

◎ 景點
🏯 神社
🏛 博物館
🌳 公園
🛍 購物
🏬 百貨公司
📖 書店
🍜 麵食
🍴 美食
☕ 咖啡茶館
💇 美容
🍰 和菓子
🍮 甜點
🍺 酒吧
🎭 劇院
🏨 飯店
⛩ 寺廟
♨ 溫泉
🚌 公車站
● 國道
🎤 現場演唱
✈ 機場

🗺 **地圖**：與本書地圖別冊對位，快速尋找景點或店家。
☎ **電話**：不小心東西忘在店裡面，可立刻去查詢問。
📍 **地址**：若店家均位於同一棟大樓，僅列出大樓名稱與所在樓層。
🕐 **時間**：L.O.(Last Order指的是最後點餐時間)
🈹 **休日**：如果該店家無休假日就不出現。
💲 **價格**：日文料理菜名和中文翻譯，輕鬆手指點餐。
🚃 **交通**：在大區域範圍內詳細標明如何前往景點或店家的交通方式。
📱 **網址**：出發前可上網認識有興趣的店家或景點。
❗ **注意事項**：各種與店家或景點相關不可不知的訊息。
① **出口**：地圖上出現車站實際出口名稱。

清楚列出鐵路及其他交通工具資訊。

標示出景點所在的地圖
頁碼及座標值，可迅速
找出想去的地方。

右頁邊欄上標出
索引名稱，翻閱
更輕鬆。

東大門及其周邊◆惠化‧大學路◆北村‧三清洞◆　　　仁寺洞◆鐘路‧景福宮‧光化門◆西村◆梨泰院‧龍山◆往十里及其周邊◆建大入口及其周邊◆聖水洞‧城北‧付岩洞

47

周邊
ND

可開始弘大商圈的探險之旅，看是
要再往前走至臥牛山路27街逛逛精
跳小店，或往弘大停車場街逛年輕
服飾店，還是往弘大兒童公園方向
走，鑽到小巷子裡找看特別的餐
廳休息一下。

出弘大入口3號出口出來即抵達京
義線林道的公園綠地，為延南洞商
圈，如要嘗試各種異國料理別錯
過這裡；傍晚時分也可以看到許多年
輕人在公園野餐、聊天。

著　　有
　　　術
人　要
山　就
　　到

旅遊諮詢處
센터
諮詢處就位在弘大入口站9號出口附近，
也的區域地圖，且由於這地區經常有藝
，以及Pub、舞廳等的活動訊息，遊客服
向提供即時的諮詢。服務中心也有提供英
文等語言服務。

弘大延南洞
홍대 연남동

別冊P.8E1　●2號線弘大入口站3號出
口即達　◎首爾市麻浦區延南路至成美山路一帶：서울 마
포구 연남로성미산로 일대

必朝聖人氣
新商圈！

隨著韓國觀光產業發
展，明洞、東大門、弘大、
新沙洞林蔭道一帶已成為
熱門的觀光景點，因此在
地人開始往其他地區探
索，像是首爾森林公園附近
的聖水洞、梨泰院附近的
溪南洞、景福宮附近的西
村，以及近弘大商圈的延
南洞等地，搖身一變成為
熱門地段的延南洞，出弘
大入口3號出口後，沿著
散步道走。在延南路、
東橋路、成美洞一帶皆是匯集餐廳小店
在此可以看到許多排隊美食的異國餐廳，或是高朋滿
座的韓式熱炒小店。而且也不一定順著大條路
走，偶爾逛進小巷弄內會發現到更多有趣的在地小
店，或是挖掘到只有韓國人才知道的美食餐廳。

京義線林道

在林蔭道上漫步、野
餐，感受春風帶來的
涼爽氣息。

別冊P.9A1　●
5、6號線或京義
線孔德站1號出口徒
步約5分；2號線弘
大入口站3號出口
即達

廢棄的京義線
鐵路在經過整
修後，搖身一變
成為熱門林蔭公
園。總長約6300
公尺的林道內，其

中一段在弘大3號出口附近，而對遊客來說是機場快
線其中一站的地鐵6號線孔德站到大興站、京義線西
江大站之間的林道，在4月可是浪漫的櫻花隧道，兩
旁的櫻花盛開時相當壯觀，就算是平日也有眾多人潮
來此賞櫻。

泡菜煎餅
份量十足！

小份馬鈴薯湯有滿
滿的泡菜、馬鈴薯
和超大的排骨。

洪班長
홍대장

別冊P.9A2　●2號線弘大入口站3號
出口徒步約5分　◎首爾市麻浦區東橋
路213：서울 마포구 동교로 213　☎02-304-6463　●24小
時　◎馬鈴薯湯(小份)(감자탕)₩30,000、泡菜煎餅(김치
전)₩8,000、血腸湯飯(순대국)₩9,000、定食類(식
사)₩9,000起、馬鈴薯湯類(감자탕류)₩30,000起

24小時營業的美
食，必點馬鈴
薯湯暖胃驅寒血腸！

位在東橋洞散步步道旁的「洪班長」，因24小時的
營業時間與美味料理受到歡迎，店內寬敞、乾淨、非
用餐時間也有許多客人光顧。店內招牌血腸湯飯，是
將大腸內灌進豬血及冬粉，有時會加入蔬菜等，如
果擔心味道較重無法習慣血腸的味道，也可以換點
馬鈴薯湯，份量分為大、中、小份。如一個人來用餐
也可以點豬肉湯飯(돼지국밥)、餃子湯(만두국)，或是帶
點辣味的解酒湯(해장국)。

大鍋湯不用母匙
我們平常吃飯不一定有
公筷，但喝湯一定用母
匙。不過韓國人喝湯時
幾乎都不會出現共用的
大湯匙，而是用自己手
中的湯匙直接舀來喝，
要有心理準備。

列出車站各出口的
周邊情報，找路完
全不求人。

分別美食、購物、
景點、住宿等機
能，一眼就能夠找
到旅遊需求。

不同樣式的BOX分
別介紹每一景點或
店家的豆知識

列出此店家
或景點的特
色。

大首爾地區全圖

首爾的地鐵網路遍佈都會圈裡的每個角落,各大觀光景點都能從地鐵站走得到;市區雖大,但是重要旅遊點卻相當集中,利用地鐵串連區域慢慢逛、細細品味,領略首爾多元化的魅力。想要接近更在地的韓國可將腳步踏往郊外,利用地鐵及巴士前往京畿道或江原道,體驗不同的自然風情。

首爾 서울

韓國的政治、經濟、社會及文化的樞紐,全韓國有1/4的人口聚集在首爾市,齊集了最尖端的流行精品與潮物美妝,還有前朝遺留的舊城古跡。
代表景點:景福宮、首爾塔、聖水洞

仁川 인천

位在韓國西北部的仁川廣域市,人口僅次於首爾與釜山,是韓國第三大城市;仁川除了有國際接軌的機場,也因臨近首爾與當地工業發達而成為外地人移居的首選地。
代表景點:松島中央公園、INSPIRE度假村

水原 수원

朝鮮正祖在水原建造了華城,連綿5.7公里的心型城牆與現代化的城市融合並存,非常獨特。華城行宮亦值得一遊。
代表景點:水原華城、華城行宮

板門店 판문점

以北緯38度線為界延伸的非武裝地帶，對南北韓人民來說是雖近卻遠的地方，對外國旅客來說只要參加指定觀光巴士團即有機會窺探一番。

代表景點：都羅山車站、臨津閣、都羅展望台

雪嶽山 설악산

韓國東部最高的國家公園，擁有雄偉的山景、秀麗的溪谷景緻，山色隨著四季更迭而變化。

代表景點：
雪嶽山國家公園

江陵 강릉

江陵端午節有韓國最古老的端午祭禮，被登記為世界無形文化遺產；後來因韓劇《鬼怪》引起觀光潮，臨近的海邊咖啡廳也是韓國人最愛的旅遊聖地。

代表景點：江陵ARTE美術館、注文津、五台山

春川 춘천

江原道道政廳的所在地，城市雖小，卻因四周的人工湖泊圍繞而成為風光優美的水都。

代表景點：春川雞排一條街、江村鐵路自行車、南怡島

首爾交通大解析

從仁川機場進入市區

➡機場巴士

儘管速度不是最快、價格也不是最便宜,但因搭車處就在機場正門口、路線選擇眾多、班次密集、不必拖著行李多次上上下下等特點,機場巴士還是許多旅客前進首爾市區最常利用的交通工具。

機場巴士分成長途的高速巴士和前往仁川地區的市內巴士;而高速巴士又有一般巴士與豪華巴士兩種。如果都是前往首爾市區,票價會依距離長短而略有不同。例如首爾的江北地區,一般巴士票價落在₩10,000上下,同路線的豪華巴士票價約₩15,000。差別是豪華巴士座位比較寬敞、坐起來更為舒適。

4、6、7、8、9、11、13號出口旁都有售票亭,可先買好票或車上購買,亦可以T Money直接感應。

➡機場快線A'REX

機場快線可至金浦機場(從這裡可以搭地鐵進入首爾市區),終點站則是首爾火車站;第一航廈出發直達車最快抵達時間為43分,第二航廈出發直達車最快抵達時間為51分,班次間隔40~60分鐘。

仁川國際機場
🌐 www.airport.kr/ap_lp/ch/tpt/pblctpt/airtrainf/airtrainf.do

機場快線:
🌐 www.arex.or.kr

時間表及購買地點

	第一航廈→首爾站	第二航廈→首爾站
首班車	5:23(直達列車) 5:24(普通列車)	5:15(直達列車) 5:18(普通列車)
末班車	22:48(直達列車) 23:56(普通列車)	22:40(直達列車) 23:32(普通列車)
搭乘時間	43分(直達列車) 60分(普通列車)	51分(直達列車) 66分(普通列車)
購買地點	第一航廈地下1樓 交通中心	第二航廈旅客服務中心

機場線直達列車及普通列車分段票價
直達列車(第一、二航廈⇄首爾站):成人₩11,000,兒童₩8,000

仁川機場第二航廈

仁川機場於2018年1月落成第二航廈,目前停靠第二航廈的航空公司有:大韓航空、達美航空、荷蘭皇家航空、法國航空,其餘航空公司皆停靠仁川機場第一航廈。

第一、第二航廈來往Shuttle bus
第一與第二航廈設有免費的接駁車,班次間隔時間約5分,搭乘時間15~20分,搭乘地點如下:
第一航廈→第二航廈:第一航廈3樓8號出口前
第二航廈→第一航廈:第二航廈3樓4、5號出口前

直達與非直達有別

機場快線分直達列車與普通列車兩種,直達列車中途不停站,車程約43分鐘,成人票價₩11,000、兒童票價₩8,000;非直達的普通列車中途會停靠數站,票價按距離長短計費,抵達首爾火車站約1小時。用T Money付費可搭乘普通列車,直達列車須另外購票。

直達和非直達列車搭乘處都在航站樓的地下1樓,但不同邊。

普通列車

站名	第一航廈站	機場貨物辦公室	雲西站	永宗站	青羅國際城站	黔岩站	桂陽站	金浦機場站	麻谷渡口	數碼媒體城站	弘大入口站	孔德站	首爾站
第一航廈		1,050 (4分)	1,050 (8分)	1,150 (12分)	2,450 (21分)	2,900 (25分)	3,550 (31分)	4,050 (38分)	4,050 (41分)	4,250 (48分)	4,350 (52分)	4,350 (56分)	4,450 (60分)
第二航廈	1,050 (6分)	1,050 (10分)	1,650 (14分)	1,750 (18分)	3,050 (27分)	3,500 (31分)	4,150 (37分)	4,650 (44分)	4,650 (47分)	4,850 (54分)	4,950 (58分)	4,950 (62分)	5,050 (66分)

備註：以上票價為韓幣，()為搭乘時間

➡T Money

T Money類似台北的悠遊卡，用它在市區搭交通工具超好用，如果你本來就要買T Money，那不如在機場就先買先用，因為在機場搭機場巴士、機場快線的普通列車和計程車都可以使用。T Money在機場出境大廳的便利超商就可以買得到。有關T Money更多介紹見P.010。

➡計程車

第一廈航入境大廳4~8號出口、第二航廈入境大廳1、3~5號出口前方有計程車招呼站，韓國的計程車分為一般計程車、模範計程車和大型計程車3種，一般計程車顏色有銀色、白色或是橘紅色，模範計程車則為黑色。3種計程車的搭乘費用不同，一般計程車在2公里的基本費用為₩4,800，大型計程車和模範計程車則為₩7,000，因此搭乘一般計程車比較划算。搭乘模範計程車到市區約為₩70,000~95,000。搭乘一般計程車約₩55,000~75,000，需另收高速公路過路費₩8,000，22:00~4:00加收20%深夜附加費。

➡在韓國的通訊問題

租借手機或購買網路Sim卡

如果想要直接租手機使用或購買網路Sim卡，在仁川機場的入境大廳，有多家24小時服務的通訊公司可以辦理，只要說明手機租借的天數或想要購買Sim卡上網的容量(或吃到飽的天數)，就可以租買到電話或Sim卡。

特別留意的是，如果是租借手機，回國出境前，記得先到櫃台退還手機，並付清費用。

目前韓國SIM卡有兩大服務公司：KT Olleh及SK Telecom，行前可至網站預約SIM卡列印租借憑據，到機場後可以馬上領卡，減少等待時間。

KT Olleh：

🌐roaming.kt.com/rental/chn/main.asp(中、英、日、韓)

SK Telecom：

🌐www.skroaming.com/main.asp(中、英、日、韓)

租借WiFi上網分享器

在韓國市區內幾乎走到哪裡都有免費wifi可使用，但免費wifi較不穩定，對於網路重度需求的人來說，可選擇租借wifi上網分享器，大小外形類似行動電源，租金依天數計算，每天₩6,000~8,000不等，不定時會有優惠，可同時提供4~5台智慧型手機、平板電腦、筆電無限上網，電池續航力約8小時。持護照至位於機場的電信公司櫃台，以信用卡過卡或支付押金即可租借。

從金浦機場進入市區
➡地鐵

金浦機場與地鐵5號及9號線相連，是往返首爾市區最方便的方式，可使用T Money。從入境大廳搭乘手扶梯至B3樓，往首爾市區方向的地鐵5號及9號線、機場快線月台都位於此。如要往地鐵5號線傍花站則前往B2樓，往機場快線仁川機場站及地鐵9號線開花站則前往B4樓搭乘。而B1樓則是連接國內及國際線航廈、LOTTE MALL、emart的地下通道，回程時不妨逛逛。

➡機場巴士

前往首爾地區可搭乘路途遠的高速巴士和市內巴士，票價會依距離長短而略有不同。例如前往首爾的江北地區，高速巴士票價在₩7,000上下，市內巴士票價在₩1,200上下，差別在於前者座位比較寬敞、坐起來更為舒適。於入境大廳出口前的乘車處搭乘，高速巴士在6號乘車處、市內巴士在4號乘車處，可先買好票或車上購票，亦可以T Money直接感應。

➡機場快線A'REX

往首爾市區方向的機場快線位於入境大廳B3樓，至弘大入口站約14分鐘、票價₩1,500；至首爾火車站約22分鐘、票價₩1,600，皆可使用T Money。如果住宿在弘大附近，機場快線會是很棒的選擇。其他見上述。

計程車

入境大廳6與8號出口前方有計程車招呼站，種類及搭乘費用可見上述。

遊首爾，先買張交通卡！
➤ T Money & Cashbee

在韓國是人手一機，再來就是人手一卡。現在最普遍的是「T Money」，用途類似悠遊卡、一卡通，最早是為了方便市民搭乘地鐵、巴士等大眾交通工具時使用，後來功能不斷增加，不但可以搭地鐵、搭巴士，甚至可以搭計程車、打公共電話、在便利商店買東西、在自動販賣機買東西、進入一些特定旅遊景點等。

T Money不只可以幫你省掉準備許多零錢、現金的麻煩，而且還可一點一滴的省錢。例如地鐵的單次票為是₩1,500，如果使用T Money感應，每趟只會扣₩1,400，現省₩100；地鐵、巴士之間轉乘時，也會有轉乘優惠。

2014年樂天集團也推出與T Money功能相同的「Cashbee」，兩者不同之處在於因Cashbee是樂天集團發行，在樂天旗下百貨商店消費可享有優惠。

T Money：
🔗 eng.T Money.co.kr/en/aeb/main/main/readMain.dev

Cashbee：
🔗 www.cashbee.co.kr/cb/service/FrgrUsGudCn.do

➤ 首爾轉轉卡Discover Seoul Pass

首爾轉轉卡附有一些知名景點、特約商店的優惠折扣。當然會提供折扣的消費場所，通常都不會太便宜，使用時自己衡量自己的需求，有使用固然賺到了，即使沒有使用，光是它們的基本功能，應該就值回票價了。卡片也包含機場快線A'REX及機場巴士各一張單程票，使用方法可見官網說明。
🔗 www.discoverseoulpass.com

Android

iOS

交通卡比一比

名稱	費用	使用效期	優惠	哪裡買？	備註
基本型 T Money	空卡費₩3,000起，需再加值	無	・使用範圍廣泛，搭乘交通工具或購物、參觀景點等可享受免費或折扣優惠 ・每次搭乘或轉乘交通工具亦可享優惠	標有「T Money」的商店、便利商店，及各個地鐵站的票卡販賣機。	短天數旅遊可購買
Cashbee	空卡費₩2,500起，需再加值	無	・使用範圍同T Money ・每次搭乘或轉乘交通工具亦可享優惠 ・樂天集團旗下商店消費享有優惠	標有「Cashbee」標誌的便利商店	短天數旅遊可購買
首爾轉轉卡 Discover Seoul Pass	48小時券 ₩70,000 72小時券 ₩90,000 120小時券 ₩130,000	指定使用時間，另外自行加值後也可當大眾交通卡使用	・使用範圍同T Money ・每次搭乘或轉乘交通工具亦可享優惠 ・可免費進入觀光景點參觀，如景福宮、昌德宮與後苑、德壽宮、昌慶宮、西大門刑務所歷史館、國立現代美術館(首爾館)、南山首爾塔等73個景點 ・可以透過APP連動查詢使用時間及景點列表 ・可搭乘一次機場快線A'REX ・可搭乘一次機場巴士(限數位卡片)	・仁川國際機場入境大廳機場巴士售票處(4、9號門前) ・仁川國際機場CU便利商店	單張金額較高，先安排好想去的地方再決定是否購買。
氣候同行卡 ClimateCard	空卡費₩3,000，需再加值 1日券 ₩5,000 2日券 ₩8,000 3日券 ₩10,000 5日券 ₩15,000 7日券 ₩20,000 30日券(不含叮鈴鈴自行車) ₩62,000	指定使用時間	・使用範圍涵蓋首爾地區地鐵、金浦黃金線，以及市內公車、社區公車、深夜公車 ・在指定時間及使用範圍內，無限次搭乘地鐵與公車	・首爾地鐵1～8號線服務中心 ・首爾地鐵9號線、牛耳新設線、新林線周邊的便利商店 ・首爾觀光廣場旅遊諮詢中心(鐘路區清溪川路)、明洞旅遊諮詢中心	不含新盆唐線、首爾地區以外的地鐵、廣域巴士、機場巴士、其他地區發照公車；若是下車站位在使用範圍外，下車時需支付額外的車資(起訖站單程票差額)

氣候同行卡Climate Card

2024年推出的氣候同行卡(기후동행카드)一開始是月票制，後來才推出適合外國旅客的短期券。

短期券有1、2、3、5、7日券可選擇，在指定時間內可無限次搭乘首爾地區內的地鐵與公車，一日內會使用到3次大眾運輸就可以回本了！卡片種類分為實體卡片和數位卡片，但數位卡片只限於安卓系統的手機，且需要Android OS 12以上版本才能使用。

首爾地區1~8號線的服務中心皆有販售氣候同行卡，購買卡片後在地鐵站的自助儲值機，選擇想要的使用時間，即可完成卡片儲值。

在哪裡加值？

在購買交通卡的地方就可以直接請服務人員幫你加值；也可以在各個地鐵站的加值機自己執行加值。

一次建議加值多少？

交通卡每次可以加值₩1,000~90,000，最可以儲值₩500,000，可衡量自己所使用的需求。如果只是用來搭乘地鐵和巴士，₩10,000就可以用7趟左右，真的非常方便。

加值後可以退錢嗎？

使用過後的T Money及Cashbee，卡片本身不能退款，卡片裡面儲值的餘額可以退款，但是要找有能按受退款的特定便利商店才能幫你處理，退款時會扣手續費₩500。所以建議儲值使用到最後兩天時，注意一下卡片裡的餘額，不要再大手筆加值，就可免去退款的煩惱。

用T Money感應一定要把T Money拿出來嗎？

不一定。和台灣的悠遊卡一樣，T Money非常靈敏，即使放在包包裡，兩者一層布或皮革同樣感應得到，非常方便。但請注意一定要做到感應的動作，否則會被視為逃票，下次搭車時將收取雙倍車資，且無法獲得轉乘優惠。

交通卡比一比

見P.010表格

使用須知

第一次購買T Money或Cashbee時，無論是哪一種型都是一張空卡，必須加值後才能使用。

T Money及Cashbee適用交通工具的領域、地區

區域	地鐵	公車
首都圈	首爾、京畿道地鐵(1~9號線、機場鐵路、新盆唐線、議政府輕動電車、水仁盆唐線、京春中央線、京釜中央線、愛寶線、牛耳新設輕軌電車、京江線、仁川機場磁浮線、西海線、金浦都市鐵路(Gimpo Goldline)、新林線)	首爾市、京畿道全區自首爾特別市、京畿道全區
廣域市	仁川(1~2號線) 大田(1號線) 大邱(1~3號線) 釜山廣域市(地鐵1~4號線、釜山-金海輕軌電車、東海線) 光州(1號線)	仁川、大田(BRT)、大邱、蔚山、光州、金山廣域市(BRT)
江原道		江原道全區 忠州、永同、清州、丹陽、堤川、鎮川、槐山、報恩、陰城、曾坪
忠清北道		天安、牙山、洪城、公州、瑞山、青陽、保寧、燕岐、禮山、錦山、扶餘、泰安、瑞川、舒川、唐津、雞龍
忠清南道		浦項、慶州、聞慶、尚州、安東、龜尾、金泉、星州、高靈 蔚珍、義城、慶山、醴泉、豐陵、漆谷、永川、清道、星州、高靈
慶尚北道		
慶尚南道		統營、巨濟、昌原、梁山、咸安、密陽、泗川、山清、河東、昌寧、咸陽、晉州、固城、居昌、南海、陝川、金海、宜寧
全羅北道		群山、益山、淳昌、全州、金堤、任實、茂朱、井邑、扶安、南原、茂朱、長水
全羅南道		麗水、木浦、光陽、羅州、海南、長城、務安、咸平、寶城、求禮、康津、高興、寶城、順天、靈光城、長興、靈光
濟州道		濟州道
其他		世宗特別自治市

現金預付卡

韓國人使用信用卡和數位支付的頻率非常高,特別是疫情後,有些店家甚至只接受電子付款。對外國人來說,我們無法使用當地的數位支付,但又不想刷卡支付跨國手續費,這時不妨辦一張現金預付卡,不但能當信用卡使用,還可以當成T Money卡搭乘大眾交通工具。

➡ WOWPASS

WOWPASS可以當作現金預付卡使用,只要你卡片的額度夠,前往店家就能像信用卡一樣直接刷。它還是一張提款卡,當你手邊沒有現金時,只要前往WOWPASS機台,就能從卡片裡提領現金,離境前,還能把餘額全數領出(以韓元千元為單位)。

不只如此,它還可以兌換外幣,目前WOWPASS機台支援包括台幣、美金、日圓、港幣等16種常見貨幣,只要將外幣放入機器中,就能兌換成韓元直接充值。最後,它還具備T Money卡的功能(需另外儲值),實在非常好用!

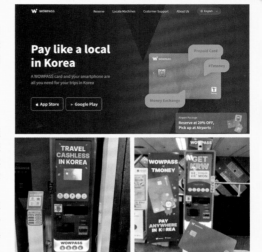

....

WOWPASS APP有哪些功用?

買到WOWPASS之後,首先要做的就是在APP裡註冊卡片,這樣就可以使用以下幾個主要功能!

❶查詢匯率與換算幣值:點選主頁上的「匯率」,可以看見WOWPASS支援的特種貨幣與韓幣的匯率基準,也可以換算兩者之間的幣值,非常方便。

❷查詢T Money餘額:雖然是同一張卡片,WOWPASS和

T Money的儲值金額是分開的,分別屬於兩個帳戶。如果有儲值T Money,可以點選主頁的「T Money」選項中查詢餘額,感應卡片後就會顯示餘額。小編因為沒有儲值,所以餘額是0。至於儲值WOWPASS T Money的方式,和一般T Money卡相同。

❸查詢優惠活動:APP主頁下方有合作店家介紹,提供特定店家現金回饋資訊,可以看看有哪些好康。

下載WOWPASS APP和註冊會員

1 搜尋「WOWPASS」

2 下載後,選擇「第一次使用」

3 輸入信箱、密碼,選擇常用貨幣後,勾選「同意所有條款」,按下「會員註冊成功」鍵。

4 APP會請你再次確認電子信箱

5 並要求開啟通知,你可以自行設定是否需要通知。

6 進入這個畫面,就表示你的APP已經註冊成功。

購買卡片和開卡

1 尋找機台

2 選擇語言

3 選擇需要的服務 「WOWPASS 卡」（空卡費₩5,000）

4 選擇「開始」

5 選擇「發行新卡」

6 選擇想要的幣種

7 將護照放入機器掃描

8 同意WOWPASS會員條款 → 「全部同意」

9 螢幕說明相關儲值規定,選擇「是」。

10 將想儲值的幣種和金額放入投幣/紙幣投入口

11 全部投入完畢後,確認銀幕顯示的金額,如果無誤 →「發行卡」

12 完成後,機器會問你是否需要領取現金。按下「否」,準備領取卡片。

13 拿取從機器中掉出的卡片

> ***TIPS***
> WOWPASS機台支援多國外幣,也可直接當成外幣兌換機使用喔!出國常有用剩的外幣,這時不妨把它拿來儲值成韓幣!

16 螢幕會出現你的帳戶餘額。待看到「謝謝您使用我們的服務」,就完成所有手續。

14 把新卡插進插卡孔

15 此時機器會把儲值的錢存入卡片中,接著機器會要求你取回卡片。

如何儲值WOWPASS

1 在機台選擇語言後，選擇需要的服務 →「WOWPASS卡」。

2 選擇「儲值餘額」

3 在WOWPASS機台的讀卡機處插入你的卡片

4 螢幕會顯示你的卡號與餘額，按「繼續」進行下一步。

5 接著機台會要求你取出卡片，並選擇想要儲值的幣種。

6 投入你想加值的金額

7 全數投入完成後確認銀幕金額無誤，按下儲值即可。

8 你可以選擇需不需要發票，儲值完成後會出現「儲值完畢」畫面，也可以在APP查詢餘額。

使用WOWPASS提領現金

1~4 步驟同如何儲值 WOWPASS，差別只在 Step2時選擇「提領現金」

5 這時螢幕會出現一組密碼，要求你透過手機APP驗證。

6 打開APP，選擇右上角的「設定」圖示→「卡片管理」→「自動換錢機認證」。

7 輸入銀幕上的密碼

8 完成認證後，機台螢幕會出現「認證成功」畫面，確認APP帳號無誤後，進行「下一步」。

9 輸入你想提領的金額(提領現金每次需支付手續費₩1,000)

10 銀幕會再次確認金額，正確請按「繼續」。

11 接著機器進行提款動作

12 從下方出鈔處領取現金後，銀幕也會再次出現該次提領資訊。按「結束」即完成提款。

→NAMANE

除了WOWPASS5之外，韓國還有另一種外國人也能申請的現金預付卡NAMANE。同樣不需要在銀行開戶，只要以現金或信用卡儲值，在額度範圍內就能前往店家刷卡消費。此外，卡片還結合Rail +交通卡，只要另外儲值，一樣可以搭乘大眾交通系統。這張卡片還有一大特色，就是能夠客製化卡片圖案，擁有一張專屬於你的卡片。此外，還能綁定多張卡！

「事先」設計卡面

1 在App store或Google Play搜尋「NAMANE」

2 下載後，前往「註冊會員」，以「電子郵件地址」認證方式完成註冊。

3 輸入註冊的用戶名和密碼登錄

4 進入主頁後，選擇「卡片設計（自動發卡機）」。

5 點選畫面中深灰色區塊，會跳到手機相簿，從中選擇想要的照片。

6 選擇好的照片，會出現在APP的模擬顯示卡片中。接下來可以以手動方式放大或旋轉圖案，點選下方深灰色文字框，還能輸入想要的文字(限英文)。

7 都弄好後，模擬顯示卡片會出現最後的成果。如果你覺得卡片的「拍立得」的白底模式太過樸素，也可以選擇「相框」。

8 相框 wigglewiggle 和 cyworld總共有8種模式。同樣可以輸入文字。

9 確認想要的成果後，就前往下一步。

10 確認同意卡片設計

11 按下「保存二維碼」，或使用銀幕截圖，就完成卡片設計。二維碼效期為兩週，上方會顯示效期，超過時間就必須重新製作。

懶得設計卡片？

如果手邊沒有合適的圖片，或是懶得設計卡片，沒關係，NAMANE 也提供設計好的圖案。你只要直接前往機台，在銀幕上選擇「角色卡片」，從內建的圖案中選擇想要的樣式，同樣可以擁有一張自己喜歡的卡片！卡片依角色不同，價格在₩7,000~10,000不等。

購買卡片

1 尋找機台。可以透過手機APP的「自助發卡機位置」，可以以城市搜尋地點，或是透過手機定位尋找附近的發卡機。

2 選擇語言，最右邊為「漢語」(中文)。

3 點選銀幕上的「自製專屬卡片」

4 掃描當初保存或銀幕截圖的設計卡面二維碼

5 在銀幕上確認要製作的圖案

6 選擇付款方式（這邊選擇使用現金）

7 確認支付方式（如果選擇現金，必須確認有剛好的金額，機器不找零。）

8 支付空卡費₩7,000

9 等待卡片製作

10 卡片製作完成後，螢幕會提醒你下載APP

11 取出卡片

儲值卡片

1 選擇語言→「卡片充值」

2 把卡片插在「Place Card for top-up」。

3 選擇儲值的帳戶、支付方式和金額，接著按下「支付並充值」。NAMANE機台可以充值支付帳戶(現金預付卡)或交通帳戶(交通卡)。你可以分兩次先後儲值這兩個帳戶，或是先儲值其中一個帳戶，再以APP將錢轉到另一個帳戶。

4 按照支付方式支付正確金額 ⓘ 如果選擇信用卡加值，會收取3%手續費，例如儲值₩10,000，總刷卡金額將會是₩10,300。

5 完成儲值，取回卡片。

> **線上儲值**
> 除了機台儲值之外，NAMANE也可以使用APP手機儲值，不過目前外國人只能使用海外信卡儲值。除加值金額外，還必須支付3%手續費，實在有些不划算，因此除非必要，還是能免就免。線上儲值方式：「我的卡片」→「支付餘額充值」→「海外信用卡」→輸入充值金額→確認最後金額→輸入信用卡資訊→完成儲值。

市區交通

地鐵

地鐵無疑是遊歷首爾市區最重要的交通工具。

首爾的地下鐵系統發展得很早,而地鐵網路也遍布首爾都會圈裡的每個角落,幾乎各大觀光景點都從地鐵站就走得到。

首爾的地鐵從5:30左右就開始運行,一直到半夜24:00左右才收班,班次頻繁,約2~3分鐘就有一班車,十分方便。

除了幾乎隨時都有車坐的便利性之外,現在首爾地鐵都會在站名上標上漢字,而各大轉運車站也會有韓、日、中、英4種語言的廣播,完全不用害怕語言不通的問題。

地鐵路線大解析

首爾的地鐵交織得密密麻麻,目前共分為1到9號線,分屬4家不同公司經營,另外還銜接京義中央線、京春線、水仁·盆唐線、新盆唐線、仁川1~2號線、機場鐵路A'REX、新盆唐線、龍仁輕電鐵、議政府輕軌等不是數字編號、歸屬於鐵道火車的路線。

如何解讀地鐵站

每個地鐵站,都會以韓、英、中文清楚標示出站名,站名上方都會有一個圓圈圈,圈內寫著3位數字,這數字就是這個地鐵站的代號,而圓圈圈的顏色,會與地鐵線在地圖上看到的顏色一致。

以「202」乙支路入口站為例,第一個數字「2」表示這是2號線,後面兩個數字「02」則是它在2號線上的編號;因為2號線一律以綠色顯示,所以圓圈圈是綠色。

如果某個地鐵站的標識上有2個包含3位數字的圓圈相連,則表示這個站有兩條地鐵線交會,圓圈裡面的數字都是同一個地鐵站的代號;如果有3個圓圈相連,表示它有3條地鐵線,以此類推。

🌐 www.seoulmetro.co.kr/kr/cyberStation.do

票價

可以使用T Money或其他交通卡支付或購買單次票付費。

區分	種類	T Money	單次票	備註
地鐵	成人	1,400	1,500	10km以內₩1,400;10~50km每5km加收₩100;超過50km每8km加收₩100
	青少年	800	1,500	
	兒童	500	500	

公車

首爾市區公車大致有藍色、綠色、黃色、紅色等4種,藍色公車通常連接首爾市中心區和郊外,編號為3位數,屬於幹線公車;綠色公車多屬在有限範圍內循環的支線公車,與地鐵換乘非常方便,大型車編號4位數,2位數的小型車車費比較便宜;黃色公車在首爾中心地區有限範圍內循環,編號為2位數;紅色多屬於廣域公車,連接首爾中心地區與郊外,編號為4位數,車費較貴。

如何搭乘公車

和我們的公車一樣,上車投現或感應票卡,首爾的公車都是從前門上車、從後門下車。車上除了禁止飲食,也禁止攜帶任何未包裝完整的食物或飲料,像是外帶咖啡杯。

快下車時要按鈴通知司機,並把T Money在後車門再感應一次。如果擔心坐過站,建議把要下車的站名抄寫在紙上,向其他乘客求助。

公車路線查詢

首爾市政府有提供公車路線圖,可以輸入出發地和目的地,查詢應該搭乘哪幾路公車;也可以直接鍵入公車的號碼,來查詢這班公車的行駛路線。

經小編實際使用過後,發現最適合中文系統使用的辦法:先輸入出發地名,再找出出發地可運用的公車路線。也可直接使用NAVER或Kakao地圖app查詢路徑,可以快速找出最合適的搭車方式,十分方便!

🌐 english.seoul.go.kr/service/movement/route-map/

票價

可以使用T Money或其他交通卡支付。首爾市政府於2022年起開始推行「無現金巴士」,大部分公車已不接受現金支付,因此建議還是購買一張交通卡。

區分	種類	T Money	現金	備註
幹線公車(藍色)支線公車(綠色)	成人	1,500	1,500	
	青少年	900	1,000	
	兒童	550	550	
綠色社區小巴	成人	1,200		
	青少年	600		
	兒童	400		
循環公車(黃色)	成人	1,400		與成人隨行的6歲以下兒童免費,隨行人數最多3人
	青少年	800		
	兒童	500		
廣域公車(紅色)	成人	3,000	3,000	
	青少年	1,700	1,800	
	兒童	1,500	1,500	
深夜公車	成人	2,500	2,500	
	青少年	1,600	1,800	
	兒童	1,400	1,400	

計程車

見P.009。

地鐵＋公車的轉乘優惠

在首爾，地鐵＋公車，或是公車＋公車轉乘時，半小時內搭車可享有免費的轉乘優惠。另外如首爾地鐵9號線等部分路線為同站於站外轉乘，則適用轉乘優惠。搭乘公車時需上下車皆感應T Money方可享有轉乘優惠。

搭地鐵碰到問題就按服務鈴

有人發現，現在首爾很多地鐵站內都沒有設服務櫃台了，但不用擔心，如果碰到問題或是緊急事故，在通行閘門靠旁邊的欄柱上通常設有緊急服務鈴，按下鈴後沒多久，就會有工作人員前來協助，而且說英文也可通。

如何搭乘地鐵

弄懂首爾的地鐵分布、如何購票，了解出發地與目的地之後，就是真正的搭乘地鐵了。建議在搭車時一定要記得帶一份地鐵圖，即使看不懂韓文、聽不懂韓文也沒關係，只要了解基本的乘車概念再憑著手中的地鐵圖，就能準確抓出轉車站與目的站，不再浪費寶貴的旅遊時間在坐過站或是下錯站的窘境中。

1 由有綠色箭頭的驗票口進入。

2 不管是一次性單程票還是T-money卡都是屬於感應票卡，只需在驗票口感應處輕觸一下即可入站。

3 依照標示找到要搭乘的路線方向及月台。

4 不依照月台地上指標排隊上車，通常電車靠站後，候車的乘客會靠車門兩邊站立排列，讓乘客先下車再上車，勿爭先恐後。

5 首爾地鐵車廂會有路線圖，還會以LED燈標示出所在車站。選擇路線圖附近的坐位，抬頭看一下就知道列車行進至何處。

6 若要轉乘，依照標示「乘換」字樣前往轉乘月台。首爾地鐵的路線標示都會用漢字、英文寫得非常清楚，極少會有找不到的情況發生。

7 如果使用一次性單程票，出站後別忘了退卡取錢。購票時有多付₩500的保證金，出站後找到退幣機即可退錢。

8 依目的地找尋正確出口。

➜如何購買一次性地鐵

1 找到售票機。通常觸碰式螢幕的售票機都會有中英日韓4種語言的操作介面。

觸控式螢幕

零錢投入口

紙幣放入口

卡片取出口　T-money加值時卡片放置處　取錢口

2 點選中文

3 選擇「一次性交通卡」的選項。如果確定目的車站在基本票價範圍內的話,可選擇基本票價專用的選項。

4 選擇「一次性交通卡」的話,接著選擇路線搜索。

5 找到目的站,點選。

6 選擇張數

7 放入紙鈔

8 取回票卡與零錢

➜如何利用加值機加值T Money

◎如何利用加值機加值TMoney

1 點選中文選項

2 點選交通卡充值選項

3 放入T-money卡片

4 選擇欲加值的金額

5 放入紙鈔

6 螢幕顯示金額後,取回卡片即可使用

➜如何查詢T Money餘額

　　雖然用T Money搭車很方便,但儲值金總有用完的時候,儲值金一旦低於搭乘最低金額,感應時就會顯示「X」的訊息並發出訊號聲。可以在手機上按裝「BucaCheck - NFC韓國交通卡餘額查詢APP」,就算你不在韓國也能隨時隨地查詢T Money餘額。

　　若是使用WOWPASS,也可以在APP內使用同樣的方式查詢T Money的餘額。

iOS　　　　Android

手指韓語：
機場篇

可能會用到的句子

你好。
안녕하세요.

謝謝。
고맙습니다.

非常感謝你。
대단히 감사합니다.

對不起。
죄송합니다.

我不會説韓語。
저는 한국말을 못 합니다.

我來自台灣。
저는 대만에서 왔습니다.

我來韓國觀光。
저는 한국에 관광하러 왔습니다.

麻煩你，我的行李不見了。
죄송합니다만, 제 여행가방이 없어졌습니다.

請問兌換外幣的地方在哪裡？
실례지만, 외환 환전은 어디에서합니까?

要收手續費嗎？
수수료가 필요합니까?

我可以用台幣兌換嗎？
대만돈으로 환전이 가능할까요?

我想要訂明洞附近的飯店。
제가 명동 부근의 호텔을 예약하고싶습니다.

請問我要搭機場巴士去首爾的明洞，該怎麼走？
실례지만, 서울의 명동으로 가는 공항버스는 어디서 타야합니까?

請問我要去搭機場線火車，該怎麼走？
실례지만, 공항으로 가는 직행버스는 어디서 타야합니까?

請問多少錢？
얼마입니까?

可以使用信用卡付費嗎？
신용카드 결제가 가능합니까?

可以給我收據嗎？
영수증 발급이 가능합니까?

乘車時間大概要多久？
시간은 얼마나 소요할까요?

可能會用到的單字

美金 달러	50 오십	星期五 금요일
韓幣 원화	60 육십	星期六 토요일
1 일	70 칠십	星期日 일요일
2 이	80 팔십	首爾車站 서울역
3 삼	90 구십	南大門 남대문
4 사	百 백	仁寺洞 인사동
5 오	千 천	北村 북촌
6 육	萬 만	三清洞 삼청동
7 칠	分鐘 분	東大門 동대문
8 팔	小時 시	弘大 홍대
9 구	天 일	江南 강남
10 십	星期一 월요일	狎鷗亭 압구정
20 이십	星期二 화요일	汝矣島 여의도
30 삼십	星期三 수요일	
40 사십	星期四 목요일	

地鐵篇

可能會用到的句子

請問這個售票機怎麼使用？
실례지만, 이 판매기는 어떡해 사용합니까?

請問往東大門方向是在這裡等車嗎？
동대문 가는 차는 여기서 기다립니까?

我要換乘3號線，請問該怎麼走？
저는 3호선을 타고싶습니다, 어떡해 가야합니까?

我要去仁寺洞，請問應該從幾號出口出去？
저는 인사동으로 가고싶습니다, 몇번 출구로 나가면 됩니까?

請問5號出口該怎麼走？
실례지만, 5번 출구는 어디로 가야합니까?

可能會用到的單字

市廳站 시청역	忠武路站 충무로역
鐘閣站 종각역	會賢站 회현역
鍾路3街站 종로3가역	光化門站 광화문역
梨大入口站 이대입구역	梨泰院站 이태원역
乙支路入口站 을지로입구역	清潭站 청담역
三成站 삼성역	論峴站 논현역
蠶室站 잠실역	東大門站 동대문역
安國站 안국역	鍾路 종로
惠化站 혜화역	仁寺洞 인사동

韓式料理吃起來！

烤得滋滋作響的豬五花、香辣的泡菜、超酥脆的迷人韓式炸雞、Q彈勁道的豬腳、國民小吃辣炒年糕……五花八門的韓式料理，為味覺、嗅覺和視覺提供了各種饗宴。

❶ **❷** **❸**

① 冷麵／냉면

冷麵原為北韓的麵食，分為平壤式、咸興式兩種。平壤式冷麵是以蕎麥粉製麵，加入冷高湯，配上水煮蛋，黃瓜、梨子等蔬果切片，口味清爽。咸興式冷麵以蕃薯粉製麵口感較Q，拌上辣椒醬為底的醬料，配上小黃瓜、水煮蛋等拌著吃。因冷麵的麵條長且韌，店家在上菜時都會先以剪刀替顧客剪斷麵條，以便食用。

② 辛奇／泡菜／김치

韓國人對泡菜的鍾愛，簡直到了一天不吃就受不了的程度。不管是任何菜色、樣式的餐廳，桌上一定有一碟吃到飽的泡菜愛相隨。泡菜加了魚露、醃蝦還有大把大把的辣椒粉，酸甜滋味挑逗人的味蕾，無論是配飯配肉甚至是配義大利麵都好吃。

韓國餐館的泡菜大多是自家醃的，除了常見的白菜之外，還有切塊蘿蔔、酸白菜等變化，今日韓國泡菜的種類已多達200多種，一般常吃的口味也達50多種。

③ 辣牛肉湯／육개장

無論是雪濃湯或牛骨湯，都是不辣的且幾乎沒有調味，呈現牛肉原汁原味的精華。辣牛肉湯可說是「闇黑版」的牛肉湯，紅通通的湯汁說明它的辣度。以切碎的牛肉和蔥、豆芽、洋蔥等蔬菜，加入冬粉長時間燉煮，鹹香辛辣的滋味讓人上癮。值得一提的還有，辣牛肉湯的韓文名稱其實是由「肉」(육)和「醬」(개장)組成，意思

①粥／죽

韓國人向來習慣在早上來碗鮮粥暖胃，秉持食療的概念，韓國粥使用養生健康的人蔘、蔬菜等食材，加入精米與高湯細火慢煮，熬煮成口感綿密滋味濃郁的細粥。除了一般的鹹粥之外，也有獨特的養生松子粥以及做為甜品享用的南瓜粥和紅豆粥。

②生菜包肉／보쌈

在韓國除了中式熱炒青菜或西式沙拉，少見餐桌上有青菜，生菜包肉無疑是韓國人最常見攝取蔬菜的方式。

烤五花肉、豬腳、水煮白五花肉都能與生菜一同入口，配上蒜頭、辣豆醬和泡菜就很好吃啦！

③紫菜飯捲／김밥

紫菜飯捲就是常見的海苔壽司，而韓式壽司和日本壽司不同在於飯，韓式壽司的飯是拌上香油和鹽，不加醋，以海苔捲上米飯、胡蘿蔔、泡菜、炒肉、火腿、煎蛋、醃黃蘿蔔等，再切成適當厚度即可食用。另一款忠武飯捲則是海苔捲上白飯，再配著辣蘿蔔及辣魷魚一起吃。

拌飯／비빔밥

全州拌飯之所以出名，是因它曾為朝鮮時代的進貢菜餚，皇帝老子嘗過都說讚，欽點龍寵之下，理所當然地，全州成了拌飯的故鄉。

拌飯食材清淡簡單，加入黃豆芽、蕈菇和野菜，用辣椒醬隔開菜與飯，飯上放一顆生雞蛋，一併放在大碗裡。後來有餐廳發明將拌飯放入燒得燙人的石鍋端上桌，用筷子將菜、飯、辣椒醬，就著石鍋的高溫攪拌均勻趁熱食用，即是所熟悉的石鍋拌飯。

辣炒年糕／떡볶이

在韓國大街小巷都可見辣椒醬炒年糕，可以說是韓國的國民小吃，年糕口感較Q，易熟且嚼勁佳。辣椒醬炒年糕條一般是用辣椒醬，加上高麗菜、大蔥、洋蔥一起拌炒，有的店家還會加進拉麵、水煮蛋、豆皮或魚丸等，香辣帶點甜味，份量十足又開胃。

豬骨湯／김자탕

　　豬骨湯的韓文名稱其實只有「馬鈴薯湯」的意思，不過這道湯的主角不是馬鈴薯(감자)，而是長時間熬煮的豬脊髓骨！有一說是因為以前韓文的脊髓也叫做「감자」，因此這裡的「감자」其實指的是豬骨，而不是馬鈴薯。

　　據說這道料理源自於三國時代，在全羅南道地方因為牛隻需要工作，所以用豬骨代替牛骨熬湯，之後發展出加入馬鈴薯，以及紫蘇、茼蒿、金針菇、泡菜、冬粉等配料。豬骨連同蔥、薑、蒜等調味料，以及切成大塊的馬鈴薯、醃過的白菜一同放入鍋中長時間燉煮，直到豬肉和馬鈴薯都變得軟嫩且收汁，清爽的辣味湯底讓人一吃難忘。

①解酒湯／해장국

　　具有解酒功效，料理方式依地區而異，一般是用牛血、牛骨肉，以及大白菜、豆芽菜、牛血塊、蘿蔔、大蔥、豆醬熬煮而成，也有使用豬肉代替牛肉的做法。

　　最常見的有以豬排骨加辣椒粉、大蔥等一起煮沸而成的排骨解酒湯(뼈 해장국)，湯頭會聯想到更辣、口味更重的豬骨湯，還有清爽的豆芽解酒湯(콩나물 해장국)、鮮味濃厚的黃太(魚)解酒湯(황태 해장국)、和牛血解酒湯(선지 해장국)。

②烤腸／막창

　　韓國烤腸主要有烤牛大腸和豬大腸，店家多以瓦斯爐搭配鐵盤烹調，是韓國人聚餐後續攤的好選擇。烤大腸香脆有嚼勁，可以直接單吃品嘗原汁原味，也可以依喜好在生菜、芝麻葉裡包上大蒜、辣椒、醃漬洋蔥，再佐以蘸醬。蘸醬一般有豆瓣醬、韓式傳統辣醬，以及店家特調醬料。

③韓式牛肉湯(雪濃湯)／설렁탕

　　以牛肉和牛骨熬煮十幾小時到一天，經過不斷去蕪存菁才完成的牛肉湯，口感香濃溫醇爽口，營養成分豐富，最適合在喝完烈酒後來上一碗墊胃補身。牛奶色的牛肉湯沒有經過任何調味，端上桌後才由顧客酌量添加鹽，喝完會有回甘的感覺。韓國人習慣把白飯投入牛肉湯做成湯泡飯，飽吸湯汁的白飯滋味更顯香濃鮮甜。

❶ ❷ ❸

①豬血腸／순대

韓式豬血腸是以豬血和粉絲填進豬大腸後蒸熟食用，和炒米糕條一樣，是韓國路邊常見的小吃之一。韓式豬血腸的吃法有兩種，一種是蒸熟了切片，沾上調味鹽巴食用；另一種則是以辣椒醬和一些佐料拌炒後吃的重口味。

②血腸湯飯／순대국

如果不喜歡乾吃或熱炒的血腸，不妨試試熱騰騰的血腸湯飯。經過長時間熬煮的豬骨湯降低血腸的腥味，可將醃韭菜加入湯中攪拌，搭配一碗白飯及泡菜、醃洋蔥等小菜，相當下飯，血腸湯中還有豬肉片或豬耳朵等內臟。

③韓式豬腳／족발

韓式豬腳和台式豬腳略有不同，多使用瘦肉長時間燉煮，吃起來不油膩、香滑嫩Q，皮肉筋韌中帶脆，沾上獨特沾醬包進生菜中，或者單吃也能吃到滿滿的膠原蛋白。除了一般調味，還會加入人蔘、味噌或水果滷，增加香甜口感。

豬肉湯飯／돼지국밥

關於豬肉湯飯的由來，有一說是韓戰時期，釜山的難民撿了美軍部隊裡不要的豬骨、豬頭肉、豬內臟做成雜碎湯飯，結果意外的味道可口，便流傳至今。其實豬肉湯飯並不是釜山獨有的特產，慶尚道一帶包括密陽在內，都能發現這道鄉土料理，不過各地做法略有不同、口味也有所差異。

看似做法簡單的湯飯，其實非常耗費功夫，要先將豬骨、洗淨後汆燙，並且加入蔥、薑、料酒等調味料去腥，接著煮上很長一段時間。至於釜山的豬肉湯飯為什麼特別有名？關鍵就在於當地熬成乳白色的湯汁充滿骨肉的香氣！除單吃外，特別推薦加入韭菜和蝦醬調味，更能增加口感和味道。

烤豬五花／삼겹살

在過去豬五花是用來替代昂貴牛肉的廉價肉品，後來店家陸續發明用白酒醃漬、香料熟成等新做法，讓這道料理一躍成為餐桌上的明星。豬肉在石板上烤得滋滋作響，配上芝麻葉、生菜一起送入嘴裡，肥而不膩讓人一口接一口。

韓式炸雞／후라이치킨

炸雞除了原味以外，還有辣醬、甜醬、蜂蜜芥末等調味炸雞，韓國炸雞店在主餐前，會先奉上一盤醃漬白蘿蔔，當嘴裡滿溢調味炸雞濃郁刺激的氣息時，搭配一口甘甜的白蘿蔔解膩，又可以繼續再戰。比起碳酸飲料，冰涼的啤酒是韓國吃炸雞的「基本配備」，也就是常聽到的chimaek (치맥)。

韓國當地人也很喜歡點炸雞「外送」，聚餐或是嘴饞想吃宵夜的時候，只要一通電話，就可以吃到熱騰騰又香噴噴的美味炸雞！

人蔘雞湯／삼계탕

印象裡的人蔘雞應該在冷颼颼的冬天享用吧？！韓國人可是為了夏天容易耗費體力，而以人蔘雞補身。人參雞是將紅棗、人蔘、糯米、大蒜等材料填進童子雞裡，整支雞放進陶鍋中熬煮。由於經過長時間悶煮，用筷子就可輕鬆將雞肉分散食用，直接享受原味或蘸胡椒鹽吃同樣美味。

①一隻雞／닭한마리

採用出生後35天的土雞，稍為蒸煮過後，馬上丟入原味雞湯裡，和大量的蔥、蒜煮到沸騰。雞湯內除了薄鹽不添加任何化學調味料，藉由蔥蒜的提味讓味覺變得層次分明。幼雞的鮮度十足，肉質極其細嫩卻帶有彈牙嚼勁，沾上醋與醬油調成的醬汁還有辣醬一同食用，滋味更足。

②辣炒雞排／닭갈비

雞肉切塊後放進醬料醃上一會，再和高麗菜、大蔥、米糕、蕃薯條一起放進鍋中，讓顧客自己拌炒著吃。鮮嫩雞肉配上甜辣醬汁，再用葉菜包裹著吃，加上店家附的酸蘿蔔，是份量十足又均衡的美味料理。肉吃完了，和其他韓國大鍋炒料理一樣，可點飯、麵和蘸醬汁再炒一盤。

③生章魚／산낙지

生鮮的章魚觸角在盤中不斷扭動搖晃，讓初次見識的人一時之間不知道該如何動筷。將活章魚趁鮮剖腹切塊，加些鹽和香麻油、辣椒攪拌均勻即可食用，味道相當鮮甜彈牙。章魚的吸盤還會吸附在舌頭上，增加獨特的口感。

韓式烤牛小排／갈비구이

高級的韓國牛小排一人份就要₩30,000~50,000，使用整頭牛最柔嫩的部位，以骨頭為中心不斷地片成連骨帶肉的長條，直接放到爐上燒烤，吃的時候再用剪刀剪成一口大小。

吃韓國烤肉，桌上必備各種菜葉、生辣椒、黃醬、辣椒醬和泡菜，吃時把烤肉蘸上一些黃醬或辣椒醬，再用菜葉包起來吃。韓國人還喜歡在吃烤肉時配上一碗冷麵，燒燙的烤肉配上冰鎮冷麵一口咬下，冰火交加的滋味痛快無法擋。

炸醬麵／짜장면

現在常見的「韓式」炸醬麵是濟物浦的中華料理店「共和春」在1948年時推出，廚師王松山把焦糖醬加入甜麵醬中，發明出更是符合韓國人喜好的甜味醬汁「春醬」，並且直接淋在彈性十足且熱騰騰的麵條上，從此共和春被認定為韓國第一家推出炸醬麵的餐廳。

炸醬麵種類還有乾炸醬麵(간짜장)，指的是麵和炸醬分開上桌的炸醬麵，等吃的時候再拌在一起；仁川中國城裡的燕京大飯店，還提供一種白炸醬麵(하얀짜장)，的特色炸醬麵。

①部隊鍋／부대찌개

部隊鍋顧名思義是發祥自韓國部隊的美味。軍人們在操兵練習完畢後，將香腸、香菇、豆腐等各式雜菜全丟進鐵鍋中，以味噌和高湯做底，再加上滿滿一大匙的辣醬，香辣夠味讓人欲罷不能。尤其是吃到後頭再加入一包韓國泡麵，保證份量十足營養滿點。

②炒碼麵／짬뽕

炒碼麵是韓國最受歡迎的中華料理之一，但明明就是辣海鮮湯麵，哪來的「炒」和「碼」呢？炒碼麵其實是一道源自湖南的什錦湯麵，原先是不辣的。「碼」在湖南方言中是「料」的意思，因為在加入大骨、老雞和火腿熬製的高湯煮沸之前，所有的食材比須先炒過，名稱也因此而來。

③海鮮鍋／해물전골

鮑魚、干貝、鮮蝦、一整隻的章魚還有數不清的西施舌把大鐵鍋排得滿滿的，光用看的就讓人覺得痛快不已、口水直流。加入辣醬的海鮮高湯雖然一片通紅，但入口倒不挺辣，反而是濃郁的香甜鮮味給人前所未有的鮮美震撼。

①大醬湯／된장찌개

有人說過要知道一家餐廳好不好吃，點上一碗大醬湯便知曉。在韓國大醬湯代表著媽媽的味道，是道家家都會做的家常料理。大醬類似日式味噌，但口味更鹹些，可以與海鮮、牛肉或蔬菜燉製成湯，鹹香口味再配上一碗白飯就可以當一餐啦！

②韓式生魚片／속초회

韓國生魚片和日式生魚片有著極大差別，吃法和韓國烤肉相同，將切好的生魚片蘸上辣椒醬，用葉菜包起，一口咬下豪氣咀嚼。有些餐廳會以一魚兩吃的方式料理，魚肉做生魚片，魚骨則拿來煮泡菜豆腐湯，湯頭鮮美。

韓式定食 한정식

韓定食是最高檔的韓式定食，據說最初是士大夫模仿君主食用的宮廷料理，結合各地特有的飲食，衍生出的班家(貴族)料理。除主食外，桌上擺滿數十道菜，展現招待者的慷慨。在韓劇中經常可以看見企業家和政治人物出入這樣的高級餐廳。

煎餅／전

散發海鮮滋味的海鮮煎餅，是大家耳熟能詳的韓國美食。以麵粉、蛋和水調和成麵衣，放入烏賊、鮮蝦等各種海鮮還有大量的青蔥、紅辣椒，入油鍋煎得外皮薄脆內衣香鬆，讓人一吃上癮。除了海鮮煎餅，也有蔥煎餅(파전)、泡菜煎餅(김치전)、馬鈴薯煎餅(감자전)等。

醬蟹／간장게장

以醬油醃漬生螃蟹可說是韓國人心頭好，也是一道相當下飯的海鮮料理。將花蟹帶殼放進煮好的漢方醬油中醃製7~10天，雖然經過醬油醃泡，仍不失蟹肉本身的鮮甜，蟹黃尤其美味，醃漬入味的生蟹肉吃起來口感像肉凍子，只消拿起螃蟹輕輕一吸，蟹肉就滑進嘴裡，不腥不膩，就連第一次吃醬螃蟹的人也要一見鍾情了。

不過，醬螃蟹要如何大快朵頤呢？用嘴吸是最直接的，可直接單吃或淋上酸甜辣醬食用，又或是挖出蟹肉放在飯上，再用海苔包起來，做成一口飯糰。另外，拿蟹殼瓢起醬汁，再把飯豪氣的倒進蟹殼裡，攪拌的時候，不要忘了還要掏一掏黏在蟹殼裡的蟹肉和蟹黃，然後，吃個精光，這可是韓國人的獨門吃法。

韓國花季追起來！

韓國的四季花卉像是著色筆般，替市容染上不同的色彩——春天有櫻花、迎春花、杜鵑花百花齊放，夏日虞美人、油菜花、鬱金香爭奇鬥艷，秋季有楓葉和銀杏替大地換上暖紅和澄黃的衣裳，也讓喜歡拈花惹草的人，時常有造訪韓國最「美」的理由。

特別說明的是，因韓國幅員廣大，花季略為不同，本文主要列出首爾及周邊地區著名賞花勝地及大略開花期。開花期每年不一，出發前請再上網確認。

杜鵑花 진달래
花期：4月末~5月初

波斯菊 코스모스
花期：9月初~10月初

軍浦躑躅花園 군포철쭉동산 ／ P.352

杜鵑花原名為躑躅(철쭉)，每逢春季，從京畿道、仁川，至全羅南道、大邱以及慶尚南道，杜鵑花在韓國會全面盛開，在賞花名所也會舉辦各種慶典，其中位於京畿道軍浦的躑躅花園(철쭉동산)就是知名的杜鵑花名所。

奧林匹克公園 월드컵공원 ／ P.276

從地鐵站出站，經過網球場後直走至大路口，越過玫瑰花園，會看到寫著野花坡(들꽃마루)的告示牌，走上階梯，整片鮮黃色的花田就這樣出現在眼前。野花坡種植整片的波斯菊，遠看是整片鮮黃，走進步道內好似被花叢淹沒般。

 迎春花 개나리

花期：4月初約第1週

鷹峰山 응봉산 ／ P.233

　因美麗夜景而聞名的鷹峰山，每年4月初黃澄澄的迎春花將山頭染成鮮豔的黃色，遠觀或近看都有不同魅力，且4月第一週的週末會在山頂八角亭舉行「鷹峰山迎春花節(응봉산 개나리축제)」。

 虞美人 양귀비꽃

花期：5、6月

富川上洞湖水公園 부천상동호수공원
／ P.354

　位於富川的上洞湖水公園不僅是富川市民主要的休息勝地，也是虞美人的群落地，一到花期就會盛開多達30萬朵的虞美人花。

 櫻花 벚꽃

花期：約3月底~4月前2週

❶石村湖水公園 석촌호수공원 ／ P.269

　包圍著樂天世界的石村湖水公園，在春天可是會開滿一整圈的櫻花，沿著湖水外圍步道走，櫻花與湖中樂天世界的城堡相映出夢幻景色，非常浪漫。這裡同時也是黃色小鴨曾經逗留之處，近年也時常在湖上有大型展示吸引人群。

❷安山湖水公園 안산호수공원 ／ P.348

　這個時常在韓劇中出現的櫻花紛飛場景，是首爾近郊的人氣賞櫻名所，櫻花季節來臨時，整座公園被層層疊疊交錯的櫻花林所覆蓋，在一整片淺粉世界下漫步或野餐浪漫無比。

❸輪中路 윤중로 ／ P.301

　國會議事堂後方的輪中路是首爾知名的櫻花名所，道路兩旁植滿樹齡達30~40年的櫻花樹，每年有超過250萬人前來賞花。

❹慶熙大學 경희대학교 ／ P.232

　1949年成立的慶熙大學以哥德式建築校園聞名。每到春天就會搖身一變成為熱門賞櫻名所，校園內種植眾多櫻花樹，粉嫩櫻花與哥德式建築相映成趣，堪稱是最美麗的校園之一。

❺首爾大學 서울대학교

　首爾大學校園相當廣大，若純粹是追著櫻花而來，推薦直接轉搭公車至「자연대.행정관입구」，從這裡前往音樂學院的路上，以及圖書館附近，擁有為數不少的櫻花和其他花種。

紅葉‧銀杏 단풍‧은행잎

花期：
紅葉：首爾、京畿道和江原道約為9月末~10月末
銀杏：約10月中~11月初

❶南怡島 남이섬 ／ P.372

因韓劇《冬季戀歌》而成為知名觀光景點的南怡島，四季分明的景色相當迷人，尤其是數條筆直的銀杏樹和杉木林道，一到秋天，楓葉區的紅葉加上轉成金黃的銀杏，比冬季的雪景更添一份詩意。

❷晨靜樹木園 아침고요수목원 ／ P.348

位於京畿道加平郡的晨靜樹木園，受到多部韓劇的加持下，已成為超級熱門的觀光勝地，不僅春夏有各種嬌豔欲滴的花朵盛開，秋天的紅葉更是不遑多讓的美麗，最新韓劇《雲畫的月光》以及《原來是美男》、《她很漂亮》、韓綜《超人回來了》等節目都曾到此拍攝。

❸一山湖水公園 일산호수공원 ／ P.338

一山湖水公園種植品種眾多的野生花和樹木，花季期間百花盛開，還曾舉行過高陽花卉博覽會。除了春天，秋天的銀杏和紅葉，更能讓人感受湖水公園的謐靜，和艷麗的春季又有著截然不同的迷人魅力。

❹世界盃公園 월드컵공원 ／ P.82

面積高達105萬坪的世界盃公園包含和平公園、天空公園、彩霞公園、蘭芝川公園與蘭芝漢江公園，和平公園內有種植許多能淨化水域的水生植物的「蘭芝蓮花池」；蘭芝川公園則有約50,000棵樹木生長的樹林。

❺雪嶽山 설악산 ／ P.373

雪嶽山是韓國東部最高的國家公園，擁有雄偉的山景、秀麗的溪谷景緻，山色隨著四季更迭而變化，尤其這裡是著名的賞楓名所，從搭乘纜車到徒步而行，滿山火紅，以及紅黃相間的變葉木夾道，都為雪嶽山奇岩峻石的剛硬線條更添幾許柔媚。

韓國超市補貨去！

從五花八門的泡麵、零食、日用品，到韓式料理必備的調味料，墨刻小編獨家推薦通通不能錯過！除了樂天超市，HOMEPLUS和EMART也都很好買！

泡麵

 超辣原味

 辣起司

 粉紅醬義大利麵

奶油義大利麵

辣炸醬

超辣雞麵

一推出即吸引一票嗜辣者的注意，首款推出的黑色辣雞麵是極辣款，後續推出的加料款也讓人躍躍欲試！

這款是辣味喔！

三養拉麵

老品牌之一，也是韓國人熱愛的拉麵。

海鮮辣湯麵

由韓國名廚李連福親自調配出最佳口味的海鮮辣湯麵，超推薦！

真拉麵

和辛拉麵推出時間差不多的老牌，口碑也不錯，分辣味與原味。

泡菜拉麵

來韓國怎能錯過泡菜拉麵，雖然是使用乾燥泡菜調理包，但風味也不錯！

安城拉麵

超市常看到的拉麵品牌，口感類似辛拉麵。

狸拉麵

包裝上有一隻可愛狐狸，紅包裝的麵條較粗、口味較辣，很推薦；黃包裝麵條細，是原味。

牛肉炸醬麵、乾拌炸醬麵

韓式炸醬吃起來較甜，黑色包裝是牛肉口味；綠包裝是原味；有四川兩字的橘色包裝吃起來較辣。

拉麵便當

復古的好滋味是韓國人最愛的拉麵便當。

牛肉湯麵

吃起來清淡但充滿牛肉清香的湯頭，很吸引人。

豬骨湯拉麵

想要回味熱燙燙的豬骨湯，選這款就沒錯啦！

鮮蝦湯麵

喜歡海鮮口味泡麵的朋友決不能錯過這款鮮蝦麵！由蝦干熬製的湯頭和彈牙麵條，辛辣又爽口。

牛肉海帶湯拉麵

以牛肉做為湯底，加上大量的海帶，讓人吃了滿意又飽足！

涼拌麵·冷麵

把麵煮好後水濾掉，放入調味料或冰塊即可吃的涼麵系列，夏天吃這種好消暑。

不倒翁真海鮮湯麵

麵條較粗也更Q彈，重口味湯頭搭配吃得到小螃蟹的調味粉包，吃過一次就會愛上。

涼拌雜菜

由韓國老牌不倒翁推出同款香油製作成的「涼拌雜菜」，口感清爽和濃郁香油，讓Q彈的韓式冬粉吃起來又更順口！

看不懂韓文也能讀懂製造日期！

想要知道吃在口中的泡麵是從哪裡來的嗎？仔細看在泡麵包裝的背面的神秘資訊！

1.有效期限
2.生產工廠
3.品管人員
4.生產時間

2018.06.10 까지

안양 1B10 김경미 1025

零食

洋芋片

鹹鹹脆脆很受歡迎，洋蔥口味也很特別。

薄荷糖

韓國人吃完烤肉都會吃這種薄荷糖，去除口中異味。

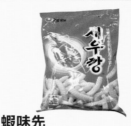

蝦味先

韓國的蝦味先，這是最元老的品牌，吃起來蝦味重。

魷魚球

魷魚口味，裡頭還放一顆花生。

洋蔥圈

洋蔥味道濃，讓人一口接一口。

年糕餅·年糕派

包著年糕的餅乾或巧克力派。

Crown鬆餅

Crown奶油鬆餅外酥內脆並帶著濃濃奶香，是很受歡迎的零食，藍色包裝的口味比較不甜。

PEPERO巧克力棒

韓國人每年11/11都會買巧克力棒送給喜歡的人，這款是當地最有名的品牌；綠色包裝是杏仁口味。

BINCH巧克力餅乾

由韓國知名零食大牌「樂天」推出，香濃巧克力搭配著酥脆餅乾，下午茶的最佳首選。

樂天口香糖

樂天木糖醇口香糖是最暢銷的品牌，綠色是輕薄荷口味、藍色是重薄荷、粉紅色是草莓口味。

Market O布朗尼

紮實的巧克力布朗尼蛋糕口感，不只超市，很多商店、美妝店都會販售，適合配上咖啡或熱茶。

調味堅果

腰果製成的零食，原本只有奶油蜂蜜口味，後續與辣雞麵合作開發其口味，小編最推芥末口味！

巧克力派

韓國人最愛的巧克力派,各大廠牌皆有推出。海綿蛋糕外層裹上黑巧克力,中間是棉花糖夾心,因外形像蛋糕也常用來當成慶生用的蛋糕。

海太OH YES巧克力派:外型是正方型巧克力派。

LOTTE巧克力派:有原味、香蕉、生巧克力口味。

「情」巧克力派:是最老的品牌。

海太還有出迷你版的巧克力派!

巧克力棒

韓國復古餅乾之一,據說吃之前先許願,再將巧克力棒完美地掰成兩條就能心想事成。

巧克力鯛魚燒蛋糕

鯛魚外型的小蛋糕,內餡有濃郁的巧克力和麻糬,口感軟綿綿且甜而不膩,再加上可愛外型,是熱賣的小零食。

韓國金牛角

口感類似台灣金牛角,是韓國人最愛的老牌餅乾,除了玉米原味還有甜辣、碳烤、玉米濃湯、鮮蝦美乃滋等口味。

Crown夾心餅乾
(起司奶油／起司檸檬／草莓)

這款餅乾的起司奶油口味有相當濃郁的奶香,而除了奶香,還多了點檸檬清香的起司檸檬,也相當受到歡迎。韓國當地人也相當推薦草莓口味的夾心餅乾,巧克力餅乾夾上草莓醬內餡,這等最佳組合有誰不愛呢!

烏龜餅乾

餅乾多層的酥脆口感是一特色,初款的玉米濃湯一推出後甜鹹口味便引發熱潮,後續推出鮮蝦及甜肉桂口味。

養樂多軟糖

養樂多軟糖甫推出就大受歡迎,養樂多造型的軟糖本身相較於一般軟糖硬了些,也紮實一些,充滿濃濃養樂多滋味的軟糖會讓人一口接一口,除了原味還有草莓口味。

調味料

烤肉醬

含有水梨成分，又稱「水梨烤肉醬」，是韓國知名老牌，味道鹹甜不膩，拿來烤、醃、拌或做沾醬都很不錯，左邊是烤牛肉用、右邊是烤豬肉用。

大醬

韓國的大醬是用來煮湯調味做成大醬湯用，熱量低又有飽足感，很多女生都會拿來做減肥聖品；亦可吃烤肉時拿來做蘸醬用。

辣椒醬

這款是以100%國產白米製造，比一般辣椒醬還黏稠、綿密，可做沾醬也可拌炒(辣炒年糕亦可)，相對價格較貴一點；是近年廣告做很大的品牌。

調味粉

幫你調好各式佳餚粉末，炒碼麵、辣炒年糕、部隊鍋，在家中也能重現韓式美味。

香油

韓國人愛用老牌為不倒翁(오뚜기)，也有其他廠牌選擇只是價格不同。菜餚只要加上一點香油，就是滿滿的韓料風味。

即食品

辣炒年糕

在家突然想吃辣炒年糕也可以！市面上有出多款加熱即可食的微波年糕，口感跟現作的一樣棒！

微波飯

除了一般的白飯、紫米飯，還有加料版！有咖哩飯、炒碼飯、牛肉湯飯等多樣口味。

午餐肉

韓國午餐肉常見於部隊鍋中，韓國人更愛將它直接煎來吃，更講究一點的還會沾上蛋液後油煎。

海苔

海苔是韓國的必帶伴手禮之一，「Dongwon」這個牌子在韓國賣的很好，可以直接吃，但因為味道偏鹹，比較建議包白飯或是搭配料理食用，這款是原味。

海帶湯

韓國人在生日時要喝海帶湯慶祝，現代年輕人懶得自己煮，就會到超市買現成調理包。也很推薦不倒翁(오뚜기)的乾燥海帶芽哦！

泡菜

各品牌的泡菜也很夠味。如果怕在飛機上爆掉的話，可以改買真空小包裝。

韓式料理包

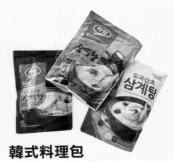

超市裡有販賣各種韓式料理包，蔘雞湯是最受歡迎的品項之一，喜歡的朋友可買回家自己煮，裡頭可以吃到完整香嫩的雞肉，湯頭又非常美味。

飲料

香蕉牛奶

來首爾一定要喝的韓國國民飲料，另有草莓、哈密瓜、咖啡及輕爽版香蕉牛奶。

水蜜桃冰茶

將果茶粉末使用一條條的包裝方便沖泡，喝起來水蜜桃香四溢，冷熱水皆可沖泡。

柚子茶・
石榴茶・
五味子茶

有利樂包裝，也有茶袋盒裝，方便帶回家。

米釀

洗完汗蒸幕後必喝飲料！Paldo出產的傳統米釀，近期還有推出同品牌的米釀冰棒。

水梨汁

自1996年的國民果汁，使用韓國產的水梨，喝起來像是吃了一整顆梨子。

倒著喝養樂多

韓版養樂多好像長得不太一樣？沒錯，它是倒著喝，韓國人也會將它放在冷凍庫變成冰棒吃。

韓國酒

啤酒

炸雞和啤酒是天生絕配，合稱「chimaek(치맥)」；韓國人常喝的牌子為CASS與HITE，口感清爽不苦澀。

水果燒酒

相較原味燒酒的辣口，水果燒酒的果香中合燒辣感，小編最推葡萄柚口味！

初飲初樂

初飲初樂是韓國樂天集團樂天酒業下的燒酒品牌，名稱意思是「就像第一次喝一樣」，為全世界最早的鹼性水燒酒。除原味燒酒外，還有透明瓶身的零糖燒酒「新燒酒」(새로, sae-ro)，以及主打藍莓、柚子、水蜜桃、青蘋果、草莓等水果口味的「순하리」(sun-ha-ri)系列。

清河燒酒・
真露燒酒

清河燒酒酒精度數低(13%)，味道較淡；藍色標籤的真露燒酒酒精度數19%，紅色標籤擇較烈(24%)。

韓國濁酒(馬格利)

乳白色的韓國濁酒以米或玉米釀造，喝起來酸酸甜甜，但有後勁小心別喝醉了。除了原味，還有蔓越莓等口味，甚至因地制宜，每個地方都有其獨特風味，不論口味如何，加了汽水、雪碧等氣泡飲料，喝起來滋味更佳。

便利商店也超好買！

除了到大型的超級市場補貨，在首爾熱鬧的區域進駐許多便利商店，也是值得一逛！除了在台灣也能看到的7-ELEVEN，韓國在地的GS25和CU便利商品又更好買了！現在袋裝果汁和咖啡也非常高人氣，買個冰塊杯再倒入果汁或咖啡，更有人混合了美式咖啡與香蕉牛奶，自製專屬的手搖飲料！

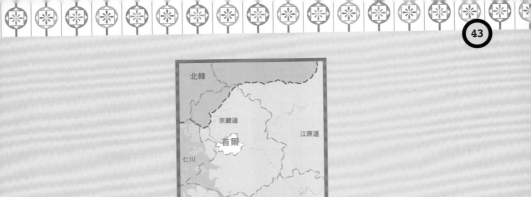

首爾
SEOUL

漢江以北怎麼玩

韓國的漢江全長514公里，漢江孕育出韓國的歷史文化，首爾市區依漢江畫分為江南、江北兩大區域，在朝鮮時期江北是作為政治與經濟重鎮，在此區域存留下眾多歷史古蹟，景福宮、光化門、北村等充滿韓國傳統色彩的美麗也完整的保存至今，或因學生聚集而形成的弘大、梨大等大學商圈，江北成為旅人體驗最道地韓式風情的區域。

❶弘大商圈 홍대

位於首爾麻浦區的弘益大學以藝術科系馳名，一如它的藝術學風，周邊商圈也洋溢著年輕、不羈的自由氣息。

❷新村・梨大 신촌・이대

位在新村站的延世大學周邊是大學生最愛的聚會場所；梨花女子大學周邊有眾多服飾小店，是女孩不能錯過的逛街地點。

❸景福宮・光化門・西村 경복궁・광화문・서촌마을

景福宮是朝鮮王朝始祖所建的皇宮，而光化門是它的南面大門，門裡門外都有可觀的歷史痕跡；西村復古巷弄則是興起的人氣景點。

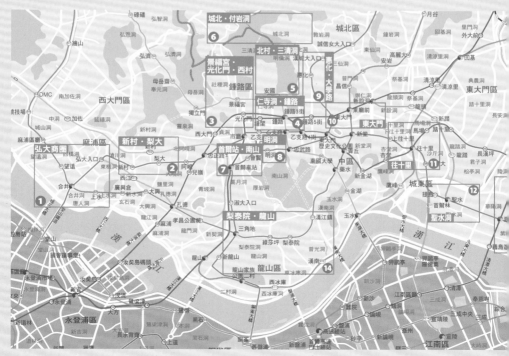

④ 仁寺洞・鍾路 인사동・종로

鍾路區保留有許多珍貴的宮殿、寺廟、古老韓屋，是遊首爾最重要的地區；仁寺洞商圈則帶著傳統舊時光的氣氛。

⑤ 北村・三清洞 북촌・삼청동

想要貼近韓屋歷史、體驗傳統之美記得走一趟北村；三清洞的特色咖啡館更等著你來探訪。

⑥ 城北・付岩洞 성북・부암동

靠近山區的城北洞，上下坡的崎嶇地形是特點之一，依山建蓋的房屋更具特色，還有「住城北即是富人」一說。

⑦ 首爾站・南山 서울역・남산

首爾的必訪地點之一──N首爾塔，坐上纜車登高欣賞首爾的瑰麗夜景，這裡也是多部韓劇的熱門取景地點，看完夜景再到首爾站的樂天超市採買伴手禮。

⑧ 明洞 명동

明洞對於初訪首爾的旅人無遺是最安心的景點，區域內每間店家都備有中文店員，氣氛近似台北西門町，讓你買好買滿！

⑨ 惠化・大學路 혜화역・대학로

1946年首爾大學在此創立，大學生與年輕人開始在此聚集活動，這裡更以劇場表演著名，展現首爾不同的藝術文化魅力。

⑩ 東大門 동대문

東大門是首爾最具代表性的24小時批發商圈；新地標──東大門設計廣場(DPP)也為東大門帶來濃厚的時尚氣息。

⑪ 往十里 왕십리

往十里為首爾地鐵最重要的交匯站之一，四通八達的路線讓它成為城東區域中心。

⑫ 聖水洞 성수동

因首爾城市文藝復興計劃，讓原本是工業區的聖水洞搖身一變成為Hot Place！各間改造自舊屋的咖啡館更是引人注目。

⑬ 建大商圈 건대

建大是指以工學聞名的建國大學，臨近的世宗大學也讓建大商圈成為學生最喜歡的聚會地點。

⑭ 梨泰院・龍山 이태원・용산

梨泰院過去因美軍基地而發展起來，爾後成為外國居民的聚集地，各種異國美食餐廳讓你體驗不同的首爾風情。「解放村」的興起也讓當地成為咖啡館及餐廳的新聚集地。

弘大及其周邊

홍익대학교 & 주변

HONGIK UNIVERSITY AND AROUND

「弘大」是指位於首爾市麻浦區的弘益大學的簡稱，這間學校以藝術科系馳名，無論是美術系、建築系、音樂系或者設計科系，畢業後的學生在韓國享有極高的評價，因此弘益大學的周圍也隨著它的學風，處處洋溢著自由風氣。

除了街頭林立的美術用品店和藝廊，襯托出不一樣的藝術氣息；到了晚上，「停車場街」沿途酒吧、夜店、居酒屋招牌一家家亮起，而成為學生與上班族最激愛的夜店街，每到火五(불금，指周五晚上)更是熱鬧喧囂High到深夜。

交通路線 & 出站資訊

地鐵

弘大入口站⇨2號線、京義中央線、機場鐵路

合井站⇨2、6號線

上水站⇨6號線

出站便利通

◎弘大地區主要以地鐵弘大入口站、合井站以及上水站周邊而延伸出一塊年輕人的活動地區，因距離較近站與站之前的店家皆可步行抵達。其主要出入口為弘大入口站8、9號出口，合井站3號出口以及上水站

1號出口為主。

◎從上水站1、2號出口出站後順著路走即可到達弘大商圈，沿路上有開設許多小店，可邊散步邊享受藝術與設計的氛圍。

◎一般來說弘大商圈是最多年輕人與觀光客會聚集的地點，如果想要避開人潮，可以尋找上水站和合井站附近店家，且這一帶餐廳和咖啡館眾多，不妨試著找巷弄中的隱藏美食吧。

◎自弘大入口9號出口出站即可看到

大批人潮，出站後往左邊道路走就可開始弘大商圈的探險之旅，看是要再往前走至臥牛山路27街逛逛精緻小店，或往弘大停車場街逛年輕服飾店，還是往弘大兒童公園方向走，鑽到小巷子裡找找看特別的餐廳休息一下。

◎從弘大入口3號出口出來即抵達京義線林道的公園綠地，為延南洞商圈，如想要嘗試各種異國料理別錯過這裡；傍晚時分也可以看到許多年輕人在公園野餐、聊天。

ⓘ 麻浦旅遊諮詢處

마포관광정보센터

🔖 別冊P.8D2　🚇 2號線弘大入口站9號出口徒步約5分　🏠 首爾市麻浦區弘益路22；서울 마포구 홍익로 22　☎ 02-334-7878　🕐 10:00~19:00

　麻浦旅遊諮詢處就位在弘大入口站9號出口附近，**可以拿到當地的區域地圖**，且由於這地區經常有藝文、表演節目，以及Pub、舞廳等的活動訊息，遊客服務中心都能夠提供即時的諮詢。服務中心有提供英文、中文、日文等語言服務。

👁 弘大延南洞

홍대 연남동

必 朝聖人氣新商圈！

🅰別冊P.8E1　🚇2號線弘大入口站3號出口即達　📍首爾市麻浦區延南路至成美山路一帶；서울 마포구 연남로성미산로 이대

隨著韓國觀光產業發展，明洞、東大門、弘大、新沙洞林蔭道一帶已成為熱門的觀光景點，因此在地人開始往其他地區探索，像是首爾林公園附近的聖水洞、梨泰院附近的漢南洞、景福宮附近的西村，以及近弘大商圈的延南洞等地。搖身一變成為熱門地段的延南洞，**出弘大入口3號出口後，沿著散步步道走，在延南路、東橋路、成美山路一帶皆是聚集餐廳小店的區域**，在此可以看到許多排隊美食的異國餐廳，或是高朋滿座的韓式熱炒小店等。而且也不一定要順著大條路走，偶爾逛進小巷弄內會發現到更多有趣的在地小店，或是挖掘到只有韓國人才知道的美食餐廳。

👁 京義線林道

在林蔭道上漫步、野餐，感受春風帶來的涼爽氣息。

🅰別冊P.9A1　🚇5、6號線或京義線孔德站1號出口徒步約5分；2號線弘大入口站3號出口即達

廢棄的京義線鐵路在經過整修後，搖身一變成為熱門林蔭公園。總長約6300公尺的林道內，其中一段在弘大3號出口附近，而對遊客來說是機場快線其中一站的地鐵6號線孔德站與大興站、京義線西江大站之間的林道，在4月可是浪漫的櫻花隧道，兩旁的櫻花盛開時相當壯觀，就算是平日也有眾多人潮來此賞櫻。

泡菜煎餅份量十足！

小份馬鈴薯湯有滿滿的泡菜、馬鈴薯和超大的排骨。

🍴 洪班長

홍반장

24小時營業的美食店，必點馬鈴薯湯與血腸！

🅰別冊P.9A2　🚇2號線弘大入口站3號出口徒步約5分　📍首爾市麻浦區東橋路213；서울 마포구 동교로 213　☎02-304-6463　🕐24小時　💲馬鈴薯湯(小份)(갑자탕)₩30,000、泡菜煎餅(김치전)₩8,000、血腸湯飯(순대국)₩9,000、定食類(식사)₩9,000起、馬鈴薯湯類(감자탕류)₩30,000起

位在東橋洞散步步道旁的「洪班長」，因24小時的營業時間與美味料理受到歡迎，店內寬敞、乾淨，非用餐時間也有許多客人光顧。**店內招牌血腸湯飯，是將大腸內灌進豬血及冬粉，有時會加入蔬菜等，如果擔心味道較重無法習慣血腸的味道，也可以換點馬鈴薯湯**，份量分為大、中、小份。如一個人來用餐也可以點豬肉湯飯(돼지국밥)、餃子湯(만두국)，或是帶點辣味的解酒湯(해장국)。

大鍋湯不用母匙

我們平常吃飯不一定有公筷，但喝湯一定用母匙。不過韓國人喝湯時幾乎都不會出現共用的大湯匙，而是用自己手中的湯匙直接舀來喝，要有心理準備。

總體風格比較簡單大方，可以和不同的服飾搭配，CP值非常高。

善良皮鞋 延南店

착한구두 서울 연남점

別冊P.9B2　2號線弘大站3號出口徒步約10分　首爾市麻浦區東橋路238；서울 마포구 동교로 238　070-7700-8515　11:00~22:00　chaakan.co.kr

誰說韓貨的價錢都偏高呢？「착한구두」就以價格親民、外型時尚、穿起來又時尚的平價鞋類好品牌，而受到年輕女性的喜愛。款式多以生活百搭與簡約大方為主，商品按照顏色、尺寸大小擺放得錯落有致，找起來也很方便，有時候在折扣時間，只要₩20,000左右就能購得韓國當季流行鞋款，高CP值又兼具高質感，常讓賣場擠滿人潮。

畫家大叔

화가삼춘 (도토리 캐리커쳐)

別冊P.9B1　2號線弘大站3號出口徒步約15分　首爾市麻浦區東橋街38街34 1F；서울 마포구 동교로38길 34 1층　0507-1373-2903　12:00~16:00、17:00~21:00　單人畫像₩7,000　acorncaricature.imweb.me

「畫家大叔」位於弘大延南洞的巷弄之中，是提供手繪人物像的店家，繪畫特色是有趣又新穎的漫畫人物風格，畫家經歷非常的豐富也十分親切，雖然常大排長龍，但因為畫家能快速抓住人物特徵，並不會等待太久。店內提供單人以及兩人以上的繪畫服務，許多朋友或是情侶會特別打扮到此留下難得的紀念。

店內牆上也留下不同顧客或是畫家隨筆畫下的畫像，充滿歡樂的獨特氣氛。

因為位於車道上，在拍照的同時要注意來車。

延南洞玫瑰牆

小編按讚　讚讚

別冊P.9B2　2號線弘大站3號出口徒步約10分　首爾市麻浦區東橋路39街11；서울 마포구 동교로39길 11

賞五月玫瑰必去的祕密景點！

韓國四季分明，在各季都可以找到賞花好景點。於春末初夏的四到五月，正是玫瑰綻放的最佳季節，許多人會選擇到位置有些偏遠的中浪公園拍照，但殊不知在弘大附近就有絕美的玫瑰花景。位在弘大3號出口延南洞的玫瑰花牆，就是當地人才知道的小眾景點，鐵欄也爬滿了許多不同品種的玫瑰，除了常見的艷紅色玫瑰，現場也有粉紅、嫩橘與桃紅色等等的多色玫瑰，讓你逛街的同時還可以留下人生美照。

麻花卷專賣店

小編按讚 讚讚

꽈페 연남본점

新潮韓式麻花卷品牌總店！

🚇別冊P.9B1 🚈2號線弘大站3號出口徒步約15分 🏠首爾市麻浦區東橋路46街20 1F；서울 마포구 동교로46길 20 1층 ☎0507-1446-7567 🕐10:30~21:00 休週一、週二 💰彩虹麻花捲₩3,500、提拉米蘇麻花捲₩4,300

店內因應顧客購買數量不同提供不同包裝，所以需先決定購買數量。

　　總店位於弘大商圈的延南洞，主要商品是韓國傳統麻花卷(꽈배기)，結合不同的口味與食材給人煥然一新的口感，最後歡迎的口味有奶油焦糖、提拉米蘇和薄荷巧克力等等，店家也會依照季節食材不同推出限定商品。因為麻花捲是油炸食物，建議當天食用口感才是最佳。

☕ **Chani Bear Station Chani Bear**

차니베어스테이션

🚇別冊P.9B1 🚈2號線弘大站3號出口徒步約15分 🏠首爾市麻浦區東橋路46街42-4 1~2F；서울 마포구 동교로46길 42-4 1층, 2층 🕐13:00~20:30 💰咖啡₩7,000起、杯子蛋糕₩5,500 📷www.instagram.com/chanibear.station

　　「Chani Bear」是受到韓國學生喜歡的文創商品，呆萌可愛的Chani Bear是品牌的主要logo，在延南洞的複合式咖啡廳，店外玻璃牆上就有著大大的Chani Bear，進入一樓可以購買到相關文創商品，二樓則是咖啡廳座位區。不論是飲品或是杯子蛋糕都可以看到可愛的設計。

店內不定時更換品牌周邊商品，讓人都直呼太可愛！

辣雞湯的湯頭也別錯過，相當下飯。

涼拌雞胸肉非常開胃。

🍴 崔老闆家的雞

최사장네닭

🚇別冊P.9A2 🚈2號線弘大入口站3號出口徒步5分 🏠首爾市麻浦區延南路4-1；서울 마포구 연남로 4-1 ☎02-334-9242 🕐11:30~22:00 休週四 💰辣雞湯(닭도리탕)₩26,000起

　　延南洞的這家小餐廳不是太起眼，但它可是隱藏版巷弄美食，這裡的辣雞湯相當受歡迎，與我們一般吃的一隻雞不盡相同，使用多樣香料熬煮而成，説是辣雞湯但其實不太辣，有些像是重口味又有湯的三杯雞，吃到一半後也可選擇加入麵條或煮粥，更有不同風味。

延南洞東鎮市場

동진시장

🏛別冊P.9A2 ⭕2號線弘大入口站3、4號出口徒步約10分 🏠首爾市麻浦區成美山路198；서울 마포구 성미산로 198 ☎02-325-9559 🕐市集不定期舉行

曾經是擺放貨物的倉庫，一到夜晚搖身變成年輕獨特的手創市集。

位在成山美路小巷弄內的「東鎮市場」，曾作為擺放貨物、雜物的倉庫，現在改造成給年輕創作者發揮創意的空間。有別於弘大商圈的商業化及高價位，**在東鎮市集可以找到更平價、精緻、獨創的物品**，像是手工製飾品、戒指、皮件、香氛品、手作娃娃、布作創意品、明信片，也推薦在週五及週末假日前來，攤位更活潑、更多元化。

東鎮市場附近也有許多小店在晚上化身有LIVEBAND駐唱的PUB，許多特色餐廳及獨立小店等你來發掘！

市集不是每天都有喔，在每個月週六也有在地農產品市集。

場Hotel Yeonnam

연남장

🏛別冊P.9B1 ⭕2號線弘大站3號出口徒步約15分 🏠首爾市西大門區延禧路5街22 1F；서울 서대문구 연희로5길 22 1층 ☎02-3141-7978 🕐11:00~21:00 💰早午餐₩13,000 ◎www.instagram.com/hotel_yeonnam

韓劇《社內相親》拍攝場景！

「연남장」位於弘大的延南洞商圈，**2022年再度爆紅的原因是為韓劇「社內相親」的拍攝場景**。店內挑高設計讓空間看起來更寬廣，店中懸吊的水晶吊燈從不同角度看起更加氣派，在春、秋季天氣不熱的時候，店家會將落地玻璃窗門打開，讓顧客能享受微風輕拂的愜意時光。

店內還有較為隱密的二樓提供給不想被打擾的顧客。

弘大停車場街

小編按讚 讚讚

弘大最熱鬧街道，年輕人聚集在此大秀自我！

📍別冊P.8D3 🚇2號線弘大入口站9號出口徒步約5分

《瑪莉外宿中》第1集，女主角魏瑪莉開車撞倒男主角姜武玦的地方，就在弘大地區知名的「停車場街」，兩旁個性商店與餐廳、酒吧林立，中間卻畫有整齊停車格，所以有此暱稱。**停車場街店家各具特色，價格又頗符合學生的消費標準，成為弘大一帶最熱鬧的區域。**

火五一到更將火熱氣氛推到最高點！

週末的停車場街總是滿滿的人潮。

Travel depot弘大換錢所

트래블디포 환전소

📍別冊P.8E1 🚇2號線弘大入口站3號出口徒步約1分
📍首爾市麻浦區楊花路183；서울 마포구 양화로183
☎0507-1384-1543
🕙10:00~20:50
smartstore.naver.com/traveldepot

當在首爾旅行要換錢的時候，往往第一個想到的就是明洞，因為明洞觀光人潮擁擠，換錢所最多，競爭激烈，匯率也常被視為最好。但首爾人自己最常流連的弘大地區，因為餐廳、商店密集，這幾年也吸引不少內行的觀光客前往，所以**在弘大也有換錢的地方，匯率也不差**，地點就位於地鐵弘大入口站的3號出口附近(也可以從2號出口直行前往)。

台幣換韓幣的問題

雖然在台灣可以直接買賣韓幣，但如果不嫌麻煩，其實把台幣先換成美金，到了韓國再換成韓幣，會比把台幣直接換成韓幣匯率好些，這樣還可以避免「身懷鉅款」。但近來美金與台幣在韓國當地兌換的匯率差距不大，可以選擇在台灣兌換一點韓幣現鈔當交通費用，再到韓國當地換錢所兌換韓幣。習慣用信用卡的話，在韓國使用也非常方便。

如想詢問韓國當地匯率可以下載Visit Korea APP：

Visit Korea ANDROID

Visit Korea iOS

 siroo cake

시루케이크

很**特別的韓式蛋糕！**

📖別冊P.7B2 🚇2、6號線合井站或女6號線上水站4號出口徒步約8分 📍首爾市麻浦區和諧廣場路1街18 1F；서울 마포구 어울마당로1길 18 1층 ☎070-4177-7700 ◷11:00~20:00 💲黑芝麻蒸糕捲(흑임자롤떡)₩6,300 @www.instagram.com/siroocake

시루(siroo)意思是蒸籠，一般用來製作蒸米糕(시루떡)，吃起來口感Q彈，但比麻糬多帶一點點嚼勁；而siroo cake的特色就是**以蒸米糕代替海綿蛋糕。**蛋糕選擇並不多，只有黑芝麻(흑임자)、甜南瓜(단호박)、柚子(유자)、地瓜(고구마)以及藍莓(블루베리)，有時可能還有季節限定的水果口味。店內每日數量有限，太晚前往的話可能會吃不到想吃的口味喔！若行程上時間有限，建議先打電話預定。

黑芝麻蒸糕捲有濃郁的芝麻香，因為本體是蒸糕做的，因此口感比一般的海綿蛋糕綿密，是別具風味的米蛋糕。

店內用平板點餐，就算不懂韓文也能看圖點餐十分方便。

🍴 漢陽驛

한양역

📖別冊P.8D3 🚇2號線弘大入口站9號出口徒步約10分 📍首爾麻浦區臥牛山路21街31-11B棟1F；서울 마포구 와우산로21길 31-11 B동 1층 ☎0507-1365-7225 ◷11:00~23:00 💲綜合烤肉拼盤(2人份)₩39,000

在巷弄中的烤肉人氣餐廳，第一次到訪建議可以選擇**綜合烤肉拼盤**，店家可以依照人數安排五花肉，豬頸肉，豬皮等等當日肉類，顧客可以一次品嘗不同部位的肉品另外，店內寬敞設備完善所以烤完出來後不用擔心沾到烤肉異味，適合團體聚會或聚餐！店員也會細心說明烤肉的順序或是協助烤肉，讓烤肉新手的外國人也能品嘗到道地的韓式烤肉。

object西橋本店

오브젝트 서교점

🅐別冊P.8F2 🚇2號線弘大入口站7號出口徒步約5分 🏠首爾市麻浦區臥牛山路35街13；서울시 마포구 와우산로35길 13 ☎02-3144-7738 🕐12:00~21:00 🌐insideobject.com

精緻可愛的文創小物

　位於弘大的object有3層樓高：地下1樓和1樓為特展區、2樓為文具區、3樓為生活和手作用品區，是文具控不可錯過的地方！集聚來自世界各地的設計師和藝術家的精選作品，小至貼紙、明信片、筆記本等文具，大至包包、服飾、家具等生活用品，**富有創意又精緻可愛的設計選物**，讓人愛不釋手。無論是尋找獨特的紀念品，還是希望瞭解當代韓國設計的最新潮流，這裡都能滿足你的需求。object也不時會推出季節商品，每一次去都可能會有不太一樣的驚喜。

MADE IN PINK

메이드인핑크

🅐別冊P.8D3 🚇2號線弘大入口站9號出口徒步約10分 🏠首爾市麻浦區臥牛山路21街37 1F；서울 마포구 와우산로21길 37 1F 메이드인핑크 ☎02-332-5516 🕐週一至週五10:00~23:00、週六至週日10:00~24:00

　弘大有許多平價飾品店，而MADE IN PINK是其中一家有較大型的店面，樓上有個大大的「秀」(秀KTV)，位置非常好辨認。飾品選擇多樣，除了耳環也有項鍊、手環、戒指、頭飾；店內也會標示**韓劇女神同款耳環**，若實在無法選擇，可以看看喜歡的韓劇角色或女演員佩戴了哪些款式，從中找到靈感。

Fühaha奶油麵包

푸하하크림빵

🅐別冊P.9A2 🚇2號線弘大入口站3號出口徒步約3分 🏠首爾市麻浦區楊花路19街22-25 1F；서울 마포구 양화로19길 22-25 1층 ☎0507-1401-6003 🕐09:30~22:00 💲各式奶油麵包₩3,000起

　Fühaha奶油麵包是鬆軟的布里歐麵包裡灌滿各式口味的鮮奶油，即使**麵包與奶油的比例幾乎1:1，奶油內餡並不會死甜**，因此大受歡迎，若太晚前往可能就買不到了！麵包口味不多，除了招牌的鹹奶油和濟州抹茶，還有紅豆奶油、草莓、希臘優格以及紅豆抹茶口味，其中草莓奶油麵包還可以吃到草莓果粒。

首爾・漢江以北
┈┈┈
弘大及其周邊
➤首爾・漢江以南及其周邊

空間設計與品牌時尚元素巧妙搭配，空間寬闊適合悠閒購物。

Ader Error 弘大旗艦店

아더 스페이스 1.0 플래그십 스토어

➊別冊P.8D3 ➋6號線上水站2號出口徒步約10分 ➌首爾市麻浦區臥牛山路21街19-18；서울 마포구 와우산로21길 19-18 ➍02-3143-2221 ➎13:00~21:00

韓國潮牌「Ader Error」首間旗艦店@弘大！

Ader Error雖成立時間不長，但已**成為韓國代表性潮牌**，甚至還被美國版《**Vogue**》評價為「**韓國版的Vetements**」。Ader Error的第一間旗艦店位於弘大，紅磚外牆有著超大ADER LOGO搭配多邊形大門和落地窗而充滿設計氣息，內部區域不同的設計概念有著不同主題的藝術裝置，且依每季風格而定期更換。

MUSINSA STANDARD

무신사스탠다드 홍대

➊別冊P.8D2 ➋2號線弘大站9號出口徒步約5分 ➌首爾市麻浦區楊花路144；서울 마포구 양화로 144 ➍1644-2107 ➎11:00~21:00

MUSINSA是韓國新興的服裝品牌平台，深受韓國年輕人歡迎，原先經營不同的品牌服飾，後來推出自己的品牌「MUSINSA STANDARD」，在弘大開區一開店就吸引大量人潮，**以簡約設計與超高性價比而廣受喜愛**，弘大店面也以品牌風格裝潢設計，頗具現代設計風格。

MUSINSA STANDARD不只是服飾店面也是打卡拍照的好地方。

首爾·漢江以北

弘大及其周邊

➡首爾·漢江以南及其周邊

AMTON 總店

에이엠톤 본점

🅰別冊P.9C3 🚇2、6號線合井站3號出口徒步約10分 🏠首爾市麻浦區小橋路3街40；서울 마포구 잔다리로3안길 40 ☎0507-1316-8111 🕚11:00~22:00 💲剪髮₩40,000、燙髮₩150,000 🌐am-ton.com

預約制的人氣髮廊！

想要體驗韓系style的女孩就絕不能錯過韓國的髮廊！位於弘大周邊的「AMTON」是首爾知名的設計髮廊，頗受韓國年輕女性的喜愛，「AMTON」意旨着AM(Ante Meridiem)和活力、生機的TON的合成詞，與平價的學生髮廊不同，整棟的「AMTON」猶如一間藝術空間，內部裝潢高端時尚。

店內為預約制，可以先上網確認喜愛的設計師風格。

👁 Haru flim 弘大店

하루필름

🅰別冊P.8D2 🚇2號線弘大站9號出口徒步約3分 🏠首爾市麻浦區和諧廣場路123；서울 마포구 어울마당로 123 🕚24小時 💲拍貼₩4,000起(依照片數) 🌐harufilm.com

復古的四格拍貼機現在在韓國非常流行，每家拍貼店有著不同的特色與風格，Haru flim冷色系的淡藍色調風格讓人物的肌膚看起來白皙透亮，還附有自拍線，不用為了按下拍照按鈕而手忙腳亂，廣受女性歡迎，常可見情侶或是朋友一起到此留下紀念。

除了與朋友一起拍照，韓國也流行單人的紀念照。

羊排肉質非常鮮美，經過燒烤後香嫩多汁，現場排隊人潮絡繹不絕。

🍴 一流

이치류 홍대본점

🅰別冊P.9C3 🚇2號線合井站3號出口徒步約10分 🏠首爾市麻浦區小橋路3街 44；서울 마포구 잔다리로3안길 44 ☎02-3144-1312 🕚17:00~23:00 (週日至22:00) 💲高級羊排一人份₩37,000、酒類₩7,000起、魚板湯₩25,000 🌐www.ichiryu.kr

米其林推薦「烤羊排骨」名店！

大家都知道韓國的烤肉多以豬肉和牛肉居多，但其實烤羊肉更是一絕，尤其是烤羊排骨！位於弘大的「一流」榮獲米其林推薦多年，是許多當地老饕的口袋名單，用餐全程服務人員會幫忙烤肉，以確保呈現最佳的肉質，調味可以依照自己的喜好選擇海鹽，或是店家獨家秘制的調料。

這邊櫻花花期約與汝矣島公園相同，白天與夜晚的櫻花各有不同氛圍。

👁 合井站櫻花大道

합정역 벚꽃거리

🅰 別冊P.9A4　🚇 2號線合井站5號出口徒步約3分

　　每到三四月便是大家引領期盼的櫻花季，首爾最著名的賞櫻景點雖是汝矣島公園，但許多**韓國人更喜歡來到合井站的櫻花大道，除了交通便利之外，櫻花大道兩旁隨處都是可以看到櫻花的咖啡廳與餐廳，**更是這邊吸引人潮的特色，逛累了就可以進入咖啡廳休憩，一樣可以將櫻花美景收入眼簾。

Schedule以浮誇外觀與新鮮美味兼備之姿，在美食一級戰區依舊是人氣名店。

🍴 Schedule合井店

스케줄합정

慶生、約會的**最佳口袋名單！**

🅰 別冊P.9B4　🚇 2、6號線麻浦區站5號出口徒步約5分　🏠 首爾市麻浦區楊花路6街33

1F；서울 마포구 양화로6길 33 1층　📞 02-322-2622 ▼

11:00~23:00　💲 義大利麵₩21,000起、披薩₩24,000起

🌐 www.instagram.com/schedule_hapjeong

　　「Schedule」餐廳品牌以浮誇的店內裝潢聞名，合井站附近的分店位在有名的櫻花大道上，餐廳正中間是沙漠造景的裝飾，搭配輕奢風的燈飾，**主打高雅愜意的氛圍和義式風格的創意料理**，還有設置生日拍照專區，可列入首爾慶生或約會西餐口袋名單。

首爾·漢江以北 ···· 弘大及其周邊 ↓首爾·漢江以南及其周邊

🍴 開化期料亭

개화기요정

🔺別冊P.9C4 🚇2號線合井站5號出口徒步約10分 🏠首爾市麻浦區獨幕路7街22；서울 마포구 독막로7길 22 📞02-325-6677 🕐17:00~2:00，週五六營業至3:00 💰代表菜單生拌牛肉₩25,000、酒類₩5,500起

逛街時目光很難不被這間日式居酒屋所吸引！特別的燈光設計讓整棟建築燈火通明，一共三層樓的座位數雖不算少，但在假日總是一位難求，足可見其高人氣，若是不想等待，建議可以在飯點前先來佔位，**招牌菜單是生拌牛肉，但店內的魚板湯也是必點的菜單之一。**

韓國人下雨天常常會吃煎餅，因為煎餅時的聲音跟雨的聲音很像而引發食慾。

🍴 麻雀碾米房

참새방앗간

🔺別冊P.8D1 🚇2號線弘大出口站8號出口徒步約2分 🏠首爾市麻浦區和諧廣場路129-1；서울 마포구 어울마당로 129-1 📞02-338-5359 🕐16:00~3:00 💰綜合煎餅₩28,000、酒類₩5,000起

位於弘大的麻雀碾米房是眾多饕客強力推薦的煎餅名店！韓國的傳統節日家家戶戶都會做各式各樣的煎餅，煎餅根據所放的材料而有所不同，海鮮煎餅與泡菜煎餅等都是人氣必點，若是不知道怎麼選擇，店內招牌綜合煎餅就應有盡有，將許多蔬菜、海鮮與肉類裹上蛋液，掌握火候功力十足，煎餅脆度剛剛好。

在花開的季節中，戶外的座位區自然成為攝影區。

☕ Silhouette Coffee

실루엣커피

🔺別冊P.9B4 🚇6號線上水站4號出口徒步約15分 🏠首爾市麻浦區獨幕路8街33-5 1F；서울 마포구 독막로8길 33-5 1층 📞02-6449-6049 🕐9:00~23:00 💰咖啡₩7,000起、貝果₩3,500起 📷www.instagram.com/silhouettecoffee

「Silhouette Coffee」外牆是純白色的ins風格，門旁的紫丁香大樹則是著名拍照專區，每到5月盛開的季節總是能吸引到大量的人潮，**韓國網友一致推薦11:00~14:00是來到咖啡廳拍下美照最好的時段，**除了美景，店中的義式濃縮咖啡加上檸檬片也十分受到歡迎。

首爾‧漢江以北

弘大及其周邊

→首爾‧漢江以南及其周邊

🍴 各種部位豬肉燒肉店

통통숯불고기 본점

🅐別冊P.8D4　🚇6號線上水站2號出口徒步約5分　📍首爾市麻浦區獨幕路93；서울 마포구 독막로 93　☎02-325-6007　🕐週一至週五11:00~14:00、17:00~23:00，週六至週日17:00~22:00　💲豬肉拼盤₩17,000、三層肉₩11,900

　　韓國烤肉店所提供的肉大多是三層肉(삼겹살)或是豬肩肉(목살)，통통숯불고기則**提供更多種部位如嘴邊肉、豬皮與排骨等**，也有將所有部位做成拼盤，價格實惠與肉質新鮮頗受上班族歡迎，炭火烤制讓肉香瀰漫，令人食慾倍增。

餐廳小菜種類多且美味可口。

韓國人也喜歡在飯後加點冷麵當成收尾。

🍸 Rooftop Urban Beach

루프탑어반비치

🅐別冊P.9C4　🚇6號線上水站1號出口徒步15分　📍首爾市麻浦區獨幕路9街38 6F；서울 마포구 독막로9길 38 6층　☎0507-1306-2672　🕐17:00~00:00，週末16:00~，週五六~02:00　💲紅酒₩48,000起、調酒₩12,000起　📷www.instagram.com/rooftop_urbanbeach

風格獨特的室內沙灘酒吧！

　　想在城市中體驗沙灘度假的樂趣？「**Rooftop Urban Beach**」直接**將沙灘搬進店中**，讓人不用忍受豔陽的曝曬就能體驗夏日熱情洋溢的氣氛，這邊白天既是咖啡廳，太陽下山後變成氣氛絕佳的酒吧，坐在熱帶植物雨陽傘旁的椅子上用餐，瞬間有種來到異國海島的感覺。

在店中空間雖不大但裝潢不馬虎，坐在躺椅上可享受熱帶島嶼般的氣氛。

店內生活中需要的雜貨、收納應有盡有，能滿足一次購齊收納小物的願望。

🎁 Deco View

데코뷰 상수

🅐別冊P.8D4　🚇6號線上水站3號出口徒步約15分　📍首爾市麻浦區土亭路133；서울 마포구 토정로 133　☎0507-1473-6003　🕐11:00~20:00　🈺週二　📷www.instagram.com/decoview_showroom

　　「**Deco View**」是居家裝潢的人氣店，韓系居家好物、生活收納、居家小物這裡通通有，想要為居家空間添點質感可愛小物，就不能錯過這裡。整棟獨具品味的家具巧思擺飾小物，讓店內空間氛圍自然與眾不同，每季都會推出不同的主題系列，充滿儀式感的擺設，令人流連忘返，也是許多喜韓系居家風的人必訪的好評店家！

◉ 弘益大學

홍익대학교

🏛別冊P.8E3　🚇2號線弘大入口站9號出口徒步約8分　🕐
首爾市麻浦區臥牛山路94；서울 마포구 와우산로94　☎02-320-1114

　　弘益大學是一所綜合型的私立大學，校內的**美術系、建築系、音樂系以及設計科系在韓國享有極高的評價，可以説是聚集韓國各界的藝術與設計菁英**，歷年來知名校友輩出。學校洋溢著獨特的簡潔氣質，有別於新村、梨大喧囂熱鬧，弘大則帶有自由灑脱的藝術風氣。

弘益大學是韓國知名藝術學府。

◉ 弘大街頭塗鴉

홍대 거리 미술

🏛別冊P.8D3　🚇2號線弘大入口站9號出口徒步約8分至弘益大學，弘大正門左側後方的兩條巷子裡可找到

　　弘益大學是韓國最知名的藝術大學，因此在弘大附近的街頭，塗鴉牆特別多，不少大面的牆壁都成為美術系學生們練習的畫布，每年還會舉辦「街頭美術展」。街頭塗鴉不難找到，尤其在**弘大正門左側後方的兩條巷子裡**，很容易就看到色彩繽紛的畫作。

底部厚實口感加上豐富的派餡，視覺上就已經十分吸引人。

☕ Pie in the shop

파이인더샵

🏛別冊P.9A1　🚇京義中央線加佐站站4號出口徒步約15分　🕐首爾麻浦區聖美山路27街26；서울 마포구 성미산로27길 26　☎070-8837-0171　🕐11:30~21:00　💲飲品約₩6,000元起、各類派約₩5,500元起　◎www.instagram.com/pie_intheshop/

　　從弘大入口沿着京義線林蔭道一直走就能到達住宅區內的Pie in the shop，具有設計感的入口讓人有誤入展覽館的錯覺，店內招牌是**厚度達5公分的派點**，上面填滿各式餡料，當季水果派、香濃起司派、香蕉巧克力派、抹茶巧克力派十幾種點心讓眼花撩亂、口水直流。

首爾‧漢江以北

弘大及其周邊

➡首爾‧漢江以南及其周邊

🍴 朝鮮韓牛
조선 화로구이

🔖別冊P.9C2 🚇2號線弘大入口站1號出口徒步約2分 📍首爾市麻浦區世界盃北路5；서울 마포구 월드컵북로5 📞02-3143-1300 🕐11:30~00:00 🚫週日 💰韓牛₩28,000起/130g(一人份)、排骨湯(갈비탕)₩13,000、韓牛大醬湯(한우차돌된장찌개)₩8,000

佛心的價格，頂級的享受，花小錢也能吃到正統韓牛！

學生族群間超人氣的燒肉店，便宜又大碗的肉類正是店家受歡迎的秘訣！**老闆對於牛肉非常講究，牛肉整頭買進現點現切，還是百分之百的韓牛**，午餐時間更可以用便宜的價格嘗到美味的排骨湯或韓牛冷麵的菜單，如此便宜的韓牛，就算是窮學生也能嘗到頂級的滋味。

烤肉的美味程度連韓國天團BIGBANG也常來光顧。

開業60年的弘大崔代表，説是弘大烤肉的真正代表也不為過。

🍴 弘大崔代表烤肉
홍대최대포

🔖別冊P.8D1 🚇2號線弘大入口站2號出口徒步約3分 📍首爾市麻浦區楊花路19街10；서울 마포구 양화로19길10 📞02-323-5055 🕐12:00~16:00、17:00~23:55 🚫週日 💰各式肉類₩15,000起

弘大崔代表在1996~2011年期間，原本只是在弘大街邊轉角的一間小店，一直到2012年搬到了現在的店址，**其烤肉的美味程度在2012年間還曾獲得韓國百大美食店之一**。店內推薦的菜單為鹽味豬肉、五花肉以及豬皮，另也有提供蒸蛋和涼麵等。

☕ 1984

🔖別冊P.8D1 🚇2號線弘大入口站2號出口徒步約2分 📍首爾市麻浦區東橋路194；서울 마포구 동교로194 📞02-325-1984 🕐10:00~23:00 💰美式咖啡(아메리카노)₩5,500、拿鐵(카페라떼)₩6,000、布朗尼冰淇淋(브라우니)₩4,500 📷www.instagram.com/1984store

邊喝咖啡邊閱讀，享受午後好時光。

獨特的黑白招牌則是老闆親手設計的得意之作。

店內處處看見將美學結合日常。

「1984」是由同名出版社自2012年9月開始營運的複合式咖啡館，而「1984」是出自老闆最喜歡的喬治‧奧威爾的同名小説。室內利用咖啡吧台以及結帳櫃台合而為一的區域，將室內空間一分為二，左側為販售書籍、文具及個人品牌的創意商品，右側為咖啡館。**在1984除了有許多藝文相關的書籍，店內也會不定期的舉辦畫展或是藝術講座等**，像是之前店內就有舉辦過Hip hop課程。

1984融合書本與咖啡香，展現生活美感。

首爾·漢江以北　弘大及其周邊　➡首爾·漢江以南及其周邊

穿圍裙吃飯

有時在餐廳時會看到有人穿了一件圍裙吃飯，原來像是在烤肉、馬鈴薯湯、部隊鍋等餐廳，為防止湯汁濺到衣服，店家都會提供圍裙給客人使用，這時只要向店家説：「請給我圍裙」(앞치마 좀 주세요[ap-chi-ma jom ju-se-yo])即可。

🍴 東寶城

동보성

🏠別冊P.8D1　🚇2號線弘大入口站2號出口徒步約3分　🏢首爾市麻浦區楊花路19街16；서울 마포구 양화로19길16　☎02-337-5959　🕐11:00~21:30　💲糯米糖醋肉(찹쌀탕수육)＋微辣炸醬麵(매운유니자장)組合₩23,000，炒飯(볶음밥)₩8,000

　　位在弘大近2號出口的東寶城中國料理餐廳，低調的駐立在住宅區當中，室內的用餐環境相當簡單，乾淨的空間擺放幾張方正的餐桌以及木椅，讓人像是回到家裡吃飯的輕鬆感。在**東寶城不能錯過的就是糯米糖醋肉以及炸醬麵，店家為此更設計了4款不同的套餐**，像是糖醋肉搭上微辣炸醬麵的A餐，或是炸醬麵改搭四川風味糖醋肉的B餐等。

店面販售超過千種商品，生活雜貨、個人用品應有盡有。

最適合當伴手禮的可愛小物。

🎁 BUTTER 弘大店

버터 홍대점

🏠別冊P.8D1　🚇2號線弘大入口站1號出口搭乘手扶梯即達　🏢首爾市麻浦區楊花路153 B2F；서울 마포구 양화로 153 지하2층　☎02-338-5742　🕐11:00~22:00　📷www.instagram.com/butter_insta

　　位在弘大CGV電影百貨公司地下2樓的「BUTTER弘大店」，其地段與弘大入口站1號出口相連，**百貨公司內除了BUTTER，B1至9樓也有服飾、鞋子、火鍋店、Pizza店、電影院等吃喝玩樂完美結合。**商品平實的價格而成為韓國年輕人買禮物、觀光客買伴手禮的首選。

SHOOPEN 弘大店

슈펜 홍대점

🏠別冊P.8D1 🚇2號線弘大入口站1號出口搭乘手扶梯即達 🏠首爾市麻浦區楊花路153；서울 마포구 양화로 153 ☎02-338-5751 ⏰11:00~23:00 💰鞋子和包包₩10,000起 🌐shoopen.com

　　2014年10月在弘大開幕的SHOOPEN，是韓國時尚休閒品牌MIXXO和SPAO在2013年聯手打造出的鞋包品牌，SHOOPEN一詞是將「Shoes」和「Fan」兩字結合，希望每位前來買鞋的客人都能成為品牌粉絲。**SHOOPEN同時也是亞洲第一家以「鞋子SPA」為品牌概念的鞋包店，以時尚、新潮、平價為基礎，難怪一推出就大受好評！**一年更在韓國開了多達20多家的分店。SHOOPEN每週都會推出新貨，鞋子部分主推男鞋、女鞋與童鞋，包包則除了手拿包、肩背包之外，主推富有設計感的後背包，店面時常特價，很受到年輕人的喜愛。

超平價鞋包，輕鬆跟上韓國潮流！

New Balance 弘大店

뉴발란스 홍대점

🏠別冊P.8D2 🚇2號線弘大入口站9號出口徒步約2分 🏠首爾市麻浦區弘益路20；서울 마포구 홍익로20 ☎02-333-9901 ⏰11:00~21:50 🌐www.nbkorea.com

　　全球最大的New Balance弘大直營店分為3個樓層，1樓為經典鞋款區，每一季的新款及歐美經典款式等都可以在1樓看到；2樓為時尚生活區，匯聚品牌所有生活款運動鞋和運動休閒服飾，對台灣人來說較熟悉的574等系列款式都在這裡，另外還有可愛的童鞋和親子裝；3樓則是專業運動服飾區，是運動達人的最愛區域，有許多專為運動健身設計的服飾。

位在弘大的店面是New Balance全球最大直營店。

咖哩麵分量超大，價格也便宜。

Abigo日式咖哩

아비꼬

🏠別冊P.8D2 🚇2號線弘大入口站9號出口徒步3分 🏠首爾市麻浦區弘益路25；서울마포구 홍익로 25 ☎02-323-0129 ⏰週一至週四11:30~21:30、週五至週日11:30~22:00 💰咖哩飯₩7,200起 🌐abiko.kr/index.php

　　日式咖哩在韓國也是年輕人越來越喜歡的料理，**這家Abigo是日式咖哩連鎖專門店，不光是咖哩好吃，選擇性多樣、再加上價格平實也是推薦的原因之一**，在弘大就有兩家分店，有時候韓國料理不對胃口，吃吃日式準沒錯。

教授烤腸

교수곱창

🏠別冊P.8D2 🚇2號線弘大入口站9號出口徒步5分 🏠首爾市麻浦區弘益路3街20；서울마포구 홍익로3길 20 ☎02-335-1173 ⏰11:00~5:00 💰烤牛腸(한우 소곱창구이)200g ₩21,000

　　韓國的烤腸店到處都有，這家位於**停車場街內側美食街的烤腸店，是弘大學生們非常喜歡的店家**，不僅價格平實，烤腸的滋味也不落人後，幾乎是續攤才來的店家呢。

首爾·漢江以北

弘大及其周邊

首爾·漢江以南及其周邊

🍴 三丁目日式拉麵

산쪼메

📖別冊P.8D2 🚇2號線弘大入口站9號出口徒步5分 📍首爾市麻浦區弘益路3街5；서울 마포구 홍익로3길 5 ☎02-6403-2755 🕐11:00~22:00 💲拉麵₩8,000起

位於弘大停車場街前段的建築物樓上，以木頭裝潢的店內相當具有日式風格，採光很佳，唯一缺點是某些座位稍嫌狹窄。**拉麵的叉燒肉很有嚼勁也很入味，丼飯也很下飯**，整體來說都很美味。

木製座位的日本風味濃厚。

🍴 麵屋三代目日式拉麵

멘야산다이메

📖別冊P.9C2 🚇2號線弘大入口站9號出口徒步10分 📍首爾市麻浦區弘益路5街24；서울 마포구 홍익로5길 24 ☎02-332-4129 🕐11:30~22:00 (L.O.21:30) 💲拉麵₩9,500起

這家店小小的，但內部裝潢、店員吆喝聲和一覽無遺的料理畫面，十分充滿日本在地風，**拉麵上的叉燒也不吝嗇，口感也是挺和風的偏鹹，難怪用餐時間總是大排長龍**，不只因為店面小，更是因為拉麵的好味道。

豬肉湯飯加入蝦醬更美味。

小編按讚
짱짱

弘大正宗豬肉湯飯。

除了拉麵，炸雞更是推薦必點。

🍴 豚壽百

돈수백 본사

📖別冊P.8D1 🚇2號線弘大入口站8號出口徒步約2分 📍首爾市麻浦區弘益路6街56；서울 마포구 홍익로6길 56 ☎1566-9879 🕐24小時 💲豬肉湯飯(돈탕반)、綜合湯飯(섞어탕반)₩6,500 🌐www.donsoobaek.com/main/main.php

誰說豬肉湯飯一定要在釜山吃，在首爾也吃的到！位於弘大的這家豬肉湯飯專賣店，**提供豬肉湯飯、內臟湯飯、綜合湯飯(豬肉＋內臟)、豬肉湯飯套餐**，還有餃子等選擇。不論點哪一味，都推薦先嘗幾口原味，再加入蝦醬，如果熱愛重鹹更可以再加入辣醬、泡菜汁或泡菜，也別忘了醃韭菜。調味好之後，先將附贈的麵線加入食用，再將飯倒入湯內，爽口不油膩的湯頭、口感絕佳無腥味的豬肉，是會讓人一再回味的平凡滋味。

首爾·漢江以北 ……… 弘大及其周邊 ▼首爾·漢江以南及其周邊

idolllook

아이돌룩

🄰別冊P.8E1 🄱2號線弘大入口站8號出口徒步5分 🄘首爾市麻浦區弘益路6街74；서울 마포구 홍익로6길 74 📞070-4170-9109 ⏰13:00~20:00 🌐www.instagram.com/idolllook_official

迷妹必訪偶像娃娃專賣店！

　韓國偶像產業發達，粉絲之間還會做偶像娃娃來販售並拿給偶像認證，粉絲也就養成了買一隻偶像娃娃，幫他打扮後帶出門拍照的習慣，idolllook商店就是這樣發展出來的。在店裡可以看到各式娃娃服裝和裝飾品，牆上各種拍照小空間更是讓迷妹們都要帶著自己的娃娃來當一天網美，舉凡EXO、BTS都應有盡有。

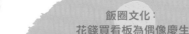
飯圈文化：
花錢買看板為偶像慶生

　在各大地鐵站或是通道內常常可以看到為偶像明星慶生的巨大看板，你知道嗎？這些廣告看板都是由韓國或是海外粉絲集資買下的，有些資金充足的粉絲俱樂部甚至不只能在看板為偶像慶生，連手扶梯旁的廣告框也能整排買下，真是不容小覷粉絲愛護偶像的力量。

穿上韓服的偶像娃娃超可愛。

👁 臥牛山路散步路

🄰別冊P.8E2 🄱2號線弘大入口站9號出口徒步約5分 🄘首爾市麻浦區西橋洞臥牛山路27街；서울 마포구 서교동 와우산로27길

　來到弘大不一定只逛停車場街，鑽到巷弄間來到臥牛山路27街，約500公尺的道路林立多樣風格小店，除了高人氣的餐廳與小咖啡館，小巷內也有很多販賣衣服、首飾、鞋子、包包等小店等待發掘，穿梭在小巷小弄裡都是旅遊的樂趣。在每週的週五、六的14:00~22:00，還特別設定為車輛禁止進入的散步路道。

首爾·漢江以北

弘大及其周邊

首爾·漢江以南及其周邊

> 泡芙切開後流淌的內餡都讓人直流口水。

> 打開門先看到一旁美麗的乾燥花販賣機。

☕ colline

콜린

小編按讚 讚讚

> 典雅的氣氛和食物都非常推薦。

🏢 別冊P.9C4 🚇 6號線上水站1號出口徒步5分 🏠 首爾市麻浦區和諧廣場路45；서울 마포구 어울마당로 45 ☎ 0507-1335-1119 🕐 週日至週四10:30~23:00，週五至週六10:30~24:00 💰 棉花糖拿鐵(cotton candy latte)₩6,000 📷 www.instagram.com/colline_cafe/

位在弘大停車場街尾端，兩層樓的設計與延伸出來的露台搭配花花草草，相當引人注目。內部使用木頭色為基調，搭配花朵裝飾與溫暖柔和的燈光，非常適合在此度過安靜午後，或是深夜來此約會談心。這裡提供多樣咖啡和飲品、甜點，其中**地瓜拿鐵的地瓜香氣濃郁、口感不過甜，而棉花糖拿鐵上巨大的棉花糖，可是相當受人矚目又很適合拿來拍照。**

> 相當推薦兩人套餐，可以有不同的食感。

🍴 保勝會館

보승회관 홍대직영점

🏢 別冊P.8D2 🚇 2號線弘大入口站9號出口徒步8分 🏠 首爾市麻浦區和諧廣場路131；서울 마포구 어울마당로 131 ☎ 02-322-8111 🕐 24小時 💰 血腸豬肉定食(순대 항정수육정식)₩15,000、湯飯₩10,000起 🌐 www.boseunghall.com

保勝會館屬於連鎖店，但弘大這間分店在用餐時間可是要排隊的，**店內招牌就是血腸湯飯和豬肉湯飯，提供從不辣、小辣、到大辣的選擇，**兩人以上的話可點血腸豬肉定食，包含兩碗湯飯和一大盤白煮肉，享受到不同的口感。

首爾‧漢江以北

弘大及其周邊

➡首爾‧漢江以南及其周邊

KT&G想像庭院

KT&G상상마당

🔘別冊P.9C3 🚇2、6號線合井站3號出口徒步約10分 🏠首爾市麻浦區和諧
廣場路65；서울 마포구 어울마당로65 ☎02-330-6221 ⏰11:00~21:00(各樓層
不一) 🌐www.sangsangmadang.com

　　KT&G상상마당(Sangsangmadang)是「想像庭院」的意思，玻璃帷幕
上以清水模作出蝴蝶翅膀紋路般的效果，**各層展出繪畫、裝置藝術、現**
代設計、電影、影像等各種分野的創意作品，還有播放新銳導演電影作
品的小型電影院及音樂咖啡館，可説是培育首爾新鋭藝術家的搖籃。

清水模外觀在
弘大商圈內獨
樹一格。

🍴 流氓炒年糕

홍대조폭떡볶이 홍대2호점

🔘別冊P.8D2 🚇2號線
弘大入口站9號出口徒步
約2分 🏠首爾市麻浦區弘益路6街38
東橋洞1F；서울 마포구 홍익로6길 38 동
교동1층 ☎02-337-9933 ⏰
11:30~1:30 (1:10最後點餐) 🍴辣炒
年糕₩4,500、豬血腸(옛날순
대)₩4,500

人氣爆棚
的辣炒年
糕店！

　　位於弘大停車場街北段的「流
氓炒年糕」，是這一帶最有歷史的
小吃店，店面不大，點好餐後自己
端進去，辣度可以自己加、配湯也
可以自己舀，除了辣炒年糕外，還
有豬血腸、釜山黑輪、紫菜包飯、
炸物等韓國傳統小吃。

⭐ 秀KTV弘大店

수노래연습장 럭셔리 홍대점

小編按讚
짱짱

🔘別冊P.9C3 🚇2號線弘大入口站9號出口徒步約12分；6
號線上水站1號出口徒步約9分 🏠首爾市麻浦區和諧廣場
路67；서울 마포구 어울마당로67 ☎02-322-3111 ⏰24小時 🌐blog.naver.
com/sunoraebang

以豪華設備著稱
的KTV，歌唱好手
快來大顯身手。

　　這家以豪華、設備新穎著稱的KTV，在首爾相當知名，擁有多間分
店，總是率先引進最新的軟硬體科技。在《原來是美男》中，眾人遍尋不
著不告而別的高美女，卻收到美女寄來的影音檔，馬室長説了句：「能夠
立即傳送唱歌現場訊息，應該是在弘大那邊」，指的應該就是秀KTV。

天色一暗打上
各色燈光更是
華麗。

必點招牌豬排骨。

弘大Club

🚇2號線弘大入口站9號出口徒步約5分至弘大正門附近 ❗1.需滿18歲以上，攜帶護照入場。2.穿著輕便服裝即可入場，勿穿拖鞋。

弘大是首爾夜生活的中心，還可在任一間店裡兌換一杯飲料。覺得夜晚沒事做，俱樂部之夜絕對能讓你跳到腿軟，high到不行。但需注意畢竟是在異地建議攜伴參加，並小心自身安全為上。

nb 클럽nb

🏠首爾市麻浦區臥牛山路72 B1,B2；서울 마포구 와우산로 72 ☎01085550856 ⏰週日至週四22:00~6:00，週五至週六21:30~7:00 🌐www.instagram.com/clubnb_official

提到弘大的Club，第一個想到的絕對是nb2，這家是由擁有BIGBANG、2NE1、SE7EN等知名韓國團體及歌手的經紀公司YG Entertainment社長所開，是弘大最知名的Club。

🍴 弘益木炭烤肉

홍익숯불갈비

📖別冊P.8E1 🚇2號線弘大入口站8號出口徒步約5分 🏠首爾市麻浦區和諧廣場路146-1；서울 마포구 어울마당로146-1 ☎02-334-3354 ⏰15:30~4:00 💲豬排骨(돼지갈비)、豬頸肉(생목살)、三層肉(생삼겹살)₩13,000、豬皮(껍데기)₩6,000

想和韓劇歐巴和歐逆一樣在舊時烤肉店的圓桌上大啖肥滋滋的三層肉，小酌水果燒酒的話，推薦位於弘大街道轉角的弘益木炭烤肉，這裡還是韓劇《嫉妒的化身》、《舉重妖精金福珠》的拍攝地。**招牌是豬排骨，豬頸肉和三層肉也都相當好吃，建議可以加點豬皮來嚐嚐。**

🧁 Billy Angel

빌리엔젤

📖別冊P.8E2 🚇2號線弘大入口站9號出口徒步約8分 🏠首爾市麻浦區臥牛山路103；서울 마포구 와우산로103 ☎02-323-0020 ⏰週日至週四11:00~22:00、週五至週六11:00~23:00 💲紅絲絨可可蛋糕(Red Velvet레드벨벳)₩7,700、飲料₩4,600起 🌐www.instagram.com/billyangel_hongdae

強調手工製作的Billy Angel，全用簡約的白色與典雅的水藍勾勒出整家店的輪廓，透明櫃中擺放著約十種的手工蛋糕，**店內招牌為紅絲絨可可蛋糕(Red Velvet)**，外層抹上滑順的奶油起司，與其豔紅的蛋糕體形成強列對比，淡雅的可可風味，口感輕盈蓬鬆，因綿密的像天鵝絨般而得此名號。

Utsav印度咖哩

웃사브

🍴別冊P.8D4　🚇6號線上水站1號出口徒步約3分　🏠首爾市麻浦區臥牛山路11街10；서울 마포구 와우산로11길10　☎0507-1301-9189　🕙10:00~22:00 (L.O.21:00)　💲Utsav 兩人套餐₩70,000，咖哩餐點₩17,000起　🌐utsav.modoo.at/

這座巷弄內的水泥牆建築，乍看像是個藝廊，但它其實是間印度咖哩餐廳，小小的水泥門內別有洞天，四面環繞的建築物中間有座圍繞著長方形水池的露天座位區，而室內挑高的水泥牆設計以及印度風格小擺飾和畫作，都讓人深陷印度風情之中。**中午時段來到這裡，可以平實價格享用3~4道咖哩、香料雞排、熱炒和現烤的印度餅，相當划算**；晚間時段雖然價格較高，但能享受到浪漫的燭光晚餐氛圍，感受各有不同。韓國綜藝節目《Running Man》、《食神之路》等也曾於此店家拍攝美食單元。

Outdark Chicken House

아웃닭 홍대점

🍴別冊P.8D4　🚇2、6號線合井站3號出口徒步約10分；6號線上水站1號出口徒步約6分　🏠首爾市麻浦區臥牛山路17街19；서울 마포구 와우산로17길19　☎02-333-6334　🕙週日至週四16:00~1:00、週五至週六16:00~3:00　💲₩20,900起　◎www.instagram.com/outdark_korea

新概念式的炸雞店Outdark，相當受到年輕族群的歡迎，經常大排長龍，從昏暗的室內燈光，到高腳的桌椅及有格調的室內擺設，不僅品牌名稱類似美式家庭餐廳Outback Steakhouse，連室內裝潢也讓人有來到Outback用餐的錯覺。**Outdark提供原味、醬料和醬油等口味的炸雞，也有供應去骨炸雞，推薦可點口味不同的兩種炸雞各半**，既可以品嘗到不同滋味，又不會吃膩，搭配4種沾醬和沙拉、蘿蔔等配菜，相當美味。當然，啤酒這號完美搭檔也有販賣。

stance café

스탠스커피

🍴別冊P.8D4　🚇6號線上水站2號出口徒步5分　🏠首爾市麻浦區臥牛山路11街9；서울 마포구 와우산로11길 9　☎02-323-7500　🕙11:00~22:00，週末12:00~　💲咖啡₩4,500起　◎www.instagram.com/stancecoffee

在接近上水站的巷子裡，這家咖啡店雖然沒有愛拍照的網美最愛的粉紅色，也沒有什麼特殊裝潢，但後方小小露台倒是自成一格像個小天地一般，好不愜意。擁有溫暖燈光的店內，除了飲品還有幾道甜點，**像山一樣形狀的抹茶三角蛋糕相當推薦**。是挖掘到只有韓國人才知道的美食餐廳。

🎯 弘大兒童公園

小編按讚 讚讚

홍익어린이공원

🅰別冊P.8D3　🚇2號線弘大入口站9號出口徒步約8分　🏠首爾市麻浦區臥牛山路21街19-3；서울 마포구 와우산로21길 19-3
🕐自由市場：3~11月週六13:00~18:00

韓劇的浪漫場景，週末變身創意市集！

　在韓劇《紳士的品格》中，飾演張東健兒子的CNBLUE李宗泫彈著吉他唱起自創曲，背後的溜滑梯相當搶眼；《瑪莉外宿中》、《愛情雨》的張根碩經常自彈自唱，並分別和文瑾瑩、潤娥約會的地方，也有出現熟悉的溜滑梯，這個常出現在韓劇中的場景，就是弘益大學正門口對面的弘大兒童公園，平時也常能看到年輕人們彈著吉他在此表演，而**一到週六午後**，這裡又變身為洋溢藝術氣息的「**自由市場 (프리마켓)**」。

自由市場中創作者自己獨到的個性，值得一逛。

鄰近大學與大型醫院，餐廳中午時免不了需排隊，建議可以避開中午用餐時間。

☕ The Famous Lamb

小編按讚 讚讚

더페이머스램

🅰別冊P.7B2　🚇6號線望遠站1號出口徒步約3分　🏠首爾市麻浦區世界杯路14街13；서울 마포구 월드컵로14길 13　☎02-334-2352　🕐9:00~21:00(L.O. 20:30)　🈺週一　💲可頌₩4,800、可可₩7,000　@www.instagram.com/thefamouslamb

復古鄉村風的咖啡廳

招牌熱可可(페이머스램 초콜릿)苦中帶甜，喝起來濃郁順口。

　The Famous Lamb位在安靜的巷子裡，若不是大門敞開，很可能會誤以為是私人住宅。咖啡廳有兩層樓，一樓中央掛著一幅巨大的綿羊畫，櫃檯擺滿新鮮出爐的麵包和甜點，其他角落也掛著各種類型的羊畫。上到二樓，實木天花板和水晶吊燈，以及裝在木櫃子里的老舊瓶瓶罐罐，彷彿來到復古的鄉村別墅。**The Famous Lamb的可頌採用法國法國依思尼奶油，非常酥脆可口。**

🍴 學生黨最愛中餐廳

수저가

🅰別冊P.7B2　🚇6號線安岩站3號出口徒步約5分　🏠首爾城北區安岩路89-3 1F；서울 성북구 안암로 89-3 1층　☎0507-1397-6878　🕐10:30~20:30(15:00-16:30休息時間)　💲炒碼麵₩8,000、雜醬麵₩6,000

　位於高麗大學附近的수저가**一直是學生們口耳相傳的人氣店**，由其是店內招牌**炒碼麵**則是推薦排行的第一名，做法主要添加洋蔥、蒜、櫛瓜、胡蘿蔔、捲心菜、魷魚、淡菜、豬肉等佐料，讓香辣的湯頭增添不同的層次風味，另外**雜醬麵**也是十分美味，Q彈的麵條拌上微甜濃稠的醬汁，是令人記憶深刻的好滋味。

首爾·漢江以北

弘大及其周邊

▼首爾·漢江以南及其周邊

蝦排搭上奉絲
起司超絕配！

小編按讚
讚 讚

🍴 HONKAZ弘大豬排

혼가츠

🏠 別冊P.8D3 🚇 2號線弘大入口站9號
出口徒步10分 🏠 首爾市麻浦區臥牛山
路21街36-6；서울 마포구 와우산로21길 36-6 ☎ 02-322-
8850 🕙 11:00~22:00 💲 起司豬排(치즈돈까스)₩11,000

> 明星主廚白鍾
> 元認證過的豬
> 排美味家！

韓國日式豬排店何其多，光是弘大這一帶就數不
清了。弘大鬧區中的這家豬排專門店，知名的白鍾元
美食家節目有來介紹過，不論是豬排或是蝦排，口感
都是相當酥脆，價格不貴且份量夠多，算是很划算的
一餐。

👁 Photobi

포토바이

🏠 別冊P.8E2 🚇 2號線弘大入口站8號出口徒步約10分
🏠 首爾市麻浦區臥牛山路27街50；서울 마포구 와우산로27
길 50 ☎ 070-7581-4782 🕙 11:00~20:00 🚫 週一 💲
₩30,000，其他特殊照片₩60,000起 🌐 photobi.
modoo.at

在韓國拍攝證件照已經變成一個熱門選項，因為
韓國求職太激烈且相當注重外表，導致履歷上那唯
一一張照片就算美到和本人不太像也沒關係，只要能
不被刷掉即可，因此韓國的證件照店家也就一家比一
家厲害，光是只有提供最基本的修圖也已經是修得
比台灣一般店家來的好，甚至還有從衣著、妝髮到修
圖等全配的服務，當然價格也成正比。

來到位於弘大質感服飾巷弄的Photobi，提供基
本的拍攝與修圖，相當便宜的價格質感卻不馬虎，向
店家人員說明要拍證件照或履歷大頭照後，拍攝到
修好圖幾乎不到10分鐘。不會韓文也沒關係，美編請
了會英文，各方面也都相當厲害，不只痘疤、細紋、黑
眼圈、大小眼，連臉頰都可以削尖、髮量都可以增多，
但神奇的是，成品看不出來修了哪裡，只覺得漂亮，
對照了才會發現修了這麼多！相當自然呢。

STYLENANDA

스타일난다

📍別冊P.8E2 🚇2號線弘大入口站9號出口徒步約8分 🏠首爾市麻浦區臥牛山路29 DA街23；서울 마포구 와우산로29 다길23 ☎02-333-9215 🕐13:00~21:00 🌐www.stylenanda.com/

> 韓國在地彩妝品牌擠身歐洲品牌旗下品牌！

成立於2004年的STYLENANDA，以其獨特的造型、有型的設計、完美的版型、大膽的剪裁加上優選的布料，深受韓國女生們的愛戴。STYLENANDA原為韓國的網路品牌，特殊的時尚品味和創意讓它成為韓國的潮流品牌，在2009年推出自己的彩妝品牌「3 CONCEPT EYE(簡稱為3CE)」，於2012年開設了第一間弘大的實體店面，並在2018年收購於法國萊雅集團旗下品牌之一。在寸土寸金的弘大商圈擁有占地廣闊的旗艦店，**其樓層分為3樓，1樓左邊為販售3CE化妝品的專櫃，右邊則是販售STYLENANDA服飾類的區域**，衣帽、鞋類、首飾等專櫃一直延伸至2~3樓。

> 專業化妝台擺上美妝品，讓你盡情試用。

☕ 青鳥麵包店

아오이토리

📍別冊P.8F2 🚇2號線弘大入口站8號出口徒步20分 🏠首爾市麻浦區臥牛山路29街8；서울 마포구 와우산로29길 8 ☎02-333-0421 🕐9:00~21:00 💲麵包₩2,800起 🌐www.instagram.com/bakerycafeaoitori

看店名就會發現，是從日本進駐韓國的麵包店，**這間麵包店的麵包價格樸實，各個也都很美味好吃**，是隱藏版巷弄麵包店，很受附近學生的喜愛。店內也可用餐，悠閒享用下午茶。

🍴 興夫家部隊鍋

흥부네 부대찌개

📖別冊P.8E2 🚇2號線弘大入口站9號出口徒步約8分 🕐首爾市麻浦區臥牛山路29街巷12；서울 마포구 와우산로29마길12 ☎02-336-1009 🕐11:30~15:30、17:00~21:00（L.O.20:20）🚫週六‧週日 💲原味（흥부네 부대찌개）₩10,000、海鮮部隊鍋2人份（해물부대전골）₩28,000

在弘大開業有40年時間的興夫家部隊鍋，自詡為部隊鍋的專家，料好味美實在非常受到在地人的歡迎。店內使用韓屋裝潢，價格十分平價，部隊鍋類都是以兩人份起跳，鍋類口味眾多，像是咖哩、泡菜、海鮮、蘑菇等，另外還有混合鍋可以選擇，其中以混合鍋與蘑菇鍋最受歡迎，蘑菇鍋除了部隊鍋料，另加入了3種不同菇類使湯汁更為鮮甜。如果鍋料吃不夠，還可多加點拉麵、起司、香腸（소시지）、餃子（만두）或黑輪（어묵）等。

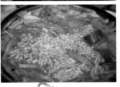

在咖啡館和餐廳免費手機充電

咖啡店通常都會在座位區附近提供插座供客人使用，有不少人就會拿來替手機充電（但請留意要自備充電線和韓國使用的220V的圓型兩孔插頭）。除了咖啡店可以自己找插頭替手機充電，韓國餐廳也幾乎都有提供免費充電服務，有需要時可詢問店員。「請問能幫我充電嗎？（충전해줄 수 있으세요?）」如可以的話，[chu-jon-hae-jul su i-seu-se-yo]」，店員會將客人手機放置在櫃台充電，同樣最好自備充電線和合適插頭。

必點的草莓鬆餅。

☕ Thanks Nature Café

땡스네이쳐카페

小編按讚 짱짱

可愛綿羊是店裡的活招牌~

📖別冊P.8D2 🚇2號線弘大入口站9號出口徒步約6分 🕐首爾市麻浦區臥弘益路10 Prugio大樓B1F, 121；서울 마포구 홍익로10 서교푸르지오상가 B1F, 121 ☎02-332-7470 🕐12:00~21:00 💲咖啡₩4,400起、鬆餅₩7,400

Thanks Nature Café店內以木質與淺綠做為主要色系，在店裡也隨處可見到羊的蹤影。來到這裡一定要吃的就是鬆餅，店家自製了十種不同口味的鬆餅，看是想吃酒窩夫婦吃的草莓鬆餅（딸기），或是香蕉巧克力鬆餅（초코바나나）、抹茶鬆餅（녹차），任君挑選。此家店為韓國綜藝節目《我們結婚了》中，酒窩夫婦Super Junior利特與姜素拉第一次見面的咖啡館。

Thanks book是有著書香與咖啡香的社區書店。

Thanks books

땡스북스

🏠別冊P.9B4 🚇2、6號線合井站5號出口徒步約5分 🏠首爾市麻浦區陽花路6街57-6；서울 마포구 양화로6길 57-6 ☎02-325-0321 ◷12:00~21:00 💰商品₩3,000起 ◎ www.instagram.com/thanksbooks

　　弘大商圈有因美術、藝術而知名的弘益大學，在這裡也有許多個性小店，像是這間位在想像庭院旁的「Thanks books」，與一般連鎖書店不同，採取社區式書店經營(동네서점)，在入口處設置咖啡製作區、沙發區、座位區，將咖啡香帶入書香。店內將書籍劃分詳細，像是旅遊、藝術、文學等。

SPACCA NAPOLI

스파카나폴리

🏠別冊P.9B4 🚇2、6號線合井站5號出口徒步約3分 🏠首爾市麻浦區楊花路6街28 2F；서울 마포구 양화로6길28 2F ☎02-326-2323 ◷11:30~15:00、17:00~21:30 (L.O. 20:30) 🚫週一、週二 💰窯烤披薩₩15,000起、義大利麵₩18,000起 ◎www.instagram.com/spaccanapoliseoul

　　SPACCA NAPOLI的招牌是窯烤披薩，每到傍晚就會出現排隊人潮，在弘大相當受歡迎，位在2樓的店面座位不多，窯就位於角落，不過排煙效果很好，不至於讓店內煙霧瀰漫。**除了窯烤披薩，紅醬和奶油白醬的義大利麵也是很受歡迎，建議可各點一種和朋友一起分享，才不會**吃到膩。另外，還會附上小黃瓜等小菜可解膩去油，更可以拿披薩沾取桌上的蜂蜜，甜甜的蜂蜜搭配鹹鹹的披薩，意外地相當美味。

小泉餐館

옹달샘

🏠別冊P.9C4 🚇2、6號線合井站5號出口、6號線上水站1號出口徒步5分 🏠首爾市麻浦區楊花路6街99；서울 마포구 양화로6길 99 ☎02-333-2440 ◷11:00~22:00 💰菜飯(곤드레 나물밥)₩9,000、泡菜豬肉 (김치찜)₩20,000

　　首先映入眼簾的是走可愛風的裝潢以及桌上餐具，這家小店**提供健康的菜飯或紫米飯，並附上大醬湯，搭配泡菜豬肉、辣炒魷魚、辣炒豬肉等主餐**，彷彿享用了一頓家庭料理。

泡菜豬肉的肉質很有嚼勁。

有一說是喝過店家的大醬湯便知是否為美味店家。

首爾·漢江以北

弘大及其周邊

◆首爾·漢江以南及其周邊

🎁 Kakao Friends Store弘大旗艦店

카카오프렌즈 홍대 플래그십 스토어

ⓜ別冊P.8D1　🚇2號線弘大入口站9號出口即達　ⓖ首爾市麻浦區楊花路162；서울 마포구 양화로 162　☎02-6010-0104　🕐10:30~22:00　🌐store.kakao.com/kakaofriends

> 可愛的Kakao Friends引領韓國生活文創風潮！

繼江南開幕的第一家Kakao Friends旗艦店，弘大也開幕的第二家。**弘大店同樣是由1、2樓賣場和3樓咖啡店組成，內部裝潢與擺設多了家居氛圍**，2樓佔滿一整面牆的旅行系列商品最引人注目，旅行箱、旅行袋、新版護照套等不僅感覺質感升級，也讓人直呼好可愛好想擁有。

> 三樓是萊恩咖啡廳，與萊恩一起喝杯咖啡。

> 近期推出的貝比版萊恩，超可愛！

🏬 ALAND

에이랜드 홍대점

ⓜ別冊P.9C3　🚇2號線弘大入口站9號出口徒步15分　ⓖ首爾市麻浦區楊花路16街29；서울 마포구 양화로16길 29　🕐11:00~22:00

ALAND是各大潮牌的集散地，舉凡你聽過的或沒聽過的，這裡幾乎都有，價格算是中等，比起地下街貴了點卻多了質感，比起百貨便宜些也更有設計感一些。**男女款皆有，尤其潮牌其實不太分男女款，因此男女都相當適合來逛逛**。除了弘大，在新沙、明洞、永登浦、COEX和蠶室等地都有分店。

🍴 DOMA韓牛烤排骨專賣店

도마 홍대본점

ⓜ別冊P.9C3　🚇2號線弘大入口站9號出口徒步約10分　ⓖ首爾市麻浦區楊花路16街33；서울 마포구 양화로16길 33　☎02-3143-0365　🕐週二至週四17:00~00:30，週五至六16:00~2:30、週日16:00~00:30　❌週一　💲組合A(도마모듬A)：牛小排(生肉或醃醬)+帶骨排骨+梅花牛₩27,000、組合B(도마모듬B)：牛排骨肉(生肉或醃醬)+和牛里脊+梅花牛₩29,000，以上皆為1人份(150g)　◎www.instagram.com/doma_hongdae/

> 低消為每人1人份，因此可以一人來用餐喔！

這家算是稍微平價的韓牛烤排骨店，除了基本的牛小排(생갈비살)，還有帶骨排骨(갈비본살)、去骨排骨(진갈비살)、雪花牛(꽃살)、神戶沙朗(외규동심)，點組合餐可以吃到較多種類。**除了韓牛，泡菜、醃紫蘇、醃白菜、辣蔥絲、蜜南瓜，甚至還有醬蟹，連小菜都不遑多讓**。這裡的麻藥大醬湯更是招牌必點，使用牛骨慢熬，並放入大量蒜苗和各種配料的湯頭相當濃郁。

首爾‧漢江以北 弘大及其周邊 ➡首爾‧漢江以南及其周邊

🍴 KyoChon橋村炸雞

教村치킨 홍대점

紅遍大街小巷的韓式炸雞，多重風味任君挑選。

🏠 別冊P.9C2 🚇 2號線弘大入口站9號出口徒步約5分 🏠 首爾市麻浦區楊花路16街6；서울 마포구 양화로16길 6 ☎02-338-1300 ⊙

🕐12:00~2:00 💲炸雞₩19,500起

　　橋村炸雞除了請來偶像團體代言功不可沒外，其炸雞的美味程度更是令人拍案叫絕，韓式炸雞與美式炸雞或台式鹽酥雞不同於，韓式喜歡加上調味醬料。**橋村除了原味炸雞，賣得最好的就是香辣炸雞**，辣醬是以韓國國產青陽辣椒特調而成，甜香帶辣的刺激感，一口咬下是柔嫩的雞肉，實在令人再三吮指回味。另一種蜂蜜炸雞也是人氣單品，如有不能吃辣的人可點此款嘗，另外黃金炸薯塊(교촌웨지감자)也是不錯的選擇。

炸雞與啤酒就是絕配！

韓式炸雞特點之一就是多汁，令人吮指回味！

手指韓語好Easy：用餐篇

可能會用到的句子

我們共兩個人。◦ 저희는 두 사람 입니다.
請給我們兩人份的牛小排。갈비 2인분 주세요.
我想要一碗刀切麵。◦ 칼국수 한 그릇 주세요.
可以再給我一點泡菜嗎？ 김치 더 주실 수 있으세요?
請問這個素食的人也可以吃嗎？이건 채식주의자도 먹을 수 있어요?
請埋單。◦ 계산 부탁합니다.

可能會用到的單字

		粥	죽
五花肉	삼겹살	白飯	공기밥
韓式定食	한정식	冷麵	냉면
麵疙瘩	수제비	煎餅	부침개
辣炒雞肉	닭갈비	海鮮煎餅	해물부침
韓式牛肉湯	설렁탕	辣炒年糕	떡볶이
石鍋拌飯	돌솥비빔밥	辣椒	고추
韓式生魚片	속초회	水	물
豬血腸	순대	冰塊	얼음
人蔘雞	삼계탕	柚子茶	유자차
雞湯鍋	닭한마리	烏龍茶	우롱차
生章魚	산낙지	汽水	사이다
泡菜鍋	김치찌개	可樂	콜라
海鮮鍋	해물전걸	燒酒	소주
部隊鍋	부대찌개	米酒	걸리
水餃	물만두	啤酒	맥주
紫菜捲	김밥	咖啡	커피

首爾‧漢江以北

弘大及其周邊

▼首爾‧漢江以南及其周邊

🛍 Mecenatpolis

메세나폴리스

🏠別冊P.9A3　🚇2、6號線合井站9、10號出口直通　🏠首爾市麻浦區楊花路45；서울 마포구 양화로45　☎02-6357-0108　🕐11:00~22:00

> 各類商店雲集，逛累了還有美食相伴，是逛街的好選擇。
>
> 小編按讚
> 쨍 쨍

「空中懸掛著一大片彩色雨傘海」，相信有觀看韓國綜藝節目《Running Man》的人應該對這景象不陌生，這是位在弘大西南邊的Mecenatpolis Mall最著名的裝置藝術，這座商場緊鄰地鐵2號線合井站，與弘大僅15~20分鐘的步行距離，**包括了3座住宅大樓、藝術中心、電影院和購物商城，是韓國少數蓋在地鐵站上方的住商建築物**，也是弘大一帶的逛街選擇。

👕 ZIOZIA

🏠Mecenatpolis Mall 1F　☎0507-1404-4883　🕐11:00~22:00　◎www.instagram.com/ziozia_hapjeong

　　ZIOZIA的西裝講究個性和時髦，讓注重時尚的年輕上班族既能穿出自我又不會在公司裡顯得突兀。像是歌手Rain、演員金秀賢等都曾穿著或代言ZIOZIA服飾。

　　另外，ZIOZIA還有推出休閒服系列以及西服配件，一樣走高格調路線。不過雖然設計高雅，ZIOZIA的價錢倒不至於太貴，一套西裝約₩200,000，就算是社會新鮮人也負擔得起。

> ZIOZIA西裝剪裁合身，適合亞洲人的體型。

> 店內的雷鬼塗鴉超有哈哈的風格！

🍴 哈哈&金鐘國的401精肉食堂

하하&김종국의 401정육식당

🏠別冊P.9C3　🚇2號線弘大入口站9號出口徒步約15分；2、6號線合井站3號出口徒步約8分；6號線上水站1號出口徒步約9分　🏠首爾市麻浦區小橋路23；서울 마포구 잔다리로23　☎02-325-0805　🕐16:00~02:00　💲豬或牛肉₩17,000

> 韓星開的大口吃肉烤肉店！
>
> 小編按讚
> 쨍 쨍

　　由雷鬼歌手兼搞笑藝人的哈哈開的401精肉食堂，**提供新鮮的豬、牛肉與肥腸，店家貼心地提供中文菜單。**從店家外觀就可感受到鮮豔色彩的雷鬼風格，店內除了整面偶像明星曾造訪的簽名牆外，擁有強烈風格的嘻哈塗鴉牆也很有哈哈的特色，是韓國綜藝節目《Running Man》的忠實觀眾必訪的店，加上有眾多韓星加持，經常座無虛席，且越晚越熱鬧，說不定會遇到前來聚餐的《Running Man》成員！

> 招牌肥腸烤熟沾取酸甜的醬料，Q彈口感相當美味。

首爾·漢江以北 ┄┄ 弘大及其周邊
➡首爾·漢江以南及其周邊

韓國人愛續攤

台灣人聚餐，通常是在一家店待上幾小時大聊特聊後就解散，偶爾續到第二攤而已，但韓國人不喜歡在一家店待很久，通常吃完正餐後就會前往咖啡店或繼續到別家店喝酒續攤，第二攤結束後還可能到KTV繼續第三攤，這樣的情形在週五、六最常見，但也越來越容易在平日晚上看到，這常讓我們懷疑韓國人是否都不用睡覺。

🍴 兔子停 弘大店

토끼정(停)

🏛別冊P.9C3 🚇2號線弘大入口站9號出口徒步約8分 🏠首爾市麻浦區小橋路2街13；서울 마포구 잔다리로2길 13 ☎02-333-0638 🕐11:30~22:00(L.O.21:00) 💰餐點₩10,500起 🌐www.tokkijung.co.kr

> 在日式復古風裡享用招牌奶油烏龍與咖哩鍋吧！

　　本店在江南的「兔子停」在弘大商圈開設分店，地點選在停車場街的周邊小巷內。**店內空間畫分為4層，B1樓為廚房，1~3樓為用餐空間**，寬闊空間就算客人很多也不顯擁擠。店內菜單以日式料理為主，有飯、麵類、飲料、鍋類和特製料理。其中兔子停特製的奶油烏龍(크림카레우동)在奶油醬中放入彈牙的烏龍麵，是店家招牌，還有加入泡菜和魷魚的招牌炸醬麵(토끼정짜파)，是只有在兔子才吃得到的私房菜。另外像是日式咖哩鍋(카리나베)、馬鈴薯可樂餅(고로케)是韓國部落客推薦必點的菜餚。

> 配合三叉口地點的三角窗的櫥窗設計十分顯眼。

> 擺放仿舊家具營造出復古氛圍，超好拍！

🍴 Himeshiya

히메시야

🏛別冊P.9C3 🚇2、6號線合井站5號出口、6號線上水站2號出口徒步5分 🏠首爾市麻浦區獨幕路15街3-18；서울 마포구 독막로15길 3-18 ☎0507-1417-4562 🕐11:40~15:00、16:40~21:20 💰鮭魚肚丼飯(연어뱃살덮밥)₩15,500

　　在弘大真的有各式各樣風格的日式料理店，這家空間不大，但裝潢充滿復古可愛風。提供**各式丼飯**，舉凡牛丼、雞肉丼、親子丼都非常受歡迎，而生魚片丼飯又是人氣選擇。

☕ café mellow

梅洛烏

🏠 別冊P.9C3 🚇2號線弘大入口站9號出口徒步約10分；2、6號線合井站3號出口徒步約8分 🏠首爾市麻浦區小橋路30-11；서울 마포구 잔다리로 30-11 ☎0507-1440-8283 ⏰週日至週四12:00~21:00、週五至週六12:00~22:00 💰巧克力噴泉(멜코 초코퐁듀)₩5,000起、飲品₩5,800起 💻www.instagram.com/mellow_cafe_

> 喝杯暖男店長親手製作的咖啡飲品～

在夏日午後偶然經過巷子內的一間小巧咖啡廳，店面不太顯眼，店裡坪數也不大，擺設簡單帶有居家悠閒感，鵝黃色的燈光溫暖又舒適，在一旁小角落正有4、5個韓國小女生圍著桌子大啖著巧克力噴泉。店裡倚牆的木櫃擺放著好幾樣在地設計師的手工藝作品、卡片等。暖男店長也可用英文溝通，親切的語調讓人像是在家一般放鬆。店內**供應各式甜品、咖啡、飲料等，其中以巧克力噴泉為女孩們的最愛，除了一人份量外，還有提供棉花糖、香蕉、冰淇淋，以及草莓、櫻桃等季節水果。**

👁 弘大彩繪階梯

🏠 別冊P.8E4 🚇6號線上水站2號出口徒步約5分 🏠首爾市麻浦區獨幕路19街；서울 마포구 독막로19길

在韓國綜藝節目《Running Man》第121集「闖關任務」中，朴信惠遇到可愛的小狗幫忙，取得任務線索的地方，有著一道狹長的彩繪階梯，兩旁牆面也都是彩繪及塗鴉的樣貌，這個地方就在74號刀削麵附近的巷子中，因為階梯往上就能到達弘大校園，因此姑且稱之為弘大彩繪階梯，就算**不是梨花洞壁畫村，在弘大這塊土地也是可以在轉角發現驚喜的。**

> 鬧中取靜的公園是闔家休閒好去處。

👁 臥牛兒童公園

와우 어린이공원

🏠 別冊P.8E4 🚇6號線上水站2號出口徒步約5分 🏠首爾市麻浦區獨幕路19街；서울 마포구 독막로19길

弘大彩繪階梯如果算是一個巷弄中的驚喜，那臥牛兒童公園就算是個小小禮包了，這處寬闊的公園，擁有溜滑梯、運動器材等設備，早起的民眾和小朋友一同來到公園內運動及玩耍的畫面不自覺的浮現腦海，**牆面一樣有和弘大彩繪階梯相映成趣的繽紛塗鴉，幾棵樹木讓這裡更添四季風情。**

🍴 合井豬肉泡菜鍋

합정생고기김치찌개

▲別冊P.9C4 🚇2、6號線合井站5號出口、6號線上水站2號出口徒步5分 🏠首爾市麻浦區獨幕路49；서울 마포구 독막로 49 ☎02-334-8895 ⏰24小時 💲1人份₩9,000，起司蛋捲(치즈계란말이) ₩9,000

　　合井豬肉泡菜鍋位於合井和上水站之間，供應泡菜豬肉鍋。其實這種需要點幾人份的店家，不一定要依人數點，只要是兩人以上，依食量折衷即可，例如四人的話可點三人份，加一道起司蛋捲。鍋內的豬肉相當入味，起司蛋捲非常牽絲又美味，很推薦。

> 店內有超過十種以上的甜點、蛋糕可選。

> 建議都可以追加一道起司蛋捲喔！

☕ Humming Bella

허밍벨라

▲別冊P.9C3 🚇2、6號線合井站3號出口、6號線上水站1號出口徒步約8分 🏠首爾市麻浦區獨幕路7街57 2~3F；서울 마포구 독막로7길 57 2층, 3층 ☎02-324-7050 ⏰週日至週四11：00～22：00(L.O.21：00)、週五至週六11：00～23：00(L.O.22：00)

　　位在想像庭院附近的巷弄內的「Humming Bella」，是結合烘焙麵包、蛋糕以及咖啡的餐廳。其為兩樓建築，**位在1樓的是粉色基調的麵包店，沿著一旁的階梯向上即可看到2樓的戶外用餐區，以及咖啡廳**，室內又可分為1樓烘焙廚房、櫃台，以及小區塊的用餐區，3樓有更多用餐區域。咖啡廳內也有提供麵包類餐點、咖啡、茶類、果汁等飲品。這裡也曾作為韓劇《奶酪陷阱》以及《Kill Me Heal Me》等拍攝地。

☕ Moment Coffee

모멘트커피

🏠別冊P.9C1 🚇2號線弘大站1號出口徒步約5分 📍首爾麻浦區世界盃北路4街29；서울 마포구 월드컵북로4길 29 📞070-8860-5287 ⏰10:00~22:00 💲YAKI PAN SET(附湯)₩14,000、哈密瓜蘇打₩7,000。套餐不含飲料，每人低消一杯飲料

可以DIY的可愛吐司套餐！

走日本懷舊風格的「Moment Coffee」以一個可愛的麵包人偶為代表，從擺設到餐具都滿溢著文青氣息。位於弘大街巷中的2號店，**主打把炭烤吐司搬上桌的DIY吐司套餐**，一堆出就成為打卡熱點。店裡以棕刷、棉被撢等懷舊生活小物掛上牆面，就像是來到熟悉又溫暖的鄉村農舍。廚房是半開放式設計，可以看到店員忙著現烤山形吐司的身影。

> 散發濃濃日雜風的店裡，綠色植物營造清新氛圍。

🍴 飯匠人豬肉鍋

밥장인 홍대점

🏠別冊P.8E1 🚇2號線弘大入口站8號出口徒步約3分 📍首爾麻浦區楊花路18街16；서울 마포구 양화로18안길 16 📞02-6052-1833 ⏰10:00~16:00、17:00~22:00 💲豬肉鍋1人份₩10,000 🌐www.babjangin.com

在弘大入口站8號出口的飯匠人豬肉鍋是相當有名氣的隱藏版美食，**店內提供1人份的豬肉鍋，還有與炒豬肉和午餐肉搭配的各種組合套餐**，豬肉鍋的辣度從小辣到超辣，有五種階段可選擇，不過光是第一階段的小辣就蠻有辣度的了。另外，每份豬肉鍋都會附上一碗飯，都會擺上煎成星星或愛心等形狀的荷包蛋，非常推薦將小菜、豬肉鍋中的豬肉和豆腐，以及紫菜，加進鍋中攪拌相當好吃。團體MonstaX也在推特中推薦過喔！

> 豬肉鍋附的飯類可選白飯、紫米飯和薑黃飯三種。

首爾・漢江以北 …… 弘大及其周邊 →首爾・漢江以南及其周邊

夏天還可坐在窗邊座位享受涼爽的用餐氛圍。

🍴 九孔炭烤腸

구공탄곱창

📖別冊P.9C4 🚇2、6號線合井站6號出口或上水站1號出口徒步約6分 🏠首爾麻浦區楊花路6街77；서울 마포구 양화로6길 77 ☎02-3395-9010 🕐16:00~23:00(L.O.22:00) 💲鹽味、辣味烤大腸(막창구이)、辣味烤小腸 (곱창구이)₩13,000，加起司 ₩5,000

九孔炭烤腸主要使用國產豬大腸和小腸，另外也供應加拿大進口的豬橫隔膜(肝連)肉和盲鰻，分為鹽味和辣味，因為是兩人份起跳，建議可點鹽味烤大腸和辣味烤小腸各一份，再加點起司，這樣整盤上桌相當可觀。中間附上辣醬和酸奶醬，韭菜上灑有胡椒鹽，半邊是烤腸，另一半是煎蛋、起司和隱藏其中的年糕，切成干貝狀的年糕不過於黏膩好入口，大小腸也處理得很乾淨，入味又有嚼勁。

🍴 望遠市場

망원시장

各種口味的可樂餅只要 700，可以買來解饞。

📖別冊P.9A2 🚇6號線望遠站2號出口徒步約5分 🏠首爾市麻浦區圃隱路8街14；서울 마포구 포은로8길 14 ☎02-335-3591 🕐10:00~20:00

距弘大徒步約20分鐘路程的望遠市場，是當地民眾買菜和覓食的小市場，規模其實不算大，但便宜蔬果和美味小吃，加上韓國綜藝節目拍攝加持下，而吸引著遊客前往，比起較知名的廣藏市場等，這裡遊客較少，逛起來也較舒服。

市場裡小有名氣的有炸雞店如QS炸雞(큐스닭강정)，還有尾端的可樂餅店(망원수제고로케)，其他還有如生鮮店、醃小菜店和幾家便宜超市等，可謂五臟俱全。從望遠站2號出口出站後，遇到巷子左轉，一邊走也能一邊研究一旁蔬果的價格，繼續直走就能看到入口了。

炸物小攤現點現炸。

人氣高的QS炸雞，有醬料、起司芥末及水果等口味。

🧁 望遠洞提拉米蘇

망원동티라미수

🏠首爾市麻浦區圃隱路87；서울 마포구 포은로 87 ☎02-324-7877 🕐11:00~21:00 💲原味(오리지널)₩5,800、草莓(딸기)₩5,900

使用當季水果的提拉米蘇十分受歡迎。

鄰近合井站的這間小店，外觀相當平凡且不起眼，不仔細看完全不會注意到，它卻是這幾個月來興起的熱門打卡甜點店。**店內提供4到5種口味，除了經典原味，草莓、芒果、香蕉、奇異果、藍莓和抹茶等皆依季節變動**。特別使用紙杯盛裝，讓提拉米蘇也能變化出新滋味，一口咬下，甜而不膩，可以吃到層層驚喜。

首爾・漢江以北 ⋯⋯ 弘大及其周邊 ➡首爾・漢江以南及其周邊

☕ 漢江美景咖啡

물결 한강

🏠別冊P.7A1 🚇6號線麻浦區站7號出口徒步約20分 🕐首爾市麻浦區麻浦渡口街296；서울 마포구 마포나루길 296 ☎0507-1351-9138 ◐週二至週五12:00~22:00、週六至週日11:30~22:00 ❌週一 💲咖啡₩6,000起、調酒飲品₩8,000起 ◎www.instagram.com/mulgyul_hangang

建築外觀簡約氣派。

絕佳的河岸地理位置成為人氣新景點。

在漢江公園旁的「물결 한강」已成為當地情侶約會的新景點，建築緊鄰河岸，獨棟雙層的咖啡廳十分顯眼，一樓主要是點餐專區所以裝潢以簡單ins風為主，點好餐可以直接上樓，二樓設計類似透明溫室，四面皆是整片的落地窗，同時也設置戶外座位區，天氣晴朗的時候不如選擇戶外座位更能將廣闊的江景盡收眼底。

👁 世界盃公園

월드컵공원

🏠別冊P.7A1 🚇6號線世界盃體育場站1號出口徒步約5分 🕐首爾市麻浦區天空公園路86；서울 마포구 하늘공원로 86 🌐parks.seoul.go.kr/template/sub/worldcuppark.do ❗天空公園、彩霞公園為顧及安全考量，日落後實施夜間管制

世界盃公園位於首爾世界盃體育場附近，是為紀念2002年在韓國舉辦的世界盃足球賽，並整治自1978年以來掩埋共約9,200萬噸垃圾的蘭芝島而修建的公園，花費6年的淨化工程及1年多的公園建設，使世界盃公園煥然一新。

面積高達105萬坪的世界盃公園包含和平公園、天空公園、彩霞公園、蘭芝川公園與蘭芝漢江公園，和平公園內有種植許多能淨化水域的水生植物的「蘭芝蓮花池」；身為第2大漢江公園的蘭芝漢江公園擁有自然生態濕地與自然環境保存空間、遊覽船碼頭、草地廣場與露營場、遊艇場、弓箭場、運動場等設施；彩霞公園建立有不會破壞地形的環保高爾夫場；蘭芝川公園則有約50,000棵樹木生長的樹林。

👁 天空公園

하늘공원

🕐首爾市麻浦區天空公園路95；서울 마포구 하늘공원로 95 ◐7:00~18:00

天空公園可說是最知名景點，在世界盃公園中距離天空最近的公園，曾遍地都是垃圾，如今則成為**擁有數個觀景台及美麗景致的草地公園**，到了秋天都被紅葉所染紅，還有大片的紫芒更是吸引眾多遊客前來造訪。

🍴 城山洞刀削麵

성산동 칼국수집

📍別冊P.7A1 🚇6號線麻浦區廳站2號出口徒步約12分 📍首爾麻浦區Moraene路63；서울 마포구 모래내로 63 ☎02-373-3964 🕐11:00~21:00（15:00~17:00休息時間）💲蛤蠣刀削麵（바지락칼국수）₩9,000、生菜包肉（보쌈）₩30,000

　出現在系列韓劇《一起吃飯吧》第2季的刀削麵和生菜包肉餐廳，是位於麻浦區的「城山洞刀削麵」拍攝，**蛤蠣湯頭相當鮮美，刀削麵Q彈有嚼勁**，如果3人以上前往，不妨也點道生菜包肉。另外，通常刀削麵專賣店都是點幾人份就將幾人的份量一起盛在大鍋中，上桌時別嚇到了。

新西遊記裡的男女主角神奇妙漢娃娃。

👁 上岩文化廣場

상암문화광장

📍別冊P.7A1 🚇6號線、機場快線數位媒體城站9號出口徒步約15分 📍首爾市麻浦區城岩路267；서울 마포구 성암로 267

　上岩文化廣場可說是電視台聚集地，看得到**MBC、MNET、tvN、YTN、KBS等總部或分部，其中MBC更是將總部1樓大廳及建築外廣場打造成韓流展示中心**，廣場上的兩位巨人可說是最受矚目，紅框如巨大鏡子般，兩側的藍色巨人就像存在於鏡子裡外，象徵著一體兩面的傳遞與溝通。

一日三餐的Jackson羊環保瓶。

🎁 MYCT SHOP

📍首爾市麻浦區上岩山路66 (CJ E&M CENTER 1F)；서울 마포구 상암산로 66 CJ ENM CENTER 1층 🕐週日至週四9:30~21:00，週五至週六11:00~20:30

　隸屬於CJ集團的CJ E&M說是目前韓國演藝界龍頭老大也不為過，其跨足電視、電影、音樂產業，旗下頻道tvN及Mnet是韓流指標之一。Mnet專攻音樂節目，tvN則製作多元化類型節目，綜藝、戲劇等有口皆碑，其中以羅 錫團隊監製的《一日三餐》、《尹食堂》、《新西遊記》、《Biong Biong地球娛樂室》融入日常與旅行，打破綜藝節目原有的格局，帶來極好收視率。

　　位在上岩洞CJ E&M總部一樓更為多樣化節目而推出的周邊商品開設一間「MYCT SHOP」，**在商店內可以購買到多樣商品，是迷弟、迷妹必去挖寶的店家！**

首爾・漢江以北

新村梨大

➡首爾・漢江以南及其周邊

新村·梨大
신촌·이대
SINCHON·EWHA WOMANS UNIVERSITY

自 延世大學延伸的新村，在延世路和名物街林立各式新潮店家，鞋包及服飾品牌和百貨也交錯其間；而梨花女子大學是韓國著名的女子學校，逛逛周邊街道的服飾店、彩妝店就能知道時下女孩的最新流行，走到巷弄內還有許多小店可以尋寶，流連其間不但可以享受逛街樂趣，也可以感受到清新的學生氣息。

交通路線 & 出站資訊

地鐵
新村站➪2號線
梨大站➪2號線

出站便利通
◎從新村站**2號出口**出站後左轉，或是**3號出口**出站後右轉，就會到達延世路，延世路和前方交會的名物街是新村最繁華的街道，除了相當多的美食餐廳，美妝店不比梨大少，百貨內的服飾品牌更是比梨大還多。

◎在新村站內往**7、8號出口**方向，經過**7、8號出口**(不出站)後會看到盡頭有道門，推開門出去就是現代百貨和**U-PLEX**的地下街(文中即稱現代百貨地下街)，沿著地下街直走出站一樣是延世路和名物街交會的新村商圈，可認明站外的紅色水管。

◎從梨大站**2號出口**出站後左轉直走，或是**3號出口**出站後右轉直走，沿路會看到許多小吃攤，直走到底就會看到梨大，左側的街道和小巷充滿女生最愛的服飾、美妝店，逛著逛著還可以順路走到新村附近繼續逛。

ⓘ Play Bus

신촌 플레이버스

Ⓜ 別冊P.11A3　Ⓜ 2號線新村站現代百貨地下街出口即達　🏠首爾市西大門區延世路5街11；서울 서대문구 연세로5길 11　☎02-330-1809　🕐11:00~21:00

　充滿復古氣息的雙層巴士就這樣矗立在新村街頭，叫人不注意都難！別小看它，**它可是提供各種大大小小旅遊諮詢的新村遊客中心。**巴士內部以音樂為主題，分為「歡迎來到新村」、「新村音樂體驗」、「新村的故事」3大主題，讓所有遊客都可以用音樂了解新村、感受新村。

首爾・漢江以北 …… 新村・梨大 ➡ 首爾・漢江以南及其周邊

> 豔紅色的水管是約定見面的最佳地標！

👁 紅色水管

빨간 잠수경

🅐別冊P.11A2　🚇2號線新村站往7、8號出口方向直走，過了7、8號出口後推開門出去就是現代百貨和U-PLEX的地下街(以下稱現代百貨地下街)，沿著地下街直走出站即達

　　U-PLEX前的這個巨大鏡子，原名「紅色潛水鏡」是根據韓國藝術家陸瑾炳(音譯)的作品《Survival is History》以及以大眾為對象募集而來的創意名稱，現已成為新村地標，常有人面對著鏡子拍照，也被大家暱稱為「紅色水管」，是約定見面的最佳地點。

　　雖然紅色水管後方就是U-PLEX，但也可以從一旁的現代百貨地下街出口進出，直通現代百貨和U-PLEX地下街，時常有百貨特價商品，並進駐不少商家。

👁 樹林中漢方樂園

숲속한방랜드

🅐別冊P.10D1　🚇2號線新村站2號出口車程約10分　📍首爾市西大門區奉元寺街75-7；서울 서대문구 봉원사길 75-7　📞02-365-2700　🕐6:30~22:00　💲成人入場券₩15,000、學生₩7,000~9,000，館內消費另計

> 新村人氣復古汗蒸幕！

> 汗蒸幕必吃飲食推薦：甜米釀、雞蛋與泡麵。

　　「樹林中漢方樂園」是新村當地著名的汗蒸幕中心！汗蒸幕是不分男女老少都喜愛的活動，因是韓國家庭或朋友聚會的場所，汗蒸幕中心的設施相當齊全，除了不同溫度的浴池與三溫暖，還有烤肉餐廳與休憩空間，露天的炭窯還可以烤地瓜或是年糕，假日常可見韓國人帶著全家人一同到此休息放鬆。

> 鞍山地理位置極佳，位在置高點能看到首爾市區大部分地標。

👁 鞍山毋嶽洞烽火臺

무악동 봉수대

🅐別冊P.7B1　🚇2號線新村站2號出口車程約15分　📍首爾市西大門區奉元洞山1；서울 서대문구 봉원동 산1　📞02-330-1301

　　韓國由於四季分明，山中景色依季節而有不同的美麗變化，所以登山活動十分受到當地人歡迎，首爾市中就有高度適宜，無須準備就能輕鬆散步的地點。**位於新村附近的鞍山展望台，坡度不高很適合一般人飯後到此散步兼消化**，單程約計半小時至一小時即可完成。

首爾·漢江以北

新村·梨大

首爾·漢江以南及其周邊

若是想要品嘗人氣鹽味小餐包建議在傍晚之前到店購買。

彼得潘1978

피터팬1978

小編按讚 쨍쨍

BLACKPINK團員Jennie也推薦的美味麵包！

🏠別冊P.11A1 ✪2號線新村站3號出口轉乘公車約10分 ♦首爾市西大門區繪加路10；서울 서대문구 증가로 10 ☎02-336-4775 ⏰8:00~21:00 💲鹽味小餐包(아기궁댕이)₩2,500

　一間小小的麵包店卻已有百年的歷史，近年來更因許多網紅、Youtuber和韓國當紅女團「BLACKPINK」成員Jennie的推薦再度爆紅。**店中的鹽味小餐包是人氣商品，有分成硬的與軟的鹹味小餐包，可以依個人喜好做選擇**，店中其他的糕點種類多樣，水果蛋糕也是生日或是聖誕節的熱賣商品。

小編按讚 쨍쨍

Daemyung烤肉

대명꼬기

新村超人氣學生美食！

🏠別冊P.11B2 ✪2號線新村站3號出口徒步約15分 ♦首爾市西大門區明魯街27街27-15；서울 서대문구 명물길 27-15 ☎0507-1484-1636 ⏰17:00~00:00 💲五花肉一人份₩7,000、排骨一人份₩7,500

　新村是首爾的知名學區，延世大學、梨花大學與西江大學都在其周圍，所以想要體驗學生美食，來到新村准沒錯！**「Daemyung烤肉」就是其中超低價的學生烤肉店**，雖然隱身在巷弄之間，但依然每晚高朋滿座，不過要注意這邊的烤肉有基本的點餐份數，越多人來愈划算。

特別推薦店裡的竹心燒酒，比起一般燒酒更順口。

店內座位不多常常客滿，可以選在剛營業的時候過去比較不會撲空。

ManNyan House

만냥하우스

🏠別冊P.11A1 ✪2號線新村站2號出口徒步約20分 ♦首爾市西大門區城山路402-1；서울 서대문구 성산로 402-1 ☎02-322-6692 ⏰18:00~01:00 💲炸物及韓式年糕₩10,000、煎飯捲₩6,000

　在著名延世大學正面附近，常有學生聚集的韓式小吃店，其中一個顯眼的黃色招牌小店，一直是許多延世學生喜愛的餐廳之一。「ManNyan House」店內大部分小吃都十分平實，價格約落在10,000韓元左右，**招牌菜單鵪鶉蛋炒年糕與煎飯捲是每桌必點的料理**，煎飯捲是將切片飯捲裹上蛋液汁再將其煎至兩面金黃香脆，好吃的秘訣是再沾上炒年糕的醬汁，甜辣入口。

🛍 現代百貨 新村店

현대백화점 신촌점

🄰別冊P.11A3　🚇2號線新村站2號出口現代百貨地下街出口即達　🄰首爾市西大門區新村路83；서울 서대문구 신촌로83　☎02-3145-2233　🕐週一至週四10:30～20:00，週五至週日10:30～20:30　🌐www.ehyundai.com

現代百貨新村店位在延大、梨大、弘大和西江大學等學校附近，因此商場內的品牌走的是年輕時尚路線，檔次比起其他購物商場要再高一級，卻又不失年輕流行的色彩。

斜角處有座醒目的鐘塔，常用來做相約之處。

🍴 新村食堂

새마을식당 신촌점 숯불

🄰別冊P.11B3　🚇2號線新村站3號出口徒步約1分　🄰首爾西大門區延世路2街6 1F；서울 서대문구 연세로2길 6 1층　☎02-365-3284　🕐12:00～22:30　💲炭火烤肉₩10,900、7分鐘豬肉泡菜(7분돼지김치)₩8,000　🌐newmaul.com

新村食堂是**韓國名廚白鍾元**旗下的韓式烤肉餐廳，在首爾有多家分店，以**炭火烤肉和7分鐘豬肉泡菜**聞名。與其他烤肉店相比之下，新村食堂份的炭火烤肉份量較小，一個人吃也剛剛好；若是和朋友聚餐，也可以選擇拼盤一起分食。

這裡的7分鐘豬肉泡菜，是將豬肉與的老泡菜一起燉煮，並非印象中的泡菜「鍋」，反而沒那麼多湯水；吃起來味道微辣濃郁，非常下飯。

👜 U-PLEX新村店

U-PLEX신촌점

🄰別冊P.11A3　🚇2號線新村站2號出口現代百貨地下街出口即達　🄰首爾市西大門區新村路83；서울 서대문구 신촌로83　☎02-3145-2233　🕐10:30～22:00

U-PLEX新村店和現代百貨是姐妹店，B2樓現代百貨地下街有通道相連，也通往地鐵站，而4樓也有通道，從現代百貨逛完就可以直接來到這裡。**這裡的走向更年輕、休閒**，幾乎主打戶外和休閒運動服，更適合學生和青少年。

U-PLEX是以休閒款為主的年輕百貨。

延世路和名物街
연세로 & 명물길

🏛別冊P.11B2　🚇2號線新村站2、3號出口徒步約2分；2號線新村站現代百貨地下街出口即達

　　從地鐵新村站一直延伸到延世大學之間的延世路，是新村最主要、最熱鬧的街道，美麗的行道樹下，商店、美妝店、餐廳、咖啡館林立，且因應學生的夜貓族習性，不少店家都開得特別晚，有些咖啡館甚至24小時營業。而和延世路交匯的名物街熱鬧度也不遑多讓，即使到了夜晚也是燈火通明，讓人感受到新村的活力。

M2U RECORD
엠투유레코드

🏛別冊P.11A3　🚇2號線新村站1、2號出口徒步約2分　🏢首爾市西大門區新村路87-14；서울 서대문구 신촌로 87-14　☎02-3143-3946　🕙10:00~22:00　🌐m2urecord.com

　　如果喜歡聽韓樂可不能錯過這家唱片行！位於現代百貨斜後方的M2U RECORD，是新村最具規模的唱片行，可以在這裡找到最新發行的專輯及韓劇原聲帶，因鄰近現代百貨和U-PLEX現代百貨，在歌手及偶像團體發行新專輯時，會在百貨舉辦簽名會等活動，在指定時間內至M2U RECORD購買專輯，就有機會參加。

麥田冰店
호밀밭

🏛別冊P.11C2　🚇2號線新村站3號出口徒步約10分　🏢首爾市西大門區新村站路43；서울 서대문구 신촌역로 43　☎02-392-5345　🕙12:00~22:00　💰牛奶冰(밀크빙수)₩7,900、綠茶冰(녹차빙수)₩8,500、咖啡冰(커피빙수)₩8,500

　　麥田冰店主要提供韓式古早味冰品，有淡淡牛奶香氣的刨冰質地很細，幾乎是入口即化，分量適中很適合一人一份，而附贈的紅豆麻糬，吃完可以再續，由於店員不會主動詢問，需要續的話請主動到櫃台告知店員。紅豆麻糬與冰品搭配更有多種層次的美味。

不知道吃什麼，跟著韓國人排隊準沒錯！

🍴 新村麵疙瘩

新村수제비

軟Q的麵疙瘩以及鮮甜爽口的飯捲，連韓國人都說讚。

📖別冊P.11A3 🚇2號線新村站1、2號出口徒步約2分 🏠首爾市西大門區新村路87-8；서울 서대문구 신촌로 87-8 ☎02-334-9252 ⏰10:30~20:30 🈹週日 💲麵疙瘩(수제비)₩5,000、海苔飯捲(김밥)₩2,000

別以為只有台灣人愛排隊，韓國人在面對美食時一樣會使出排隊絕招！位於現代百貨斜後方的這家小店，**店內只提供麵疙瘩和海苔飯捲兩樣菜單，一大早就能看到店外大排長龍**，到底這麵疙瘩有多好吃？厚薄適中，吃不到什麼麵粉味、軟Q有嚼勁的口感，實在美味，而用海鮮熬出的湯頭，更是清淡卻又鮮甜爽口，配上海苔飯捲，可說是畫龍點睛。

🍴 Oh! NUL TONGDAK

오늘통닭 신촌직영점

📖別冊P.11A2 🚇2號線新村站2號出口徒步約5分 🏠首爾市西大門區延世路11街8 1~3F；서울 서대문구 연세로11길 8 1~3층 ☎0507-1418-0692 ⏰週日至週四11:00~2:00、週五至週六11:00~3:00 💲古早味炸雞1977(오늘통닭)₩9,900~17,900、蒜味炸雞1984(마늘통닭1984)₩12,900~20,900 🌐ohnulopen.com

這家炸雞店從1977年開始，一直都是以一貫的料理方式，直接將整隻雞下鍋油炸，再依客人需求分切端上桌，**推薦招牌古早味炸雞+醬料炸雞半半，附贈生菜沙拉、醃蘿蔔和罐裝可樂**，如想吃無骨炸雞，也可點無骨原味加醬料炸雞。另外還有提供年糕、義大利麵等菜單。

酥炸外皮讓雞腿、雞翅和雞胸吃起來鮮嫩多汁。

說到炸雞絕不能忘記啤酒，超絕配！

🍴 韓式小菜餐桌

옥돌구이

📖別冊P.11A4 🚇2號線新村站8號出口徒步約5分 🏠首爾麻浦區新村路14街32；서울 마포구 신촌로14길 32 ☎02-324-2209 ⏰09:00~21:00 💲韓定食(一人份)₩12,000、銅板烤肉韓定食(一人份)₩15,000

韓國飲食為人所知的特點之一就是店家會附上很多小碟小碟的小菜，讓客人可以伴隨著飯與主食一起食用，這種一小碟一小碟的菜稱之為「反饌」(banchan)。而韓定食就是就是由滿桌的特色小菜所組成，位於新村的這家餐廳是**當地人常常推薦的平價家常韓定食，可以無限加點**也是許多人熱愛韓定食的原因之一。

雪冰

설빙 신촌점

⛰別冊P.11A2 🚇2號線新村站2號出口徒步約5分 🏠首爾市西大門區延世路23 2F；서울 서대문구 연세로 23 2층 ☎070-7716-8970 🕐11:30~23:30 💲黃豆粉雪冰(인절미 설빙)₩9,500、黃豆粉麻糬吐司(인절미 토스트)₩4,800

> 不論任何季節來碗雪冰都非常清涼暢快！

從釜山一路紅到首爾的雪冰，以如雪般的冰品為主，尤其是撲滿黃豆粉的招牌黃豆粉雪冰，可階段性地淋上店家附加的煉乳，煉乳和黃豆粉以及底下的冰融合在一起，口感很特別；也很推薦黃豆粉麻糬吐司，吐司的表面先淋上糖霜烤過，酥脆外表搭配內部麻糬的綿密口感，相當好吃。

> 藍莓和起司塊加上煉乳，甜而不膩，是女孩會喜歡的滋味。

> 舖滿草莓的草莓粉雪冰，超誘人！

> 燉雞加上如白雲般的起司，令人垂涎三尺。

大砲燉雞

대포찜닭

⛰別冊P.11A2 🚇2號線新村站2號出口徒步約5分 🏠首爾市西大門區延世路27-1 3F；서울 서대문구 연세로 27-1 3층 ☎0507-1401-6633 🕐11:00~22:00 (L.O. 20:40) 💲招牌燉雞(대포찜닭)一人份₩14,000、兩人份₩28,000，白雲燉雞(구름찜닭)一人份₩14,000、兩人份 32,000

大砲燉雞鄰近延世大學，每達夜晚就會吸引許多年輕學生來用餐，點餐方式很有趣，必須要壓桌上的雞娃娃，雞的慘叫聲就會幫你招來店員。點餐方式為首先選擇幾人份，接著無骨或帶骨，第三步驟則是菜單下方的3種加點配料圖，由左至右分別是起司、炸魷魚和鋪上就會變鳥窩的薯條，還可以選擇辣度。

雞肉搭配醬汁最美味。

 ## 優的一隻雞

유닭스토리 닭한마리 신촌점

🚇別冊P.11B3 🚈2號線新村站3號出口徒步5分 🏠首爾市西大門區延世路4街7；서울 서대문구 연세로4길 7 ☎02-6012-9563 🕐11:00~21:50 (L.O. 20:50) 💲一隻雞(닭한마리)₩25,000 @www.instagram.com/youdarkstory

　說到韓國的一隻雞，不外乎就是東大門的陳玉華一隻雞，和新村與梨大中間的孔陵一隻雞。不過，説到一隻雞，**新村的「優的一隻雞」也是人氣十足，受過電視採訪等等**，雞肉鮮嫩多汁，特調醬料也相當美味，再加上用餐環境是一般的座椅，下次不妨前往試試喔！

最後的湯汁用來拌飯超美味！

牆上貼滿電視採訪或藝人的合照。

孔陵一隻雞

공릉닭한마리

🚇別冊P.11C2 🚈2號線新村站4號出口或梨大站1號出口徒步約10分 🏠首爾市西大門區延世路2街77；서울 서대문구 연세로2길 77 ☎02-393-9599 🕐11:00~22:00 💲一隻雞(닭한마리)₩24,000

　隱身於新村與梨大之間巷弄裡的孔陵一隻雞，可是大家口耳相傳的知名美味。**在熬煮費時的雞湯裡除了一隻雞，還有年糕、麵疙瘩等豐盛配料**，軟嫩的雞肉搭配店內獨特醬汁，相當美味。不妨加點麵條會更好吃，或是將雞肉全數吃完，還剩下些湯底時，可請店員煮雞湯粥，完美的結束一餐。

香Q年糕、彈滑蕎麥麵加上去骨雞肉，香辣又開胃！

春川辣炒雞排·蕎麥麵

춘천집 닭갈비막국수

🚇別冊P.11A2 🚈2號線新村站2號出口徒步約5分 🏠首爾市西大門區延世路5街1；서울 서대문구 연세로5가길1 ☎0507-1303-2361 🕐11:00~15:30、17:00~22:30 (L.O. 21:30) 💲無骨辣炒雞排(뼈없는닭갈비)₩13,000、蕎麥麵₩7,500

　這家以賣春川辣炒雞排為主的餐廳，在新村一帶相當有名。將去骨的雞排肉切塊，以醬料醃製入味；待客人點餐後，和年糕、香腸、地瓜、白菜等配料一起端上桌，淋上店家特製辣椒醬，在平底鐵板鍋上開始拌炒，完成後先吃配料，再吃年糕和雞排。要注意食物的辣勁不容小覷，此時餐廳附上的蘿蔔泡菜、通心粉沙拉和清涼的開水，就起了作用。

首爾·漢江以北 …… 新村·梨大 …… 首爾·漢江以南及其周邊

🍴 元祖豬骨湯

원조감자탕

別冊P.11A3 2號線新村站1號出口徒步約5分 首爾市西大門區延世路5街8；서울 서대문구 연세로5다길 8 0507-1373-6400

24小時 豬骨湯(감자탕)小₩30,000、排骨醒酒湯(뼈다귀탕)₩10,000

> 馬鈴薯排骨湯和醒酒湯都很受歡迎！

加入芝麻葉、泡菜、金針菇、馬鈴薯等配料的豬骨湯，光是小份的份量就很驚人，排骨燉得軟爛，使用筷子就可以簡單地骨肉分離。

排骨醒酒湯不一定是喝了酒的隔天才能吃，味道和豬骨湯些許不同，稍微辣一些，將飯加進湯裡也很好吃。

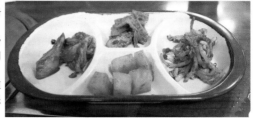

> 軟爛的排骨燉得骨肉分離，帶辣的口味極下飯！

🎁 Yes

예스 신촌점

別冊P.11A3 2號線新村站3號出口徒步約2分 首爾市西大門區延世路6；서울 서대문구 연세로 6 02-363-0151 10:30~21:00

在Yes的櫥窗裡，內衣化身為繽紛的花朵、雲彩，喧鬧地吸引過路人的眼光。走進店裡，鮮豔的配色和舒適的布料，讓人真的忍不住想大喊「Yes！這就是我要的。」

Yes在韓國共有百家連鎖店，店裡不僅有女孩的內衣、睡衣，也有適合男孩的內褲，相同的都是圖案活潑、色彩鮮明，讓人看了心情飛揚。內衣的品質講求舒適感，每個月會推出2至3種新款，內衣尺寸從70A~85B，褲子尺寸從95~100。拿來當作居家休閒服，也很適合。

首爾·漢江以北 ···· 新村·梨大 ▼首爾·漢江以南及其周邊

新村大叔烤貝店

지오짱조개구이

📍別冊P.11A2 🚇2號線新村站1、2號出口徒步約6分 📍首爾市西大門區延世路5街15；서울 서대문구 연세로5가길15 ☎02-333-2236 🕐17:00~23:30 💲什錦拼盤 兩人份₩50,000、三人份₩65,000、四人份₩80,000 ❗貝類進貨量不一，建議事先聯繫確認

這家位於新村的烤貝店已有十幾年的歷史，曾接受許多媒體採訪，深受香港、日本遊客的喜愛。**附中英文的菜單上，有烤扇貝、烤螺、烤帶子等各式貝類可選擇**，或是直接點什錦拼盤，不僅每一種都吃的到，還有一鍋豆腐鍋可享用。烤貝有原味、起司、蒜頭3種口味。

> 貝類新鮮、口感鮮甜，就算是在市區也可以吃到如此新鮮的貝類。

> FOLDER裡的款式多元選擇更多。

FOLDER

폴더 신촌 하이라이트점

📍別冊P.11A3 🚇2號線新村站2號出口徒步約2分 📍首爾市西大門區延世路7；서울 서대문구 연세로7 ☎02-322-2390 🕐11:30~22:00 📷www.folderstyle.com

FOLDER集結眾多品牌的男女鞋，除了FOLDER在韓國獨家販售的懶人鞋OTZ、以防水靴聞名的法國PALLADIUM，還有Nike、韓國人人一雙的adidas和New Balance，以及Puma、英國馬汀鞋Dr. Martens、HUNTER雨靴等。

手指韓語好Easy：問路篇

可能會用到的句子

請問地鐵站怎麼走？
실례지만, 지하철은 어디서 타야합니까?

請問巴士站在哪裡？
실례지만, 버스정류장은 어디에있습니까?

向前直走
앞으로 직진하세요.

向前走，一直走到紅綠燈，然後右轉。
신호등이 있는곳까지 직진하신 후, 우회전하세요.

向前走，一直走到紅綠燈，然後左轉。
신호등이 있는곳까지 직진하신 후, 좌회전하세요.

大概還有多遠？
거리는 얼마나 남았습니까?

可能會用到的單字	
首爾車站	서울역
南山纜車站	케이블카역
景福宮	경복궁
清溪川	청계천
地鐵	지하철
巴士站	버스정류장
10分鐘	십분
15分鐘	십오분
20分鐘	이십분
30分鐘	삼십분
1小時	한시간
2小時	두시

首爾·漢江以北

新村·梨大

▶首爾·漢江以南及其周邊

稍有厚度的豬五花，搭配烤泡菜，清爽不油膩。

小編按讚 讚讚

🍴 **烤肉村 2號店**

구이마을 2호점

ⓘ別冊P.11A2 ⓢ2號線新村站2號出口徒步約5分 ⓝ首爾市西大門區延路7街10 1F；서울 서대문구 연세로7안길 10 1층 ☎02-334-4252 ⏰11:30~5:00 ⓢ豬五花吃到飽(무한리필)₩12,900

不限時吃到飽烤肉店，店員也帥！

又一家烤肉吃到飽！烤肉村在位於新村主巷內，夜晚幾乎是座無虛席，**通常吃到飽都有限時，但這裡沒有**，可以慢慢享用稍有厚度又有嚼勁的豬五花滋味，很受到韓國人的喜愛，時常看到公司在此聚餐。

🍴 **金德厚牛腸庫**

김덕후의곱창조 신촌점

ⓘ別冊P.11A2 ⓢ2號線新村站2號出口徒步約5分 ⓝ首爾市西大門區延世路7街18；서울 서대문구 연세로7안길 18 ☎02-336-1300 ⏰17:00~24:00 ⓢ吃到飽(무한리필)₩26,800、綜合拼盤(덕후모듬)200g₩15,900 ⓦ www.gopchangjo.com

打著要創造最棒的牛腸料理，金德厚牛腸庫是韓國連鎖烤腸餐廳，「德厚」其實是音譯，有熱愛某事物的人之意，也就是指熱愛牛腸的金先生所創造的牛腸店，很有意思。**店內採用特製醬料醃製的牛腸，提供有牛小腸(곱창)、大腸(대창)、牛百頁(양깃머리)、皺胃(막창)、牛心(염통)等**，可單點也可選擇5種都有的綜合拼盤。

軟爛的排骨燉得骨肉分離，帶辣的口味極下飯！

🍴 **未定麵店0410 新村店**

미정국수0410 멸치국수잘하는집신촌점

ⓘ別冊P.11A2 ⓢ2號線新村站1號出口徒步約5分 ⓝ首爾市西大門區延世路7街2；서울 서대문구 연세로7안길 2 ☎02-335-3864 ⏰週一至週五11:20~20:20、週六至週日12:00~21:00 ⓢ鯷魚湯麵(멸치국수)₩5,000 ⓦ www.0410noodle.com

進入店家前先使用門口的機器購買餐券後，將餐券交給店員，就可以期待美食上桌。店面雖然不起眼，但在韓國擁有多家分店，**以便宜的價格和自助式用餐環境受到喜愛，是很有人氣的名廚白鍾元所開設的連鎖麵店**。店名很有趣，其實全名是「未定麵店0410——很會做鯷魚湯麵的店」，招牌就是鯷魚湯麵，使用鯷魚經過36小時熬煮湯頭，搭配纖細Q彈的麵條及辣粉，超便宜的連鎖店也可以很美味。

店內的吃到飽是非常受歡迎的選項。

🍴 烤腸故事

곱창이야기 신촌점

🏠 別冊P.11A2 🚇2號線新村站2號出口徒步約5分 🏠 首爾市西大門區延世路7街2；서울 서대문구 연세로7안길 2 ☎02-332-1289 🕐15:00~2:00 💰小腸(곱창)₩16,000、大腸(대창)、牛皺胃(막창)₩19,000、綜合拼盤(곱창모듬)₩19,000 🌐www.gobstory.com/

「烤腸故事」供應牛小腸(곱창)、脂肪較多的大腸(대창)、牛皺胃(막창)等3種。在上桌前會提供配菜和小泡菜鍋，別小看這一小鍋，對於稍油膩的牛腸來說是相當解膩的。烤腸上桌後，上頭撒滿的胡椒鹽是這家店的重點，讓口感不那麼油膩也很入味，烤盤內除了烤腸，還有軟Q的炸年糕也很好吃。

可以直接點點綜合拼盤(곱창모듬)最划算！

半露天的座位區是觀賞美景的最佳座位區。

☕ 瀑布咖啡

카페 폭보

🏠 別冊P.7B1 🚇2號線新村站3號出口車程約10分 🏠 首爾西大門區延禧路262-24；서울 서대문구 연희로 262-24 ☎02-330-4998 🕐10:00~21:00 💰美式咖啡₩4,000、拿鐵約₩4,500 📷@cafe.pokpo

瀑布咖啡位於西大門區的弘濟川河畔，原是區內的小眾咖啡廳，但在社群媒體的曝光後成為年輕人的必訪私房景點，來到這裡可以享用靜謐下午茶時間，**近距離看著鬱鬱蔥蔥的自然景色與飛流直下的瀑布**，許多人散步到此曬曬日光，聽著療癒的瀑布聲，坐在這裡放空，恢復日常的疲累感。

辣雞爪是最佳的下酒菜&宵夜。

辣炒雞肉加進魚卵拌飯捏成飯糰,相當好吃!

🍴 紅味辣雞爪

홍미닭발 신촌점

📖別冊P.11A2 🚇2號線新村站2號出口徒步約5分 📍首爾市西大門區延世路7街30;서울 서대문구 연세로7안길 30 ☎02-333-3523 🕐17:00~5:00 ⊗每月第2及第4個週日 🍴辣雞爪(통닭발)₩15,000、雞爪套餐1~2人份(통발세트)₩23,000

慢慢地哨食銷魂辣雞爪!

這家辣雞爪可說是新村的隱藏美食,夜晚的翻桌率相當高,是當地人很喜歡的下酒小店。**辣雞爪有無骨和帶骨,如果有兩到三人用餐,推薦直接點套餐,含辣雞爪、辣炒雞肉、魚卵拌飯、蒸蛋、水蜜桃冰。**

水蜜桃冰是非嗜辣者的救星。

🍴 弘大螞蟻日式蓋飯 新村店

홍대개미 신촌점

📖別冊P.11A2 🚇2號線新村站3號出口徒步約5分 📍首爾西大門區延世路18 2F;서울 서대문구 연세로 18 2층 ☎02-312-7531 🕐11:00~20:50 🍴牛排蓋飯(스테이크 덮밥)₩11,900、骰子牛肉蓋飯(큐브스테이크덮밥)₩12,900 🌐hdgaemi.com

弘大螞蟻是以日式蓋飯聞名的排隊人氣名店,新村分店位於熱鬧大街上的轉角處2樓。**店內招牌是牛排蓋飯,將煎得六分熟的牛排鋪在香噴噴的白飯上,牛排鮮嫩多汁,搭配洋蔥超級下飯**,而骰子牛肉蓋飯也是熱門料理。另外,鮭魚或鮪魚蓋飯也很受女生歡迎,醬蝦蓋飯更是值得一試的特別佳餚。

小編按讚 讚讚

牛排蓋飯是店內的人氣餐點!

☕ Cafe Minerva

미네르바

📖別冊P.11B2 🚇2號線新村站3號出口徒步約5分 📍首爾市西大門區名物街18 2F;서울 서대문구 명물길 18 2F ☎02-3147-1327 🕐10:30~21:30 ⊗週日 🍴虹吸咖啡(사이폰커피)2杯₩17,000、義式咖啡(에스프레소)₩6,000 🌐www.instagram.com/minerva_1975

復古氣氛幽靜美好,很適合來約會。

《Signal》大叔和女主角最後約會的場所,看起來很像古早喝茶的茶館,實際上是位於新村的這家Cafe Minerva。**源於1975年,是新村最久的原豆咖啡店**,外觀相當不起眼,認明月亮招牌應該就能找到。內部裝潢相當復古,使用古早時代風格的沙發座椅,昏黃的燈光,安靜小巧的空間,都有種來到80年代的錯覺,很適合情侶約會。

小編按讚 讚讚

首爾‧漢江以北 新村‧梨大 ➡首爾‧漢江以南及其周邊

🍴 美味嫩豆腐&泡菜鍋

맛있는순두부&김치찜

🔵別冊P.11B2 🔵2號線新村站3號出口徒步約8分 🏠首爾市西大門區名物街36；서울 서대문구 명물길 36 ☎02-363-9901 ⏰24小時 💲豆腐鍋₩8,800起

店名直白的叫做「美味嫩豆腐&泡菜鍋」，美味也不在話下，**豆腐鍋湯頭相當鮮甜，料多實在，軟嫩的豆腐口感像極了豆花，入口即化非常好吃又下飯**，不妨學韓國人將小菜和桌上的紫菜通通加進飯裡，豆腐鍋搭上自製拌飯，是不是很有韓國人的味道？菜單上有相當多樣的豆腐鍋可選擇，且附中文，別擔心會看不懂。

> 除了豆腐鍋，不妨加點個起司煎蛋，也很推薦。

> 悠閒又溫暖的環境讓人想放鬆度過午後時光。

🍴 BLUES辣炒章魚

쭈꾸미블루스 신촌본점

🔵別冊P.11B4 🔵2號線新村站6號出口徒步5分 🏠首爾市麻浦區白凡路1街21；서울 마포구 백범로1길 21 ☎0507-1456-5996 ⏰11:30~15:00、17:00~22:00 💲辣炒章魚(신촌 쭈꾸미)一人份₩17,000

位於新村6號出口巷弄中的BLUES辣炒章魚，裝潢相當具有復古風格，店內使用許多木製建材隔出許多小空間，像包廂一樣很有氣氛。**兩人份以上才可點的辣炒章魚**，鐵盤外圈會倒入海鮮湯，搭配在小火中慢慢融化的起司，以及自助式可以無限續的魚卵，都可以幫助解辣。**另外還有章魚+五花肉、章魚+烤腸的選擇。**

🧁 GORDES

고르드

🔵別冊P.11A2 🔵2號線新村站2號出口徒步10分 🏠首爾市西大門區名物街42；서울 서대문구 명물길 42 ☎0507-1357-9566 ⏰9:00~21:40 💲草莓鮮奶油蛋糕₩9,000

在新村延世路尾端的這棟4層白色建築，是新村一帶相當好吃的麵包店，**1樓滿滿的麵包任你挑選**，蛋糕櫃裡的生日蛋糕和切塊蛋糕也非常誘人，推薦這裡的水果塔和千層派。雖然營業時間不太晚，但是早晨或傍晚時分，點杯咖啡和蛋糕，在舒服的空間念書或只是放空都是不錯的選擇。

> 吃完章魚後的highlight是用醬汁來炒飯！

> 章魚包上紫蘇葉與魚卵，香氣迷人。

首爾・漢江以北

新村・梨大

▶首爾・漢江以南及其周邊

環境優美的延世大學校園。

🎓 延世大學

연세대학교

🏛別冊P.11B1 🚇2號線新村站2或3號出口徒步約10分 📍首爾市西大門區延世路50；서울 서대문구 연세로50 📞02-1599-1885

創立於1885年的延世大學，起初是以宣揚基督教教義、追求真理與自由為宗旨而設立的學校，今日，它**不僅是韓國知名的學府之一，為韓國首屈一指的醫學大學，並名列世界百大名校之列**；另外，延世大學的韓國語學院

優美的歐式建築，古典又高雅。

知名的梨花大學也是氣質美女搖籃。

🎓 梨花女子大學

小編按讚
짱 짱

이화여자대학교

🏛別冊P.10F1 🚇2號線梨大站2、3號出口徒步約8分 📍首爾市西大門區梨花女大街52；서울 서대문구 이화여대길52 📞02-3277-2114

歐式建築校園，有著優雅的女學生往來穿梭，整個校園就是一幅美麗的風景。

　　梨花女子大學是韓國著名的女子學校，成立於1886年，「**梨花**」兩字是明成皇后所賜，意謂「成為優秀人才」。電影《我的野蠻女友》中又美又會彈鋼琴的女主角，就是梨花女子大學的學生。

　　在韓國，人們一聽到是「梨花女子大學」畢業的學生，多半會肅然起敬；而由這所優秀學府所培養出來的優秀女子，最後多半成為達官貴人的夫人。

階梯式的長廊是梨大著名美景之一。

首爾‧漢江以北 ···· 新村‧梨大

➡首爾‧漢江以南及其周邊

韓國大學文化！每間學校都有「特製校服」！？

韓國人的團結文化已經是世界聞名的事情，小從家庭觀念、大到校園生活，一直到出社會之後的聚餐文化。而在學區附近常常可以看到一群人穿著同樣的衣服行動，或許是款式時尚，或是對自己學校感到榮耀，韓國大學生蠻熱衷於在外穿著校服，一般T恤已不稀奇，像是棒球外套背後大大的印上校名，或是在手臂處貼上校徽等，甚至在冬季時還有特別訂製長版羽絨外套的校服呢！

> Yes apM是學生最愛的人氣商場。

🍴 Yes apM

예스에이피엠

🏠別冊P.10E2　🚇2號線梨大站2號出口徒步約2分　🏢首爾市西大門區梨花女大1街10；서울 서대문구 이화여대1길10　☎02-6373-7000　🕐11:00~22:30　㊡週二

　　Yes apM是梨大、新村一帶最大的購物商場。**服飾、皮件、首飾等應有盡有，是附近學生愛逛的人氣商場**，7樓用餐區也提供許多平價美食。Yes apM大樓前面有一個大廣場，廣場會不定期地舉辦活動，像是歌手的新歌發表，或者是街舞比賽等。幸運的話搞不好可以見到精采的表演。

> 來韓國一定要試試外送炸雞！

🍴 Pelicana炸雞

페리카나 이대점

🏠別冊P.10F3　🚇2號線梨大站5號出口徒步約3分　🏢首爾市麻浦區崇文16街6；서울 마포구 숭문16길6　☎02-711-5626　🕐11:00~1:00　🍴炸雞₩18,000起　🌐www.pelicana.co.kr

　　韓劇《來自星星的你》中，千頌伊老是吵著要吃炸雞配啤酒，也說下雪天就是要吃炸雞和啤酒，這樣的風氣也隨著韓劇在台灣爆紅而一起吹過來，她最愛點的外送炸雞就是這一家Pelicana炸雞，算是很早就出現的炸雞品牌，還曾出現在韓劇《一起吃飯吧》中，**最推薦的當然是任選兩種口味的「半半炸雞」**，如果想吃的話也可以請飯店或民宿幫忙叫外送。

明洞
명동
MYEONGDONG

明 洞是首爾市中心難得的行人徒步區，北起乙支路、南止忠武路、西跨南大門路、東達三一大路，區域內流行服飾、彩妝保養品、美食餐廳、各級飯店、表演劇場……像圍棋子分布在棋盤裡面一般，氣氛近似西門町商圈。現在的明洞儼然已成為觀光客必訪的景點，在首爾其他區域擔心會遇到的語言不通的問題在明洞絕不會遇到，美妝店、餐廳等一定有中文服務人員，來到明洞逛街絕對是百分百的安心。

明洞住宿推薦

Stay B Hotel 스테이비호텔명
🏠首爾市江中區忠武路23-1；서울 중구 충무로 23-1 ☎02-2277-6300 🌐www.staybhotel.com

世宗飯店 세종호텔
🏠首爾市中區退溪路145；서울 중구 퇴계로145 ☎02-773-6000 🌐www.sejong.co.kr

Savoy Hotel 사보이호텔
🏠首爾市中區明洞8巷10；서울 중구 명동8나길10 ☎02-772-7700 🌐www.savoyhotel.co.kr

宜必思明洞飯店
이비스 앰배서더 서울 명동
🏠首爾市中區南大門路78；서울 중구 남대문로78 ☎02-6361-8888 🌐www.ambatel.com/ibis/myeongdong/ko/main.do

首爾樂天飯店 롯데호텔 서울
🏠首爾市中區乙支路30；서울 중구 을지로30 ☎02-771-1000 🌐www.lottehotel.com/seoul-hotel/ko.html

首爾皇家飯店 로얄호텔서울
🏠首爾市中區明洞61；서울 중구 명동길 61 ☎02-756-1112 🌐www.royal.co.kr

Hotel Skypark Myeongdong I
호텔스카이파크 명동1호점
🏠首爾市中區明洞8巷15 11F；서울 중구 명동8나길15 11F ☎02-6900-9301 🌐www.skyparkhotel.com 🌐Hotel Skypark在明洞另有2號店及3號店

ℹ️ 明洞旅遊諮詢中心

명동관광정보센터
🔺別冊P.12C1 🚇2號線乙

支路入口站5、6號出口，或4號線明洞站7、8號出口徒步約5分 🏠首爾市中區乙支路66；서울 중구 을지로 66 🕐9:00~18:00 📷www.instagram.com/ticmyeongdong

位於明洞鬧區兩條最寬闊的街道的交會處附近，**提供明洞最新的情報資訊**。由於明洞店家多，也時常有所變動，所以看似一樣的明洞地圖，其實每兩個月就會更新一次版本，所以不妨到這裡索取新版本作為遊覽的參考。

🚇 交通路線&出站資訊

地鐵
乙支路入口站⇨2號線
明洞站⇨4號線
出站便利通
◎位於忠武路上的「明洞」地鐵站，固然是逛明洞最直接的大門，然而「乙支路入口」站就在它的西北側，事實上同樣方便。
◎逛明洞的時候，建議靈活運用「明洞」、「乙支路入口」兩個地鐵站，不妨從其中一站進、另一站出，就不必再走回頭路，逛起來更輕鬆自在。因此本書在明洞這一區介紹的每個點，都會附上這兩個地鐵站的交通資訊，方便大家做逛線安排時的參考。

赤糖

적당

⊙別冊P.13A1 ⊘2號線乙支路入口站1-1號出口即達 ⊙首爾中區乙支路29；서울 중구 을지로 29 ☎0507-1312-8928 ◷10:00~21:30 ⊜咖啡₩4,500起、羊羹₩2,800 ◎www.instagram.com/euljiro.jeokdang

　韓國傳統羊羹以豆沙和糯米粉為主料熬煮凝結成，口感綿甜爽滑，被認為有益氣健脾，赤糖**以羊羹點心作為主打招牌菜單**，除了傳統紅豆口味，還有栗子、綠茶、奶茶、榛果、巧克力這類特殊口味，外觀也精緻可愛，滿足大眾的味蕾的同時也兼具甜點藝術，不少人還道此特別外帶，當成伴手禮送人也十分體面。

店內裝潢也是充滿復古味且擁有濃濃韓風的設計。

青瓦城烤肉 乙支路店

청기와타운 을지로점

⊙別冊P.12B1 ⊘2號線乙支路入口站5號出口徒步約2分 ⊙首爾中區乙支路54 1樓；서울 중구 을지로 54 1층 ☎0507-1395-9970 ◷11:30~22:00 ⊜水原王排骨(兩份起)₩29,000 ◎www.instagram.com/c_town.euljiro/

　青瓦城是韓國連鎖烤肉專賣店，**舖有青瓦的屋頂結合現代設計**，十分符合品牌形象，從外面可以直接看到店內的各式肉類擺放，讓消費者可以看見新鮮生肉與醬料醃肉等。代表料理為水原大排骨與烤新鮮生肉是店內必點，其中水原大排骨最少需點2人份，店內氣氛熱鬧，適合三五好友聚餐。

營養中心

영양센터 본점

⊙別冊P.13B4 ⊘4號線明洞站5號出口徒步約1分；2號線乙支路入口站6號出口徒步約8分 ⊙首爾市中區明洞2街52；서울 중구 명동2길52 ☎02-776-2015 ◷10:30~22:30 ⊜蔘雞湯(삼계탕)、烤雞(통닭)₩18,500

　自1960年開業至今的明洞老店「營養中心」，是來此觀光的必嘗韓國美食。放置於店門口大烤箱內，隨時都串著烤得焦香的成排雞肉。**雞肉採用出生不滿百日的國產幼雞**，在烤爐裡翻烤約1個半小時，又香又脆讓人上癮。

明洞炸豬排

小編按讚 짱짱

명동돈까스

🅰️別冊P.12B2 🚇2號線乙支路入口站5號出口徒步約2分；4號線明洞站6號出口徒步約8分 🕐首爾市中區明洞3街8；서울 중구 명동3길8 ☎️02-775-5300 🕐11:00~21:00 💰里脊豬排(로스가스)₩14,000、藍帶豬排(코돈부루)₩18,000、魚排(생선가스)₩13,000 🌐mddongas.co.kr/

隱身巷弄的豬排店，先醃再炸，配上生菜更是絕配。

位於小巷內的明洞炸豬排從1983年開業至今，美味始終如一，雖然位置不太好找，但依然有很多人慕名而來。以**特製醬料醃製入味的豬排，裹上蛋和麵包粉後，再以高溫油炸5~8分鐘，外表金黃酥脆、內部柔嫩順口**；搭配切細的生菜、醃黃瓜，和獨家特調的沙拉醬，更是絕佳搭配；這裡的味噌湯也很鮮美。

☕ cafe coin明洞1號店

코인 명동1호점

🅰️別冊P.12B3 🚇4號線明洞站6號出口徒步約5分；2號線乙支路入口站徒步約8分 🕐首爾市中區明洞6街10 3F；서울 중구 명동6길10 3F ☎️02-753-1667 🕐週二至週六9:30~23:00、週一至週日9:30~22:30 💰綠茶刨冰(녹차빙수)1人份₩11,000、2人份₩15,000 📷www.instagram.com/cafe.coin

《請回答1994》的聯誼拍攝場景。

這家名為cafe coin的咖啡館，以**老歐風的復古氛圍**為主題，中國風桌椅和木樹、木造的挑高屋頂、以木頭隔出的沙發椅閣樓區，就好像穿越到古早時代，難怪韓劇《請回答1994》中的一段令人捧腹大笑的聯誼情節，會到這裡拍攝。明洞共有兩家分店，供應各式咖啡、飲品、甜點，其中夏季別忘了必點的特製綠茶刨冰。

SPAO

스파오 명동점

📖別冊P.12B3 🚇4號線明洞站6號出口徒步約2分；2號線乙支路入口站6號出口徒步約6分 📍首爾市中區明洞8巷15；서울 중구 명동8나길15 📞02-319-3850 ⏰10:30~22:00 🌐www.spao.com

　　SPAO是韓國服飾品牌，知名的經紀公司SM也是主要投資者之一，**SPAO的產品主要走休閒風，年輕又有型**。在品牌開創期時，SM旗下藝人像是Super Junior、少女時代等都是現成代言人，而引起一陣搶購風潮。

> 款式多元、活潑也是吸引人的原因之一。

到處都有換錢所

　　在韓國各地的機場都有銀行的外幣兌換櫃台，而各大城市市區也會有一些民間合法的換錢所，且大部分都不收手續費。匯率雖然會有一些小差異，但差別實在不大，只要先問清楚無須再加收手續費，即可安心兌換。

　　以首爾市區為例，熱鬧的明洞、仁寺洞、梨泰院、南大門等地，都可看到掛著「外幣兌換」、「兩替」、「Money Exchange」等招牌的地方，換錢非常方便，特別是明洞，一般來說匯率較好，其中大使館和一品香兩家換錢所(📖別冊P.13,B3)更是網友力推，不但離地鐵站近，而且據說匯率最佳。

首爾・漢江以北

明洞

➡首爾・漢江以南及其周邊

🍴 柳家辣炒雞排

유가네닭갈비 명동역점

📖別冊P.12C3；🚇4號線明洞站8號出口徒步約1分；2號線
乙支路入口站5、6號出口徒步約10分　📍首爾市中區明洞
8巷19 2F；서울 중구 명동8가길 19 2층　☎02-775-3392　🕐
10:00~23:00 (L.O. 22:00)　💲半半辣炒雞肉(반반닭갈비2
인) 2人份₩26,000、鐵板炒飯(볶음밥)₩7,000起　🌐
www.yoogane.co.kr

柳家辣炒雞排是將釜山風味的無骨雞肉和蔬菜、年糕等配料放在大鐵盤上直接拌炒，甜甜辣辣的很是過癮。除了原味辣炒雞排，還有甜玉米、味噌蜂蜜、起司火鍋，以及雞排加小章魚等組合；想一次吃兩種組合，可點半半辣炒雞肉(반반닭갈비)，同時享有原味和味噌蜂蜜口味。**鐵板炒飯是店裡的另一道王牌菜色**，服務生當場拌炒熟飯、配菜和辣醬，最後做成愛心形狀。有海鮮、牛肉等各種口味，再加入起司趁熱享用，濃郁的風味和拔絲口感更加叫人難忘。

> 柳家的招牌是鐵板炒飯和辣炒雞肉。

> 燉雞香Q甜辣而不麻，受到年輕女生的喜愛。

🍴 鳳雛燉雞

봉추찜닭 명동중앙우체국점

📖別冊P.12C2；🚇4號線明洞站8號出口徒步約3分；2號線乙支路入口站5、6號出口徒步約6分　📍首爾市中區明洞8巷47；서울 중구 명동8나길 47　☎02-3789-9381　🕐11:00~21:30　💲小份₩24,000、中份₩40,000、大份₩50,000

鳳雛燉雞是指安東地區風味的辣味燉雞，**鮮嫩雞肉用安東特製的香辣醬料，加入馬鈴薯、紅蘿蔔、韓國冬粉等**。鳳雛燉雞在首爾有十幾家分店，氣氛比其他連鎖餐廳要來的時尚舒適。店家還推薦清涼的蘿蔔泡菜湯，清爽的酸味正好可消火清熱，此外安東的傳統美酒也是絕配。

首爾‧漢江以北｜明洞
首爾‧漢江以南及其周邊

整棟粉紅色的建築物就是要激發出大家的少女心！

泳裝配上藍色磁磚更顯清涼感！

推開藍色大門後就在裡面試穿衣服吧！

4樓的大型洗衣機旁有眾多服飾配件。

2樓有著鋪滿花瓣的夢幻浴缸等著美女入浴。

街頭小天使下凡來助人

漢江以北的觀光重地街頭，像是明洞、光化門、南大門或梨泰院等地區，常常會發現穿著印有「i」字紅衣服的年輕人，他們多半是會說一、兩種外語的義工，其中會中文、日文的最多，多半是來自中國或日本的留學生，他們對你的詢問一定都會盡其所能地提供幫助。

🎁 Stylenanda Pink Hotel

스타일난다 핑크호텔

🏠 別冊 P.12C3 　🚇 4號線明洞站8號出口徒步約2分；2號線乙支路入口站6號出口徒步約10分 　📍 首爾市中區明洞8街37-8；서울 중구 명동8길 37-8 　☎ 02- 752-4546 　🕐 11:00~22:00 　🌐 www.stylenanda.com

　　於2018年正式收購於萊雅集團的Stylenanda，**位於明洞的旗艦店以飯店的概念打造而成**，1樓入口仿造飯店大廳，彩妝試用專區也像飯店餐廳自助吧一般，底下擺放著盤子，像用餐一般愉快地試玩彩妝；2樓則是以幾何大鏡子、純白大理石以及金屬水龍頭營造出化妝間的概念；3樓為飯店房間概念，展示多種風格服飾；4樓的主題是洗衣房，販售各種服飾及帽子、鞋子等配件；來到5樓就像到了泳池畔，可以在咖啡店清涼一夏。

首爾・漢江以北 ⋯⋯ 明洞 ➔首爾・漢江以南及其周邊

🎁 Kumkang

금강제화 명동본점

🅐別冊P.12C3 🚇2號線乙支路入口站5、6號出口徒步約5分鐘，或4號線明洞站6、7號出口徒步約10分 🏠首爾市中區明洞8街30；서울 중구 명동8길30 ☎02-753-9411 🕐週一至週四10:30~20:00，週五至週日10:30~20:30 🌐www.kumkang.com

金剛鞋為韓國鞋店的老舖，在韓國各地都可看到此牌子的店面。位於明洞的這家店內展售包括英國直營的Clarks、休閒風的Buffalo、適合成人的Diamond，以及所屬同公司的LANDROVER等品牌。鞋子都在1、2樓，1樓為女性和小孩專區，2樓為男性和休閒鞋款，3樓則是本店自創服飾。4樓為男性的服裝店和咖啡店。

加點蔥花、鹽或胡椒粉，湯頭更清爽。

長時間熬煮的牛肉湯香氣逼人，配上白飯，讓人想要一碗接著一碗。

🍴 河東館

하동관 명동본점

連續入選首爾米其林的美味牛肉湯！

🅐別冊P.12C2 🚇2號線乙支路入口站5號出口徒步約3分；4號線明洞站8號出口徒步約6分 🏠首爾市中區明洞9街12；서울 중구 명동9길12 ☎02-776-5656 🕐7:00~16:00 🈹週日 💲牛骨湯(곰탕)₩15,000 🌐www.hadongkwan.co.kr

以牛骨湯聞名的河東館，有70多年歷史，堅持選用上等韓牛，提供牛骨湯和熟肉兩種選擇。店家先選擇牛胸肉、牛腱肉、內臟、牛腿等部位，與蘿蔔一起長時間熬煮，肉熟後撈出，等有人點餐時與白飯一起放入湯中端出。特級牛肉湯比一般牛肉湯多加了牛肚；熟肉拼盤裡則有牛胸及牛肚。有些人還會將蘿蔔泡菜汁倒入湯中，吃起來更香辛；吃完喝杯店家附上的大麥茶可去油膩。

首爾‧漢江以北

明洞

▶首爾‧漢江以南及其周邊

「明洞餃子」連續入選首爾米其林指南。

🍴 明洞餃子

명동교자 본점

📖別冊P.12C2 🚇4號線明洞站8號出口徒步約5分；2號線乙支路入口站5、6號出口徒步約6分 📍首爾市中區明洞10街29；서울 중구 명동10길29 ☎1店：0507-1366-5348、2店：0507-1443-3525 🕐10:30~21:00 (L.O. 20:30) 💲刀切麵(칼국수)₩11,000 🌐www.mdkj.co.kr/en/

料多味美的餃子與刀切麵的神組合！

餃子包得像三角形的大餛飩。

於1966年開業的「明洞餃子」，自2016年來連續入選首爾米其林指南，店內的菜品不多，刀切麵、餃子兩樣就美味的令人印象深刻。來此直接點碗湯頭濃郁的刀切麵，附上4顆餃子，餃子內餡是熟悉的餃子館，細柔多汁、滋味極佳。料多且多汁的餃子，搭上湯頭濃郁的刀切麵，難怪店門前總是大排長龍。

🍴 明洞咸興冷麵

명동함흥면옥 본점

來自北朝鮮的好滋味，傳統冷麵帶有嚼勁又爽口。

📖別冊P.12C3 🚇4號線明洞站8號出口徒步約3分；2號線乙支路入口站5、6號出口徒步約8分 📍首爾市中區明洞10街35-19；서울 중구 명동10길35-19 ☎02-776-8430 🕐11:00~20:00 ⊗週日 💲水冷麵(물냉면)₩12,000

這家冷麵老店是沿襲老闆娘的母親從北朝鮮帶來的料理方式，在明洞已有20多年歷史，**以傳統方式和麵，再以機器製成麵條，相當具嚼感，種類分為水冷麵(믈냉면)、肉片冷麵(고배기냉면)和生魚辣拌冷麵(회냉)，**前兩者口味較清淡，後者加入生魟魚片。

冷麵又辣又酸的口感，相當過癮。

冬冷麵夏蔘雞湯

韓國人的飲食觀念裡，人體內的小環境要順應自然界的大環境，才能有益健康。他們認為夏天炎熱，身體大量排汗會導致營養和能量被排出，所以喝蔘雞湯能達到「涼補」的功效；而製作冷麵的馬鈴薯和蕎麥，則屬於涼性的食品，符合冬季溫補的原則，麵裡所加的醋，也有助於解油膩、分解脂肪。

但是韓國人由於長時期生長在寒冷的環境，體質和來自亞熱帶的台灣人不太一樣，所以可以理解，但是不一定要模仿。

🎁 8ight Seconds

📖別冊P.12B2 🚇2號線乙支路入口站
5、6號出口，或4號線明洞站6號出口徒
步約5分 📍首爾市中區明洞路32；서울
중구 명동길 32 📞070-7090-2272 🕙10:30~22:00
www.8seconds.co.kr

> 流行時尚服飾，價格不再高不可攀！

　　8ight Seconds是由韓國三星集團所創立的服飾
品牌，**由於以平價時尚為號召，款式新穎價格又便
宜**，不僅年輕人喜歡，在很多偶像劇、綜藝節目裡，
也會看到不少藝人穿著這家的服飾，在韓國受到歡
迎的程度更超越了同樣以平價時尚為訴求的Zara和
H&M。

> 明洞店的1~2樓是女裝區，3樓則是男裝區。

👁 明洞藝術劇院

國立극단 명동예술극장

📖別冊P.12C2 🚇2號線乙支路入
站5、6號出口，或4號線明洞站6號出
口徒步約5分 📍首爾市中區明洞路
35；서울 중구 명동길 35 📞1644-
2003 🕙依表演時間而異 🌐www.
ntck.or.kr

　　前身為明洞國立劇場的明洞藝
術劇院於2009年開幕，堪稱是
明洞最有藝術文化的地方；1樓是
購票處，另有一家咖啡館；2~4F則
是欣賞表演的地方；5樓還有一家
餐廳。明洞藝術劇院的內部雖然
經過整裝，但外觀仍保持原建築
樣貌，加上就位於明洞兩大主路
的路口，是朋友互相約見面的好
地標。

首
爾
‧
漢
江
以
北

明
洞

‧首爾‧漢江以南及其周邊

🎁 Olive Young明洞本店

올리브영 명동 타운점

🏛別冊P.12C2 🚇4號線明洞站8號出口
徒步約5分；2號線乙支路入口站6號出口
徒步約5分 🏠首爾市中區明洞路53；서울
中區 명동길 53 📞07-736-5290 🕐10:00~22:30
www.oliveyoung.co.kr

> 韓國版屈臣氏，歐美日韓保養品、彩妝一網打盡！

　韓國的Olive Young就像台灣的屈臣氏或康是美，保養品、彩妝、生活雜貨應有盡有，在首爾市區更有數百家分店。**位在美妝一級戰區明洞的「Olive Young明洞本店」，兩層樓的明亮建築更是泰國、日本觀光客的最愛**，早上還沒開店已有人在外面等著，最推薦搜刮保養品和面膜產品，位在二樓還有歐美彩妝可以試用。

造型面膜超級可愛。

多種味道的衣服噴霧超值得買！

> 明洞不只這一家Olive Young，若明洞本店人潮太多，也可前往其他分店，如明洞中央店(명동중앙점)也是**2層樓的規模**。
> 🚇4號線明洞站6號出口徒步約2分
> 🏠首爾市中區明洞路8巷18；서울 중구 명동8나길 18
> 📞02-772-9230

> 建於1988年的白色十字架雕像充滿現代感張力。

👁 明洞聖堂

천주교 서울대교구 주교좌명동대성당

🏛別冊P.12C2 🚇2號線乙支路入口站5、6號出口，或4號線明洞站8、9、10號出口徒步約6分 🏠首爾市中區明洞路74；서울 중구 명동길74 📞02-774-1784 🌐www.mdsd.or.kr/

　明洞聖堂是韓國天主教的象徵建築，也是韓國第一個教區。1989年完成主要建築物，1945年更名為明洞聖堂，教堂內的彩繪玻璃和祭壇雕像給人寧靜的氣氛；教堂後方經過聖母瑪莉亞小花園後，有座地下室，是以前的集合場所及收藏殉教者遺物的地方。

首爾·漢江以北 ⋯⋯ 明洞

➡首爾·漢江以南及其周邊

陽光灑落在麵包台上,每個看起來都好可口。

☕ LUFT COFFEE

루프트 커피 명동

工業風的室內俐落又簡單。

🅰別冊P.12D3 🚇4號線明洞站10號出口徒步5分 🚇首爾市中區三一大路308;서울 중구 삼일대로 308 ☎02-2277-0872 🕐週一至週五7:30~17:00、週六至週日8:00~17:00 💲咖啡₩6,900起 ◎www.instagram.com/luft_coffee

　　在稍微遠離明洞鬧區的這邊,有一間全白的咖啡店顯得相當顯眼,內部非常寬敞,走金屬工業風格,**角落有麵包專區等著饕客上門挑選,麵包看起來都很精緻,而且價格不會太貴。**

👜 NOON SQUARE

눈스퀘어

🅰別冊P.13B2 🚇2號線乙支路入口站6號出口徒步約2分;4號線明洞站6號出口徒步約8分 🚇首爾市中區明洞路14;서울 중구 명동길14 ☎02-3783-5005 🕐11:00~22:00

　　2009年開幕的NOON SQUARE外觀玻璃櫃設計時尚新潮,內部圍著中庭的長矩形空間設計,讓逛街動線流暢;**這裡的專櫃小而精巧,入駐許多服飾及餐廳等店家。**

新世界百貨 總店

신세계백화점 본점

📖別冊P.13A4　🚇4號線明洞站5號出口徒步約5分；2號線乙支路入口站7號出口徒步約10分；4號線會賢站7號出口延通道徒步約1分　📍首爾市中區退溪路77；서울 중구 퇴계로 77　☎02-1588-1234　🕐週一至週四10:30~20:00、週五至週日10:30~20:30　⊗每月一天(不定休)　🌐www.shinsegae.com/index.do

> 種類眾多，而且因為免稅，有機會買到便宜。

在首爾彷彿到處看得到新世界百貨公司，但介於南大門市場、南山與明洞之間的這間可是獨一無二的總店！前身曾經是1930年開業的日本三越百貨京城分店，擁有悠久的歷史與傳統，爾後改頭換面成為流行的先鋒，國際名牌雲集。另設有室外花園和藝廊餐廳，把時尚與文化完美結合。

新世界百貨免稅店

📍新世界百貨總店8~12F　🌐www.ssgdfs.com

新世界免稅店位於新世界百貨的8~12樓，所有商品以美金標價且直接免稅，所以買東西不需想辦法湊滿**30,000免稅額**，也不用再花時間到機場辦理退稅。

其中8樓是國際名品，可以買到世界級的名牌和精品，遇到折扣季有機會碰到最低三折的優惠；9~10樓是名表、珠寶和首飾區，9樓還可以看到不少男士時尚精品、10樓則是買各種化妝品、保養品的專區，11樓能購買到電子產品以及韓國特產，再上一層樓則是韓國特產禮品區和酒類、香菸區。

> 雖然是免稅區，但貨比三家還是需要的。

樂天百貨公司 總店

롯데백화점 본점

📖別冊P.13B1　🚇2號線乙支路入口站7號出口徒步約1分；4號線明洞站5、6號出口徒步約10分　📍首爾市中區南大門路81；서울 중구 남대문로81　☎1577-0001　🕐週一至週四10:30~20:00、週五至週日10:30~20:30　⊗每月第2個週一　🌐www.lotteshopping.com

1979年11月在明洞開幕的這家樂天百貨是首店亦是總店，目前樂天在全韓國有超過二十家百貨，可說是首爾百貨業的龍頭。**不論是平價品牌或是國際精品，在這裡都看得到**；因此，雖然明洞街上逛起來已經很過癮了，但不少人還是會到樂天走一圈，購買心目中具有品質保證的商品。在這裡購物達到退稅標準，記得可以在1樓辦理退稅手續。

首爾·漢江以北 明洞

▶首爾·漢江以南及其周邊

樂天免稅店

⏱ 樂天百貨公司總店9~12F　🌐 www.lottedfs.com

不用到機場退稅便享有免稅價格！

　　樂天百貨的9~12樓為樂天設在市區的免稅店，這裡的**商品跟機場賣的價格「一模一樣」，但因為機場一般是美金計價，這裡是以韓幣結帳，所以還是會有匯率上的價差**。免稅店的美妝區分成兩邊，一邊是國際品牌區，另邊為韓系品牌區，多數韓國美妝品牌都有設櫃，商品直接免稅不用再到機場辦理退稅，價格比街頭美妝店買的約可便宜1~1.5成。這裡賣的是國際名牌、精品服飾、皮件、美妝等，如Hermes、LV、Chanel、Cartier、YSL、Lancome等。

國際奢華品牌全集聚在樂天百貨Avenuel。

樂天百貨Avenuel

롯데백화점 에비뉴엘

　　與樂天百貨公司互通的Avenuel是樂天的名品館，專賣全球奢華的精品，1樓華麗閃耀的LV和Chanel專櫃設計，便宣示這家百貨不凡的身價以及其精品龍頭的地位。館內集結了Loewe、Burberry、Rolex等名牌，共有近百間海內外精品廠牌；也有高檔餐廳進駐。

樂天百貨青春廣場

롯데백화점 영플라자

　　樂天百貨青春廣場從地下樓到6樓，**集結國內外最流行的青少年服飾、彩妝，裡頭還設有指甲彩繪店**，各個最流行的品牌如VANS、SUPERGA、LUSH、RECLOW、Levis、樂高專賣店，或是New Balance、adidas等運動品牌，YG PLACE等偶像週邊專賣店也進駐於此。

首爾站·南山

서울역·남산

Seoul Station•NAMSAN

首爾站有地鐵、火車、KTX三鐵共構是來往韓國各地的重要交通樞紐，每天流動大批通勤人潮，首爾站的樂天超市更是觀光客必訪的血拼大點；來到附近的南山當然要拜訪南山公園，其公園與山上的N首爾塔已是韓劇的定番場景，更是首爾具代表性的地標；南大門一帶以南大門市場為造訪重點，這個兼營批發和零售的傳統市集，無論是紅蔘、人蔘酒、靈芝、韓版服飾、運動用品，乃至於韓流明星相關的週邊商品，都可以在這裡買到；只是雖然標榜「批發」，但不一定比較便宜，不妨殺價或貨比三家。

交通路線&出站資訊

地鐵
首爾站◇1、4號線
會賢站◇4號線
明洞站◇4號線

出站便利通
◎位於首爾站的樂天超市，可説是必去的一個購物景點，從首爾站2號出口出站後回頭走上階梯即可達。
◎前往首爾路7017可從會賢站4或5號出口出站，可一路步行至首爾站。
◎要前往N首爾塔，從明洞站和會賢站都可徒步至纜車站，詳細交通資訊可詳見內文。
◎會賢站5號出口外，是南大門商圈的美食街，可以嘗遍相當多便宜大碗又特別的在地小吃。而5、6、7號出口都可前往南大門商圈。

常綠樹

상록수

🍴 別冊P.14A1
4號線淑大入口站10號出口徒步約5分 首爾市龍山區青坡路51街4；서울 용산구 청파로51길 4 ☎0507-1464-9046
15:00~02:00 ◎排骨一人份₩13,000、松阪豬肉一人份₩18,000

松阪豬肉人氣名店！

「常綠樹」是當地著名烤肉餐廳，餐廳的牆上貼了復古海報或是廣告來特別營造出復古年代的用餐氣氛，**最有名的菜單是台灣俗稱的「松阪豬肉」**，圓形的肉片是從肉的一部分中去除油然後將其捲起並冷凍後出現的視覺效果，肉片上的胡椒粉可以與油脂結合添增香氣，將附餐洋蔥與金針菇放在烤盤上，有空間再放上豆芽和泡菜，依照自己的喜好隨意搭配。

松阪豬肉經處理後比普通肉少油且口感十足，是餐廳第一人氣菜單。

首爾·漢江以北　**首爾站·南山**　首爾·漢江以南及其周邊

從置高點眺望首爾城市景色。

步行上來南山公園需要花點腳力哦！

小撇步 讚讚

👁 南山公園

남산공원

🏯別冊P.14B1　🚇4號線會賢站1號出口或明洞站4號出口徒步約10分至南山玻璃扶梯，搭玻璃扶梯可達南山纜車站；或4號線明洞站3號出口，依指標從Pacific Hotel右巷徒步約10分，左邊階梯上去可達南山纜車站。在南山纜車站不搭纜車，右轉直行約8分可達因韓劇《我叫金三順》而聲名大噪的階梯，順著階梯上去即達南山公園　🏯首爾市中區三一大路231；서울 중구 삼일대로 231

曾為朝鮮時代防衛首都重鎮，視野遼闊，夜景盡收眼底。

　韓國之所以選定首爾為首都，就是因為它北有北漢山、南有南山圍繞的易守地理條件。標高265公尺的南山，過去擔負著李氏朝鮮時代防衛首都的重責，現在仍以鎮守皇宮之姿昂然聳立著。**公園的西側有植物園；東側則有獎忠壇公園；山頂有N首爾塔**。能遠眺美麗首爾市景的南山公園，更是韓國綜藝節目及戲劇的人氣取景地點。

前往N首爾塔的捷徑

從明洞站4號出口出站往南山公園的指標前進，先搭乘免費的南山玻璃扶梯到南山纜車站，再轉搭纜車至終點站即可看到N首爾塔！

南山纜車 남산케이블카

南山纜車可說是首爾浪漫的象徵，多齣韓劇裡幾乎都有南山纜車的畫面，因此不少韓劇迷到首爾一定要搭趟南山纜車，感受一下劇情的溫度。搭乘纜車也能省去不少走路的時間，期間也能舒適的欣賞首爾市區才有的特別景。

🏯別冊P.14C1　🚇4號線會賢站1號出口或4號線明洞站4號出口徒步約10分至南山玻璃扶梯，搭玻璃扶梯可達南山纜車站；或4號線明洞站3號出口，依指標從Pacific Hotel右巷徒步約10分，左邊階梯上去可達南山纜車站　🏯首爾市中區小波路83；서울 중구 소파로83　☎02-753-2403　🕙10:00~23:00　💰大人單程 12,000、往返₩15,000，小孩單程 9,000、往返₩11,500　💻www.cablecar.co.kr/kor/

南山玻璃扶梯 남산 오르미

以往上南山，要從明洞或會賢地鐵站走大約10多分鐘的山路，才能到達山腰處的纜車站，相當辛苦，2009年政府斥資建設的電動玻璃扶梯完成後，可以先搭免費的玻璃扶梯上到纜車站，再轉搭纜車即可到南山頂。透明的玻璃電梯一趟約可容納20人，隨著陡峭的山坡緩緩而上，不但節省許多體力，俯瞰明洞地區的視野也很棒。

🏯別冊P.14B1　🚇4號線會賢站1號出口，往會賢地下街的方向前進，之後南往南山方向徒步約10分；或4號線明洞站4號出口徒步約10分　🏯首爾市中區會賢洞2街48-2；서울 중구 회현동2가 48-2　☎02-318-8813　🕙9:00~23:00

首爾·漢江以北

首爾站·南山

↓首爾·漢江以南及其周邊

塔上掛滿情人們的戀愛鎖。

小編按讚
讚讚

👁 N首爾塔

玩**首爾必訪景點**！

N서울타워

🔺別冊P.14C1 🚇4號線會賢站1號出口，或4號線明洞站4號出口徒步約10分至南山玻璃扶梯，搭玻璃扶梯可達南山纜車站；或4號線明洞站3號出口，依指標從Pacific Hotel右巷徒步約10分，左邊階梯上去可達南山纜車站。在南山纜車站搭約5分的纜車至纜車終點站後，沿著階梯往上即達；或搭南山巡迴巴士2、3或5號上下山 📍首爾市龍山區南山公園路105；서울 용산구 남산공원길105 ☎02-3455-9277 🕙11:00~22:00 💰觀景台大人₩16,000，小孩₩12,000 🌐www.nseoultower.co.kr

　　N首爾塔原名南山塔，塔高236.7公尺，建在243公尺高的南山上，是韓國最早設立的電波塔。2005年整修後改名N首爾塔，**不但有360°觀景台，還有旋轉餐廳等，是首爾當地人假日熱門去處**，也是國際觀光客必訪的勝景之一。

夜間是登塔的好時機，繁華夜景盡收眼底。

🍴 **HANCOOK南山塔**

한쿡 N서울타워점

- 🏠N首爾塔內　📞02-3455-9292 ⊙
- 🕐11:30~22:00(16:00~17:00休息時間)
- 💲特別套餐₩95,000、中午套餐₩31,000起

首爾塔上的夜景韓式餐廳。

　　首爾最大公園「南山公園」的首爾塔已成為象徵性的打卡地標，最近塔中也新增了不少餐廳或是景觀點，「HANCOOK」首爾塔店是提供傳統韓式套餐的景觀餐廳，套餐中的「芝麻葉煎餅」十分受到歡迎，經過油煎讓芝麻葉的香氣升級；餐後點心也十分精巧，放在螺鈿漆器首飾盒中除了增添用餐的氛圍感之外，更顯高級貴氣。

🍴 D-HAEBANG

디해방

🅐別冊P.7C2　🚃4號線淑大入口站5號出口，搭乘公車龍山02號(용산02)至新興教會前站(신흥교회앞)後徒步約5分　🏠首爾龍山區新興路103-10　；서울 용산구 신흥로 103-10　📞010-7379-4477　🕐11:30~15:00、17:00~23:00(L.O. 21:00)　❌週一　🅢D-HAEBANG COURSE ₩49,000　🌐www.instagram.com/d_haebang

　一整棟的「D-HAEBANG」是景觀餐廳，共**三層樓高和頂樓座位**，絕佳的視野能看到韓劇中常看到的南山塔。

　無論是白天或是晚上，都有不同的悠閒與浪漫，從這裡欣賞的首爾閃耀夜景美得不可形容，**相較於其他同類型的景觀餐廳，這裡餐點價格也十分合宜。**

三層的設計風格皆不同，最頂層的位子有著酒水的低消。

數字「7017」來由於1970年建造、2017年重生，取其意義。

首爾路上的裝置藝術也是看點之一。

👁 首爾路7017

서울로 7017

🅐別冊P.14B1　🚃4號線會賢站4、5號出口　🏠首爾市中區青坡路432；서울중구 청파로 432　📞02-313-7017　🌐dobo.visitseoul.net/webMain.do

步行首爾市中心的空中花園。

　銜接首爾站與會賢站之間有座新興的連接高架橋「首爾路7017」，**這座高架橋原為1970年建成的道路，在2015年視為危險建築面臨拆除危機，其後改造為一處城市的綠地及散步道。**在首爾路7017上造有17條步道，可以選擇自由遊逛，或是報名參加三條不同的散步路線：漢陽至首爾路、近現代建築之旅，或是首爾路夜行路線，讓你看見截然不同的首爾印象。

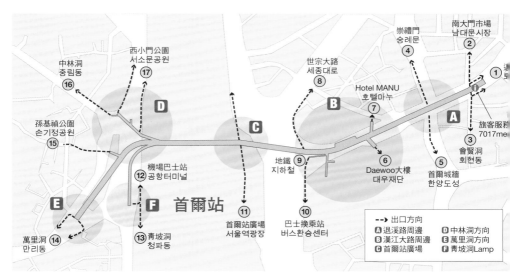

南大門市場　남대문시장 ②
崇禮門　숭례문 ④
世宗大路　세종대로 ⑧
Hotel MANU　호텔마누 ⑦
中林洞　충림동 ⑯
西小門公園　서소문공원 ⑰
孫基禎公園　손기정공원 ⑮
① ③ 會賢洞　회현동
旅客服務 7017me
首爾城牆　한양도성 ⑤
Daewoo大樓　대우재단 ⑥
地鐵 ⑨　지하철
機場巴士站　공항터미널 ⑫
首爾站
萬里洞　만리동 ⑭
青坡洞　청파동 ⑬
首爾站廣場　서울역광장 ⑪
巴士換乘站　버스환승센터 ⑩

-→ 出口方向
🅐 退溪路周邊　🅓 中林洞方向
🅑 漢江大路周邊　🅔 萬里洞方向
🅒 首爾站廣場　🅕 青坡洞Lamp

首爾‧漢江以北 ⋯⋯ 首爾站‧南山 ⋯⋯ 首爾‧漢江以南及其周邊

西小門聖地歷史博物館

서소문성지 역사박물관

別冊P.14A1　1、4號線首爾站2號出口徒步約11分　首爾市中區七牌路5；서울 중구 칠패로 5　02-3147-2401　9:30~17:30　週一　免費、元旦、中秋　網址：www.seosomun.org/main.do

　　西小門聖地歷史博物館主要是為展示朝鮮時代後期韓國天主教歷史的博物館，但因**特殊的建築風格而成為韓國文藝青年約會聖地**，博物館包括地下1樓到地上3樓，原建築物是西小門歷史公園的公營停車場，後經過改建後煥然一新，尤其是天空廣場空間建構築出的美感吸引許多來到此拍照。

西小門聖地歷史博物館常年展示朝鮮後期思想家們與西小門地區的發展。

購買金額超過₩15,000即可當場退稅至結帳金額內。

在台灣也超人氣的烏龜餅乾推出韓國限定口味。

樂天超市 首爾站

롯데마트 제타플렉스 서울역점

別冊P.14A1　1、4號線首爾站2號出口出站後回頭走上階梯，右手邊即可看到，徒步約1分　首爾市中區漢江大路405；서울 중구 한강대로 405　02-390-2500　10:00~0:00　每月第2、4個週日

　　超市成為現在旅人來首爾必逛的地方之一，當地的特色零食、商品，不但在超市買選擇多且價格也實惠。**說到韓國超市首推樂天和E-Mart**，特別是前者，只要有樂天百貨的地方就可能找得到它。而這家位於首爾站的樂天超市，從美妝品、零食、泡麵、生鮮蔬果到熟食區、新鮮用品應有盡有，完全可以媲美家樂福、大潤發。

ℹ️ 南大門市場旅遊諮詢處

📖別冊P.14A3 🚇4號線會賢站5號出口徒步約1分 🏠首爾市中區南大門市場4街21；서울 중구 남대문시장4길21 ☎02-752-1913 🕐10:00~19:00

南大門市場旅遊諮詢處就位於市場6號門的入口不遠處，距離地鐵站只要1、2分鐘腳程，對觀光客而言等於一進門就可以找到求助的窗口，非常方便。此外，街口也常會看到旅遊諮詢處穿著紅色制服的義工，甚至能夠用中文幫你指點迷津。

> 南大門市場什麼都賣、什麼都不奇怪。

> 韓國料理必備的辣椒也不能少！

🍴 南大門市場

남대문시장

📖別冊P.14A3 🚇4號線會賢站5、6或7號出口徒步約3分 🏠首爾市中區南大門市場4街21；서울 중구 남대문시장4길21 🕐00:00~23:00(各商場不一) 🚫週日 🌐namdaemunmarket. co.kr/

> 首爾最大傳統市場之一！

> 路邊傳統小吃絕不能錯過！

南大門市場是以東西綿延500公尺、南北橫跨200公尺的狹小區域內所集結成的市集，聚集1萬多家商店和攤販，**最寬闊的南大門路，從服裝、新鮮蔬果到土產紅蔘、人蔘酒還有靈芝、以及手工醃製的泡菜、小菜等五花八門一應俱全。**

另外，這裡也有以各式進口商品為主的崇禮門進口商城；橘紅色外觀的大都綜合商場和粉紅色的中央商街充滿服飾和雜貨，還有蒐羅各大廠牌的相機街，是個挖寶的好去處。

🎁 大都綜合商場

대도상가

📖別冊P.14B3 🚇4號線會賢站5、6號出口徒步約3分 🏠首爾市中區南大間市場4街21；서울 중구 남대문시장4길 21 🕐2:00~18:30(各樓層不一)

南大門市場裡有一條比例上最寬闊的街道，街道上有幾幢大樓，其中橘紅色亮眼外觀、被編號為D幢的就是大都綜合商場。商場外側已經被攤位商家包圍得密密麻麻，**裡面有女性時裝、家用品、床具組、背包、廚房器皿等，連結D、E兩幢樓**

> 各式生活用品應有盡有。

間的地下室還有許多乾果、進口藥品和營養補給品等琳瑯滿目。

見怪不怪的韓式坐姿

如果經常看韓國古裝劇，會發現堂堂太后或皇后，居然翹著一隻腳、另一則盤腿而坐，在我們看來這種坐姿有點奇怪，但是在韓國古代，這的確是女性穿著韓服的正確坐姿。

因為韓服的設計，女性的裙子頗強調份量感，坐下來的時候單膝立起，腳既有休息到，又能把裙子的特色撐出來。

所以在韓國人的認可中，這是最能展現韓服美感的坐姿。所以如果在韓式的住家或旅館裡，看到別人採用這種坐姿，就不用太彆扭了。

中央商街

중앙상가

◎別冊P.14B3　◐4號線會賢站5、6號出口徒步約3分　◑首爾市中區南大門市場4街3；서울 중구 남대문시장4길3　◐各店不一

中央商街的外側包圍著眾多店家，裡面是一家挨著一家的攤位，賣場從地下1樓到地面上3樓，1樓以販售女裝成衣為主，2樓有不少布匹店家，可以現場量身訂作韓服，3樓大部分是廚具的天下。每個攤位的上方都有清楚的編號，有助於分辨方位，比較不容易迷失在這個小型的迷宮裡。

 ## 韓順子手工刀切麵

한순자손칼국수집

◎別冊P.14A3　◐4號線會賢站5號出口徒步約2分　◑首爾市中區南大門市場4街39-1；서울 중구 남대문시장4길39-1　☎02-777-9188　◐24小時　◐刀切麵(손칼국수)、冷麵(물냉면)₩10000

> 媒體爭相報導的老字號美食！

步入南大門市場不久，就會看到有家麵店攤位上鐵碗公堆得老高，即使你無法以語言溝通，老闆也會善體人意地端上一碗湯麵、一碗冷麵，仔細一拌，才發現兩碗麵底下都有辣椒醬，尤其冷麵酸酸辣辣地，非常過癮。**招牌上標示著50年老店，曾經來採訪過的電視、各大媒體琳瑯滿目。**

眼鏡街

◎別冊P.14A3　◐4號線會賢站5號出口徒步約1分　◑首爾市中區南大門市場4街；서울 중구 남대문시장4길

南大門有眾多眼鏡行，而所謂「眼鏡街」是在遊客服務中心面對的街區，**集結數家眼鏡行，提供可配度數的近視眼鏡、太陽眼鏡、老花眼鏡等眾多款式**，有韓國生產製造的，也有進口名牌的，可任顧客挑選。但是走進來就像自投羅網，不若在街上閒逛自在。

> 眾多眼鏡高檔低價任君挑。

首爾·漢江以北

首爾站·南山

首爾·漢江以南及其周邊

一嘗韓式傳統包子的美味！

🍴 鐵鍋谷包子店

가메골손왕만두 남대문본점

小編按讚 짱짱

📖別冊P.14A3 🚇4號線會賢站5號出口徒步約1分 🏠首爾市中區南大門市場4街42；서울 중구 남대문시장4길42 📞02-755-2569 🕐8:00~20:00 🚫週日 💵肉包子(고기왕만두)、泡菜包子(김치왕만두)4入起₩5,000、紅豆包子(찐빵)1入₩1,500

薄薄的麵皮搭上飽滿的餡料，即使大排長龍也值得一嘗。

　這家位於南大門6號門入口附近一家包子店總是大排長龍，**從1959年開始營業，現蒸現賣的手工包子，皮薄餡豐**，分辣和不辣兩種口味，蒸好的包子熱騰騰端上來，立刻被快速打包一盒盒被買走，甚至天天都有人遠道來買包子，生意好得令人忍不住也跟著排起隊來。

🏬 崇禮門進口商城

숭례문수입상가

📖別冊P.14A3 🚇4號線會賢站5號出口，往南大門市場方向前進，從中央商街南側的巷子左轉，第2個巷子再右轉下坡即可看到，徒步約3分 🏠首爾市中區小波路3 B1F、B2F；서울 중구 소월로3 B1F、B2F 📞02-779-2951 🚫週日 🕐9:00~19:00

商品琳瑯滿目，有些還頗具質感。

　位於南大門市場內偏西區的**崇禮門進口商城，以各式各樣進口商品為主的商場，有些產品還精緻得令人眼睛一亮。**
賣場占據大樓的地面下兩層樓，個別攤位通常不大，攤位的上方有編號和聯絡電話以便尋找。地下1樓可以看到餐具、鍋具、浴室用品、服裝、包包、鞋子、酒類等，地下2樓則有鐘錶、家電、文具、玩具等。

首爾·漢江以北……首爾站·南山 ▸首爾·漢江以南及其周邊

🍴 相機街

> 攝影人想要的商品，都可以在不同店家裡找到。

📖別冊P.14A2 🚇4號線會賢站5號出口，往南大門市場方向前進，直行至盡頭的大馬路口後左轉，徒步約6分 🕐9:00~19:00(各店不一) 🚫週日

走到南大門市場最北端，靠近崇禮門這一帶的南大門路上的店家，幾乎都是相機行，不但可以看到Canon、Nikon、Olympus、Pentax、Minolta等各大廠牌的相機、鏡頭、配件，還有不同功能、尺寸的相機包、相機背包，貨比三家比較不吃虧。

🍴 紅燒帶魚街

> 白帶魚肉質細，辛香料去除了腥味超下飯！

📖別冊P.14B2 🚇4號線會賢站5號出口，徒步約3分 🏠首爾市中區南大門市街16-17；서울 중구 남대문시장길 16-17 🕐7:00~22:00(各店不一) 💲紅燒白帶魚 (갈치조림) 2 人份約₩24,000(各店不一)

南大門市場裡的美味小吃很多，除了大道旁容易被看到的包子、刀切麵，還有一種紅燒帶魚，是把白帶魚切成小段之後，加上蔥、蒜與辣椒醬等一起慢火燉煮，只是刺稍多，吃的時候要小心。

跟韓國人一起用風味米酒佐餐

韓國除了「燒酒」，其實還有一種更具特色的酒，就是連便利商店也買得到、略呈乳白色的「米酒」。韓國的米酒，發音近似「馬溝裡」，以米釀造，喝起來酸酸甜甜，和我們原住民的小米酒感覺頗類似。

開 車 不 喝 酒 ， 安 全 有 保 障

🍴 三益服裝城

삼익패션타운

📖別冊P.14B2 🚇4號線會賢站6號出口徒步約2分 🏠首爾市中區南大門市場8街7；서울 중구 남대문시장8길7 ☎02-777-7766 🕐24:00~16:30 🚫週日 網址：www.samicktown.com

在南大門市場與新世界百貨公司之間，露天的街道上商販相當多，其中女裝和童裝成長到幾乎各成一區，夾攻之間可以發現一幢大樓不顯眼地寫著「三益服裝城」字樣，原來這是個**主攻夜間批發生意的賣場，白天還是有些店家直接對消費者營業，地面層以童裝為主，2樓以上仍是女裝為大宗，6樓專屬於皮鞋賣場**，共有上千個商鋪，雖然走道略嫌狹窄，但是貨色相當時尚，值得一逛。

🍴 南大門Mesa

남대문메사

📖別冊P.14B2 🚇4號線會賢站7號出口徒步約2分 🏠首爾市中區南大門市場10街2；서울 중구 남대문시장10길2 ☎02-2128-7800 🕐7:00~18:00 🚫每月第1、3個週日

南大門Mesa是韓國第一間受到國際規格品質ISO9001認證的商場，早年以家庭時尚為定位，大樓四處還標示著「Family Fashion Mall」的字樣，但是隨著南大門市場大街上生意做得如火如荼，Mesa已經逐漸沒落，除了1、2樓還有許多女裝攤位、地下1樓女生飾品還能成氣候外，3樓以上已經人去樓空，等同沒有營業了。但即使在不多的女裝攤位裡，還是可以找到頗有設計感的衣服。

首爾·漢江以北 ···· 東大門及其周邊 ···· 首爾·漢江以南及其周邊

東大門及其周邊
동대문 & 주변
DONGDAEMUN AND AROUND

東大門是來到首爾必逛的購物天堂;雖然這幾年,也有人因為東大門的東西參差不齊、人潮擁擠而興趣缺缺,但它仍然保持它不墜的名氣;加上這裡除了買,也有不少有名的小吃美食,已落成的東大門歷史文化公園,加入東大門設計廣場(DDP)裡的眾多設計品牌與質感小店,以及每年在不同時期舉辦各大時尚SHOW,讓東大門的傳統與新潮相容並蓄,蛻變出不同的東大門印象;因此,對初訪首爾的人來說,這裡仍然值得造訪、認識。

交通路線&出站資訊

地鐵
東大門站➩1、4號線
東大門歷史文化公園站➩2、4、5號線
鍾路5街站➩1號線
乙支路4街站➩2、5號線
新堂站➩2、6號線
東國大學站➩3號線
青丘站➩5、6號線
新設洞站➩1、2號線
忠武路站➩3、4號線

出站便利通
◎東大門歷史文化公園站1號出口直結東大門歷史文化公園及東大門設計廣場(DDP),沿路通道有數家咖啡館及餐廳。
◎欲到東大門文具玩具批發市場可於東大門站4號出口,6號出口為豬骨街,7號出口則為東大門傳統市場

聚集地,8號出口為東大門購物商圈,都塔免稅店、Migliore等百貨皆群聚於此,9號出口則為一隻雞街與烤魚街,此站與東大門歷史文化公園站之間皆步行可達。
◎以東大門歷史文化公園站做為出發點,一出1號出口即可達歷史文化公園,2與14號出口近東大門批發商圈,4與5號出口可達The Summit Hotel Seoul與新羅酒店。
◎近東大門站的鍾路5街,5號出口於東大門9號出口相近,可達一隻雞街、烤魚街,以及登山用品街與毛巾一條街。7號出口可抵達廣藏市場、芳山市場及中部市場。
◎乙支路4街4號出口可至Travelers A Hostel、又來屋、文化屋等地,7號出口可達中部市場與芳山市場,及

Ramada Dongdaemun首爾東大門華美達飯店。
◎新堂站2號出口步行可至元祖奶奶本家,10號出口與東大門歷史文化公園站14號出口相近,皆可至東大門購物商圈。
◎與新堂站相近的青丘站1號出口可至新堂洞辣炒年糕街,兩站店家步行可達。
◎東國大學站1號出口可達Grand Ambassador Seoul飯店,3號出口可至獎忠洞豬腳街。
◎新設洞站10號出口可抵達首爾跳蚤市場。
◎忠武路站3號出口可至南山谷韓屋村與韓國之家。

ℹ 東大門遊客服務中心

◎別冊P.16D2　◎2、4、5號線東大門歷史文化公園站14號出口即達　◎首爾市中區獎忠壇路247;서울 중구 장충단로 247　☎02-2236-9135　◎9:00~1:00

　首爾在各大觀光勝地都設有遊客服務中心,東大門也不例外。東大門旅遊諮詢處就位在Good Morning City購物中心前,從地鐵東大門歷史文化公園站14號出口,一出來就可以看到。在這裡可以**索取相關地圖和旅遊資料**,如果在東大門有關於購物、住宿和交通方面的疑問,中心內的服務人員也可提供中、英和日語的諮詢服務。

東大門歷史文化公園

동대문역사문화공원

⚑別冊P.16E2　🚇1、4號線東大門站7號出口徒步約6分；2、4、5號線東大門歷史文化公園站1號出口徒步約1分

🏠首爾市中區乙支路281；서울 중구 을지로 281

　東大門在過去是一座擁有600年歷史的城牆，然而這段過往似乎早就被購物的氣息所淹沒，於是東大門歷史文化公園於2009年開始動工，希望藉由公園的建立，讓大家重新找回東大門的歷史意義，並提供另一個休憩娛樂空間；而為配合此區的大規模整建，原先名為「東大門運動場」的地鐵站甚至改名為「東大門歷史文化公園」。

波浪狀外觀為東大門帶來全新面貌。

將韓國人記憶中的運動場改建為紀念館。

🏛 東大門運動場紀念館

동대문운동장기념관

⏰10:00~21:00　❌週一、元旦、春節、中秋　💲免費　🌐ddp.or.kr/?menuno=304

館內展示曾在這座運動場舉行的運動比賽資料。

　1925年日治時期，東大門城牆被拆除，改建成一座現代化的運動場，名為京城運動場，運動場建成後，不但成為各項棒球、足球等運動比賽舉行之所，也成為首爾著名的地標景點；而後在1945年朝鮮解放後，京城運動場改名為首爾運動場，1984年在蠶室綜合運動場建成後，又將這裡改名為東大門運動場；2007年，運動場面臨拆除，為了讓大家能重新追憶這段過往，於是在2009年，在現址建立了這座東大門運動場紀念館。

首爾・漢江以北
東大門及其周邊
➡首爾・漢江以南及其周邊

◉ 東大門設計廣場DDP

동대문디자인플라자

⌂東大門歷史文化公園內　☎02-2153-0000　◷
10:00~20:00(展覽時間不一)　⊗週一、元旦、春節、中秋
ⓦddp.or.kr

　新落成的東大門設計廣場賦予東大門新的面貌及注入時尚氣氛，它是首爾在世界設計首都各項活動和建設中的指標性建築，在破土儀式上，建築師哈蒂提到東大門設計廣場及公園最主要的目的：「要在首爾最繁忙、最具有歷史意義的區塊中心，打造一個文化的集散中心，帶給首爾市民愉快和振奮的心情。」

> 東大門設計廣場是首爾指標性設計建築，也有不少韓劇在這取景。

同時也表示設計的信念是「建築必須能夠使人超過既存的界線思考，達到創新的設計解決方案。」

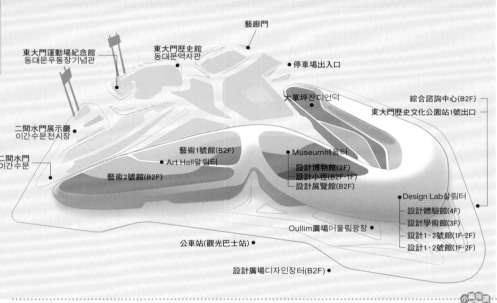

- 藝廊門
- 東大門運動場紀念館 동대문운동장기념관
- 東大門歷史館 동대문역사관
- 停車場出入口
- 大草坪잔디언덕
- 綜合諮詢中心(B2F)
- 東大門歷史文化公園站1號出口
- 二間水門展示廳 이간수문전시장
- 二間水門 이간수문
- 藝術1號館(B2F)
- Art Hall알림터
- 藝術2號館(B2F)
- Museum배움터
- 設計博物館(2F)
- 設計小徑(B2F・1F)
- 設計展覽館(B2F)
- Design Lab살림터
- 設計體驗館(4F)
- 設計學術館(3F)
- Oullim廣場어울림광장
- 設計1、2號館(1F-2F)
- 設計1、2號館(1F-2F)
- 公車站(觀光巴士站)
- 設計廣場디자인장터(B2F)

> 不同於其他的商業區，許多店家入口前就只有一塊手掌大小的招牌。

◉ Hipjiro

힙지로

▲別冊P.17A2　●2、3號線乙支路3街站10號出口徒步約3分　◷首爾市中區乙支路3街；서울 중구 을지로3가　⑤依店家價格

> 年輕人最愛聚集的hip hop文化商圈！

　「힙지로(Hipjiro)」就是表達個性和新鮮感的英文單詞「hip」和「乙支路(Euljiro)」的合成字，**這裡從一條古老的印刷小巷轉變成為韓國最時尚的商業區**。2016年前後，具有獨特個性的咖啡館和酒吧開始增多，不同於其他的商業區，這邊店家低調卻獨具自我風格，甚至大部分店鋪都在2樓或3樓，成為年輕人的熱門場所。

火肉雞

화육계

小編按讚 讚讚

雞爪與韓式蛋捲人氣店！

📍別冊P.17A3　🚇2、3號線乙支路3街站9號出口徒步約5分　🏠首爾市中區乙支路14街21 1F；서울 중구 을지로14길 21 1층　📞02-2268-7740　🕐15:00~23:00 (L.O. 22:00)　💲火肉雞兩人套餐(2)₩44,800、無骨雞爪₩14,500、韓式蛋捲₩11,000

IG: www.instagram.com/hwk0806

「火肉雞」是乙支路的韓式雞爪人氣名店，韓國人喜愛將雞爪為下酒菜來吃，這裡的雞爪是用辣椒底料醃製好後，上桌放在鐵網上用炭火再加熱，口感Q彈又美味，也提供1~3段的辣度供客人選擇。另一個特色菜單是韓式蛋捲，蛋捲厚軟加上蔬菜的鮮甜，最後搭配上雞爪甜甜辣辣讓人吃一次就上癮。

通常韓國人會點紫菜飯糰與雞爪一起食用，或是讓客人自行捏飯。

穿過老舊的樓梯才能抵達酒吧，讓人有像尋寶一樣的樂趣。

Euljiro V

을지로 브이

📍別冊P.17A3　🚇2、3號線乙支路3街站10號出口徒步約3分　🏠首爾市中區忠武路51 4F；서울 중구 충무로 51 4층　📞070-4178-8800　🕐17:00~23:00　❌週一　💲滴濾咖啡₩4,500、調酒₩9,000　📷www.instagram.com/euljiro_v

「很難找到，只有我知道的空間」一個難找的店家位置，這韓國年輕人來說具有極好的營銷效果，就是這樣的店家。很難想像看似危樓的老舊建築卻有如此特別的酒吧，酒吧在建築的最頂樓，全店利用懷舊家具與霓虹燈設計出復古夢幻的氛圍。

冰黃桃與黃太魚乾是傳統的下酒菜，搭配啤酒或是燒酒都很對味。

Manseon Hof

만선호프 노가리체인본점

小編按讚 讚讚

當地人帶路的道地路邊攤！

📍別冊P.17A2　🚇2、3號線乙支路3街站4號出口徒步約5分　🏠首爾市中區乙支路13街19；서울 중구 을지로13길 19　📞02-2274-1040　🕐12:00~5:00　💲炸雞₩15,000起、魚板湯₩19,000

若是想要體驗韓劇中路邊大排檔的飲酒文化，那乙支路附近的Manseon Hof就是最佳首選！轉個彎進入不起眼的乙支路街頭，可見到路邊並排的餐廳坐滿剛下班上班族們，雖然也有店中座位但是路邊巷弄內的桌椅區才是最熱門的選擇，從傍晚直到深夜這裡無時無刻都人聲鼎沸，店內的菜單都是傳統韓式下酒菜。

首爾‧漢江以北

東大門及其周邊

首爾‧漢江以南及其周邊

☕ Mail Room

메일룸 신당

🏛️別冊P.6D1 🚇2、6號線新堂站站1號
出口徒步約1分 🏠首爾中區退溪路83
街10-7 1~3F；서울 중구 퇴계로83길 10-7 1~3층 📞0507-
1431-3124 🕐週一至週五12:00~0:00、週六至週日
11:00~24:00 💰咖啡₩3,500起、調酒₩6,000起
📷www.instagram.com/mailroom_sindang

> 獨特的歐美風郵局主題咖啡廳。

Mail Room外觀是看起來發黃、寫滿塗鴉的老建築，進門之後第一眼看到的是**巨大的木頭櫃子和銅製手把，彷彿穿越到電影裡才看到的復古郵局櫃檯**，座位要從旁邊的櫃子小門推進去。

咖啡廳共有3層樓和頂樓，找到位置後到1樓點餐。這裡的取餐方式也很像到郵局辦事：點餐付款後店員會提供一個「小包裹」和鑰匙，前者是一個震動取餐機，當震動鈴響起時，前往鑰匙上的數字郵箱領取餐點和飲品。

> 很像出現在哈利波特電影裡的場景。

🍴 山清 炭火花園

산청 숯불가든

🏛️別冊P.21C4 🚇2號線乙支路3街站3號出口徒步約5分
🏠首爾中區乙支路114-6 1F；서울 중구 을지로 114-6 1층
0507-1367-8189 🕐11:30~23:00 💰傳統式鹽烤三層肉
(500g)₩58,000、辣椒醬調味烤肉(160g)₩19,000

若是談到韓國烤肉排行榜，山清炭火花園絕對是榜上常勝軍，乙支路分店位於乙支路三街站的小巷之中，店內的肉品是**來自山清郡的黑豬肉，彈嫩的口感令人記憶深刻**，最受歡迎的人氣菜單是傳統式鹽烤三層肉(삼겹살 재래식 소금구이) 及 辣椒醬調味烤肉(고초장 양념구이)，店內的復古裝潢也是人氣打卡的特點之一。

> 烤肉會由店員來服務，專業手法讓肉質外酥內軟充滿了肉汁。

TIFFF東大門店

티프 동대문역사문화공원

🔺別冊P.17C3 🚇2、4、5號線東大門歷史文化公園站6號出口徒步約2分 🏠首爾中區退溪路53街6-17 B1F;서울 중구 퇴계로53길6-17 B1층 ☎0507-1372-8922 🕐12:00~21:00 (L.O. 20:30) 🈺元旦、中秋節 💲咖啡₩5,000起、餅乾甜點₩3,800 💻www.instagram.com/official_tiff ❶5人以上需事先訂位

TIFFF是少見的**全黑色系咖啡廳**,除了東大門歷史文化公園站的分店,另一家在合井站附近。咖啡廳位於地下一層,剛進入時眼睛需要適應一下昏暗的光線,座位散落在區寬敞的空間,聚會交談都不太會打擾到鄰座。最吸睛的是右邊兩張大桌子,上面擺放了一些道具,讓咖啡廳增添視覺上的變化,也提供了拍照的樂趣。

招牌咖啡是**Einspanner咖啡系列**(아인슈페너),也就是維也納咖啡(黑咖啡+鮮奶油),是近年幾乎所有韓國咖啡店的熱門飲品。另外,TIFFF和其他咖啡廳比較不一樣的是,可以**免費更換植物奶**,有無乳糖牛奶、燕麥奶、堅果奶和豆奶可選擇。

TIFFF的甜點除了三明治麵類,還有口感很特別的曲奇餅乾(쿠키),吃起來介於司康和美式軟餅乾。

桌上的老相機、放大鏡、迷你植物園是手機容量殺手,怎麼拍都好看好玩!

首爾‧漢江以北

東大門及其周邊

首爾‧漢江以南及其周邊

首爾・漢江以北　東大門及其周邊　首爾・漢江以南及其周邊

熟喜Sookhee
숙희

別冊P.17B4　3號線忠武路站3號出口徒步約5分　首爾中區退溪路44街3 1F；서울 중구 퇴계로44길 3 1층　0507-1320-7950　18:30~02:00　調酒₩16,000起、威士忌₩15,000起　www.instagram.com/soowonopa_sookhee

Sookhee隱身在街邊的二樓之中，沒有明顯的招牌帶有神秘的氣息，穿越窄小樓梯後印入眼簾的是低調精緻的酒吧空間，店內空間雖小但處處可見精心設計，**將韓國建築的特色融入在裝潢之中**，如酒櫃上的木質窗戶圖騰，調酒風格多變，可以依照客人的不同需求做調整，是韓國情侶約會的熱門久吧之一。

店內座位有限，可以在晚餐之前先到店預約。

開　車　不　喝　酒　，　安　全　有　保　障

店內的雜醬麵是必點的菜單之一，還加上半熟煎蛋完美呈現復古家常風味。

十分之一
십분의일

別冊P.21C4　2號線乙支路3街站11號出口徒步約5分　首爾中區水標路42-9 2F；서울 중구 수표로 42-9 2층　0507-1308-8051　18:00~24:00　雜醬麵₩8,000、起司拼盤₩ 小11,000 大₩16,000、 紅酒(杯)₩8,000起　www.instagram.com/sipboon_il/

乙支路3街原為多家印刷廠的聚集商業區，近年來許多翻新的餐廳讓這處變成最熱門的區域，「十分之一」就**保留了老舊建築的主要設計**，甚至斑駁的天花板上外露的水泥管線等等的元素，是韓國年輕族群喜愛的小眾久吧之一。

舍廊房刀削麵
사랑방칼국수

別冊P.17A3　2號線乙支路三街站9號出口徒步約5分　首爾中區退溪路27街46；서울 중구 퇴계로27길 46　02-2272-2020　11:00~21:00 (周日營業至16:00)　刀削麵₩7,000、清燉雞湯套餐₩9,000

舍廊房刀削麵從1968年就開始營業至今，是許多電視台美食節目都報導過的知名老店，店家主打商品為清雞湯刀削麵，**雞湯看起來清澈但卻口味醇厚，湯頭有的濃濃胡椒和大蒜的底味**，雞肉燉煮後肉質依舊鮮嫩可口，搭配青陽辣椒或是沾鹽一起品嘗都有著不同層次，每到用餐時間，門外總是大排長龍。

清燉雞湯套餐一人為半隻雞。

🍴 平壤麵屋

평양면옥

🔺別冊P.16D3　🚇2、4、5號線東大門歷
史文化公園站5號出口徒步約5分　🏠首
爾中區獎忠壇路207；서울 중구 장충단로 207　☎02-2267-7784　🕐11:00~21:30　💲冷麵₩15,000、切片豬肉₩34,000

> 連續上榜米其林必比登的冷麵！

　　1985年便開始營業的平壤面屋是專做**北韓傳統平壤冷麵**的知名餐廳，因精粹的風味，店家**多年連續入選首爾米其林指南**。平壤冷麵麵身是由蕎麥做成的，麵身較粗也容易被咬開，也有鋼面與乾拌麵兩款可以選擇，湯麵是與加了碎冰的湯冷麵，而乾拌麵則是加上酸辣帶勁的辣椒醬，讓麵體清爽加倍。

> 可用剪刀剪斷麵條，再添加食醋和芥末等調味料等喜好的滋味。

> 店內都是明碼標價，對於外國人十分方便。

🎁 MIMILINE

미미라인

🔺別冊P.16E2　🚇2、6號線新堂站10號出口徒步約10分　🏠首爾中區馬場路30；서울 중구 마장로 30　☎0507-1379-4951　🕐週日至週四20:00~06:00

　　東大門是韓國著名的批發市場，但一般散客若想要購物有一定的困難度，但近年新開的MIMILINE是**購買一件也可以用批發價的大型飾品店**，從耳環手飾到襪子包包等等應有盡有，營業時間配合東大門批發時間是從晚上八點到早上六點，店內還有退稅服務，是許多人來到韓國購物掃貨的口袋名單。

> 店內菜單多為新韓式料理，口味也調整讓外國人可以輕鬆品嘗。

🍴 Pung-new

풍뉴

🔺別冊P.16E3　🚇2、4、5號線東大門歷史文化公園站3號出口徒步約10分　🏠首爾中區退溪路70街10-3 1F；서울 중구 퇴계로70길 10-3 1층　☎0507-1372-7222　🕐12:00~15:00、17:00~23:00　💲泡菜煎餅₩20,000

　　首爾夜生活十分精彩，如果不想去夜店，那麼到酒吧坐坐體驗韓國小酌文化也是一種選擇，Pung-new是**由傳統韓屋改建而成，店內正中間有流水裝飾**，屋頂在天氣好的時候還可以半開，客人可以一邊享用韓國各式現代料理，一邊啜飲韓國在地的各類酒類，環境相當悠閒，非常適合三五好友聚會或和伴侶來頓浪漫晚餐。

首爾·漢江以北　東大門及其周邊　▼首爾·漢江以南及其周邊

Ⓗ 新羅酒店

서울신라호텔

🏢 別冊P.16D4　🚇3號線東
國大學站5號出口徒步約1分
🏠首爾市中區東湖路249；
서울 중구 동호로 249　☎02-
2233-3131　🌐www.shilla.
net/seoul/

　履獲國際權威旅遊雜誌
《Travel + Leisure》和《Condé Nast Traveler》評選
認可為**全球最佳酒店之一的首爾新羅酒店**，酒店最
負盛名的，就是館藏了許多世界級的藝術家名作，從
大廳到餐廳、酒吧裡，就可以欣賞到這些與歷史、文
化、藝術和建築等領域極相關的文物、書籍，住宿時
也能置身在琳瑯滿目的油畫、素描、陶器及雕像等大
師作品中。

韓國人喜愛的料理
「生牛肉拌飯」。

飯店也能看到美
好的首爾景致。

招牌菜色「神仙爐」，
是朝鮮時代國王才吃
得到的料理。

🍴 羅宴La Yeon

라연

🏠新羅酒店23F　☎02-2230-3367　🌐www.shilla.net/
seoul/dining/viewDining.do?contId=KRN#ad-image-0

　羅宴雖然在2023年被評為首爾米其林二星餐廳，
但在2017~2022年間連續6年獲得三星殊榮，以發揚
宗家與宮廷飲食文化為概念，傳承了韓國歷史悠久的
傳統食譜和烹調技術，並以創新現代的料理手法演
繹每道韓菜的精湛風味，並與知名韓國藝術家La Ki-
Hwan和Lee Ki-Jo聯手製作的客製碗盤，為來客帶來
一場濃厚韓式文化的味蕾之旅。

H 首爾頂峰飯店

써미트호텔

別冊P.16D3　2、4、5號線東大門歷史文化公園站4號出口徒步約5分　首爾市中區獎忠壇路198；서울 중구 장충단로 198　02-2285-0540　www.summithotelseoul.com

　　位在東大門歷史文化公園站的首爾頂峰飯店，**位置鄰近東大門購物商圈和獎忠路豬腳街，地理位置十分便利**。每間客房皆為軟毛地毯設計，就算是冬天雙腳踩在地毯上也不會感到寒冷。飯店內也有萬全的住宿服務，飯店櫃台有會説中文的服務人員輪班，可以提供全方位、零距離的優質服務。

H Grand Ambassador Seoul

앰배서더 서울 풀만 호텔

別冊P.17C4　3號線東國大學站1號出口徒步約6分　首爾市中區東湖路287；서울 중구 동호로 287　02-2275-1101　www.ambatel.com/theambassador/seoul/en/main.do

　　Grand Ambassador Seoul是一棟擁有地上19層、地下2層的新式建築。客房裡平面電視、冰箱、無線網路等設施齊備，咖啡機的等級相當高檔，是其它飯店的商務樓層才會看到的設施。最貼心的一點，就是精心訂製的國賓寢具(Ambassador bed)，特殊設計的床墊、被套，助房客一夜好眠；**並備有「枕頭菜單」，包括傳統韓式硬枕、記憶枕、乳膠枕等**，每位房客都可以選擇想要的枕頭種類，請服務人員送到房間來，讓客人能深刻感受到這裡精緻貼心的服務。

首爾‧漢江以北⋯⋯東大門及其周邊➔首爾‧漢江以南及其周邊

首爾·漢江以北 ⋮ 東大門及其周邊 ↓首爾·漢江以南及其周邊

🍴 大成一隻雞

대성닭한마리

🏠別冊P.17A3 🚇4號線忠武路站6號出口徒步約5分 🏠首爾市中區Mareunnae路2街30；서울 중구 마른내로2길30 ☎02-2272-8665 ⏰週一至週五10:00~22:30、週六11:00~22:00（L.O.21:50），週日12:00~22:00（L.O.21:20）💲一隻雞兩人份(닭한마리)₩22,000

　　遠離了明洞鬧區，鄰近明洞與東大門一帶的這家一隻雞專門店，**可說是隱藏版巷弄美食，湯頭和特調醬料都相當美味**，雞肉本身鮮嫩多汁又入味，吃了大概一半之後可以加點麵條，如想吃粥的話可以等到吃得差不多之後再請姨母煮。

吸飽湯汁精華的麵條超美味！

🍴 北村手工餃子

북촌손만두 동대문역사문화공원점

🏠別冊P.16D2 🚇2、4、5號線東大門歷史文化公園站14號出口徒步約5分 🏠首爾市中區獎忠壇路249-10；서울 중구 장충단로 249-10 ☎02-2275-5580 ⏰11:00~21:30 💲北村餃子湯₩9,000、北村餃子冷湯()₩8,500 🌐mandoo.so

　　位於apM一旁美食街的北村手工餃子，**有名的就是巨大的餃身和滿滿的餡料**，店內除了原味的蒸餃子之外，還有將餃子炸過，豐富了其口感的炸餃子，另外還有在餃子內塞進一整隻蝦的蝦餃。如果不想吃餃子，店內另有提供冷麵、刀削麵等其他麵類。

筷子、湯匙不要一起拿

在首爾用餐時不要將筷子和湯匙同時拿在手中，韓國人習慣將筷子用來夾菜，湯匙用來舀湯、吃飯，如要夾菜再把手中湯匙放下，改拿筷子。

首爾‧漢江以北 　東大門及其周邊 ➡首爾‧漢江以南及其周邊

Good Morning City

굿모닝시티쇼핑몰

別冊P.16D2　2、4、5號線東大門歷文化公園站14號出口徒步約2分　首爾市中區獎忠壇路247；서울 중구 장충단로 247　02-2118-8700　10:30~1:00　週二　www.gmcitymall.co.kr

　Good Morning City的**B2~9樓販賣各式各樣的百貨商品**。這裡的衣服吸引不少年輕女孩與上班女性的目光，想要買件漂亮又時髦服飾的人，可以進來一逛。

Migliore

밀리오레

別冊P.16E2　1、4號線東大門站8號出口或2、4、5號線東大門歷文化公園站14號出口徒步約5分　首爾市中區獎忠壇路263；서울 중구 장충단로 263　02-3393-2211　10:30~2:00　週一　themigliore.com

　Migliore的B1~3樓以女性商品為主，只要₩10,000起的價格就可讓全身行頭煥然一新；2樓還有許多有設計感的上班族服飾；3樓走休閒風，有不少具個性和質感的衣物。而5、7樓則可以把鞋包配件一次買齊。

DOOTA Mall

두타몰

別冊P.16E2　1、4號線東大門站8號出口徒步約3分　首爾市中區獎忠壇路275；서울 중구 장충단로 275　02-3398-3114　10:30~24:00　www.doota-mall.com

　在DOOTA Mall(斗山塔購物中心)**可以購買到品項齊全價格又免稅的商品，但需注意免稅店的商品不代表價格一定最便宜，貨比三家還是必要的**。斗山塔1樓為運動用品，2~3樓販賣女裝，4樓是生活用品名品館，5樓以男裝為主。

韓國折扣季好好買

到韓國免不了大肆逛街、購物，在計畫行程前不妨可以多注意韓國的購物折扣季節，像是在每年的1、4、6、9、11月(有時會持續至下一個月)在百貨公司或是店家都會有折扣活動。另外也有一年兩次的大型折扣季，通常為夏天6~8月以及冬天11~12月，在東大門在7月初或1月中旬時，店家也會有7~8折，或者半價的價惠。

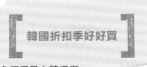

玻璃帷幕的新潮外觀吸引目光。

apM PLACE雖是批發商場，但多數專櫃也歡迎購買單件商品。

現代都市折扣店

현대아울렛 동대문점

⊕別冊P.16D2　⊗1、4號線東大門站8號出口，或2、4、5號線東大門歷文化公園站14號出口徒步約6分　⊙首爾市中區獎忠壇路13街20；서울 중구 장충단로13길 20　⊗02-2283-2233　⊙週一至週四10:30~21:00、週五至週日10:30~21:30　⊗www.ehyundai.com

　　現代都市折扣店外觀與一般百貨公司無異，**內部的專櫃設計和動線規畫清楚，進駐許多國際品牌及韓國在地品牌**，1樓以美妝專櫃為主，2樓是家居、家私和寢具商品區，還有小型家電；3樓為女裝服飾；4~5樓以休閒服飾為主；6樓以男裝為主，最特別的是這裡還有男性沙龍店；7樓是戶外和運動用品區，8樓則是童裝區，並貼心地闢有哺乳室。而除了地下樓和各層都有咖啡館，**9樓也特別以餐廳和咖啡廳為主**，提供客人休息用餐好去處，連教保文庫書店也在此設立分店，吸引愛書人前往。

apM PLACE

에이피엠 플레이스

⊕別冊P.16D3　⊗2、4、5號線東大門歷史文化公園站10號出口徒步約1分　⊙首爾市中區乙支路276；서울 중구 을지로 276　⊗02-2200-5678　⊙20:00~5:00　⊗週五、週六

　　坐落於東大門歷史文化公園對面的**apM PLACE是間以批發商場(Wholesale Market)為號召的購物中心**，裡頭每間店面結合百貨公司專櫃的整齊有序，也讓每個櫃面能表現獨特美感，因此有著耳目一新的感覺，

小編按讚

逛起來很舒服的批發商場，單買也OK！

也能細細地欣賞、挑選自己想要的商品。apM PLACE地下1~2樓以飾品、包包為主，1~8樓都是女裝，而且愈高的樓面服裝款式愈成熟。這裡的商品強調正韓貨，皆是時下最流行的服裝款式，**大部分的專櫃提供會說中文的服務人員，所以想試穿、想購買都不會有問題。**

裝置藝術也是來此逛街的看點之一！

首爾·漢江以北······東大門及其周邊

▶首爾·漢江以南及其周邊

Maxtyle

맥스타일

🛍別冊P.16E2　🚇1、4號線東大門站7號出口徒步約5分；2、4、5號線東大門歷史文化公園站1、2號出口徒步約10分

📍首爾市中區馬場路3；서울 중구 마장로 3　☎02-2218-0000

🕐10:00~17:00

> 有機會找到地攤貨的價格、百貨公司品質的商品。

> Maxtyle重視空間設計，視覺更清新明亮。

Maxtyle的B1~2樓空間是女裝，款式新潮，要特別留意一些貼上大大價格標籤的衣服，會讓人有「以地攤貨的價格買到百貨公司商品」的驚喜；3樓以男裝為主，有一些韓國潮牌。

👁 清溪川時裝廣場文化牆

청계천 패션광장 문화의벽

🛍別冊P.16D1　🚇1、4號線東大門站8號出口徒步約3分

清溪川是條見證首爾600年歷史的人工河流，**在這裡有著名的「清溪川八景」，是遊客訪幽尋勝的好去處**；其中位於清溪川中央地帶有美麗的噴泉水柱，因就位於東大門

> 牆面是由5位當地藝術家共同創作的壁畫作品。

最熱鬧的商圈內，便稱之「時裝廣場」，並列為八景之一。

夜貓子的批發商場

在東大門有一些適合跑單幫客購物的商場，它們一般只從晚上營業到隔日清晨，並以批發商品為主；由於購買的量大，這些商場通常還提供國際運送服務；至於遊客，如果深夜還想找地方逛街，這裡也絕對會讓你逛到過癮。

NUZZON(누존패션몰)

位在東大門運動場的東邊，和都塔免稅店、Migliore遙遙相對。NUZZON以超低價為號召，喜歡世界名牌品，可到B2樓的國外輸入品區，包括PRADA、FENDI、GUCCI等。B1樓為女裝區，主要針對年輕女孩初試成人打扮的衣物，設計和剪裁都相當出色。1~2樓為女生休閒裝區，3樓為男士的休閒服區，4樓為皮製品區，這兒有皮製的皮包、鞋子。5樓為流行物品區，尤其是各式各樣的帽子區更不能錯過。6樓為流行飾品區，包括各種髮夾或髮飾，種類豐富。

🛍別冊P.16E2　🚇1、4號線東大門站7號出口徒步約12分；2、4、5號線東大門歷史文化公園站2號出口徒步約8分　📍首爾市中區乙支路45街62；서울 중구 을지로45길 62　☎02-6366-3114　🕐20:00~6:00　🈺週五6:00至週日20:00　🌐www.nuzzon.co.kr

apM Luxe(에이피엠럭스)

從B1~7樓約有700家店鋪，主打15~25歲的年輕男、女流行服飾。

🛍別冊P.16E2　🚇1、4號線東大門站7號出口徒步約12分；2、4、5號線東大門歷史文化公園站2號出口徒步約8分　📍首爾市中區退溪路73街51；서울 중구 퇴계로73길 51　☎02-2231-0930　🕐20:00~5:00　🈺週五5:00至週六20:00

Designer Club(디자이너클럽)

是以女裝、雜貨為主的批發商場。

🛍別冊P.16E2　🚇1、4號線東大門站7號出口徒步約12分；2、4、5號線東大門歷史文化公園站2號出口徒步約8分　📍首爾市中區乙支路45街72；서울 중구 을지로45길 72　☎02-2237-2503　🕐20:00~6:00　🈺週五、週六

Team 204

B1~5樓約400個店鋪空間，主要販售鞋子、配件，亦有部分女性休閒服。

🛍別冊P.16E2　🚇1、4號線東大門站7號出口徒步約12分；2、4、5號線東大門歷史文化公園站2號出口徒步約8分　📍首爾市中區馬場路30；서울 중구 마장로 30　☎02-2232-3604　🕐20:00~6:00　🈺週五8:00至週六20:00

U:US

有各式男女服飾、包包，衣服樣式較有設計感，價位也偏高。

🛍別冊P.16E2　🚇1、4號線東大門站7號出口徒步約12分；2、4、5號線東大門歷史文化公園站2號出口徒步約8分　📍首爾市中區馬場路22；서울 중구 마장로 22　☎02-2290-6059　🕐20:15~6:00　🈺週六

首爾・漢江以北 ‧ 東大門及其周邊

↓首爾・漢江以南及其周邊

> 廣藏市場猶如進入迷宮，不小心就會迷了路！

> 將綠豆磨碎後加入食材，煎成薄餅的傳統綠豆煎餅。

> 點好東西直接坐在店家板凳上等上菜！

🎁 廣藏市場

광장시장

📍別冊P.17C1　🚇1、4號線東大門站7號出口徒步約5分；1號線鍾路5街站7、8號出口徒步約2分　🏠首爾市鍾路區昌慶宮路88；서울 종로구 창경궁로 88　☎02-2267-0291　🕐9:00~18:00；美食街9:00~23:00；舊貨市場10:00~19:00　🈺舊貨市場週日休　🌐kwangjangmarket.co.kr

> **韓**國的傳統市場，裡頭小吃與雜貨雲集，呈現生動的庶民生活景象。

　廣藏市場內販賣豬腳、豬血腸、生魚片等常見的韓國小吃，其中以綠豆磨碎後加入食材，煎成薄餅的傳統綠豆煎餅，和外型碩大圓滾的餃子，為市場內必嘗的招牌美食。除了小吃，還有蔬果、布料、寢具、韓服等，商場中央聚集了上百間攤販，熱鬧程度可比台北的士林夜市。

> 來到韓國必嚐的醬蟹！

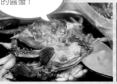 

> 店家手工醃的各式泡菜試吃後再買也行。

> 韓國餃子超大顆，餡料飽滿。

> 若是喜歡生拌牛肉，也推薦嘗店內的生牛肉壽司

🍴 朴家綠豆煎餅

박가네 빈대떡

📍首爾市鍾路區鍾路32街7；서울 종로구 종로32길 7　☎02-2264-0847　🕐8:00~22:00　💰綠豆煎餅₩5,000、生拌牛肉₩19,000

> **廣**藏市場超人氣生牛肉壽司名店！

　說到廣藏市場必嘗的美食就會想到綠豆煎餅與生拌牛肉，「朴家綠豆煎餅」就是當地許多旅遊書與網紅推薦的人氣名店。店前就可以看見綠豆煎餅的煎製過程，令人食指大動。店面主要以販售綠豆煎餅為主，若想節省排隊時間可以在另外的座位區直接點生拌牛肉就可以快速入座。

韓國筷子扁扁的

在韓國使用的筷子和湯匙都有著扁平而細長的筷身，其設計有許多有趣的由來，其中有一說是因以前韓國人習慣將飯菜放在托盤上端到房間或是客廳吃，為了減少碰撞聲音或是掉落而設計成扁平餐具；也有一說是扁平的筷子在夾小菜時更快速，或是更方便將泡菜切割分開。

🍴 五壯洞咸興冷麵

오장동 함흥냉면

入選2022年首爾米其林指南的美味冷麵！

🔷別冊P.17C3 🚇2、5號線乙支路4街站8號出口徒步約5分 🏠首爾市中區五壯洞90-10；서울 중구 오장동 90-10 ☎02-2267-9500 🕐11:00～20:00 (休息時間15:30～17:00) ❌週二 💲水冷麵(물냉면)、生魚片冷麵(회냉면)、辣拌冷麵(비빔냉면)、熱湯麵(온면)皆₩15,000

位於北朝鮮的咸境道，平常吃冷麵有一套獨特的作法，用綠末粉製成的麵條搭配拌著辣椒醬的生魟魚片，滋味與眾不同。入選2022年首爾米其林指南之一的「五壯洞咸興冷麵」，其經營者本來生長在咸境南道的興南市，在6.25戰爭時來到了南方，1953年起在東大門附近的五壯洞開設了這家以冷麵為號召的餐廳，各式口味的冷麵和水餃都很受歡迎。

牛肉、水梨熬煮湯底的冷麵清爽可口。

冷麵拌入辣淑醬與生魟魚片，嚼勁十足。

🍴 又來屋

우래옥

🔷別冊P.17B2 🚇2、5號線乙支路4街站4號出口徒步約2分 🏠首爾市中區昌慶宮路62-29；서울 중구 창경궁로 62-29 ☎02-2265-0151~2 🕐11:30～21:00 (L.O.20:40) ❌週一 💲傳統平壤式冷麵(평양냉면)₩16,000、泡菜湯麵(김치말이냉면)₩16,000、烤牛舌(혀밑구이)₩35,000

這是一間擁有60年歷史的餐廳，以平壤傳統口味的冷麵、烤牛舌最為著名。雖然在小巷弄之中，但是專屬的停車場每天都可看到排滿黑頭車，也經常看到打扮莊重的食客們進進出出，可見是首爾的有錢人和權貴們經常光顧的高檔餐廳。被推選為首爾值得驕傲的餐廳之一。

首爾・漢江以北：東大門及其周邊

➔首爾・漢江以南及其周邊

> 精選上等牛腿骨熬煮出濃郁呈乳白色的雪濃湯汁。

🍴 文化屋

文化屋

📖別冊P.17B2 🚇2、5號線乙支路4街站4號出口徒步約2分 🏠首爾市中區昌慶宮路62-5；서울 중구 창경궁로 62-5 ☎02-2265-0322 🕐6:00~21:00 💲雪濃湯(설렁탕)₩13,000

　位於巷弄中，與尊貴的又來屋相鄰的文化屋，是一家也已有60年歷史的老店，忠實顧客的比率相當高。**鎮店的招牌是雪濃湯**，喝的時候自己加鹽、蔥花調味，湯裡還附上的幾片牛肉也非常滑口。店家雖然無法以外語溝通，但對外國人相當親切、照顧。

🏛 東大門傳統商場

　東大門市場最早是由這些傳統商場帶領整區的繁榮，這些商場內大多為2~4層樓的舊式低矮建築，空間狹小，裡頭一間間攤位比鄰而立，賣的衣服大多樸實、傳統，但東西價格實惠，售價仍比其他百貨公司還低上2~3

成，毋怪這些商場不論何時仍擠得水洩不通；特別提醒這些商場通常分兩時段營業，除了上午到下午，晚上會再營業到隔天清晨，但各商場時間不同，有些樓層、店面也不一定依規定時間營業，建議來這裡的遊客還是依實際狀況隨興採買。

　另外，這些商場大多接受零售和批發，但前者議價空間有限；且就算買再多也只收現金、不收信用卡，幸好每家商場都有銀行提款機，不必擔心韓幣不足。若怕購物商場太多無從逛起，不妨選定一家仔細逛，幾家購物商場的商品大同小異，都有寶可挖。

🏛 東大門綜合市場・購物城

동대문종합시장・쇼핑타운

📖別冊P.16E1 🚇1、4號線東大門站8號出口徒步約2分；2、4、5號線東大門歷史文化公園站14號出口徒步約10分 🏠首爾市鍾路區鍾路266；서울 종로구 종로 266 ☎02-2262-0114 🕐8:00~18:00、韓服和結婚用品8:00~19:00、美食街7:00~19:00 🈺週日 🌐www.ddm-mall.com

　很多人口中說的東大門市場指的就是這一棟東大門綜合市場及購物城，這裡首先是由樓高7層、分成A、B、C、D4層樓的東大門綜合市場於1970年開幕，接下來共5層的購物城再於1985年落成，**共計5,000多家的店面讓這塊區域成為東大門市場規模最大、最醒目的購物商場**。位在2樓的韓服區可以看到很多結婚新人攜手採，店家人員甚至都穿著傳統韓服服務客人。

> 市場內多為販售布料、手工藝品材料為主。

> 中部市場的品質好，價格也比其他市場便宜些。

🏛 中部市場

중부시장

📖別冊P.17C2 🚇2、5號線乙支路4街站7號出口徒步約3分 🏠首爾市中區乙支路32街33；서울 중구 을지로32길 33 ☎02-2267-5617 🕐4:00~19:00

　酷愛逛市場的人，如果覺得東大門、南大門觀光化的味道太重的話，不妨到中部市場走一遭。從**1957年開市的中部市場，以販賣乾貨為主**，如各式各樣的魚乾、墨魚片、墨魚絲、堅果、紅棗乾、栗子，還有家常口味的醬菜、人蔘加工品等。雖然大部分店家都無法以外語溝通，但是樸實的熱情更令人心動。

芳山市場烘焙巷

방산시장 베이커리골목

📍別冊P.17C2　🚇2、5號線乙支路4街站6號出口徒步約5分　🏠首爾市中區乙支路33街18-1；서울 중구 을지로33길 18-1　🕐9:00~18:00，週六9:00~15:00(各店不一)　❌週日、國定假日

　　走進芳山市場，會發現裡頭賣的幾乎都與烘焙用品有關，舉凡做點心用的機器、道具、模型、材料、包裝用品，在這裡都買得到，常吸引韓國家庭主婦和學生大肆採買；由於有些模型和包裝材料做的特別可愛，也吸引不少國外愛好烘焙的人慕名前往。

第一平和市場

제일평화시장

📍別冊P.16E2　🚇1、4號線東大門站7號出口徒步約5分；2、4、5號線東大門歷史文化公園站2號出口徒步約10分　🏠首爾市中區馬場路13；서울 중구 마장로 13　☎02-2252-6744　🕐9:00~17:30、20:00~5:00，週六9:00~17:00、週日20:00~5:00　🌐www.jeilpyunghwa.com/

　　1979年就開幕的第一平和市場，為東大門老字號成衣批發市場，近200個攤位讓空間顯得更為狹小；來這裡逛的人年齡層普遍較高，少見年輕女孩在此穿梭，這可能與它大部分攤位賣的衣服款式較為成熟，比較適合熟女或媽媽們來逛。

光熙市場

광희패션몰

📍別冊P.16E2　🚇1、4號線東大門站7號出口徒步約5分；2、4、5號線東大門歷史文化公園站2號出口徒步約10分　🏠首爾市中區馬場路1街21；서울 중구 마장로1길 21　☎02-2238-4352　🕐20:00~5:00　❌週六5:00至週日20:00　🌐www.kwangheesijang.com/

　　於1979年開幕的光熙市場分有4層樓，每層皆有賣男、女裝；來光熙市場主要還是逛它的2樓，是專賣皮衣、皮革和皮草的地方，有各種款式、顏色和皮質選擇，一件短版小羊皮皮衣約台幣6,000多元。在B1樓還有小孩衣服、雜貨；3樓則有免稅商品、進口雜貨；不過除了2樓其他樓層的攤位不齊，很多白天也不營業。

平和市場

평화시장

📍別冊P.16D1　🚇1、4號線東大門站8號出口徒步約2分；2、4、5號線東大門歷史文化公園站14號出口徒步約10分　🏠首爾市中區 淸川路274；서울 중구 청계천로 274　☎02-2265-3531　🕐22:00~18:00　❌週日　🌐www.pyounghwa.com/

　　因為韓國戰爭的關係，這裡開始只有一些從北朝鮮移居而來的難民，用幾個棚子搭起來替客人縫製衣服小攤子，直到1958年因為一場大火，便將所有攤位集中管理建成眼前所見這一棟，綿延數百公尺的大樓，平和市場代表的是東大門這一帶以平和市場為名(如南平和市場、新平和市場)的諸多市場中，最早的一家。

　　平和市場1樓賣有男女服飾、帽子、雜貨，也有書店，2樓則是女裝、童裝和改良韓服，3樓則再多了男裝；很多人很喜歡來逛平和市場，覺得店家多、選擇性也多，穿梭其間很有尋寶的感覺。

首爾·漢江以北┈┈東大門及其周邊 →首爾·漢江以南及其周邊

新平和市場

신평화패션타운

📖別冊P.16E1 🚇1、4號線東大門站7號出口徒步約6分；2、4、5號線東大門歷史文化公園站2號出口徒步約12分 📍首爾市中區清溪川路298；서울 중구 청계천로 298 ☎02-2253-0714 ⏰B1~1F週一至週五21:00~17:00、2~3F週一至週五21:00~10:00，週六24:00~12:00、4F週一至週五9:00~16:00 ⓧ2~3F週日休 🌐www.sph.co.kr/

新平和市場是東大門一間相當有規模的購物商場，不過和其他商場不同，它的**1樓是以睡衣、內衣、襪子和休閒服為主**，B1樓則有許多舞蹈服裝、用品，許多要登台表演的人，就會跑到新平和市場來找服裝；它的2~4樓才賣各種男、女服飾。

> 各種圖案的襪子琳瑯滿目，讓人眼花撩亂。

董平華時尚城

동평화패션타운

📖別冊P.16E1 🚇1、4號線東大門站7號出口徒步約8分；2、4、5號線東大門歷史文化公園站2號出口徒步約12分 📍首爾市中區清溪川路318；서울 중구 청계천로 318 ☎02-2238-7791 ⏰9:00~18:00 ⓧ週六、週日

開幕於1976年的董平華時尚城同屬當地老字號商場，有1~4樓和B1樓共5層，專售各式男、女服飾、配件、運動休閒服、內衣等，款式較為穩重簡單，適合中高年齡穿著，年輕或流行服飾僅占部分攤位；但價格尚稱便宜，仍然吸引不少人來尋寶。

> 韓國平價包包、牛仔褲等服飾，來這挖寶準沒錯。

南平和市場

남평화시장

📖別冊P.16E2 🚇1、4號線東大門站7號出口徒步約6分 📍首爾市中區獎忠壇282-10；서울 중구 장충단로 282-10 ☎02-2237-0620 ⏰B1~1F 0:00~12:00，2~3F 20:00~6:00 ⓧ週五、週六 🌐www.namph.co.kr/

南平和市場以賣包包、皮箱、皮帶和牛仔褲、T恤、休閒服為主。在韓貨界相當火紅的韓國平價包包Rooty就可在南平和市場的1樓找到店面。

> 這裡的老物、老件很多，很有尋寶樂趣。

首爾跳蚤市場(首爾風物市場)

서울풍물시장

📖別冊P.6D1 🚇1、2號線新設洞站10號出口，回頭徒步約150公尺後右轉直行，見指標左轉，徒步約6分 📍首爾市東大門區千戶大路4街21；서울 동대문구 천호대로4길 21 ☎02-2232-3367 ⏰10:00~19:00 ⓧ週二

首爾風物市場就是跳蚤市場，自成一座2層樓的大樓，**提供各式新舊商品的販售**，包括服裝、包包、藥材、相機、生活雜貨用品、工具、陶瓷器、工藝品等，也有專售軍裝軍服、機車用品和修復工具的攤位。

首爾·漢江以北　東大門及其周邊
首爾·漢江以南及其周邊

東廟跳蚤市場(崇仁洞跳蚤市場)

동묘 벼룩시장

別冊P.6D1　1、6號線東廟站3號出口徒步約1分　首爾市鐘路區崇仁洞102-8；서울 종로구 숭인동 102-8　9:00~18:00

　　所謂風物市場就是跳蚤市場，前往東廟風物市場的交通很方便，從東廟站3號出口出站稍往回轉就可以看到不少攤販，但這不是它主要的區域，順著人潮走，才會發現它的別有洞天，連綿著好幾條小巷大街都是它的範圍，邊走邊逛很有尋寶的感覺。在韓國綜藝節目《無限挑戰》中主持人鄭亨敦與GD也曾到此購買一身行頭。

仔細挖挖寶，眾多商品都是1,000起跳。

風物市場什麼都有，商品有二手也有新品。

東大門文具玩具批發市場

동대문문구.완구도매종합시장

別冊P.16E1　1、4號線東大門站4號出口直走，第2條巷子右轉，徒步約2分　約8:00~19:00(各店不一)

兒童文具、玩具，這裡都可以5~7折價買到。

　　這條文具玩具批發市場是一條約150~200公尺的街道，兩旁開了約百家的文具、玩具店，其中以玩具比例占的更多些。一般來説，如果一次買10樣以下，價格議價空間小，買多量才可能提供折扣，不過不能過於期待它的品質或設計感。

首爾東大門華美達飯店

라마다 바이윈덤 서울 동대문

別冊P.17C2　2、4、5號線東大門歷史文化公園站7號出口或4、5號線乙支路4街站7號出口徒步約5分　首爾市中區東湖路354；서울 중구 동호로 354　02-2276-3500　www.wyndhamhotels.com/ramada/seoul-south-korea/ramada-seoul-dongdaemun/overview

©首爾東大門華美達飯店

©首爾東大門華美達飯店

　　近東大門歷史公園的首爾東大門華美達飯店，以結合歷史與文化的新概念為出發點，設計出高貴不俗的飯店。客房提供冰箱、浴袍、拖鞋、沐浴用品、免治馬桶等硬體服務，**房內的木質地板在冬天有地熱功能**。飯店臨近熱鬧的東大門購物商圈外，附近還有充滿濃濃韓國在地風情文化的傳統市場。

優雅設計與典雅色彩展露飯店的獨特美感。

©首爾東大門華美達飯店

143

首爾・漢江以北·東大門及其周邊

首爾・漢江以南及其周邊

到處都有「一條街」

韓國人「快、快」(빨리빨리)的習慣，充份的表現在「一條街」文化中，他們習慣將販賣相同食物的店家，集中在一條街裡節省找地方吃飯的時間，例如東大門的「烤魚一條街」和「一隻雞街」、新堂洞的「辣炒年糕一條街」、鍾路的「蚵仔生菜包肉一條街」。

🍴 一隻雞街

📖別冊P.16D1 🚇1、4號線東大門站8、9號出口；1號線鍾路5街站5、6號出口徒步約5分

從東大門市場到廣藏市場之間有幾條窄小的通道，路都不大，但很熱鬧；其中鍾路北側為販賣清煮雞湯鍋店家的一隻雞街，這裡的店家是將**一整隻幼雞放入鍋裡熬煮而成**，不但湯頭鮮美，雞肉彈牙有嚼勁，也讓人再三回味。通常一隻雞可供2~3人食用。

 湯頭鮮美、肉質Q彈的韓式雞湯，暖心又暖胃。

幼雞鮮度十足，肉質細嫩卻彈牙有嚼勁。

🍴 陳玉華奶奶一隻雞

진옥화할매원조닭한마리

📖別冊P.16D1 🚇1、4號線東大門站8、9號出口；1號線鍾路5街站5、6號出口徒步約5分 🏠首爾市鍾路區鍾路40街18；서울 종로구 종로40가길 18 ☎02-2275-9666 ◐10:30~1:00 (L.O.23:30) 💲一隻雞(닭한마리)₩30,000、麵條(국수사리)₩2,000

從1978年開店至今，陳玉華一隻雞店是這條街上最有名的店家之一。它的雞湯是以老雞搭配中藥材熬煮而成，但食用的雞肉，同樣選擇出生僅35天的幼雞，吃起來肉嫩湯鮮美。「一隻雞」端上桌後先在桌爐上熬煮，再把附上的年糕放入湯中一起煮個5~10分鐘，喜歡吃原味的人，此時就可以吃雞和年糕了；最後可以再加入手工麵條，連同美味的湯頭一起品嘗。

「一隻雞」端上桌後店員熟練地將雞剪開剪小。

煮沸後在鍋中加入蒜末、泡菜和調味醬，辣得過癮！

🍴 真元祖陳雞湯

진원조보신닭한마리

📖別冊P.16D1 🚇1、4號線東大門站8、9號出口；1號線鍾路5街站5、6號出口徒步約5分 🏠首爾市鍾路區鍾路252-11；서울 종로구 종로 252-11 ☎02-2272-2722 ◐10:00~22:00 💲一隻雞(닭한마리)₩30,000、烏龍麵條(국수사리)₩2,000

真元祖陳雞湯位在雞湯的激戰區，儘管強敵環伺，每到用餐時間總是高朋滿座。店家將幼雞稍微蒸煮後丟入原味雞湯裡，和大量的蔥、蒜煮到沸騰，除了薄鹽不加任何化學調味料，可以加點粉絲或烏龍麵，飽吸湯汁的麵條讓人一吃難忘。

🍴 豬骨湯街

📖別冊P.16E1　🚇1、4號線東大門站6號出口徒步約2分

這裡的豬骨湯特選韓國當地集集，將豬肉和豬骨熬煮至少3小時而成；客人點餐後，把同樣煮過的豬頭骨放入湯內，加入辣椒醬及調味料後端上桌。雖是豬骨上附著鮮嫩豬肉，只是湯頭偏辣，不習慣的人不妨點豬肉湯或向店家要求減少辣量，否則可能得一直灌白開水。

> 肉質鮮嫩湯頭辣，滾燙的一大鍋光看就非常開胃。

吃豬肉湯飯要加蝦醬

豬骨湯飯濃香辣口，另一道豬肉湯飯口味偏較清淡，注意只要是豬肉湯飯店家，幾乎都有提供蝦醬，這時先試試湯頭，太淡的話直接將蝦醬加進裡就對了。

🍴 和順屋

화순집

📖P.16E1　🚇1、4號線東大門站6號出口徒步約2分　🏠首爾市鍾路區鍾路46街29；서울 종로구 종로46길 29　📞010-3198-8274　🕐8:30~24:00　💲豬骨湯(감자탕)₩20,000

> 骨邊肉大塊有味，湯頭香辣有勁。

由兩夫妻共同經營的和順屋，門面就貼滿了菜單，上頭不但有圖片，還附上韓文、英文和日文，點菜頭一關就輕鬆而過。冒著煙氣的豬骨湯端上桌香氣十足，配上無限吃到飽的小菜令人胃口大開；夏日大啖因室內冷氣很強，整碗下肚也不覺得燥熱；冬天熱呼呼品嘗則是令人大呼過癮。

> 窄小的街道仍吸引食客上門用餐

🍴 烤魚街

📖別冊P.16D1　🚇1、4號線東大門站8、9號出口；1號線鍾路5街站5、6號出口徒步約6分

> 烤魚套餐會搭配小菜、泡菜、白飯和湯。

一隻雞街的南側就是烤魚街，店家一早到市場購買新鮮漁產，先將魚灑上鹽醃入味，之後做初步煎烤去油，等到客人點餐後，再做進一步燒烤上色。因為烤爐都設在外頭，**現場燒烤肥美的青花魚**(고등어)、**秋刀魚**(꽁치)、**鮪魚**(삼치)等新鮮魚類的味道飄香四溢，不斷勾引客人上門。

🍴 元祖奶奶本家

원할머니보쌈족발 본점

🅐別冊P.16F1 🚇2號線新堂站2號出口直走，遇到第一個十字路口左轉，往清溪川方向走約10分，店家即在左手邊 🏠首爾市中區蘭溪路201；서울 중구 난계로 201 ☎02-2232-3232 ⏰11:30~22:30 💲1人份生菜肉包(한돈1인보쌈)₩26,000、生菜包肉豬腳套餐(보쌈족발세트)₩70,000 🌐wonandone.co.kr/bossam/

有將近40年開店時間的元祖奶奶本家，**店內的招牌美食即是美味的生菜包肉，肥美軟嫩的五花肉，放在生菜上夾入提味的泡菜、醃蘿蔔絲、白菜、年糕和豆腐，一口吃進嘴中其鮮美滋味實在令人回味無窮。生菜除了能包肉，店家另研發Q嫩的豬腳，也是不錯的品嘗菜色。**此店出現於韓劇《一起用餐吧》第6集中所介紹的美食餐廳。

🍴 獎忠洞豬腳街

장충동 족발 골목

🅐別冊P.16D4 🚇3號線東國大學站3號出口即達

韓國最有名的豬腳街。

50多年前，這裡原本只是一條賣綠豆煎餅的小街，一位來自北韓的老奶奶，首先在這裡開了一家小店賣起了豬腳，沒想到受到極大的歡迎打響了名號，之後陸續有許多店家跟進，迄今已超過10間豬腳店林立在條道上，成為不但是首爾，也是全韓國最有名氣的豬腳街。

吃豬腳時搭配啤酒，真是一大享受！

這裡吃豬腳時習慣沾上蝦醬、配上泡菜並包著生菜吃，店家也一定會附上綠豆或大蔥煎餅以及湯。

小編按讚 讚 讚 👍

開 車 不 喝 酒 ， 安 全 有 保 障

🛍 登山用品街

🅐別冊P.17C1 🚇1號線鍾路5街站5、6號出口徒步約2分

韓國人很喜歡登山，放假時到附近的郊山走走，可是他們最喜歡的休閒娛樂之一；因此在首爾到處可以看到相關用品店，其中**在東大門位於地鐵鍾路5街5、6號出口站的登山用品街，林立多間販賣專業的登山用品店家**，其中不乏一些Outlet或特價品，有些店家更拉起1折起的特賣布條，讓人不走進店內瞧瞧也難。

🍴 元祖1號店獎忠洞奶奶之家

원조1호장충동할머니집

🅐別冊P.16D4 🚇3號線東國大學站3號出口徒步約2分 🏠首爾市中區獎忠壇路174；174 ☎02-2279-9979 ⏰10:30~22:30 ❌週三 💲大份₩50,000、中份₩40,000、小份₩30,000

這一家元祖1號店獎忠洞奶奶之家是豬腳街的創始店，在1960年左右，當時這一條豬腳街大部份的店家還是以賣綠豆煎餅維生，剛從北韓移居到這裡的老奶奶不知該賣些什麼，靈機一動想到以前曾跟家鄉附近的中國人學過滷豬腳，於是添加自己研發出的配方，開始賣起豬腳；起初只是從一家小店做起，沒想到做出了口碑，生意愈做愈大，之後更吸引其他店家跟進，造就今日獎忠洞豬腳街的名氣。

豬腳好吃，最重要的是它的滷汁，元祖1號店以其獨家配方特製的滷汁，將豬腳滷上2~3小時入味後才起鍋，而且滷汁從來沒有換過，直到1989年因一場大火，滷汁才不得已重起爐灶，但至今也是20多年的陳年老滷汁。

元祖1號店的豬腳混合了前、後腿部位，但亦可事先向店家指定；不同其他店附上的配菜是綠豆煎餅，這裡的大蔥煎餅搭配豬腳也是相得益彰。

首爾·漢江以北 東大門及其周邊
➡ 首爾·漢江以南及其周邊

🍴 新堂洞辣炒年糕街

신당동떡볶이타운

🅐別冊P.16F3 🚇5、6號線青丘站1號出口徒步約3分

整條街都是辣炒年糕店，可以學韓劇男女主角窩在一起吃炒年糕！

　辣炒年糕是韓國街頭隨處可見的國民小吃，紅紅的、帶點甜味辣椒醬，拌炒著米糕條、高麗菜、大蔥、洋蔥、魚丸、方便麵等材料，三五好友圍著平鐵鍋，用叉子和炒到汁沸醬稠，邊炒邊吃，感情好像也跟著爐火升溫。在韓劇裡，就經常可以看到男女主角窩在一家炒年糕店，一同品嘗熱呼呼、火辣辣的年糕。

　時間回到1953年，戰後貧困的年代，一位住在新堂的婆婆發自愛心，用辣椒醬炒辣炒年糕供街民們飽餐一頓，60年代，辣炒年糕成為年輕學生和女性最愛的小吃，新堂街上出現以現場DJ秀吸引顧客的店家，從此新堂洞辣炒年糕聲名大噪，店家也越來越多，現在的新堂炒年糕街，沿街都是辣炒年糕店，哪家香味最誘人就往哪去吧。當地人還建議，吃完熱辣辣炒年糕之後，再來一杯霜淇淋，滋味更佳！

🍴 I Love新堂洞炒年糕

아이러브 신당동

🅐別冊P.16D3 🚇5、6號線青丘站1號出口徒步約3分 🏠首爾市中區退溪路76街50；서울 중구 퇴계로76길 50 ☎02-2232-7872 🕐24小時 🚫每月第1、3個週一，年節假日 💲新堂洞辣炒年糕兩人份₩17,000，宮中辣炒年糕小份₩22,000，起司年糕小份₩22,000

店家結合舞台和DJ播放音樂，讓客人彷如在夜店裡用餐。

　位在新堂洞辣炒年糕街的I Love 新堂洞，為了滿足現代人挑嘴的口味，除了販售原味的辣炒年糕，並創新「宮中辣炒年糕」、在年糕裡加入香濃起司的「起司年糕」、由各種海鮮拌炒而成的「海鮮炒年糕」，或是嗜辣的人可以嘗試極辣版的「眼淚辣炒年糕」。

🍴 馬福林婆婆辣炒年糕

마복림 할머니 떡볶이

🅐別冊P.16D3 🚇5、6號線青丘站1號出口徒步約3分 🏠首爾市中區茶山路35街5；서울 중구 다산로35길 5 ☎02-2232-8930 🕐9:00~22:50 🚫每月第2、4個週一 💲兩人份₩17,000、三人份₩20,000，一人則單點食材

　馬福林婆婆辣炒年糕是新堂洞辣炒年糕街的創始店，據稱馬福林婆婆就是那位煮米糕給遊民溫飽的人，它從1953年開始經營打響名號後，也漸漸吸引其他店家一起加入行列，形成迄今新堂洞辣炒年糕街的規模。

　炒年糕條是以米磨成的粉，再加上麵粉，以8：2的比例製成，除了年糕條，還有魚板、黃金炸餃、蛋、速食麵、像冬粉一樣的韓式冷麵，以及少許的高麗菜，這些豐富食材上還灑上了一些蒜、洋蔥和紅蘿蔔調味，最後再淋上甜麵醬。

　馬福林婆婆的年糕吃起來軟中帶Q，配料口感亦佳同時讓人有飽足感，但由於口味偏辣，不嗜辣的人不妨跟店家要求減辣，店內有會說中文的服務人員。

醬料是店家秘方調製，口感香辣略甜。

⭐ 韓國之家

한국의 집

🅐別冊P.17A4 🚇3、4號線忠武站3號出口徒步約2分 🏠首爾市中區退溪路36街10；서울 중구 퇴계로36길 10 ☎02-2266-9101 🕐12:00~15:00、18:00~22:00 🚫週一 💲用餐₩88,000起、公演門票各節目不一 🌐www.chf.or.kr/kh

建築樣式保留韓國傳統貴族兩班的住宅風格。

　韓屋村與首爾有名的傳統餐館「韓國之家」，兩地只隔一扇門，韓國之家曾經是朝鮮時代集賢殿學者朴彭年的私人官宅第。**韓國之家不光是提供宮廷菜餚，還把所有韓國的傳統文化齊聚一堂，遊客在這裡可以參與泡菜DIY等各項體驗，欣賞傳統韓國婚禮演出，並且購買韓國的陶瓷、刺繡等工藝品。**

　只要來韓國之家用餐，就可以到專屬劇院欣賞傳統的歌舞表演，有鳳山面具舞、扇子舞、板索里、農樂等，讓遊客從聽覺與味覺充分感受韓國的傳統之美。

惠化・大學路

혜화역·대학로산
HYEHWA·DAEHAKRO

●惠化・大學路

首爾・漢江以北

惠化・大學路

首爾・漢江以南及其周邊

大學路恰如其名地洋溢著青春氣息，不只如此，這裡還是首爾文化藝術的指標地區之一。1946年首爾(漢城)大學在此創立，許多大學生和年輕人便自然地在此聚息，不少社團活動、藝文表演(甚至示威抗議)等年輕人的活動多以這個地區為中心點，往來的族群以大學生居多，「大學路」之名也由此而來。

交通路線 & 出站資訊

地鐵
惠化站➪4號線
安國站➪3號線
出站便利通
◎從惠化站4號出口出站，左邊街道就是熱鬧的街道，一整條街就像是濃縮版的梨大，充滿服飾、美妝、及美食店。直走前走至大馬路上，往右邊過馬路至巷內，則是成均館大學的周邊街道，雖較為安靜，但有不少美食餐廳可挖掘。
◎從惠化站2號出口出站，則是通往駱山公園和梨花洞壁畫村之路，其中前往壁畫村的路上，有不少坡路、小徑或石階道，雖然稱不上辛苦，一路邊走邊賞景拍照也十分愜意，但還是建議穿著輕鬆加上一雙好走路的鞋，也可以備上一些小點心和水，其實就是帶著郊遊的心情前往；另外，天氣也很重要，下雨天走坡路要小心，照片也不好拍，所以行前請留意天氣狀況。

大學路迷你劇場好像很多？

1980年起開始，陸陸續續有許多話劇劇場遷移至大學路，約30多個劇場聚集在這一帶，因此從那時開始大學路就儼然是一條文化街，後來一些有現場表演的咖啡店、影院、劇場、咖啡館、酒吧等也都慢慢開始聚集，而成為一個綜合性的文化空間。

街道上的裝置藝術也是看點之一！

走在大學路街巷隨處可見各家劇團的宣傳海報。

◉ 大學路

대학로

🔖別冊P.15B1~B4　🚇4號線惠化站1~4號出口即達

早期首爾大學在此創立，學生族群漸漸在此聚集，「大學路」之名由此而來，現今則以小劇場表演眾多著稱，任意一處轉角就有劇目正上演的劇場，電影院也進行各類影展，即使不諳韓文，都能感受到戲劇的創意能量。

覓處稍坐、等戲開演或是散場後分享劇情，大學路上有各式咖啡館，提供氣氛各異的休憩空間。想找間好咖啡館，到路上的公園後方晃一圈就對了！

首爾・漢江以北　惠化・大學路

➡首爾・漢江以南及其周邊

三角雕塑代表藉著戲劇打破國籍、語言隔閡。

👁 馬羅尼埃公園

Marronnier Park 마로니에공원

📖別冊P.15B3　🚇4號線惠化站2號出口徒步約2分　🏠首爾市鍾路區大學路104；서울 종로구 대학로 104

公園入口矗立了一座1997年世界戲劇節在首爾舉行的紀念雕塑。雕塑是三角鼎立，上方以一圓盤連結，象徵世界可藉由戲劇文化，突破國籍藩籬、凝聚彼此。

公園另一角是售票處，想看戲的朋友除了到各家劇場買票，也可直接在公園售票口詢問相關訊息，或購買票券。

公園是小朋友的遊戲場 也是露天表演場地。

👁 駱山公園

낙산공원

📖別冊P.15C3　🚇4號線惠化站2號出口徒步約12分　🏠首爾市鍾路區駱山街41；서울 종로구 낙산길 41

以花崗岩構成的駱山公園，因山形遠看像是駱駝的背，所以稱之「駱山」。

在朝鮮時期，這裡是貴族王公們閒暇玩樂的後花園，後來在日治時期遭到破壞，直至2002重新整修開放，才又恢復成一塊美麗的綠地；在這裡也可以欣賞到首爾市區美景。

徜徉公園綠地欣賞首爾美景。

🍴 文化食堂

문화식당

📖別冊P.6D1　🚇4號線漢城大學入口站4號出口徒步約20分　🏠首爾城北區惠化路88 2~3F；서울 성북구 혜화로 88 2층, 3층　☎0507-1377-464　🕙11:00~16:00、17:00~21:30　💲義大利麵₩22,000起、紅酒(杯)₩8,000起

韓國每到秋季，除了楓葉轉紅也是銀杏轉色的浪漫季節，最大特色是餐廳旁有銀杏樹，所以在秋季進入「文化食堂」的頂樓，便能看到金黃色美麗的銀杏樹，彷彿是城市中的金色花園，餐飲也十分美味，所以是許多韓國情侶的約會勝地。

☕ 學林茶館

학림다방

📖別冊P.15B2 🚇2號線惠化站3號出口
徒步約1分 🏠首爾市鍾路區大學路119
2F；서울 종로구 대학로119 2F ☎02-
742-2877 ⏰10:00~23:00(L.O.22:00) 💲咖啡和
₩5,500起、奶油起司蛋糕(크림 치즈케익)₩6,500 🌐
hakrim.pe.kr

> 復古懷舊的老茶館，搭上新穎的甜點飲料，別具風味。

　　位於大學路上的這家學林茶館，踏上階梯推開門走
上2樓，由舊唱片流洩出來的爵士樂聲、懷舊的老式
座椅和沙發座、上頭滿是木造風格的閣樓座位區，像
是踏入50、60年代的茶館。如果以為這裡只提供老
式茶類那可就大錯特錯了，**咖啡、熱巧克力、飲料、
蛋糕、冰品**等，有松子、紅棗和柚子的漢方茶。

> 茶館因韓劇《來自星星的你》而爆紅。

> 招牌奶油起司蛋糕可搭配藍莓醬或柳橙醬。

> 櫃台旁收藏著滿滿舊書的大書櫃。

💡 為何小劇場都聚集在大學路呢？

　　大學路是韓國著名的最高學府「國立首爾大
學」的舊址，後來大學遷移後，就成了各個文
化團體和小劇場的聚集地，一些年輕的藝術家也都常
常會在街頭表演，正因為如此，這裡也常被稱為「話
劇的麥加」！

> 昔日農場是在地人推薦烤肉店。

> 焦香肉片加上酸辣的調味，相當好吃。

🍴 昔日農場

옛날농장 대학로점

📖別冊P.15A2 🚇2號線惠化站1號出口
徒步約2~3分 🏠首爾市鍾路區大學路
11街44；서울 종로구 대학로11길44 ☎
02-763-9834 ⏰11:00~23:00 💲牛排和豬五花
₩16,000起

> 外觀簡樸而且價格平易近人，在地人都愛的烤肉店。

　　位於大學路上的昔日農場是間烤肉專賣店，是在
地人相當推薦的烤肉店，已開業幾十年的店家，**提供
牛排、五花肉、豬頸肉等食材，肉質鮮嫩，將烤好的
肉與蒜頭、泡菜、香菇、辣椒一起包在生菜裡一口吃
掉，實在滿足**，價格也不貴，適合多位親朋好友一起來
小聚一番。

> 10X10囊括家居用品、雜貨、美妝多項商品。

🎁 10X10

텐바이텐 대학로점

📖別冊P.15C2 🚇4號線惠化站1號出口徒步約2分 🏠首
爾市鍾路區大學路12街31；서울 종로구 대학로12길31 ☎
02-741-9010 ⏰週一至週四12:00~21:00，週五至週日
11:00~22:00 🌐www.10x10.co.kr

　　**10X10是極受歡迎的韓國文具品牌，設計感強，
不論是記事本、吊飾，或是手機殼，樣樣都討人喜
愛**，而且不只販賣文具，兩層樓的空間販賣韓國各大
品牌的旅行用品、烹飪用品、服飾，甚至連腳踏車都
買得到，徹底滿足從小朋友到家庭主婦的生活需求。

飯捲天國 成均館大店

김밥천국 성균관 대점

📖別冊P.15A2

2號線惠化站4號 出口徒步約8分 🏛首爾市鍾路區成 均館路13-1；서울 종로구 성균관로13-1

📞02-747-2332　🕐6:00~22:00　💲 海苔飯捲₩3,500起

　幾乎在地鐵站附近都會看到的 飯捲天國，是海苔飯捲連鎖專賣 店，以超級便宜的價格吸引大眾， 最便宜的招牌飯捲為₩3,500，灑 上芝麻的海苔口感酥脆，其他還 有蔬菜、起司、炸蝦、豬排、牛肉、 泡菜等口味，價格便宜又有飽足 感，三餐或宵夜來吃都划算。

飯捲份量多又便 宜，是俗擱大碗 的食物代表。

另有泡麵、辣炒 年糕、炒飯、部 隊鍋等料理。

人氣演員的宋仲 基就是出身自成 均館大學。

🎓 成均館大學

성균관대학교

📖別冊P.15A1　🚇4號線惠化站1號出口，轉搭學校 接駁車至校園最後一站，再順著下坡路徒步約1分 🏛首爾市鍾路區成均館路25-1；서울 종로구 성균관 로25-1　📞02-760-1221　🌐www.skku.edu

　成均館大學已有600多年歷史，是韓國歷史悠久的高等學府，擁有兩 座美麗的校園：首爾這座屬於人文與社會校區；自然科學校區則位於京 畿道水原市。

　成均館大學的外語學院針對外國人有開設韓語課程，正規課程1年共4 個學期，每學期10週；春季和夏季也有短期課程。

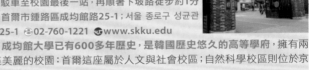

彷彿穿越時 空來到朝鮮 時代。

韓劇《成均館緋 聞》將首爾文廟 作為場景藍本。

🏫 首爾文廟

서울문묘

🏛成均館大學內　📞02-760-1472

　首爾文廟的遺址就位在成均館 大學內，是朝鮮時期培養人才的 國立最高教育機構，東西兩齋又 稱成均館。雖然原貌已推毀，但當

時的講堂明倫堂所幸得以保存， 和門前兩棵600多年的銀杏樹見 證了韓國教育的發展史。

　雖然古裝韓劇《成均館緋聞》 不是在這裡拍的，但劇中場景卻 是以此為藍本打造，相信戲迷來 此還是會有親切感。

首爾・漢江以北

惠化・大學路

↓首爾・漢江以南及其周邊

山坡上的「梨花洞壁畫村」

👁 梨花洞壁畫村

이화동 벽화마을

📍P.15C3 🚇地鐵4號線惠化站下，從2號出口出站，步行約15~25分鐘可達

　在駱山公園的周邊會發現一些漂亮的壁畫和裝置藝術，**它們隱身於胡同之間，像是平房牆上的美麗塗鴉、石階小路上的可愛圖畫，這些都是數年前當地刻意進行的公共美術駱山工程之一。**而這些畫作讓這一路上上下下的爬坡路走來趣味，替這趟小旅行增添許多未知的驚奇！

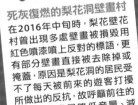

死灰復燃的梨花洞壁畫村
在2016年中旬時，梨花壁花村曾出現多處壁畫被毀用紅色噴漆噴上反對的標語，更有部分壁畫直接被去除掉或掩蓋，原因是梨花洞的居民受不了每天被前來的遊客打擾所做出的反抗，故呼籲前往的旅人都能盡量降低音量、減少垃圾，不打擾到居民生活。

1

壁畫村GOGO！馬上有隻大貓咪迎接你！

2

情侶穿著復古裝扮拍紀念合照！

3

壁畫村經典場景之一，潔白翅膀變身成美麗的天使～

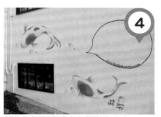

4

兩隻栩栩如生的金魚優游在牆上。

5

動物圖案也是壁畫村最常見的創作，立體光影描繪得相當真實。

6

站在高台上攜手看著城市風景的情侶雕像。

7

從高牆露出來的藝術品，站在鐵杆上的男人與小狗像是懸浮在半空中。

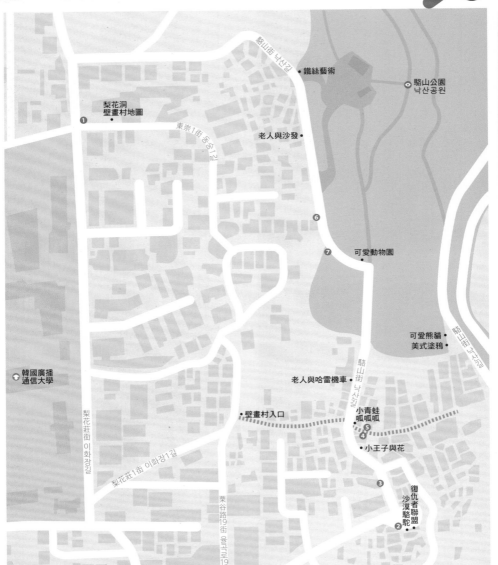

鐵絲藝術

駱山公園
낙산공원

梨花洞
壁畫村地圖

1

老人與沙發

東崇1街 동숭1길

6

可愛動物園

7

駱山街 낙산길

可愛熊貓
美式塗鴉

韓國廣播
通信大學

老人與哈雷機車

駱山街 낙산길

梨花莊街 이화장길

壁畫村入口

小青蛙
呱呱呱

小王子與花

5

梨花莊1街 이화장1길

4

栗谷路19街 율곡로19길

3

復仇者聯盟
沙漠駱駝

2

噓……梨花洞是住宅區，遊逛時講話小聲一點哦～

走在路上連旁邊的鐵欄杆也別錯過，你看小黑貓在這裡！

首爾‧漢江以北┊惠化‧大學路 ↓首爾‧漢江以南及其周邊

◎ 昌慶宮

창경궁

⊕別冊P.15A4 ⊕4號線惠化站3號出口,入口是弘化門(홍화문),徒步約8分;或3號線安國站3號出口,經宗廟後徒步約8分 ✿首爾市鍾路區昌慶宮路185;서울 종로구 창경궁로185 ☎02-762-4868 ⊙9:00~21:00(售票至20:00);9:30、15:00有免費中文導覽,預約專線02-762-4868 ⊗週一 ⊕全票₩1,000,外國人18歲以下、65歲以上免費;4大宮(景福宮、昌德宮、昌慶宮、德壽宮)與宗廟聯票₩10,000,效期3個月,在4大宮及宗廟的售票處皆可購買 ⊕royal.khs.go.kr/cgg ❶穿著韓服、每月最後一個週三免費

　　1419年李氏朝鮮王朝第4代皇帝世宗,為了先皇太宗而興建了昌慶宮,原名為壽康宮,後為迎接各年代皇妃,於是不斷地擴建,並改為昌慶宮。

　　壬辰之亂時,昌慶宮大多毀於祝融之災,日軍占領期間更被降格為昌慶苑,不但開放參觀,還增設了動物園與植物園。之後動物園移至他處,再經過修復,昌慶宮才又恢復原樣。

　　主殿明政殿是在壬辰之亂後創建,有別於一般朝鮮時代宮闕坐南朝北,明政殿則是坐西朝東,據說是因為此宮非正宮,也有人說是受到高麗時代建築的影響。無論如何,朝東的方向倒成為最大特色。在正殿前方處則也有兩旁官階石。

敬語很重要

韓語的對話裡,男、女、尊、卑分得非常清楚,在韓劇中經常聽到一句台詞:「我是你的朋友嗎?」意思類似:「我是你的長輩,對我講話尊敬點!」對長輩講話必須用敬語。此外,韓語有些發音,是我們的國台語裡沒有的,幸好我們是外國人,說得不對應該能獲得理解。如沒有把握,一句話的字尾再加上「呦」,感覺上較婉轉、尊敬。

北村·三清洞
북촌·삼청동
BUKCHON·SAMCHEONG-DONG

景 福宮與昌德宮、昌慶宮之間的北村一帶，在過去是兩班貴族的聚集地，位在天子腳下的首善之區，可說是首爾最有古味的地方，百年老韓屋櫛比鱗次，精緻的私人博物館與茶屋等著遊客探訪；而從景福宮以北前往三清閣的路上，這一帶屬於三清洞，由於環境清幽人文色彩濃厚，道路兩旁分布許多個性商店、咖啡店以及藝廊，時尚與歷史的新舊衝擊，讓整個地區充滿讓人驚艷的色彩。

交通路線 & 出站資訊

地鐵
安國站↔3號線

出站便利通
◎因為北村和三清分布的範圍很廣，雖然原則上都是搭3號線安國站下，但有些地區適合從1號出口出站、有些則適合從2或3號出口出站，且彼此之間的距離又不近，從東端到西端可能要步行超過30分鐘以上；而且山路彎彎曲曲，不容易分辨究竟在哪個路口轉彎。

◎如只想悠閒的逛逛三清洞，建議可直接從仁寺洞商圈開始逛起，再過馬路到對面的安國站1號出口，順著1號出口即可開始散步三清洞的行程。

◎如欲觀覽北村八景，建議可以從2號出口出站，開始按圖索驥地按照順序找出每個北村美景，1~8景的路線是按地勢由高到低，最後的第8景是在接近三清洞的地方，逛完後第8景便可直接走到三清洞街道吃麵疙瘩、刀切麵，或找個咖啡館休息。

穿上好走的步鞋
北村和三清分布的範圍很廣，從東端到西端可能要步行超過30分鐘以上；而且山路彎彎曲曲，不容易分辨究竟在哪個路口轉彎，逛北村和三清洞的時候，記得穿一雙耐走、且最好適合走山路的運動鞋。
 hanok.seoul.go.kr

ℹ️ 北村遊客服務中心
북촌마을관광안내소

🅐 別冊P.18A3 🚇 3號線安國站2號出口徒步約6分 🏠 首爾市鍾路區北村路5街48；서울 종로구 북촌로5길 48 ☎ 02-2148-4161 🕐 9:00~18:00

北村遊客服務中心在這一帶有兩處，**第一處從安國站2號出口出來**，直行即可看到，向北即進入北村的範圍、向西則通往三清洞的方向，往此方向走約200公尺處，可以看到另一個遊客服務中心。

這兩處都可以看到許多關於北村當地的中文版摺頁，以及這兩地的細部地圖，也有會說中文的工作人員駐地，在這兩處中心輪流值班提供服務。

北村‧三清洞

首爾‧漢江以北
∴
北村‧三清洞
↓
首爾‧漢江以南及其周邊

想要更瞭解韓屋，先走一趟北村文化中心。

🍴 鄉村飯桌

시골밥상

平價農村風格小菜套餐。

📖別冊P.18B4 🚇3號線安國站6號出口徒步約5分 📍首爾市鍾路區仁寺洞16街6；서울 종로구 인사동16길 6 ☎02-722-8883 ⏰11:30~21:30 休週一 💰韓式套餐(單人)₩10,000、海鮮煎餅₩20,000

想要品嘗韓國「古早味」家庭韓式餐點，到具有高人氣的韓國家庭風味「鄉村飯桌」餐館就對了！不起眼的外觀裡頭，卻是精心還原韓國傳統農家風格，**招牌餐點是鄉村套餐，按照人數來點餐，通常包括約20種小菜和湯**，若是覺得不夠還可以加點肉類的主餐。

店中的餐點都是手工製作，新鮮的味道嘗起來無負擔。

ℹ️ 北村文化中心

북촌문화센터

📖別冊P.18B3 🚇3號線安國站2或3號出口徒步約3分 📍首爾市鍾路區桂洞巷37；서울 종로구 계동길 37 ☎02-741-1033 ⏰視講座開放時間各異 💰免費

建成韓屋外觀的北村文化中心，除了提供韓文、日文、英文、中文的小冊子供遊客取閱外，還設有展覽館，透過影音媒體了解韓屋歷史及如何保存。此外，北村文化中心從週一到週六，都會舉辦不同的講座，從韓國傳統民畫、禮節、針線、茶道等，歡迎遊客在旁參觀。

☕ London bagel museum安國店

런던베이글뮤지엄 안국점

📖別冊P.18B3 🚇3號線安國站2號出口徒步約5分 📍首爾鍾路區北村路四街20；서울 종로구 북촌로4길 20 ⏰08:00~10:00 💰飲品約₩5,000元起、各類貝果約₩6,000元起 📷www.instagram.com/london.bagel.museum

London bagel museum是韓國知名排隊人氣麵包店，雖然憑藉著超強人氣在韓國各地開了許多分店，但最廣為人知的還是安國店，店裡有許多別致的裝潢，呈現英倫老宅的風情，店內主打**每日現做的貝果，十幾種不同口味的貝果與調醬任君挑選**，鹹甜皆有！

🍴 KongJi POT Ji

콩지POT지

🔹別冊P.18B3 🔹3號線安國站2號出口徒步約5分 🔹首爾市鍾路區北村路21-15；서울 종로구 북촌로 21-15 🔹02-745-2203 🔹11:30~22:00（L.O.20:00）🔹韓牛午餐套餐₩68,000起、韓牛牛排₩83,000

　　首爾北村以悠久歷史的韓屋村而聞名，許多新興餐廳也利用遺留下的古老建築來設計造景，**KongJi POT Ji就是以現代西餐結合韓屋美景而吸引人潮**，餐廳不定時更換季節菜單，菜色精巧美味再搭配窗外一大片的古典韓式建築為餐廳添上一股遠離喧鬧的神祕氣息。

餐廳暫無休息時間，但部分餐點限用餐時段供應。

靠在半開放的廊緣旁，享受天光與咖啡香。

onion

小編按讚 讚讚

☕ Café Onion安國

어니언 안국

韓屋裡的麵包香～

🔹別冊P.18C4 🔹3號線安國站3號出口徒步約1分 🔹首爾市鍾路區桂洞街5；서울 종로구 계동길 5 🔹0507-1424-2123 🔹週一至週五7:00~22:00，週六至週日9:00~22:00 🔹鮮奶茶(시그니처 밀크 티)₩8,000、麵包類₩5,500起 🔹onionkr.com

　　本店在聖水洞的人氣咖啡店「Onion」進駐北村！三號店選址在鄰近北屋韓村的安國站旁，隱藏巷弄裡的傳統韓屋醞釀著其他地方所沒有的優雅氣氛。將古老韓屋改建成半開放式的咖啡烘焙坊，內裝保持一貫的風格，沒有經過太多裝飾和整理，來這裡的旅人可以很隨意地席地而坐，享受手沖咖啡和麵包香，開啟晨型人的一天。

新鮮出爐的麵包每一個看起來鮮艷可口。

招牌的糖粉麵包在奶油丹麥吐司堆疊出一座白色山頭。

首爾‧漢江以北

北村‧三清洞

首爾‧漢江以南及其周邊

用餐環境像是到別人家吃飯，別有一番風味。

只有拉麵就得嚇嚇叫！

🍴 想吃拉麵的日子

경춘자의라면땡기는날

⚪別冊P.18A3 ⚫3號線安國站1號出口徒步約6分 ⚫首爾市鍾路區粟谷路3街82；서울 종로구 율곡로3길82 ☎02-733-3330 🕙10:00～19:30(L.O.18:50) 🈹每個月第2、4個週日 💲雜燴拉麵₩5,500，一般拉麵、起司拉麵和豆芽拉麵皆₩5,000，餃子年糕拉麵₩5,500，加起司、蛋、白飯皆₩500

好吃的拉麵搭配店家特製小菜讓人難忘，吃不飽還可來碗白飯。

想吃拉麵的日子只賣拉麵，菜單上有中文，也有會説中文的店員。**起司拉麵和餃子年糕的拉麵是招牌，以及新菜單的激辣雜燴拉麵，搭配店家特製的黃蘿蔔和泡菜等小菜，更是加分**；吃不飽的人還可加白飯。但店面空間不大，僅適合單人用餐，如果是兩人以上，會請你移步到隔壁由傳統民居改建的店面享用。

☕ 聞香齋

문향재(차향기 듣는 집)

⚪別冊P.16B3 ⚫3號線安國站1號出口徒步約6分 ⚫首爾市鍾路區北村路5街29；서울 종로구 북촌로5길29 ☎02-720-9691 🕙週一至週六11:00～19:00，週日12:00～19:00 🈹週三 💲五味子茶(오미자차)₩6,000

五味子茶中飄浮著花朵形狀的水梨片。

搭配茶點的年糕造型也賞心悦目。

聞香齋是由佛教委員會的女性會員經營的傳統茶屋，**供應五味子、柚子、梅茶等傳統韓茶**，店內利用可愛又帶有禪意的擺設以及陣陣茶香，營造沉穩舒服的氣氛。店裡還有販賣獨家製作的梅茶、桑葚茶等調味茶的果醬和茶露。

外面街道正是韓劇《鬼怪》重要場景之一。

🏠 DALSSI Market

달씨마켓

⚪別冊P.18A3 ⚫3號線安國站1、2號出口徒步約15分 ⚫首爾市鍾路區北村路5街8-7；서울 종로구 북촌로5가길8-7 ☎02-734-1020

這間位在三清洞隱密巷弄裡的服飾店，是一幢典雅可愛的白色兩層建築物，1樓為「DALSSI Market」，2樓為「DALSSI HWA」。**主要販售包包、帽子、鞋子、首飾等配件，另外還有其他可愛的文具、雜貨等**，也有少許服飾選擇，而DALSSI HWA則以服飾為主。

首爾·漢江以北 ⋯ 北村·三清洞

首爾·漢江以南及其周邊

傳統麵疙瘩吃起來滑溜、彈牙。

🍴 三清洞麵疙瘩

삼청동수제비

🏠別冊P.18A1 🚇地鐵3號線安國站1號出口徒步約18分 🏠首爾市鍾路區三清路101-1；서울 종로구 삼청로101-1 ☎02-735-2965 🕐11:00~20:00 💲麵疙瘩(수제비)₩9,000 🌐www.삼청동수제비.kr/

入選2022~2024年首爾米其林美食！

這間麵疙瘩店已開業30多年，深受上班族與居民喜愛。以小魚乾、蘿蔔、海鮮熬成的湯頭香濃夠味，**雖然一碗台幣要200多元，但生意好得不得了**，還有馬鈴薯、青蔥、綠豆等口味煎餅也值得一試。

餡料飽滿的水餃，搭配豐富小菜，著實滿足味蕾。

🧁 首爾第二

서울서 둘째로 잘하는 집

🏠別冊P.18A1 🚇3號線安國站1號出口，經豐文女高、德成女高，至遊客服務中心左轉，直行至路口盡頭後右轉，再至岔路靠右直行一路向前，徒步約25分 🏠首爾市鍾路區三清路122-1；서울 종로구 삼청로122-1 ☎02-734-5302 🕐11:00~20:30 💲紅豆粥₩8,000、生薑紅棗茶₩6,000

獨門紅豆粥養生又美味，說它第二名，無人敢稱第一。

雖號稱「首爾第二」，但在許多首爾人心中，它的**紅豆粥堪稱首爾第一**。這家位於三清洞尾端的甜品店，是幢改建過的韓屋，1976年開店之初，主要賣韓方藥茶，後來又增加了獨家的紅豆粥，沒想到後者受歡迎的程度反而變成主角。

紅豆粥加上白果、栗子，口味鹹中帶甜。

🍴 多樂亭

다락정

🏠別冊P.18A1 🚇3號線安國站1號出口，經豐文女高、德成女高，至遊客服務中心左轉，直行至路口盡頭後右轉，再至岔路靠右直行一路向前，過韓國金融研修所後的下一個路口，位在對街右手邊，徒步約30分 🏠首爾市鍾路區三清路131-1；서울 종로구 삼청로131-1 ☎02- 725-1697 🕐11:00~21:30 💲水餃湯(만두국)₩10,000、餃子火鍋(만두전골)₩14,000、綠豆煎餅(녹두지짐)₩19,000

多樂亭外觀是間紅磚屋，門口還有兩隻石獅子，**1991年開業，以水餃聞名**。水餃的個頭大，內餡有豬肉、豆腐和蔬菜，汁多餡料豐，還會附上多達6道的小菜和白飯，好吃又飽足。

首爾·漢江以北

北村·三清洞

▼首爾·漢江以南及其周邊

🍴 雪木軒

눈나무집

🏠 別冊P.18A1　🚇 3號線安國站1號出口徒步約20分　📍首爾市鍾路區三清路136-1 2~3F；서울 종로구 삼청로136-1 2~3F　☎02-739-6742　🕐11:00~21:00　💰年糕牛肉排(떡갈비)₩12,000、泡菜刀切麵(김치말이국수)₩6,500、綠豆煎餅(녹두빈대떡)₩11,000、韓式餃子(평양만두)₩7,500

雪木軒是三清洞老字號餐廳，這裡最出名的當屬**年糕牛肉排**，將調味後的牛絞肉，打成肉排煎熟，再與年糕條一起放入鐵盤，吃起來是漢堡肉，但味道又香又辣又甜，年糕則是帶著Q勁，可惜份量不多。除了肉排，這裡的泡菜拉麵、綠豆煎餅和韓式餃子也是招牌。

新鮮牛肉排feat. 軟Q年糕超完美，拉麵、餃子也是招牌！

牛肉排與年糕條一起放入鐵盤，香味撲鼻。

牆上張貼著國內外媒體的報導，以及名人簽名。

可以體驗製作傳統韓式編織。

🏛 東琳繩結博物館

동림매듭박물관

🏠 別冊P.18B2　🚇 3號線安國站2號出口徒步約12分　📍首爾市鍾路區北村路12街10；서울 종로구 북촌로12길10　☎02-3673-2778　🕐10:00~18:00，11~2月10:00~17:00　🚫週一　💰體驗₩10,000~12,000　🌐shimyoungmi.com/

東琳繩結博物館以韓國傳統繩結為主題，館內擺滿各式各樣的韓國傳統繩結作品，充滿韓國特有的典雅美學及優美配色，其中有的是古物，有的是現代的作品。不但可以參觀作品，還**可以體驗動手編織的樂趣**。

🏛 嘉會民畫博物館

가회민화박물관

🏠 別冊P.18B2　🚇 3號線安國站2號出口徒步約12分　📍首爾市鍾路區北村路52；서울 종로구 북촌로 52　☎02-741-0466　🕐3~11月10:00~18:00　🚫週一　💰門票₩5,000，體驗₩12,000起

嘉會是一座私人的博物館，**收藏了1,700多件傳統民畫的藝術品**，其中光是符籍就有1,000多件，600多件是民畫。其中很多作品，由於年代久遠，作者未詳，但是精細的程度令人咋舌。

在韓國素食實在很難找？

在韓國，吃全素或是蛋奶素的茹素者可能會覺得不方便，因為大從正餐的烤五花肉、小從餐都有的泡菜裡也會加上魚露、蝦醬等；因為在韓國人的定義裡，即使含有蔥、洋蔥、蒜等，也可以稱作「全素」，所以飲食全素者最好事先確認清楚。

穿著韓服逛大街遊古宮(한복체험)

來到韓國，越來越多人會選擇租件韓服到北村、三清洞、景福宮等地拍照，因此北村和三清洞一代也就開了許多間的韓服租借店家，租借的時間和價格各異，大約落在3小時₩10,000~20,000，一般也會免費幫忙簡單編髮，而包包、鞋款則依店家提供款式有不同的計費方式。整體來說，租借韓服算是一種特殊體驗，不論是在北村、三清洞、景福宮、昌德宮等處，或甚至到較現代化的街道拍攝，都能為韓國行帶來不一樣的回憶，且穿著韓服可免費進入各大古宮。

🚇3號線安國站1、2號出口徒步約15分 ⏰各店不一

北村生活重現，韓國古裝劇仿如躍然眼前。

DIY Dorothy韓服

도로시한복여행

🏠別冊P.18B4 🚇3號線安國站1號出口徒步約2分 📍首爾市鍾路區尹譜善路23 2F；서울 종로구 윤보선길 23 2F ⏰9:00~19:00 ☎02-2278-8318 💰2小時₩10,000起，4小時₩15,000起 🌐dorothyhanbok.modoo.at

不管是韓國在地人或是觀光客，來到三清洞一定要試一下穿著韓服的體驗！位在三清洞的「Dorothy韓服」，準備花色多樣的傳統韓服，店內也有日、中文服務人員，老闆本人英文也很流利，溝通無礙。除了提供租借韓服的服務，也一併包辦了頭髮造型，想綁辮子或插上花圈都能與工作人員商量。

🏛 北村生活史博物館

북촌생활사박물관

🏠別冊P.18B1 🚇3號線安國站1號出口，經豐文女高、德成女高、遊客服務中心一路北行，徒步約20分；或2號出口向北直行過遊客服務中心，續行至左側路口藥局左轉，再順著上坡北行，至北村路11街路口左轉，盡頭路口再右轉北行，約20分鐘 📍首爾市鍾路區北村路5街90；서울 종로구 북촌로5나길90 ☎02-736-3957 ⏰3~10月10:00~18:00，11~2月11:00~17:00 🚫週一 💰門票₩5,000

北村生活史博物館本身是間古老的韓屋，收藏許多北村早年的生活物品，包括朝鮮時代的衣裳、鞋子，貴族家中的桌椅樹櫃、書籍、鍋碗瓢盆、石磨、醬缸等，庭院裡還有古時候的竈、汲水器、農具等，文物達兩萬餘件，琳瑯滿目非常可觀，感受深刻。

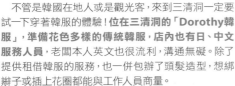

Kim's Boutique

킴스부띠끄 삼청점

服飾平價又時尚！

⚅別冊P.18A3 ⚆3號線安國站1號出口徒步約10分 ⚑首爾市鍾路區北村路5街19；서울 종로구 북촌로5가길19 ☎02-737-8589 ⏱11:30~19:30

Kim's Boutique可說是三清洞最受歡迎的服飾店，**服飾總是充滿當季的流行元素，且不昂貴，不僅適合年輕女孩，熟女、輕熟女也都適合**；它不只在韓國受到喜愛，外銷至美國、英國和日本也大受好評，甚至很多好萊塢演員也喜歡。

Kim's Boutique以飄逸優雅的洋裝為主。

世界裝飾品博物館

세계장신구박물관

⚅別冊P.18A3 ⚆3號線安國站1號出口徒步約12分 ⚑首爾市鍾路區北村路5街2；서울 종로구 북촌로5나길2 ☎02-730-1610 ⏱10:00~18:00 ⚇不定期休館 ⚒全票₩10,000，優待票₩5,000 ⚈www.wjm.or.kr ❶建議事項線上購票

建於2004年的世界裝飾品博物館，位於三清洞的巷弄之間，它是全世界唯一針對傳統飾品做收藏及展示的博物館。

曾做為外交官夫人的館長李康媛，將旅居國外30年所收集的上千種裝飾，展示於這間博物館內；**館分2樓，依主題展示來自歐、美、亞、非等多國國家，如象牙、黃金、銀、寶石等各種飾品**，有的質樸、有的華麗，有的帶著各部落、民族的傳說與習俗，一一欣賞猶如了解各地歷史風俗，令人目不暇給。

豐年米農產

풍년쌀농산

炸年糕串口感酥脆，再搭配一杯甜米露超解膩。

⚅別冊P.18A3 ⚆3號線安國站1、2號出口徒步約15分 ⚑首爾市鍾路區北村路5街32；서울종로구 북촌로5가길 32 ☎02-732-7081 ⏱11:00~20:00 ⚇週二 ⚒炸年糕串(쌀떡꼬치)₩1,500、年糕(쌀떡볶이)₩4,000、血腸(순대)₩4,000

豐年米農產是三清洞很有名的年糕店，店內招牌是炸年糕串，將炸得酥脆的年糕一個個串起，酥脆又軟Q；另外，血腸搭配豬肝等血腸拼盤和炸物也很好吃。如果想坐下享用，直接選位子坐下開始點餐，點完先付款即可。只是店內採開放式空間，因此無冷氣，夏天可能會吃到爆汗。

三清洞排隊美味年糕店。

百年老屋改建而成的咖啡磨坊。

DIY 宮廷飲食研究院

궁중음식연구원

🅐別冊P.18C2 🚇3號線安國站3號出口徒步約15分 🏠首爾市鍾路區昌德宮5街16；서울 종로구 창덕궁5길16 ☎02-3673-1122 ✅採預約制 🌐www.food.co.kr/

自從韓劇《大長今》仔細描述朝鮮宮廷裡御膳廚房的點點滴滴，韓國的飲食文化就受到高度重視。位於北村東端、昌德宮外的宮廷飲食研究院，最早**由服侍過朝鮮最後兩代皇帝的御膳廚房尚宮韓熙順在此傳授宮廷飲食**，黃慧性教授協助整理出書，開辦了這個研究教育機構。一定要透過預約，方能參加飲食文化體驗課程。

將多種食物擺滿桌面是韓食的精髓之一。

☕ 咖啡磨坊

커피방앗간

人氣韓劇拍攝地！

小編按讚 讚👍讚

🅐別冊P.18A3 🚇3號線安國站1、2號出口徒步約15分 🏠首爾市鍾路區北村路5街8-11；서울 종로구 북촌로5가길 8-11 ☎02-732-7656 ⏰週一至週五8:30~18:00、週六至週日8:30~20:00 💲咖啡約₩6,000

位在三清洞巷內轉角的咖啡磨坊，由本想成為畫家的老闆後來開始學習咖啡，鑽研十幾年咖啡技巧後開了這間咖啡館，店內店外都能看到幾幅畫作掛在牆上。**咖啡磨坊充滿許多復古小物及擺飾**，供應咖啡、飲品和輕食。

👁 苑西洞白鴻范故居

원서동 백홍범 가옥

🅐別冊P.18C2 🚇3號線安國站3號出口徒步約16分 🏠首爾市鍾路區苑西洞9-5；서울 종로구 원서동 9-5 ✅不對外開放

距離宮廷飲食研究院不遠處，**有一幢苑西洞白鴻范故居，據說曾經是朝鮮第19代王肅宗的嬪妃張嬉嬪的房址，建於1910年代**，後來輾轉落入民間，在原來的住宅內又蓋上洋房，呈現朝鮮時期典型韓屋邁向1930年代過度時期的住宅型態，廚房的門上有4個窗戶，採光充足；內房對面的房間採用了3面玻璃檐廊；承抱柱子的柱基為6角形，都是當年罕見的樣式。門口有警衛駐守，不對外開放參觀。

首爾・漢江以北

北村・三清洞

首爾・漢江以南及其周邊

🎓 中央高校

중앙고등학교

📍別冊P.18C2　🚇3號線安國站3號出口出站，直行至桂洞路左轉直至路的盡頭，徒步約15分　🏠首爾市鍾路區昌德宮街164；서울 종로구 창덕 길164

中央高校設立於1910年，是首爾著名的男子高中，**是多齣韓劇的拍攝景點，像是《冬季戀歌》、《孤單又燦爛的神 鬼怪》**，因此吸引眾多韓劇迷到此朝聖。

美麗的外牆是眾多韓劇的取景地。

穿上韓服路過此地有回到朝鮮時代的錯覺。

🎓 德成女高

덕성여자고등학교

📍別冊P.18B4　🚇3號線安國站1號出口徒步約8分　🏠首爾市鍾路區栗谷路3街50；서울 종로구 율곡로3길 50

在韓劇《咖啡王子1號店》裡，某個下雨的夜晚，高恩燦不小心與路人相撞，生氣的路人出手要打恩燦，幸好崔漢杰適時出現，幫恩燦解了圍。這幕英雄救美的畫面，發生在**德成女高學校的外牆，從地鐵站西行150公尺左右後右轉**，就會看見這個路段，這裡也是《鬼怪》拍攝景點之一。

🍴 三清洞摩西(吃休付走)

먹쉬돈나 삼청동점

📍別冊P.18A3　🚇3號線安國站1號出口徒步5分　🏠首爾市鍾路區三清路90-1 2F；서울 종로구 삼청로 90-1 2층　📞02-723-8089　🕐10:00~20:00　💲辣炒年糕(2人份)₩16,000，拉麵、粉絲皆₩2,000，炒飯₩3,000

> 當地話題性美食，而且擺明要你吃飽休息完後就可付錢走人。

三清洞摩西好吃又便宜，韓國媒體都熱烈報導，無怪乎總是大排長龍；店名「먹쉬돈나」是「吃飯、休息、付錢、走人」之意。所幸排隊時就可以拿起中文菜單點餐，選擇一種或多種鍋底，再加點配料，進入餐廳後，放入鍋底和配料的年糕鍋就馬上上桌，待湯滾就可以開動。**湯頭十分濃郁，不會太辛辣，吸足湯汁的年糕香Q好吃，不夠飽的話還可以加點炒飯**，用鍋中剩下的湯汁拌炒的飯也是香噴噴。除了三清洞本店，吃休付走擴大營業分店，像是弘大、狎鷗亭、新村等都可見到它蹤跡。

🎁 銀木

은나무 삼청동점

📍別冊P.18B3　🚇3號線安國站1號出口徒步約6分　🏠首爾市鍾路區栗谷路3街72；서울 종로구 율곡로3길72　📞02-730-2867　🕐10:00~20:00　💲耳環約₩18,000起　🌐www.eunnamu.com

外觀打造的像白樺樹，室內布置的卻是相當精巧可愛的銀木，是當地一家有名的銀飾店，裡頭賣的**全是以純銀、真金和寶石打造的飾品，像是耳環、項鍊、手鍊和戒指**，大部分為銀製，或與寶石相結合，做工細膩帶有柔美感，色彩也很多元，濃濃的設計感也讓這家店成為許多日本遊客的最愛。

手工飾品取材多來自大自然的花草樹木。

店面2樓就是他們的工作室。

昌德宮於1997年登錄為世界文化遺產。

後苑的松樹、銀杏、楓葉隨四季改變顏色。

後苑曾為韓劇《閣樓上的王子》劇中芙蓉池場景。

◉ 昌德宮

창덕궁

景物隨四季更迭，各有景致。

🅐別冊P.18C3 🅒3號線安國站3號出口，朝秘苑方向徒步約8分 🅐首爾市鍾路區栗谷路99；서울 종로구 율곡로99 🅟02-3668-2300 🅒宮殿2~5月、9~10月9:00~18:00，6~8月9:00~18:30，11~1月9:00~17:30(最後入場閉館前1小時)；後苑3~6月、9~10月10:00~17:30(最後入場16:00)，7~8月10:00~17:10(最後入場16:00)，11月10:00~17:00(最後入場15:30)，12~2月10:00~16:10(最後入場15:00)，中文導覽時間週二、四、六10:00，需時約50分；後苑導覽時間12:30，需時約70分 🅐週一 🅢宮殿19~64歲₩3,000；後苑導覽需加購後苑全票₩5,000、優待票₩2,500、6歲以下免費、每個月最後一週週三免費；四大宮(景福宮、昌德宮、昌慶宮、德壽宮)與宗廟的聯票₩10,000，效期為3個月。在四大宮及宗廟的售票處皆可購買 🅤royal.khs.go.kr/cdg ❶為了保護此世界文化遺產，昌德宮內的後苑一律採導遊制，門票一樣於入口處購買，不過每次限100人，因此建議先上網預約。

昌德宮建於1405年，本為朝鮮第三代國王太宗所建的離宮，1592年壬辰倭亂時，漢陽大部分宮殿都被祝融所毀，景福宮殘破未予重建，光海君在1610年重建昌德宮後，此後270年間都作為朝鮮正式的宮殿。

隨著自然地形來搭建的昌德宮，總面積廣達13萬多坪，古意盎然的宮殿建築和傳統造景的後苑都韻味雋永，為朝鮮時期宮殿中保存最完美的一座。目前開放參觀分為宮殿與後苑兩部分，後苑一定要跟隨導覽人員才能入內。

昌德宮

逍遙亭　翠寒亭

新璿源殿

秘苑

觀纜亭　半島池

演慶堂

宙合樓

芙蓉池

芙蓉亭

大造殿

熙政堂　秘苑入口

宣政殿　內醫院

仁政殿

樂善齋

敦化門

保存600年前風光的北村8景(북촌8경)

刻畫著首爾600年歷史的北村，巷弄中都藏有令人讚嘆的風情，難怪韓劇或是電影都愛來此取景。為了讓觀光客了解北村之美，當地特地選出最具代表性的地點，合稱「北村8景」，並貼心地點出了最佳拍照點，讓每個人都可以輕易分享北村獨特的綺麗風光。

遠眺昌德宮景色。

北村第1景
🕑別冊P.18C3
北村在朝鮮時代是兩班貴族居住的地方，位於昌德宮西邊。昌德宮是朝鮮諸宮闕中皇帝居住時間最長的宮殿，1997年被聯合國教科文組織列為世界文化遺產。從北村1景可隔著石牆望向昌德宮，這座朝鮮時代只有皇室、貴族才得以窺見的離宮，就這樣若隱若現地映入眼廉。

附近有眾多體驗坊。

北村第2景
🕑別冊P.18C2
沿著昌德宮外石牆，一路向北走到盡頭，會經過韓國美術博物館、宮廷飲食研究院等地，當時這一帶，都是終身為王室效勞的人們居住的地方。

北村第3景
🕑別冊P.18B2
這裡有許多韓屋改建成的私人博物館，包括東琳繩結博物館、嘉會民畫博物館等，都是可以體驗到韓國傳統文化的工坊。

層層黑瓦正是北村最經典的畫面。

北村第4景
🕑別冊P.18B2
站在嘉會洞31番地的最高點，向著東方望去右上角有一幢醒目的藍色屋頂樓房，是建於1938年的李俊九家屋，使用產自開城松岳的花崗石堆砌的牆壁、鋪上法國瓦的屋頂，展現當時上流社會才有能力蓋出的西式洋樓，在一片黑瓦韓屋中分外搶眼。

北村第5景
🕐別冊P.18B2

嘉會洞31番地可說是保存韓屋最不遺餘力的地區，一幢幢韓屋櫛比鱗次。不過，牆壁上「這裡是居民區，請勿喧嘩」的標示，提醒大家還是安靜地拍照就好。

조용히 해주세요.
Shhh...Please talk quietly.
しっ，静かにしてください。
噓 保持安靜。

北村第6景
🕐別冊P.18B2

這裡是從北村第5景順著上坡走到最高處，再從這裡往下望，不但可俯瞰韓屋村，還可看到遠處的市區風景，N首爾塔、鐘閣大樓等映入眼簾，不同時代的建築聚集在同一時空裡。

新舊建築交錯，令人低迴。

北村第7景
🕐別冊P.18B2

這裡和第5景、第6景相似，只是更偏僻、更靜謐，不過，還是那句話：「在這裡請勿喧嘩」，不要讓自己成了煞風景的害群之馬。

石階路也是北村的特色景觀之一。

北村第8景
🕐別冊P.18A2

北村與三清洞之間，有幾處石階路，大幅縮短了彼此的距離。這些石階路看似普通，但都是由一整塊的岩石雕刻而成，一氣呵成、穩健踏實。

首爾·漢江以北
仁寺洞·鍾路
➔首爾·漢江以南及其周邊

仁寺洞·鍾路
인사동·종로
INSADONG·JONGNO

位在朝鮮王朝皇宮「景福宮」附近的仁寺洞，主要是指北起安國站附近，向東南延伸到鍾路一條略呈斜線的街，其在朝鮮時期集結了許多達官貴族，是上流社會的居住場所。在日據時期因為戰爭，沒落貴族們為了生活不得不將家中的物品出售，一度形成了別具特色的骨董街。這樣的背景，讓如今的仁寺洞充斥著與韓國文化相關的產品賣店，可說是全首爾最具藝術氣息的地方，街上隨時都有街頭畫家在作畫，或是展示自己的作品，年輕的藝術家們如雨後春筍地占領了仁寺洞

各個角落，也讓傳統的仁寺洞呈現出多元之美。而且這裡不只有畫廊或藝品店，也聚集許多以古老韓風為主題的餐廳或傳統茶館，不論平日假日總是擠滿慕名而來的觀光客。

仁寺洞往周邊延伸是廣義的鍾路區，這一帶有不少名勝古蹟點，如宗廟、曹溪寺和正祖班次圖都在這裡；其中位於地鐵鍾路3街附近的益善洞，因胡同內保存了不少老式韓屋，顯得更為古色古香，這幾年也因進駐了不少特色餐廳、茶館和咖啡館，帶來不一樣的年輕朝氣。

交通路線 & 出站資訊

地鐵
安國站◇3號線
鍾路3街站◇1、3、5號線
鐘閣站◇1號線

出站便利通
◎地鐵3號線至安國站下，從6號出口，順著大馬路直行約1~2分鐘，即可看到北仁寺洞遊客服務中心，這一端是仁寺洞北端的入口處，較接近

人人廣場、傳統茶屋等仁寺洞商家。
◎若搭1號線鐘閣站下，從11號出口，循著大馬路向東直行至路口後左轉，再走一小段會看到南仁寺洞遊客服務中心和一個小型表演場，這就是仁寺洞南端的入口處，徒步約3~5分。從4號出口，即可到達鍾路美食商圈，5號出口即可抵達永豐文庫及清溪川。

◎搭1、3、5號線鍾路3街站下，從6號出口就可以馬上到達韓屋聚集的益善洞；從5號出口徒步約3~5分，可達南仁寺洞遊客服務中心，5號出口直走可達樂園樂器商街；若從仁寺洞南端徒步到北端，大約只有15分鐘的腳程距離。15號出口則近鍾路3街蚵仔生菜包肉街。

首爾·漢江以北 仁寺洞·鍾路

▸首爾·漢江以南及其周邊

春天時被花兒擁抱的小巷。

毫不起眼的胡同內保存建造於1920年代的韓屋。

👁 益善洞

小編按讚 讚讚

익선동

📖別冊P.21C2 🚇1、3、5號線鍾路3街站6號出口徒步約2分 📍首爾市鍾路區益善洞；서울 종로구 익선동

巷弄內的風格咖啡店和餐廳，韓國人的隱藏版約會勝地！

益善洞位在鍾路3街站附近的巷弄，齊聚多間改建韓屋的特色風格咖啡館、茶館和餐廳，在這麼容易被忽略的小巷，卻是韓國人的隱藏版約會勝地，平日中午時分就有非常多的上班族前來用餐，假日人潮更是絡繹不絕。

巷弄內老舊的招牌也很有氣氛。

建議可以天氣晴朗時可以坐在戶外座位。

☕ 樂園站

小編按讚 讚讚

낙원역

📍首爾市鍾路區水標路28街33-5；서울 종로구 수표로28길33-5 ☎02-763-1112 🕐11:30~22:30 💲花生拿鐵（땅콩라떼）₩7,800、蛋糕₩8,800起 📷www.instagram.com/nakwonst

旋轉火車式點心。

「樂園站」是位在益善洞的網美甜點店，由一棟位在巷弄裡韓屋經過翻修改造而成。店家入口處設置了火車軌道，彷彿一處小型的復古火車站，並用玻璃隔間讓每個座位都有良好的視野，店內的招牌蛋糕可口甜度適中，店內飲品種類不少任君挑選。

中庭花草裝飾也是一大亮點之一，陽光適宜的話可以拍下人生美照。

☕ 松果麵包坊

솔방울 베이커라

📍首爾市鍾路區西順羅街89-15；서울 종로구 서순라길 89-15 ☎0507-1349-1201 🕐週二至週六11:00~21:00(L.O.20:00)，週日11:00-20:00(L.O.19:00) 🈺週一 💲咖啡₩4,500起 📷www.instagram.com/solbangul_bakery

솔방울是松果的意思，店內外都可以看到松鼠、松樹和松果的元素。麵包坊位於炙手可熱的益善洞商圈，整棟的韓式木造建築在街道上十分顯眼。一推開店門馬撲鼻而來麵包香氣，點餐區旁可以看見麵包的部分製程，點完餐往裡面走就能看見不同的空間設計，**韓式木屋推開窗就是少見的中庭設計**，走上二樓有更多人數的座位區，還有一個小露臺可以享受陽光。

藥菓組合可一次品嚐到雞蛋、抹茶、黑芝麻以及開心果4種風味。

☕ 清水堂

청수당 베이커리

獨特的韓式風味甜點！

➊首爾市鍾路區敦化門路11巷31-9；서울 종로구 돈화문로11나길 31-9 ☎0507-1318-8215 ◷10:30~21:00 ⓢ藥菓組合(약과 세트)₩11,500、石滴雞蛋咖啡(스톤 드립 계란 커피)₩7,800 ◎www.instagram.com/cheongsudang_

清水堂的裝潢設計由GLOW SEOUL操刀，在益善洞設計了不少咖啡廳，像是樂園站、小夏鹽田(소하염전)、溫泉之家(온천집)等，最新的作品還包括了位於水原Starfield的星空圖書館2.0。入口處被茂密的竹葉環繞，營造出清幽的氛圍，點綴

其間的竹流水和燈籠，增添了幾分古樸雅緻。座位區分散，也有需要拖鞋才能入坐的榻榻米位置；需要先找到位置再點餐。

清水堂的甜點選擇其實不多：藥菓(약과)、起司蛋糕(프로마쥬 케이크)、舒芙蕾蛋糕(수플레 카스텔라)以及蒙布朗(몽블랑)，都巧妙融入韓式元素，和其他地方吃到的甜點不太一樣。藥菓是一種傳統點心，是蜂蜜、芝麻油、小麥粉的油炸麵團，而蛋糕類除了常見的抹茶與草莓，還有艾草(쑥)風味。

招牌咖啡「石滴雞蛋咖啡」(스톤 드립 계란 커피)

🧁 Rami Scone

카페 라미스콘 익선점

➊首爾市鍾路區敦化門路11巷25；서울 종로구 돈화문로11나길 25 ☎0507-1342-9562 ◷11:00~22:00 ⓢ舒芙蕾₩15,800、司康₩3,500起

Rami Scone的外觀是韓屋咖啡廳，但走進去卻有種身在歐洲的氣氛，以白色調為基底，桌上擺放著當日的點心，十分賞心悅目，陽光會從屋頂透明玻璃頂落上，明亮舒適。這家咖啡廳最有名的是司康與舒芙蕾，推薦品嘗看看不同口味的司康，如巧克力、抹茶、藍莓、香草、奶茶、咖啡等等。

雖然位於益善洞鬧區，但店內不吵鬧能享有著寧靜的氣氛。

☕ Café Highwaist

小編按讚 讚讚

카페하이웨스트 익선점

可愛動物造型蛋糕&甜點！

➊首爾市鍾路區敦化門路11巷18；서울 종로구 돈화문로11다길 18 ◷9:00~22:00 ⓢ蛋糕₩7,500起、點心₩5,500起、泰迪熊伯爵奶茶₩8,700 ◎www.instagram.com/cafe_highwaist/

在韓屋中鶴立雞群的英式咖啡館，雖然外觀是歐風建築風格，但仔細看的話屋簷是韓屋常見的造型設計，顯示其可能是由韓屋改建而成。內部的復古裝潢就像是電影裡看到的鄉村別墅，點餐後可以到各個角落看看，當然拍照時要留意不要打擾到其他客人。

Café Highwaist的甜點主要以蛋糕和司康為主，小動物造型加上浮誇的表情，十分可愛。許多韓星也曾在此訂製蛋糕，一度讓咖啡廳人氣大增，如BTS、BLACKPINK、宋慧喬的IG中都有出現過Café Highwaist的蛋糕。

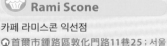

裝在泰迪熊造型瓶子的伯爵奶茶非常討喜，喝起來口感醇厚，具有濃郁的茶香。

看著角落櫥櫃裡的生活用品，彷彿來到別人家裡做客。

🍴 義大利少年

이태리총각 익선동점

🏠首爾市鍾路區水標路28街21-15；서울 종로구 수표로28길 21-15 ☎02-730-8893 ⏰週一11:30~15:00、17:00~22:00 💲海鮮番茄義大利麵(해산물토마토파스타)₩24,000、瑪格麗特披薩(마르게리따)₩19,000

菜色皆份量十足，特別推薦義大利麵和披薩。

店家獨創的義式披薩。

同樣以韓屋改建而成的，義大利少年就位在轉角巷內，店內風格充滿義式優雅，從中庭灑落而下的陽光將牆上的畫作和桌上的鮮花照耀的鮮豔動人。這裡供應披薩、義大利麵、燉飯和沙拉等特色義式料理，也提供酒精飲品，很適合三五好友聚會或約會。

番茄海鮮義大利麵有番茄的清甜及蟹肉的鮮味。

☕ 植物咖啡館 SIKMUL

익선동 카페 식물

🏠首爾市鍾路區敦化門路11街46-1；서울 종로구 돈화문11다길 46-1 ☎02-742-7582 ⏰11:00~23:00 💲咖啡雞尾酒(소녀/소년)₩8,000 📷www.instagram.com/sikmul/

益善洞最知名特色咖啡館。

坐在透明簾幕內休憩，裡外都感到新奇。

2014年底在益善洞開幕的植物咖啡館，說是帶動益善洞人潮的始祖也不為過，灰色的工地風格是由時尚攝影師路易斯朴所打造，將3間韓屋打通所創造出的空間又是個繽紛的小天地，相當引人注目。植物咖啡館其實是一間CAFE & BAR，提供飲品、披薩和啤酒。

「光州家」所提供的小菜多樣且好吃，大部分也是可以無限續點。

🍴 光州家

광주집

🏠首爾市鍾路區敦化門路11巷3；서울 종로구 돈화문로11나길 3 ☎02-764-3574 ⏰15:00~24:00 💲五花肉一人份₩17,000起

喜愛韓國烤肉的老饕一定都知道大名鼎鼎鍾路三街的烤五花肉街，其中知名的餐廳「光州家」更是每到晚上就座無虛席，餐廳旁也擺設了露天的座位區，店家會依照客人所點的肉品提供不同的烤網或是烤盤，所以建議可以試試不同的肉類，烤豬皮也是這邊受歡迎的餐單之一。

首爾・漢江以北

仁寺洞・鍾路

▼首爾・漢江以南及其周邊

🍴 鍾路三街布帳馬車街

종로3가 포장마차거리

⚑別冊P.21B3 　🚇1、3、5號線鍾路3街站4號出口徒步約1分 　🏠首爾市鍾路區樂園洞；서울 종로구 낙원동 　🕐約17:00～3:00(依店家為主) 　💰約₩15,000、酒類₩5,000起(依店家為主)

　常在韓劇中看見男女主角在路邊的紅色帳篷中喝酒嗎？那就是傳統韓式的「布帳馬車」，尤其在天氣好的時候常可見韓國人在路邊布帳馬車歡聚飲酒。**鍾路三街布帳馬車街以交通便利與輕鬆氣氛而聞名**，鍾路三街站4號出口一出站即可見一大排的布帳馬車，就算平日也常常高朋滿座。

> 不熟悉韓語也沒有關係，許多店家皆有中文菜單可供詢問。

🏛 年糕廚具博物館

떡박물관

⚑別冊P.21C2 　🚇1、3或5號線鍾路3街6號出口徒步約5分 　🏠首爾市鍾路區敦化門路71；서울 종로구 돈화문로71 　☎02-741-5447 　🕐10:00～18:00(售票至關門前30分鐘) 　💰全票₩3,000、優待票₩2,000；30分鐘年糕製作體驗₩10,000，實際開課時間請見官網，需事先預約 　🚫週日 　🌐www.tkmuseum.or.kr

　年糕廚具博物館**以韓國婚喪喜慶時吃的年糕為主題，展示超過2,000件和年糕及廚房用具相關的文物**。除了能瞭解韓國年糕的種類及歷史、見到皇帝進膳的演出，還可以穿上韓服體驗下廚，以及到咖啡館品嘗年糕簡餐。做成三明治、壽司或甜點形狀的年糕，有的只有米飯的甜味，有的則是加入紅豆或芥末，搭配沙拉和甜湯，每餐不到600卡路里，是深受女性喜愛的輕食料理。

韓國人就是愛吃罐頭火腿(햄)？

過去韓國曾經歷過美援時期，罐頭火腿、香腸、起司，大量的罐頭食物充斥市場，為了填飽肚子，韓國人也不得不接受這些古怪的食物，於是有了部隊鍋、有了泡菜配罐頭火腿的奇妙便當；除了加進鍋裡，最經典也最方便的吃法是直接煎著吃，更講究點的會先裹上蛋汁再下鍋煎，一碗白飯一碟煎火腿肉就能當一餐啦！最知名的品牌是SPAM(스팸)，罐頭火腿也是韓國年節時的送禮好物。

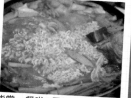

人人廣場

Ssamziegil

쌈지길

> 小編按讚
> 充滿童趣的商場，裡頭好吃好逛好玩。

📍 別冊P.20B2　🚇 3號線安國站6號出口
徒步約7分；1、3、5號線鍾路3街站5號出口徒步約10分
🏠 首爾市鍾路區仁寺洞街44；서울 종로구 인사동길 44　📞
02-736-0088　🕙 10:30～20:30　📅 農曆新年、中秋節當日　🌐 www.instagram.com/ssamzigil_official/

這棟由Ssamzie服飾公司規畫、韓國建築師崔文奎設計的商場，從建築物外觀到小細節的設計，都十分講究又別具童趣。因為外牆上巨大的韓文字音ㅅㅅ，而被成為人人廣場。建築物樓層分部為B1樓至4樓（頂樓），2016年還曾在3~5樓設置超長的溜滑梯，好玩又刺激！

人人廣場的特別之處在於樓層設計，利用迴旋走廊將各層樓連接起來，這樣不需要爬階梯就可以從2樓散步到頂樓，當然也可以選擇搭電梯；這裡的商店大多是手作、文創、服飾，並且不時有本土品牌的快閃店進駐，可以說是獨特的逛街體驗。

> 隨著迴旋狀的樓層可以從2樓漫步到樓頂。

> B1樓除了WOWPASS機台，還有自動退稅機。

遊客服務中心免費諮詢

在觀光客來來往往的地區，也常常會發現寫著大大的「i」的旅遊服務中心，提供首爾最新版本的地圖、旅遊資訊，甚至有些其他旅遊服務中心不一定找得到的小地區旅遊摺頁，分外好用，不一定有中文版，但通常至少有英文版。旅遊服務中心不一定附設在正規的建築物裡，有時是道路中央特別蓋起的獨立小棚子，甚至是一輛車。服務人員也可以針對遊客的需求或困擾，現場幫忙指點迷津。

不過江北、江南，旅遊服務中心的密度差別很大，遊客服務中心大多集中在江北的觀光區，有些地方還不只一處。

🍴 本粥 仁寺洞店

본죽 인사동점

ⓐ別冊P.20A2 ⓑ3號線安國站6號出口徒步約3分；1、3、5號線鍾路3街站5號出口徒步約10分 ⓞ首爾市鍾路區仁寺洞街51-2；서울 종로구 인사동길51-2 ☎02-722-6288 ⓔ週一至週五9:00~20:00、週六至週日9:00~18:00 ⓢ粥品₩9,500起、半半粥₩12,000起 ⓦwww.bonif.co.kr

始於2002年的本粥(본죽)秉持食療的概念，使用各種養生健康的食材熬煮成軟糯濃郁的稠粥，短短10年間已經開了上千家分店，2023年甚至進駐台灣，可受歡迎的程度不難想見！韓版《流星花園》裡金絲草在粥店裡打工，就是在本粥其中一家分店取景。

養生食材在高溫燉煮下熬成一碗碗稠粥，健康又美味。

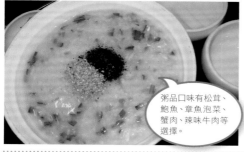

粥品口味有松茸、鮑魚、章魚泡菜、蟹肉、辣味牛肉等選擇。

🍴 開城餃子 宮

개성만두 궁

ⓐ別冊P.20B2 ⓑ3號線安國站6號出口徒步約8分 ⓞ首爾市鍾路區仁寺洞10街11-3；서울 종로구 인사동10길11-3 ☎02-733-9240 ⓔ週日至週二11:30~15:00、16:00~20:00(L.O.19:20)，週三至週六11:30~15:00、16:00~21:00(L.O.20:20)；週六下午不休息 ⓢ開城水餃火鍋(豬肉/泡菜)(고기/김치만두전골)₩19,000/22,000、開城湯餃(개성만두국)₩15,000 ⓦwww.koong.co.kr

連續入選首爾米其林的世代餃子店。

開城在韓國向來以美味的水餃聞名，宮是一家傳承了三代的老店，百齡的老阿嬤年輕時跟著婆婆學包水餃，開設了這家餃子店，**所包的餃子內餡蔬菜特別豐富，讓人齒頰留香，配上牛骨熬製的濃醇湯頭，風味絕佳**。繼承著80年的傳統，媳婦再傳給媳婦，此外，店裡的年糕湯餃、生菜包黑豬肉等亦頗受推崇。

🏛 耕仁美術館

경인미술관

ⓐ別冊P.20B2 ⓑ3號線安國站6號出口徒步約8分 ⓞ首爾市鍾路區仁寺洞10街11-4；서울 종로구 인사동10길11-4 ☎02-733-4448 ⓔ10:00~18:00 ⓗ國定假日 ⓢ免費

耕仁美術館由幾幢韓屋包圍中庭組成，其中靠外側的韓屋整理成茶館，遊客可以坐下來飲茶、歇腳，**另幾幢韓屋則轉變成展覽廳，分別根據不同的主題舉辦各種藝術展出**，運用自然光和建築本身的特色交相輝映，使得展出效果特別好。園區裡自然堆砌的陶甕襯著庭園景觀，整體氛圍百分百。

展場完全免費對外開放參觀。

> 韓國傳統圖樣透過手工製作，精巧又細密。

🍴 寺洞麵屋

사동면옥

> 典型的北方麵食館，吃出傳統滋味。

📍別冊P.20B3　🚇3號線安國站5號出口徒步約5分，或1、3、5號線鍾路3街站5號出口徒步約7分　🏠首爾市鍾路區仁寺洞8街9；서울 종로구 인사동8길 9　☎02-725-1211　🕐10:00~21:00　💵冷麵₩9,000起

經營了30年的寺洞麵屋是間傳統典型的小麵館，**主要以供應韓國北方風味的麵食為主，包括冷麵、湯麵、水餃、餃子火鍋等。**點冷麵的話還會附上一碗熱湯和一把剪刀，因為麵條的彈性特佳，必須先用剪刀略剪開一下，比較容易入口。

🎁 國際刺繡院本店

국제자수원 본점

📍別冊P.20B2　🚇3號線安國站6號出口徒步約6分　🏠首爾市鍾路區仁寺洞7街12；서울 종로구 인사동7길12　☎02-732-0937　🕐10:00~8:00　💵拼布(조각보)約₩16,000起、吊飾(노리개)約₩15,000起　🌐www.kjasuwon.com/

1979年設立的國際刺繡院，**以保存韓國傳統手工編織藝術為宗旨，並透過海內外參展、舉辦各式各樣的活動，嘗試把這項傳統發揚光大。**創立者Okim張本身就是位傳統手工編織藝術家，畢生從事於創作與教學工作，目前仍在為此宗旨而努力中，也經常會有青瓦台的貴客們到此參觀。

🎁 仁寺韓國

인사코리아

📍別冊P.20C3　🚇1號線鐘閣站11號出口，或1、3、5號線鍾路3街站5號出口徒步約5分　🏠首爾市鍾路區仁寺洞街12；서울 종로구 인사동길12　🕐週一至週五10:30~18:00、週六至週日10:30~19:00

從南口進入仁寺洞，看到仁寺洞的旅遊服務中心後不久，右手邊就會看見一幢大樓，門口看似辦公室的入口，但其實是一處內部頗遼闊的賣場，有數十個不同的店家，**分別販售著韓國風的服飾、紀念品，甚至也有食品，幾乎所有帶著韓國風的產品都可以在這裡找到。**

首爾·漢江以北

仁寺洞·鍾路

➡首爾·漢江以南及其周邊

用餐空間牆上布置著黑白照片，更添懷舊色彩。

仁寺洞那家店

인사동그집

◎別冊P.20B2 ●3號線安國站6號出口徒步約7分；1、3、5號線鍾路3街站5號出口徒步約10分 ◎首爾市鍾路區仁寺洞街12街3；서울 종로구 인사동12길 3 ◎0507-1384-0575 ●11:00~21:00 ⑤石鍋章魚拌飯(낙지돌솥비빔밥)₩13,000、鐵板燉年糕排骨(철판소갈비찜)₩39,000

　　坐落在傳統韓屋裡的仁寺洞那家店，是創新的韓式餐廳。年輕男服務員的上菜節奏流暢快速，**招牌菜「那家店飯」裡包含大量蔬菜與牛肉，相當富有特色**；**海鮮飯和海鮮煎餅**也頗受好評，不過份量不少，最好兩人分食。

星巴克咖啡館

스타벅스 인사점

◎別冊P.20C3 ●1號線鐘閣站11號出口，1、3、5號線鍾路3街站5號出口徒步約5分 ◎首爾市鍾路區仁寺洞街14；서울 종로구 인사동길14 ●週一至週六7:30~21:30，週日8:30~21:00 ◎www.starbucks.co.kr

　　位於仁寺洞南端入口附近的星巴克咖啡館(Starbucks)，**為了凸顯出仁寺洞的文化特質，曾因為是全世界唯一用韓文寫著「스타벅스」，而不是英文(Starbucks)招牌的星巴克**，而轟動一時。雖然這樣的咖啡館已愈來愈多，不稀奇了，但這家算是具有象徵意義，成為觀光客必拍照的景點之一。

店裡收藏茶類有110種之多。

美麗茶博物館

아름다운차박물관

◎別冊P.20B3 ●1號線鐘閣站11號出口，或1、3、5號線鍾路3街站5號出口徒步約7分 ◎首爾市鍾路區仁寺洞街19-11；서울 종로구 인사동길19-11 ◎02-735-6678 ●11:30~20:00

　　展出各種與茶相關的陶器以及茶杯、茶壺，美麗茶博物館不但是一間茶屋，更是一個茶具藝廊。**館長自世界各地採購的綠茶和紅茶，一直到韓國鄉土茶、加味茶都有**，另有綠茶與紅茶剉冰等新品，品茗之餘欣賞茶器之美，感受視覺與味覺的雙重饗宴。

小編按讚 讚 讚

館內有各式茶種、茶器、茶具，喜歡品茗的人一定要來逛逛。

首爾‧漢江以北　仁寺洞‧鍾路　➡首爾‧漢江以南及其周邊

🍴 山村
산촌

📍別冊P.20B2　🚇3號線安國站6號出口，或1、3、5號線鍾路3街站5號出口徒步約8分　🚩首爾市鍾路區仁寺洞街30-13；서울 종로구 인사동길30-13　☎02-735-0312　🕐11:30~22:00　💲韓式拌飯(비빔밥)₩15,000、韓定食₩29,000　🌐www.sanchon.com/home/index.php

　店主人金演植先生將18年僧侶生涯中所習得的韓國傳統素食料理，重新改良，給予韓國齋菜另一種風味。**店內料理雖然為齋菜，但食材新鮮，不使用任何化學調味料，只使用味噌、胡麻油調味**，可完全享受食物的原味。

🎁 通仁商店
통인가게

📍別冊P.20B2　🚇3號線安國站6號出口，或1、3、5號線鍾路3街站5號出口徒步約7分　🚩首爾市鍾路區仁寺洞街32；서울 종로구 인사동길32　☎0507-1305-4867　🕐週二至週六10:30~18:30，週日12:00~17:00　🈺週一　🌐tonginstore.net/

　1924年開始營業的通仁商店，**是仁寺洞歷史最悠久的古美術藝廊，不僅培養過許多傑出的藝術家，也經常舉辦特展和作品發表會。**1、2樓以生活工藝品為主，3樓展售古典家具，4樓以上是畫廊的天地，B1樓也有展出，讓通仁商店像是間生活藝品的大觀園。

設置開放式鳥窩，小鳥們可以自由在店內飛翔。

香甜微酸的木瓜茶搭配米菓小點，享受韓式風味。

☕ Old Tea Shop
옛찻집

📍別冊P.20B2　🚇1、3、5號線鍾路3街站5號出口徒步約7分；3號線安國站6號出口徒步約10分　🚩首爾市鍾路區仁寺洞街33-1 2F；서울 종로구 인사동길33-1 2층　☎0507-1409-8780　🕐11:00~21:00　💲古早紅豆冰₩9,000、茶₩7,500起

　拐進位在小巷裡的「Old Tea Shop」，馬上被一股幽微茶香牽引，踏著吱嘎作響的木頭階梯登上2樓，**在褪去光澤卻多古意的傳統木造擺設裡，茶客挨著韓織軟墊躺靠在木椅上話家常，茶館內盡是慵懶放鬆的氛圍。**來到這裡除了傳統茶水點心，還設置一處開放式鳥窩，讓小鳥們可以自由自在的在店內飛翔。

🏛 仁寺藝術廣場

인사아트프라자

🚶別冊P.20B2 🚇3號線安國站6號出口徒步約6分 ⊙首爾市鍾路區仁寺洞街34-1；서울 종로구 인사동길34-1 ☎02-736-6347 🕙10:00~18:30

位於仁寺洞中心地帶的仁寺藝術廣場，是這裡眾多綜合性的購物廣場之一，從B1樓到4樓內部有上百家商舖，販售著韓國傳統風味的紀念品，包括木雕餐具、生活陶瓷器、韓紙工藝品、紫水晶飾品、韓服、韓國刺繡工藝品、傳統香、漆器等，相當多樣化，品質也不錯，逛一圈就對韓國的傳統小物有大致的認識。

剛炸起鍋的餃子，焦黃噴香。

🍴 北村水餃店

북촌손만두 인사본점

🚶別冊P.20B2 🚇3號線安國站6號出口徒步約7分；1、3、5號線鍾路3街站5號出口徒步約10分 ⊙首爾市鍾路區仁寺洞街42-5；서울 종로구 인사동길42-5 ☎02-732-1238 🕙11:00~20:00 💰餃子類₩5,000起、綜合餃子(모둠만두) ₩10,000起、冷麵(북촌피냉면)₩7,500 🌐mandoo.so

在Ssamziegil建築物的右後側，有一個總是大排長龍的小小水餃店，**這家以「北村」為名的水餃店，手工水餃的個頭碩大、餡多飽滿**，有蒸的、有炸的，蒸籠端出來時熱氣直往上冒，在冷天裡特別誘人。除了水餃也有賣冷麵，不過看他們水餃生意熱絡的程度，吃冷麵可能要等更久。

首爾‧漢江以北

仁寺洞‧鐘路

首爾‧漢江以南及其周邊

阿里郎名品館

아리랑명품관

📍別冊P.20C3　🚇1號線鐘閣站11號出口，或1、3、5號線鐘路3街站5號出口徒步約5分　🏠首爾市鐘路區仁寺洞路17-1；서울 종로구 인사동길17-1　☎02-739-5700　🕙11:00~19:00

　嘗過韓國的傳統點心、茶食嗎？**阿里郎名品館已有10多年製餅歷史，各種傳統韓果應有盡有**，沾著芝麻粉的糯米糕、滾上茶粉的紅豆糯米糕、紅棗糕等，各式做成一口大小的糕點，令人垂涎。另外也販賣各式工藝品、瓷器等，由知名作家製作，民眾可安心選購。

Tal房

탈방

📍別冊P.20B2　🚇3號線安國站6號出口徒步約5分　🏠首爾市鐘路區仁寺洞街48；서울 종로구 인사동길48　☎0507-1448-9289　🕙11:00~19:00　🚫週日　🔖talbang.modoo.at

　「Tal房」為仁寺洞的面具專門店，店內作品皆為店主人弟弟在水原工房製作的手工面具。店內除擁有大大小小的面具外，也有面具掛飾、面具鑰匙圈等小東西，是相當具韓國風味的紀念品。

招牌牛肉湯以牛肉和牛骨熬煮24小時，濃郁回甘。

里門牛肉湯

이문설농탕

入選首爾米其林美食的老字號牛肉湯，爽口回甘。

📍別冊P.20B3　🚇1號線鐘閣站3-1號出口徒步約5分　🏠首爾市鐘路區郵政局路38-13；서울 종로구 우정국로38-13　☎02-733-6526　🕙週一至週五8:00~15:00、16:30~21:00，週日8:00~15:00、16:30~20:00　💰牛肉湯(설농탕)₩14,000　🔖imun.modoo.at

　里門牛肉湯是間有100多年歷史的老字號，**招牌牛肉湯的牛奶色湯汁沒有經過調味，由顧客酌量添加鹽、蔥花，湯頭爽口溫醇。**韓國人習慣把白飯投入牛肉湯做成湯泡飯，而這裡的牛肉湯已經把白飯加進去了，順口的泡飯和著湯頭咕嚕吞下肚，既暖身又有飽足感。

🍴 Balwoo Gongyang

발우공양

小編按讚 讚讚

展現韓國現代美學的極品素齋。

🚇別冊P.20A2 ◎3號線安國站6號出口,1號線鐘閣站1、3號出口徒步10分 🏠首爾市鍾路區郵政局路56(寺院寄宿服務中心)5F;서울 종로구 우정국로 56템플스테이 통합정보센터 5층 ☎02-733-2081 ⏰午餐11:30~15:00,晚餐18:00~21:00(L.O.19:40) 🈺週日、韓國春節 🌐balwoo.or.kr/ ❗如需用餐,請先致電預約

誰說素菜料理沒有星級美食?融會佛學寺院飲食(사찰음식)文化的Balwoo Gongyang,從餐廳名稱至料理上皆傳達著禪學真理,這裡共提供四種套餐,分別為「禪食」、「願食」、「念食」、「喜食」,每種套餐都有不同的佛學意涵;**其以精緻細膩的料理風範評審員的味蕾,成為唯一一家榮獲米其林一星殊榮的素齋料理。**

簡單的素菜提升至宛如懷石料理般的美學層次。

「鉢盂供養」精神融會至料理,貫徹僧人的飲食文化。

DownTown

韓國最新流行商品和款式在這裡都買得到。

🛍 鐘閣地下街

종각지하쇼핑센터

🚇別冊P.20B4 ◎1號線鐘閣站11號出口 ⏰約10:30~22:00

鐘閣地下街位在鐘閣站,雖然不如高速巴士地下街廣闊,也不若永登浦地下街好買,更是幾個知名地下街中規模最小的,**但它麻雀雖小五臟俱全,距離各觀光區都不太遠,方便到達**,沒什麼時間大逛特逛的話,來鐘閣就可以簡單地一網打盡!

三淑拉麵

삼숙이라면

📍別冊P.20B3 🚇1號線鐘閣站3-1號出口徒步約5分 📍首爾市鍾路區鍾路11街30；서울 종로구 종로11길 30 ☎07-720-9711 🕐9:00~21:00 ⏱週日、假日 💲拉麵類₩8,000、飯糰(주먹밥)₩1,500、白飯免費

> 韓國知名廚師白鐘元推薦的三大天王美食。

跟著國名主廚白鐘元吃道地的巷弄隱藏美食！拉麵是韓國人引以為傲的美食之一，這間位在仁寺洞散步街小巷內的「**三淑拉麵**」**更是將拉麵提升為主角**，加入食材配料做成分量十足的風味拉麵。韓國人吃拉麵更是少不了白飯，吃到最後的湯裡再加入店家免費提供的白飯，吃法超精華又道地！

跟我來！
去吃巷弄裡的三淑拉麵
Follow照片、帶你從仁寺洞散步街走進隱身在巷弄裡的三淑拉麵！

1 轉進仁寺洞散步道的巷弄內，直走到底就對啦！

2 巷子底(T字路口)可以看到三淑拉麵的招牌，左轉(沿著小巷子走即達)或是右拐都可以到。

3 選擇右拐的你經過一家烤魚店後，抬頭即可看到三淑拉麵顯眼的橘色招牌，再往左轉。

4 就可以看到低調的三淑拉麵啦！(沿著店旁的小巷走到底，即是剛才的T字路口)

> 海鮮炒碼拉麵分量十足、湯頭爽口。

> 免費供應的泡菜、黃蘿蔔是拉麵的最佳夥伴！

▼首爾·漢江以南及其周邊

「老安堂」為大院君起居所，黑白色調樸實簡約。

運氣好的話，春天也可以賞花。

小編按讚 讚讚

◉ 雲峴宮

운현궁

🅰別冊P.20C1 🚇3號線安國站4號出口徒步約3分 🏠首爾市鍾路區三一大路464；서울 종로구 삼일대로464 ☎02-766-9090 🕐4~10月9:00~19:00、11~3月9:00~18:00(最後入場閉館前30分鐘) ⊗週一 💲免費 🌐www.unhyeongung.or.kr

簡約質樸，規模不大卻不失典雅，明成皇后婚禮便是在此舉行。

　雲峴宮並非真正的宮殿，在19世紀末，屬於高宗的親生父親興宣大院君的住所，高宗12歲之前在這裡生長；出身平民的明成皇后入宮前也被大院君收養，住進雲峴宮接受宮廷教育；高宗與明成皇后的婚禮也在這裡舉行。**雲峴宮有另一洋館(양관)位在德成女子大學，因是韓劇《鬼怪》拍攝主場地而知名**，雖不能入內參觀，仍可從外圍探得一絲神祕氣息。

經典韓劇《明成皇宮》的主要場景

　朝鮮第26代君主高宗，本是興宣大院君的親生兒子，在沒有子嗣的哲宗去世之後，被選中為新君。性格軟弱的高宗即位後，對政治頗有野心的興宣大院君多方干預政事，形成朝鮮王朝500年來首度出現君主的生父攝政的局面；不料大院君親自選定的兒媳閔妃——亦即後來的明成皇后，也是非常有主見的人，雙方勢力的抗衡、消長，成了左右朝鮮末代政局走向非常重要的兩股政治力量。出身清寒的明成皇后，被選定入宮後，便住進興宣大院君的宅邸雲峴宮接受禮儀訓練；與高宗的大婚，也是由高宗前往雲峴宮迎娶。所以每年9或10月舉行的秋季慶典，在雲峴宮重現高宗與明成皇后大婚嘉禮的儀式，成了雲峴宮最重要的年度盛事。

大至寶塔、石雕像，小至茶具、文房四寶，古色古香。

🛍 骨董街

인사동 고미술거리

🅰別冊P.20B3 🚇1號線鐘閣站11號出口，或1、3、5號線鍾路3街站5號出口徒步約6分 🏠首爾市鍾路區仁寺洞；서울 종로구 인사동 🕐約10:30~22:00(各家不一)

　仁寺洞這一帶在朝鮮時代是高官、貴族們居住的地區，直到日本占領韓國，沒落的貴族只好把家中收藏的珍品拿出來變賣，因此造就仁寺洞的獨特性。仁寺洞到處都有販售骨董的攤位，而位於通往「美麗茶博物館」前的這條小巷子，更是家家都是骨董店，酷愛骨董的人到這裡尋寶就對了。

首爾・漢江以北 仁寺洞・鍾路 ➡首爾・漢江以南及其周邊

蚵仔生菜包肉一條街

굴보쌈골목

🅐別冊P.21C3　🚇3號線鍾路3號站14、15號出口，於東南藥局(동남약국)旁左轉進小巷內即可到達　🏠首爾市鍾路區水標路20街；서울 종로구 수표로20길　⏰各店家營業時間不一，約10:00~凌晨5:00

　　來到韓國吃膩了部隊鍋、烤肉、辣炒年糕，那就換換口味改試試看蚵仔生菜包肉吧！位在鍾路3街的「蚵仔生菜包肉一條街」集中了約7~8家的蚵仔生菜包肉店家，統一販賣蚵仔生菜包肉，店家包括濟州家、青鶴洞生菜包豬肉、去看看吧生菜包蚵仔、全州家、三亥家、興夫家、將軍生菜包豬肉、崔財主生菜包豬肉，每家都是老字號的美味店家，口味各有千秋。

也可以吃看看其他店家

全州家 전주집
號稱為元租生菜包肉的全州家，也是電視節目的報導名店之一。店內人潮眾多，其用餐樓層還擴增至2樓，可見其受歡迎的程度。

興夫家 흥부가
興夫家同樣也有KBS、MBC等韓國電視台報導，店內除了蚵仔生菜包肉，另有提供魷魚生菜包肉、辣炒章魚(문어숙회)，還有較特殊的料理發酵魟魚(홍어삼합)。

將軍生菜包豬肉
종로3가 장군굴보쌈
擁有30年開業經驗的蚵仔生菜包肉店「將軍生菜包豬肉」，這家老字號的店內牆上貼滿韓國電視台SBS、KBS等採訪過，是韓國在地人都大推的店家。

崔財主生菜包豬肉
최부자보쌈
位在蚵仔生菜包肉一條街最後一間的崔財主，除了使用新鮮的蚵仔，也提供辣蘿蔔與泡菜，煮得軟嫩的五花肉包上生菜和泡菜，爽口不油膩。

> 生菜包上蚵仔與五花肉，海陸美味在嘴裡爆發！

> 點蚵仔生菜包肉時會附贈馬鈴薯排骨湯。

🍴 三亥家

삼해집 종로점

☎02-2273-0266　🏠首爾市鍾路區水標路20街16-15；서울 종로구 수표로20길 16-15　⏰10:30~2:00　🈺國定假日　💲小份蚵仔生菜包肉(굴보쌈 소)₩27,000、中份豬腳(한방족발 중)₩35,000　🌐www.samhae1.kr/

在地人才知道的好滋味

　　有著醒目黃色招牌的三亥家，擁有近40年開業時間，是在地人最愛聚餐的地方，店內除了蚵仔生菜包肉，其他還有漢方豬腳、辣炒雞肉(닭볶음탕)、辣燉魚(아구찜)、辣炒章魚(낙지볶음)、章魚火鍋(낙지전골)等菜色。吃蚵仔生菜包前，店家會先送上小菜、豆瓣醬以及蝦醬，蚵仔生菜包盤中包除了新鮮蚵仔、香辣泡菜、特製的甜脆蘿蔔泡菜以及軟嫩的五花肉，將盤中的美味包進生菜中，再沾上包醬和鹹香的蝦醬，蚵仔的鮮味充滿在口中，令人回味再三。店內的蘿蔔泡菜和馬鈴薯排骨湯都可無限續點；不諳韓文也沒關係，店裡有中文菜單及中文服務人員。

鍾路分店與地鐵站相通，交通位置相當方便。

永豐文庫 鍾路店

영풍문고 종로점

🅰別冊P.21A3　🚇1號線鐘閣站5、6號出口即達　🏠首爾市鍾路區清溪川路41 B1F；서울 종로구 청계천로41 B1층　☎1522-2776　🕙10:00~22:00　🌐www.instagram.com/ypbooks_official/

　　永豐文庫是韓國一家大型的連鎖書店，也是經營各種文化用品的綜合文化空間。 在韓劇《咖啡王子1號店》劇中，崔漢杰為了栽培對咖啡香氣具有敏銳嗅覺的高恩燦，特別帶她到書店選購相關書籍，就是在鍾路的這家永豐文庫所拍攝。書店也不時會有KPOP、電影相關的活動，詳情可見官方IG的公告。

👁️ 廣通橋

광통교

🅰別冊P.21A4　🚇1號線鐘閣站5號出口徒步約2分　🏠首爾市中區清溪川路30；서울 중구 청계천로30

　　清溪川之上共有22座橋，每座都有自己的特色和典故。**廣通橋是其中最大規模的橋梁，曾經是朝鮮時代皇帝和使臣們行車經過的交通要道，**古裝韓劇《李祘》裡就有提到女主角成松淵住在廣通橋附近。它最初是一座土橋，1410年改建為如今日的石橋；1958年因清溪川的覆蓋工程，廣通橋曾消失，在後來的復原工程中移到現在的位置。

👁️ 宗廟

종묘

🅰別冊P.21C2　🚇1、3、5號線鍾路3街站7、8、11號出口徒步約5分　🏠首爾市鍾路區鍾路157；서울 종로구 종로157　☎02-765-0195　🕙2~5月和9~10月9:00~18:00、6~8月9:00~18:30、11~1月9:00~17:30(最後入場前1小時)；中文導覽週一至週五11:00、15:00　🈹週二　💲₩1,000；每月最後一個週三(文化日)免費　🌐royal.khs.go.kr/jm

小編按讚 讚讚

每年5月李氏後裔仍在此舉行宗廟大祭，遊客可來一探究竟。

　　宗廟是朝鮮王朝的開國始祖李成桂在平定首爾後所建。他參考中國風水，在景福宮以西建社稷壇，以東蓋了宗廟。**宗廟不僅為放置歷代朝鮮皇帝和皇妃神位之處，王室祭典也在此舉行。現被聯合國教科文組織列為世界遺產。**

　　56,500坪的腹地以正殿為主，還有永寧殿等殿。正殿是祭祀初代太祖李成桂為首的19代皇帝和皇后，水平狀的屋簷象徵永恆。正殿前延伸的鋪石道路，屬於神走的通道。永寧殿是正殿之外的別廟，祭祀其他皇親貴族。這些宮殿和寺院沒有多餘裝飾，展現儒教的樸實無華。周圍經過特別挑選的森林，林木蒼鬱，夏天是情侶約會地，冬天大雪覆蓋下更顯靜寂。

每年5月的第一個週日，會在此舉辦宗廟大祭。

👁 正祖班次圖

청계3경정조반차도

🏛 別冊P.21A4　🚇 1號線鐘閣站4號出口徒步約2分

　　清溪川北岸介於長通橋和三一橋之間，溪畔的牆上有一段長達192公尺的壁畫，名為「正祖班次圖」(정조반차도)，是由朝鮮時代知名的畫家金弘道的作品，壁畫使用5,120塊長寬各30公分的磁磚，描繪1,700多名官兵、800多匹馬。

👁 普信閣

보신각

🏛 別冊P.21A3　🚇 1號線鐘閣站4號出口即達　🏠 首爾市鍾路區鍾路54；서울 종로구 종로54　☎ 02-731-0114

　　「鐘閣」之所以有此命名，乃是因為普信閣的存在。朝鮮太祖下令興建的普信閣完成於1396年，大鐘則是世祖14年(1468年)鑄成，1619年遷移到

現址，數百年來每天清晨4:00(罷漏，파루)與晚間22:00(人定，인정)定時敲鐘，一方面報時，一方面告知各城門開啟與關閉。**真品因年代久遠，收藏在國立中央博物館，被列為國寶第2號**；而現在看到的普信閣與大鐘，則是1985年模擬原件的新建築。

> 對街仿「鐘」造型而建的鐘閣大樓。

💡 正祖班次圖是誰畫的？

　　正祖班次圖是由朝鮮時代知名的畫家金弘道——也就是韓劇《風之畫師》裡面的男主角的作品，描繪正祖亦即當時的皇帝李祘，為了祝賀母親惠慶宮洪氏60大壽，行車到水原的遊行壁畫。而水原正是正祖埋葬父親思悼世子的地方。

普信閣敲鐘活動

보신각 시민상설 타종 행사

普信閣每天中午會舉行敲鐘儀式，不論是韓國人或是外國遊客都可以參加。每週二開放外國人現場排隊，每日總敲鐘次數為12次，根據參與人數，敲鐘次數可能會有所調整。

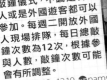

🕐 週二11:40~12:10　🌐 namsanbongsu.kr/2022/

❗ 活動至2024年12月22日，每年活動時間不一

景福宮‧光化門‧西村

경복궁‧광화문‧서촌마을

GYEONGBOKGUNG‧GWANGHWAMUN‧SEOCHON

景福宮是朝鮮王朝始祖李成桂建設的正宮，華麗精美的宮殿在壬辰之亂以及日本占領韓國時兩次遭到毀壞，至今仍在重建之中；其乖舛命運成為韓國動盪歷史的見證。在景福宮和光化門廣場這一帶有不少古蹟和博物館，想多認識這個國家的過往歷史，這裡是很好的起始點。

而西村指的是景福宮西邊村落，仁王山東邊與景福宮西邊之間，清雲孝子洞與社稷洞一帶，是過去朝鮮時代從事筆譯或口譯的譯官、醫官等專門職業的人所居住的地方，比起聚集諸多韓屋的北村稍微簡樸一些。過去曾限制開發，目前則有許多咖啡館、餐廳、畫廊坐落其中，與舊巷弄、傳統市場融為一體，可感受到舊首爾的精髓與浪漫。

> 夜晚打上燈光更有氣勢。

交通路線 & 出站資訊

地鐵
市廳站◇1、2號線
景福宮站◇3號線
光化門站◇5號線
西大門站◇5號線
安國站◇3號線
獨立門站◇3號線

出站便利通
◎景福宮與光化門附近地鐵站主要可分為看秀路線、美食路線，以及藝術歷史等路線。

‧看秀路線：西大門5號出口可看《幻多奇秀》、《亂打秀》，市廳站12號出口出站可到貞洞劇場。

‧美食路線：景福宮3號出口有世宗村美食街，吃蔘雞湯、逛通仁市場。

‧藝術歷史：景福宮與光化門附近處處是保留許久的歷史遺跡，例如市廳站2號出口的德壽宮，景福宮站1號出口看遺跡社稷公園、黃鶴亭等，5號出口出站可到景福宮、博物館、美術館、藝廊等。光化門5號出口即可到達清溪川，欣賞改造有成的漂亮溪川。獨立門站4、5號出口出站可到達獨立門公園、西大門刑務所歷史館等見證歷史的經過。

🎯 光化門

광화문

📖別冊P.19B2 🚇3號線景福宮站5號出口徒步約1分 📍首爾市鍾路區孝子路12；서울 종로구 효자로 12

景福宮正門的光化門，**在1922年日本殖民時期曾計畫遷移損毀此門，不過最後在民俗運動家的推動下得以保留，並在1970年回歸到現在位於世宗路上的原跡。**由於韓國早期深受漢文和儒學文化的影響，景福宮在宮殿、寺廟上匾額題字也都是以漢文來寫。

◉ 光化門廣場

光化門廣場

🔖別冊P.19B2　🚇5號線光化門站2號出口即置身於廣場之中；其餘3、4、7號出口也在附近　📍首爾市鍾路區世宗大路175；서울 종로구 세종대로 175

gwanghwamun.seoul.go.kr/main.do

李將軍身旁噴泉型銅像，配合燈光照明華麗無比，知名韓劇亦曾在此取景。

　曾是朝鮮時代漢陽中心地的光化門前方，呈現嶄新的廣場，將軍李舜臣和世宗大王的巨型銅像遙遙相對，與背後的景福宮、北漢山連成一線，呈現恢弘壯闊的氣象。而李將軍身邊的噴泉不定時舞動，夜晚再配合LED燈的照明，相當華麗，韓劇《仁顯王后的男人》就曾到此取景。

李舜臣和世宗大王的巨型銅像是首爾地標之一。

세종대왕

©韓國觀光公社

©韓國觀光公社

©韓國觀光公社

光化門交接儀式

수문장 교대의식

在光化門前完整呈現朝鮮時代的守衛交接儀式，完成後可以跟守門將合照，但是他們等同於我們的憲兵或是英國的衛兵都是屬於執勤中狀態，所以不會對我們有任何反應也不會比YA，合照時候也要切記不要碰觸他們。

🕙10:00、14:00，每次約20分鐘　🚫週二、雨天、酷暑、嚴寒

光化門與光化門廣場是韓劇喜歡的取景之地

作為首爾市門面的光化門與光化門廣場，除了是外地人必遊景點、學生校外教學地，也吸引大批遊客前來造訪；韓國政府更將文化聖地與影音媒體結合，多部韓劇、韓綜都曾在此拍攝，除了上述的《仁顯王后的男人》，還有《特務情人IRIS》、《城市獵人》、《鬼怪》，以及《隧道》都曾在此取景。

◉ 世宗文化會館

세종문화회관

🔖別冊P.19B2　🚇5號線光化門站1、8號出口徒步約1分　📍首爾市鍾路區世宗大路175；서울 종로구 세종대로 175　📞02-399-1000　🕙依各廳表演而異　🌐www.sejongpac.or.kr

　位於光化門廣場旁的世宗文化會館，是首爾規模最大的文化藝術殿堂，內有大劇場、小劇場、多間美術館、會議展覽中心、會議廳等，許多重要的表演活動都在這裡舉行或展出。

首爾‧漢江以北

景福宮‧光化門‧西村

▼首爾‧漢江以南及其周邊

景福宮含有規模最大、最美的宮殿。

分辨建築物是誰住的？
看建築物名字就知道！
‧殿：君王、王后、君王之母(母后)才能使用的場所。
‧堂：次代君王(世子)生活、進行日常業務的場所。
‧樓、亭：舉辦宴會的場地。
‧齋、軒：皇室私人使用的地方。

景福宮

神武門
集玉齋
香遠亭
咸和堂　國立民俗博物館
風旗台
交泰殿　　　慈慶殿
慶會樓　康寧殿　資善堂
千秋殿　　　　不顯閣
思政殿　萬春殿
　　　　　　藝術院
勤政殿
修政殿
　　敬天寺十層石塔　建春門
興禮門
國立古宮博物館
光化門

景福宮

경복궁

朝鮮王朝正宮，宮殿宏大且壯麗。

小編按讚

🅐別冊P.19B1 🚇3號線景福宮站5號出口徒步約3分 🅠首爾市鍾路區孝子路12(景福宮售票處)；서울 종로구 효자로 12 ☎02-3700-3904 🕐11~2月9:00~17:00，3~5月和9~10月9:00~18:00，6~8月9:00~18:30(最後入場閉館前1小時)；每日10:30及15:00有中文導覽，至興禮門內景福宮諮詢處前出發，需時1~1.5小時 🅧週二 🅢外國人全票₩3,000、優待票₩2,400(可參觀國立古宮博物館、國立民俗博物館)；四大宮殿(景福宮、昌德宮、昌慶宮、德壽宮)與宗廟的聯票₩10,000，購買後效期為3個月，在四大宮及宗廟的售票處皆可購買 🌐royal.khs.go.kr/gbg

　　景福宮是朝鮮王朝始祖李成桂建設的正式皇宮，1592年壬辰之亂時被燒毀了大部分，直到1865年，當時的皇帝高宗的親生父親興宣大院君為了重振王朝威權，於是決定進行重建。

　　不幸的是，重建後的景福宮在日本殖民統治期再度毀壞。為了破壞景福宮的靈氣，日軍還在正殿勤政殿裡蓋了棟西式建築(現在的國立古宮博物館)，作為朝鮮總督府的辦公大樓。直到1994年為了慶祝首爾建都600年，韓國政府又開始進行整修，時值今日仍持續在進行中。

　　除了歷史典故，**景福宮也是海外遊客必訪的人氣景點，穿著韓服到此拍下美麗景色，更是訪韓必體驗的行程之一**。在每年12月31日時景福宮會敲響33次鐘聲，是為紀念在日韓獨立宣言時有33個人參加的緣故。

國立古宮博物館

국립고궁박물관

🏛 首爾市鍾路區孝子路12(景福宮內)；서울 종로구 효자로12 ☎02-3701-7500 ⏰10:00~18:00(最後入場閉館前1小時) 🚫元旦、春節、中秋 💲免費 🌐www.gogung.go.kr

國立古宮博物館保存並展示著包含景福宮、昌德宮、昌慶宮、德壽宮和慶熙宮等五大宮的王朝遺物計共20,000多件。館內有5個展覽場，帝王紀錄室展示王室權威的象徵物品，像是王位、日月屏風，以及代表皇室正統性的國王玉璽；宗廟祭禮室展示王室祭禮器物；宮廷建築室和科學文化室中，則展現朝鮮時代的建築和度量衡等精巧的科學發明；最後的王室生活室，展出帝王家庭居處的器物和裝飾，國寶級青瓷等家飾，精美華麗的皇袍刺繡和珠寶飾品都讓參觀者大開眼界。

> 館內保存完整文物，一窺古代皇室生活。

國立民俗博物館

국립민속박물관

🏛 首爾市鍾路區三清路37(景福宮內)；서울 종로구 삼청로37 ☎02-3704-3114 ⏰週日至週五9:00~18:00、週六9:00~20:00(最後入場閉館前1小時) 🚫元旦、春節、中秋 💲免費 🌐www.nfm.go.kr

位於景福宮東北方的國立民俗博物館，外觀為韓國傳統的木塔建築，館內共分3個展示室，以韓國傳統生活文化為主題，包括建築、服飾、農耕、信仰生活等各方面，是一個可以最快了解韓國民族傳統生活的場所。

兒童博物館

어린이박물관

🏛 首爾市鍾路區三清路37(景福宮內)；서울 종로구 삼청로37 ⏰3~10月9:00~18:00、2~11月9:00~17:00(最後入場閉館前30分鐘) 🚫元旦、春節、中秋 💲免費 🌐www.nfm.go.kr/kids/ ❶需事先線上預約才能入場，外國遊客可到櫃檯詢問

附屬於國立民俗博物館的兒童博物館，是利用各種組裝模型與影像資料等媒介，把國小課本中的民俗資料具體化，讓小朋友以眼睛、手等直接感受、觸摸，藉著親身體驗去認識韓國的傳統生活文化。進入博物館的入口非常別緻，會先經過特殊設計的溜滑梯，不過館內的遊戲多半只有韓文，外國人比較無法體會。

> 垃圾桶也設計得充滿童趣。

> 簡單卻有趣的聲光遊戲，連大人都會樂在其中。

景福宮還有這些看點

勤政門
自古以來東方的正宮都建有3個大門，穿過勤政門前方即是勤政殿。

香遠亭
建造於人工水池中央小島的亭子，建立於高宗時代。

勤政殿
景福宮的正殿。在勤政殿內天花板上的龍有七個爪子，因為中國的龍只有五爪，在朝鮮時韓國受制於中國，而五爪龍為中國皇帝的象徵，朝鮮王為了彰顯自己的權威，但當時又不適合逾越中國，所以偷偷在龍上多加了兩個爪，以示韓國比中國優越。

首爾·漢江以北

景福宮·光化門·西村

➡首爾·漢江以南及其周邊

👁 青瓦台

청와대

昔日的總統官邸全面開放預約參觀。

🅰別冊P.19B1 🚇3號線景福宮站4號出口徒步約15分；3號線安國站1號出口徒步約20分 📍首爾市鍾路區青瓦台路1；서울 종로구 청와대로1 🕐3~11月9:00~18:00、12~2月9:00~17:30；採網路預約制 ⛔週二 💲免費 🌐www.opencheongwadae.kr/

　青瓦台曾為韓國總統居住的官邸，因建築屋簷為青色，而稱為青瓦台。在金泳三執政前，這一區是全面警戒區，但在2022年新任總統尹錫悅上任後，擬定將總統辦公室改至國防部大樓，原本的空間在2022年正式對外開放參觀，也計劃改名為「人民之家」，想進入青瓦台一探究竟的話，記得先預約。

青瓦台的屋頂鋪有15萬塊的屋瓦，因此有「Blue House」之稱。

©韓國觀光公社

©韓國觀光公社

©韓國觀光公社

🍸 78度光化門

78도 광화문

上班族喜愛的時尚威士忌酒吧。

🅰別冊P.19B3 🚇5號線光化門站6號出口徒步約3分 📍首爾市中區世宗大路21街58 2F；서울 중구 세종대로21길 58 2층 ☎070-4800-4441 🕐18:00~2:00 ⛔週日 💲威士忌每杯(위스키 글라스)₩12,000~53,000 📷www.instagram.com/bar_78degrees

　78度光化門是一家威士忌酒吧，店的位置有些隱密，推開門就能看見木質色調的裝潢風格，吧檯前有高腳椅區，其他也有4~8人不等的座位區，窗前的座位區還可以見到光化門的主街，店內的威士忌種類十分齊全，也可以請店員推薦喜愛的風味。

🍴 D life style Kitchen光化門店

디라이프스타일키친 광화문점

韓劇「夫婦的世界」拍攝餐廳。

🅰別冊P.19C3 🚇5號線光化門站5號出口徒步約5分 📍首爾市中區世宗大路136首爾金融中心 B1F 101號；서울 중구 세종대로 136 서울파이낸스센터 지하1층 101호 ☎0507-1494-0100 🕐週一至週五10:30~22:00、週六至週日11:30~22:00 (L.O. 20:50) 💲海鮮燉飯(해산물 빠에야)₩26,200、牛排(감자퓨레 등심스테이크)₩56,900 📷www.instagram.com/dlifestyle_kitchen

　品嘗美味的同時餐廳環境氛圍也是很重要的一環。「D-Lifestyle Kitchen」光化門分店以現代華麗的風格而聞名，白色圓形燈光好似珍珠點綴於空中，與室內綠植交互呼應，半透的窗紗勾勒出不同格局中的的空間感，絕美的環境也是多部韓劇的取景地。

空間與美食結合，使顧客都能體驗一場視覺與味覺的雙重饗宴。

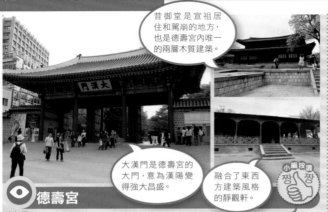

昔御堂是宣祖居住和駕崩的地方，也是德壽宮內唯一的兩層木質建築。

大漢門是德壽宮的大門，意為漢陽變得強大昌盛。

融合了東西方建築風格的靜觀軒。

小編按讚

德壽宮

덕수궁

雖比其他皇宮來得小，然綠蔭扶疏，深獲市民喜愛。

⊙別冊P.19B3 ⊜1、2號線市廳站2、12號出口徒步約2分 ⊙首爾市中區世宗大路99；서울 중구 세종대로99 ☎02-771-9955 ⊙9:00~21:00(最後入場閉館前1小時)；每日10:00、14:30有中文導覽(依公告為主) ⑤19~64歲₩1,000，65歲以上、6歲以下免費；四大宮殿(景福宮、昌德宮、昌慶宮、德壽宮)與宗廟的聯票₩10,000，購買後效期為3個月，在四大宮殿及宗廟的售票處皆可購買 ⑯週一 ❶大漢門前的德壽宮王宮守門將交換儀式：11:00、14:00、15:30，逢週一、酷暑期、-5℃以下的嚴寒期不舉行 ⊕royal.khs.go.kr/dsg

德壽宮原為成宗之兄月山大君的住宅，壬辰之亂時，由於所有皇宮都燒毀，乃在1593年將之作為行宮。原名為慶運宮，後為了祈禱韓國最後一任皇帝高宗萬壽無疆而改為「德壽宮」。然而高宗在位時一方面受日軍壓迫，一方面因日俄交惡而淪為犧牲品，可說是處於韓國政治史上最悲壯的一頁。最後更在日軍脅迫下被迫讓位，含恨於1919年在德壽宮的咸寧殿駕崩。今日所見到的德壽宮大部分建於1904年後，規模比起其他皇宮較小，但因位在首爾市中心，加上綠蔭扶疏，成為首爾市民最愛的休憩公園。

德壽宮美術館

국립현대미술관 덕수궁

☎02-2022-0600 ⊙週二、週四、週五、週日10:00~18:00，週三、週六10:00~21:00 ⑯週一 ⑤特展票價不一 ⊕www.mmca.go.kr/

在德壽宮修建西洋式建築，是大韓帝國近代化政策的一環，1900年開始在西北隅建造的石造殿，曾經作為高宗皇帝的寢殿兼便殿，因曾遭受破壞，**1936年重新打造，1938年完工，1998年底獲得國立現代美術館納入成為分館之一**，曾經長年舉行關於韓國近代美術的系列展覽。

首爾的都市傳說：情侶走過德壽宮石牆路必分手？

很多韓國人認為這只是迷信，這條街秋天在銀杏跟丹楓點綴下非常浪漫，反而是著名的約會地點，在石牆路還是可以看到許多韓國情侶的蹤影，對於這樣的傳說不用覺得太可怕。其來由是因為現在的市立美術館是以前首爾家庭法院，夫妻要辦理離婚手續，一定會經過石牆路到達法院，而現在家庭法院已移至良才洞，法院內甚至還設有結婚禮堂呢！所以就算是情侶也可以到這來走走，不用太擔心。

惇德殿

돈덕전

惇德殿於1902年為紀念高宗即位40週年而建，而純宗也在1907年在這裡登基。高宗駕崩後，惇德殿逐漸頹敗荒廢，甚至於1920年代被日軍拆除。韓國文化財廳在2023年完成惇德殿的修復工程，100多年來首次對外開放。

此建築擁有華麗的歐式磚砌外觀，底層為接見廳，上層為寢室，曾用於接見外國使節、舉行宴會及供國賓住宿；如今展示大韓帝國時期的外交歷史。

首爾 · 漢江以北

景福宮 · 光化門 · 西村

首爾 · 漢江以南及其周邊

🧁 百味堂 三清店

백미당 삼청점

🏠別冊P.19C1　🚇3號線安國站2號出口徒步約5分　🏠首爾市鍾路區三清路48；서울 종로구 삼청로 48　☎02-720-8947　🕙10:00~22:00　💲牛奶冰淇淋₩6,300起

　　百味堂來自於1964年創立的韓國本土牛奶公司「南陽乳業」，最熱賣的牛奶冰淇淋便是**使用南陽乳業自家農場直送100%有機牛奶**製成。冰淇淋的奶香濃郁、甜味純粹，讓百位堂的分店一家一家接連開業，吃膩了變化多樣的甜點不如嘗嘗原始單純的口味。而三清店是最熱門的分店之一，除了位在景福宮附近，**店面更是設立在傳統韓屋中**，更是別有一番風味。

店內也會不定時推出季節限定款，值得一嚐。

🍴 光化門湯飯

광화문국밥

🏠別冊P.19B3　🚇5號線光化門站5號出口徒步約3分　🏠首爾市中區世宗大路21街53；서울 중구 세종대로21길 53　☎02-738-5688　🕙11:00~21:40　🏚週日　💲豬肉湯飯₩10,000 、豬肉切片₩25,000

　　「光化門湯飯總店」由**韓國著名廚師樸贊日**於2017年3月創立，至2019年起一直連續入選首爾米其林必比登。店內的招牌是豬肉湯飯，不同於釜山式的白濃湯頭豬肉湯飯，這邊的湯飯是清澈的顏色，清淡爽口的美味讓用餐高峰期其總是高朋滿座。

🍸 The plaza hotel oyster bae

오이스터 배

🚇別冊P.19C3　🚈2號線市廳站6號出口徒步約3分　🏠首爾市中區小公路119；서울 중구 소공로 119　☎02-310-7228
🕐18:00~24:00　💰生蠔₩48,000起

> 來到這邊，一年四季都能享用安全新鮮的頂級牡蠣。

　The plaza hotel oyster bae是韓國五星飯店首家生蠔專賣酒吧，最知名的菜單是被譽為「海洋之星」的**法國極品生蠔Stella Maris和每天從韓國各地運來的在地牡蠣**，除了必嘗的菜單，還有許多融合了時尚韓餐和西餐的餐飲菜單以及由五十多種的高級葡萄酒及啤酒、威士忌、傳統酒組成的酒單。

> 若是覺得太辣或是太濃稠可以可適當加入開水調整。

🍴 豐年辣燉雞 總店

풍년닭도리탕 본점

🚇別冊P.19C3　🚈2號線市廳站7號出口徒步約3分　🏠首爾市中區世宗大路14街17-5；서울 중구 세종대로14길 17-5　☎02-755-5278　🕐11:00~22:00　🚫週日　💰辣燉雞小份₩32,000、中份₩38,000 、大份₩42,000

　來到首爾旅遊，品嘗雞料理是必不可少的行程，這間專賣辣雞湯料理的「豐年辣辣燉雞」總店位於人氣美食密集著稱的北倉洞，辣燉雞可以依照人數點大小辣燉雞，**辣中帶甜的韓式風味雞肉經過燉煮還能維持軟嫩口感**，搭配上馬鈴薯與紅蘿蔔令人食指大動，也可以加點泡麵或是麵疙瘩。

首爾·漢江以北

景福宮·光化門·西村

首爾·漢江以南及其周邊

經常舉辦重量級的主題展，但絕大部分免費開放參觀。

🏛 首爾市立美術館

서울시립미술관

🔺別冊P.19B3 🚇1、2號線市廳站1、12號出口出站，順著德壽宮南側的石牆外道路前進，在貞洞教堂旁的岔路口循左邊的庭園往上走，徒步約3分 📍首爾市中區德壽宮路61；서울 중구 덕수궁길61 ☎02-2124-8800 🕐週二至週五10:00~20:00，週六至週日夏季10:00~19:00、冬季10:00~18:00 🚫週一、1月1日 💲常設展免費，特展票價不一 🌐sema.seoul.go.kr/

位於德壽宮石牆外的首爾市立美術館本館，原是1920年代的大法院舊址，後來因為建築過於老舊，僅保留了建築正面，改建成今日典雅、恢弘的美術館。**展場從地下1樓到地面上3樓，以韓國的現代美術為主**，分為常設展、特殊展、企畫展、雕刻展等廳室。

🍴 史密斯喜歡的韓屋

스미스가좋아하는한옥

🔺別冊P.19C2 🚇3號線安國站1號出口徒步約15分 📍首爾市鍾路區三清路22-7；서울 종로구 삼청로 22-7 ☎02-722-7003 🕐週一至週五11:30~15:00、17:00~21:00，週六至週日11:30~15:00、16:30~20:30 💲義大利麵、披薩₩23,000起 📷www.instagram.com/smith_hanok

店內也提供香氣撲鼻的特選義式咖啡，以及與韓國特有的傳統茶。

在古色古香的北村韓屋區之中「史密斯喜愛的韓屋」**以充滿現代時尚感的西式餐點吸引不少人到訪**，主廚堅持以當季的新鮮食材和海鮮為主材料進行烹飪。有趣的是「史密斯」並不是主廚或是老闆的名字，而是通過常見的姓名泛指光顧該店的所有顧客，希望無論男女老少均可韓國傳統氣氛中享受正宗義大利美食。

國立現代美術館 首爾館(MMCA Seoul)

국립현대미술관 서울

📖別冊P.19C1 🚇3號線安國站1號出口徒步約15分 📍首爾市鍾路區三清路30；서울 종로구 삼청로 30 ☎02-3701-9500 🕐週一、週二、週四、週五、週日10:00~18:00(最後入場閉館前1小時)、週三、週六10:00~21:00 🚫1/1、春節、中秋 💲₩2,000，週三、週六18:00~21:00免費 🌐www.mmca.go.kr

繼1986年開館的國立現代美術館果川館、1998年開館的德壽宮館，**國立現代美術館首爾館於2013年，在朝鮮時代曾為昭格署、宗親府、奎章閣、司諫院的現址開館**。此地也曾為首爾大學醫學院附屬醫院、國軍首都綜合醫院、機務司令部等所在地，是富含歷史的政治文化中心。館內為進行韓國現代美術展與新媒體融合展，設置展示室、數位資訊室、多媒體廳、電影館等設施，為促進文化發展的開放型美術館。

斗佳軒

Du Ga Hun
두가헌

📖別冊P.19C2 🚇3號線景福宮站5號出口，或安國站1號出口徒步約6分 📍首爾市鍾路區三清路14；서울 종로구 삼청로14 ☎02-3210-2100 🕐12:00~22:00 🚫週日、週一 💲午間套餐₩73,000、晚間套餐₩150,000 🌐www.dugahun.com

這家位於三清洞入口處的葡萄酒餐廳，**是新型態的文化藝術空間，提供代表西洋文化的葡萄酒，並展出多樣風格的美術作品**。特別說明的是，店外招牌寫著「Do Ga Hun」，裡面卻變成「Du Ga Hun」，容易讓外國遊客搞不清楚，但如果懂韓語，知道它韓語本來的意思是「非常美麗之家」，可能就不會感到困惑了。未滿12歲的孩童可於週六由大人陪同入店。

錦湖美術館

금호미술관

📖別冊P.19C2 🚇3號線景福宮站5號出口、安國站1號出口徒步約6分 📍首爾市鍾路區三清路18；서울 종로구 삼청로18 ☎02-720-5114 🕐10:00~18:00 🚫週一 🌐www.kumhomuseum.com

1989年開幕的錦湖美術館，是由韓國財團錦湖集團所籌畫興建。**館方致力於發掘韓國的新銳藝術家，經常舉辦特展給予這些藝術家發表作品的舞台**，同時不定期展出海外藝術家的作品。

現代藝廊

갤러리현대

📖別冊P.19C2 🚇3號線景福宮站5號出口，或安國站1號出口徒步約8分 📍首爾市鍾路區三清路14；서울 종로구 삼청로14 ☎02-2287-3500 🕐10:00~18:00 🚫週一 🌐www.galleryhyundai.com

這間畫廊展示並販售從韓國本土、乃至於海外藝術家的作品，其**內容以當代作品為主**。藝廊的4樓有附設咖啡店，透過窗戶可以眺望到隔壁景福宮優美的宮殿建築。

首爾‧漢江以北

景福宮‧光化門‧西村

首爾‧漢江以南及其周邊

🍴 孝道炸雞 光化門店

효도치킨 광화문점

小編按讚 讚讚

必吃的韓式美味炸雞店！

🅰別冊P.19B2 🚇3號線景福宮站7號出口徒步約10分 🏠首爾市鍾路區社稷路8街21-1；서울 종로구 사직로8길 21-1 ☎02-737-0628 ⏰14:00~23:00 (L.O. 22:00) 💲炸雞₩20,000起

　若是吃膩連鎖炸雞可以試試小眾的炸雞品牌「孝道炸雞」，可以選擇一半的調味口味與一半的原味口味「半半炸雞」。**孝道炸雞的特色是使用青陽辣椒讓香氣更佳**，店內經典菜單炸雞為甜鹹醬汁風味，還拌上香酥小魚乾，香氣十足，別有一番風味。

👁 黃鶴亭

황학정

至今仍經常可見愛好射箭的人士在此練習箭術。

🅰別冊P.19A2 🚇3號線景福宮站1號出口，至社稷公園東側右轉上坡路，位於前往仁王山途中，徒步約16分 🏠首爾市鍾路區社稷路9街15-32；서울 종로구 사직로9길15-32 ☎02-738-5785 🌐hwanghakjeong.org

　黃鶴亭是1898年為了練習弓箭而建造在慶熙宮會祥殿北側的射亭，1913年慶熙宮被拆除後，才遷移到現在的位置。據說高宗本人很喜歡射箭，經常蒞臨此亭，高宗使用過的弓和箭筒曾經保管在黃鶴亭中，1993年移到位於陸軍士官學校的陸軍博物館裡保管。

兩層樓的店家雖然內用座位數不多，但也有提供外帶服務。

☕ Staff Picks

스태픽스

小編按讚 讚讚

絕美銀杏咖啡廳。

🅰別冊P.19A2 🚇3號線景福宮站3號出口徒步約15分 🏠首爾市鍾路區社稷路9街22 102號；서울 종로구 사직로9길 22 102호 ☎010-2243-2712 ⏰10:00~21:00 ⏰每月第4、5個週一 💲咖啡₩5,500起、甜點₩6,000起 🌐www.instagram.com/staffpicks_official/

　位於景福宮附近的Staff Picks是西村的網紅咖啡廳，是以咖啡廳、生活風格店與烘焙房為主的複合式商店。店內所提供的一切都是「工作人員精心的挑選」，店內提供簡約風格的菜單與商品，**戶外區種植著銀杏大樹，每當秋季來臨，庭院中銀杏樹與飄落的黃金色葉片堪稱絕景。**

👁 社稷壇

사직단

🔘 社稷公園內

社稷壇是朝鮮時期用來祭拜土地之神「社」和穀物之神「稷」的地方。朝鮮太祖李成桂把都城遷移到漢陽府的時候，在景福宮的東邊建了宗廟、西邊則建立社稷壇，社稷壇四周設有帶紅箭門的兩道圍牆；內有兩壇，樣式都是按照天圓地方的概念，建造為邊長7.65公尺的正方形平面。當時還設有專司管理的社稷署，以及用於祭祀的附屬建築。

> 1911年廢止祭祀活動，只留下兩個主壇周圍已改建成公園。

👁 社稷公園

사직공원

📖 別冊P.19A2　🚇 3號線景福宮站1號出口徒步約8分　🏠 首爾市鍾路區社稷路9街5；서울 종로구 사직로9길 5

鍾路區有三大公園：塔谷公園、三清公園與社稷公園。社稷公園位於仁王山東南方的山腳下，占地達188,710平方公尺，1922年殖民時期被改建為公園，園區裡有被列為史跡第121號的社稷壇、供奉開國始祖的檀君聖殿、栗谷李珥先生和申師任堂的銅像、兒童遊樂場等。黃鶴亭、鍾路圖書館、市立兒童圖書館、仁王山登山口都在附近。

> 據神話記載檀君為開國君主。

👁 檀君聖殿

단군성전

🔘 社稷公園內

檀君聖殿是供奉韓國的始祖檀君的祠堂，據說今天的所在位置是當年社稷壇的舊址，日本帝國曾經在此處興建廟宇，直到1968年社稷壇得以復原的時候，檀君聖殿也獲得了重建。這裡供奉著檀君的畫像，以及三國時期諸位開國君主的牌位，每年的3月和10月，分別是檀君王儉升天的御天節，以及紀念檀君開國的開天節，這裡都會舉行大型的祭祀典禮。

首爾·漢江以北

景福宮·光化門·西村

首爾·漢江以南及其周邊

🍴 世宗村美食街

🟢 別冊P.19B2　🔵3號線景福宮站2號出口徒步約1分　⏰
首爾市鍾路區紫霞門路1巷；서울 종로구 자하문로1길

　　在景福宮西側的對街巷中，有一條「世宗村美食街」，也叫「世宗村飲食文化街」，雖只有短短幾公尺，但是韓國傳統飲食的餐館眾多，且價格合理。除了餐廳外，也有販售食材的小攤販。

韓式烤肉、泡菜鍋、麵食、水餃、冷麵都可以在這裡找到。

🍴 休息時間

쉬는시간

🟢 別冊P.19B1　🔵3號線景福宮站2號出口徒步約10分　⏰
首爾市鍾路區紫霞門路7街52；서울 종로구 자하문로7길52
📞02-3210-3370　🕐11:30～20:30　💲餐點₩4,000起

　　店面使用落地窗與低調的鐵灰色構成的休息時間，看起來像是咖啡店，實為麵食專賣店。一反與傳統店家簡單的店面，反而為韓式麵食帶來新食感，**店內主要販售韓式餐點，如刀削麵(칼국수)、醬汁雞蛋飯(장조림계란밥)、辣椒醬拌飯(고추장비빔밥)、炒年糕(떡볶이)、拉麵(라면)、紫菜飯卷(김밥)等**。

　　泡菜、小菜免費一直吃好幸福
　　在韓國，進入餐館坐定、點了主菜之後，各式各樣的小菜就會一盤盤端上來，當然包含不同種類的泡菜，而且都可免費續吃。

🍴 土俗村蔘雞湯

토속촌 삼계탕

🅐別冊P.19B2　🚇3號線景福宮站2號出口，往紫霞門方向徒步約2分　🏠首爾市鍾路區紫霞門路5街5；서울 종로구 자하문로5길5　☎02-737-7444　🕐10:00~22:00(L.O.21:00)　💲蔘雞湯₩20,000　🌐www.tosokchon.co.kr/main.php

> 店家特選4年根人蔘，搭配胡椒鹽和泡菜，美味加倍！

　　在首爾很多地方都可吃到蔘雞湯，要吃最道地的不妨試試「土俗村」。店內的蔘雞湯是用雛雞燉成，在雛雞的內部放入糯米、大蒜、土產梨子、銀杏、芝麻、核桃等多達30餘種藥材及材料，最重要的當然是店家特選的4年根人蔘。

> 雞肉可以沾著胡椒鹽吃或放入湯中，搭配泡菜更好吃！

> 整幢建築很懷舊風味，假日也可看到專業的攝影團來此取景。

👁 Daeo舊書店

대오서점

🅐別冊P.19B1　🚇3號線景福宮站2號出口徒步約10分　🏠首爾市鍾路區紫霞門路7街55；서울 종로구 자하문로7길55　🕐12:00~21:00　☎02-735-1349

　　位在前往通仁市場的小路上的Daeo舊書店，是首爾市內最古老的舊書店，其歷史已超過60年，店內也大多為年代久遠的舊書。這家舊書店因來店人潮眾多，老闆也在店內擺設簡易設施，販售美式咖啡、巧克力、柚子茶等飲品。除韓國綜藝節目《Running Man》拍攝遊戲單元，女歌手IU也曾於此取景專輯封面。

首爾·漢江以北

景福宮·光化門·西村

首爾·漢江以南及其周邊

攤位上看到有通字樣的牌子就可用銅板換食物。

用銅板就可吃遍市場美食!

通仁市場

통인시장

🚇別冊P.19B1 🚉3號線景福宮站2號出口徒步約10分 ⊙首爾市鍾路區紫霞門路15街18；서울·종로구 자하문로15길 18 🕐約07:00~21:00(各店家營業時間不一)

傳統銅板換小吃，懷舊又有趣！韓式在地美味，值得一試。

位在景福宮地鐵站附近的通仁市場因為韓國綜藝節目《Running Man》的加持，成為觀光客朝聖的地方。

通仁市場是從日據時代開始的公有市場，長約200公尺，市場內由60~70家商店組成，其中以熟食攤位占大多數，其次為蔬菜、水果與生鮮等商店。2011年起通仁市場與自治團體合作，開始市場內的服務

中心、通便當café等顧客服務。

其中最值得一提的是「通便當café」的活動，它是利用韓國的傳統銅板來換取市場內各式市場小吃，只要拿著銅板到市場內擺有「통 도시락café가맹점」紅藍牌子的店家，即可用銅板換取食物，市場內也可使用現金交易。市場內有許多在地且傳統的小吃，例如韓式煎餅、餃子、炸物、血腸、紫菜飯捲、黑輪、辣炒年糕、韓式涼拌雜菜、泡菜炒豬肉、各式涼拌小菜，以及最受歡迎、總是大排長龍的牛肉年糕卷等在地美味小吃。如果要到通仁市場用餐，建議可避開平日午餐尖峰時段(12:00~13:00)，可以有比較好的用餐品質。

 ## 元祖鄭奶奶辣炒年糕 (孝子洞古早味辣炒年糕)

원조정할머니기름떡볶이(효자동옛날떡볶이)

☎02-735-7289 🕐07:00~20:30 💲辣炒年糕(고추장떡볶이)₩4,000、醬油炒年糕(간장떡볶이)₩4,000

鄭奶奶辣炒年糕是通仁市場的排隊美食之一，這裡的辣炒年糕製作方式與路邊小吃的辣炒年糕不同，店家先用辣醬粉、大蒜、蔥等材料製作而成的佐料與年糕一起拌勻，再放入煎台上加以油煎，吃起來多了油煎香氣。除了年糕，另有販售綠豆煎餅(녹두빈대떡)、血腸(순대)以及韓式煎餅。

獨門的製作手法，搭配特製佐料，入味且香氣逼人。

這裡被稱為辣炒年糕的始祖。

醬油年糕先用大蒜、蔥醃製，油煎過噴香又酥脆。

🍴 便當盒販售處

도시락(엽전)판매차

　想要換取傳統銅板和便當盒的話，至通仁市場「通便當café」二樓即可看到販售處，此處即有介紹如何換取，以及如何於市場買東西。換取一個通仁便當為₩5,000，可以得到10個韓國古代通用於市集、印有通仁市場的金色銅板，以及一個黑色塑膠便當盒，在市場中只要看到攤販擺有紅、藍色的牌子，即表示店家是使用銅板交換食物，銅錢用完也可直接使用現金。如果想吃飯或喝湯的話，別忘了留下幾個銅板，可至通便當café另外購買。

> 食物只需一至兩個銅板，店家通常都會很大方的給很多。

🍴 通便當café

도시락카페 통

🏠顧客服務中心2F、3F　📞02-722-0936　🕐週一至週五11:00~16:00(L.O.15:00)、週六至週日11:00~17:00(L.O.16:00)　🚫週二、每月第3個週日

　如已挑選好菜色，可以到位在顧客服務中心2樓的通便當café，這裡提供有約15人左右的座位區，另外如果想要吃飯或喝湯的話，也可到這裡另外購買，café提供的是有嚼勁的五穀飯，以及美味的大醬湯，飯和湯各約需2枚銅板(也可用現金₩1,000購得)，來到這裡用餐也有提供免費泡菜，有時還會提供紅茶或麥茶等免費飲料。

> 吃飯、休息座位可到顧客服務中心2樓。

> 孝子烘焙坊是老字號麵包店，也是青瓦台的麵包供應商。

🧁 孝子麵包店

효자베이커리

📍別冊P.19B1　🚇3號線景福宮站2號出口徒步約10分　🏠首爾市鍾路區弼雲大路54；서울 종로구 필운대로 54　📞02-736-7629　🕐8:00~20:20　🚫週一　💲玉米麵包(콘브레드)₩7,000

> 曾經登上雜誌的道地烘焙坊。

　位在通仁市場旁的孝子麵包店看起來有點像台灣傳統麵包店的外觀，簡樸低調的外觀，其美味可是在地人最愛的店家之一。店內**除了供應各式麵包與西點，也有蛋糕等，其中最受歡迎的即是玉米麵包。**

> 仁王山雖不高，但是岩壁雄偉、奇石遍布。

👁 仁王山

인왕산

📍別冊P.19A1　🚇3號線景福宮站1號出口出站，至社稷公園東側右轉上坡路，徒步約35分可達登山口　🏠首爾市鍾路區付岩洞山2-1；서울 종로구 무악동산 2-1

　位於社稷公園的東側，有一條小路可以通往仁王山的登山口。**仁王山山頂可以看到以景福宮為中心的「內四山」，亦即南山、駱山、北岳山和仁王山本身，環抱首爾成為重要的天險。**

　在韓劇《李祘》裡，李祘的父親思悼世子沉冤得雪的一幅關鍵畫，畫的就是仁王山，李祘發現後親自前往仁王山找到父親埋藏的重要證據，讓英祖終於明白思悼世子的苦心。

首爾·漢江以北 ∷∷∷∷∷ 景福宮·光化門·西村 ∷∷∷∷∷ 首爾·漢江以南及其周邊

慶熙宮
경희궁

慶熙宮平時相當寧靜，經常有電視劇來此取景。

別冊P.19B2 5號線光化門站7號出口，或西大門站4號出口徒步約8分 首爾市鍾路區新門安路45；서울 종로구 새문안로 45 02-724-0274 9:00~18:00 週一、元旦 免費 museum.seoul.go.kr/www/intro/annexIntro/annex_20/annex_20_01.jsp?sso=ok

最早建於1617年的慶熙宮，是朝鮮後期的離宮，因位在城西，又稱西闕，曾有10代君王居住過，尤其是第21代英祖——也就是李祘的祖父，在位時將近一半時間都在此度過。後連續遭受祝融與日本入侵者的破壞，1988年開始進行復原，2002年才又對外開放。

透過展覽一目了然首爾的過去、現在與未來。

骨董電車
首爾歷史博物館前

首爾歷史博物館在館前的廣場上，開闢了獨特的室外展示場，放置著一座骨董電車。早從大韓帝國光武3年——也就是1899年的5月17日開始，電車成為首爾市最重要的大眾交通工具，直到20世紀的60年代初，公車、汽車等交通工具逐漸發展，電車的使用率急遽下降，首爾市終於1968年11月29日決定全面停駛市內電車。展示的381號電車從1930~1968年行駛於首爾市內，服務達38個年頭，也是韓國現存最後兩列電車之一。

3樓有都市模型影視資料館，藉運用衛星照片精密測量製成的1/1500迷你首爾模型以及尖端IT科技，可以一眼俯瞰首爾全景。

首爾歷史博物館
서울역사박물관

別冊P.19B2 5號線光化門站7號出口，或西大門站4號出口徒步約8分 首爾市鍾路區新門安路55；서울 종로구 새문안로 55 02-724-0274 9:00~18:00 1/1、週一 免費 museum.seoul.go.kr/www/NR_index.do?sso=ok

位在慶熙宮隔壁的首爾歷史博物館是一座市立博物館，保有首爾歷史發展及傳統文化等資料，並有系統地整理後在這裡展出，共分朝鮮首都首爾、首爾人家的生活、首爾文化、城市首爾的發展等主題展區。

👁 獨立門公園

독립문공원

🔖別冊P.19A2　🚇3號線獨立門站4號出口徒步約1分　🏠首爾市西大門區統一路251；서울 서대문구 통일로251　☎02-330-1410

　位於市區西端、仁王山腳下，有一片公園綠地，屬於獨立門公園。園區內還有三一運動紀念塔、韓國殉國先烈的雕像等，向曾經為韓國的獨立自主而貢獻生命的先烈們致敬。抬頭即可望見仁王山，西側則與舊時的監獄、現在的西大門刑務所歷史館為鄰。

👁 獨立館

독립관

　位於獨立門公園中心處的獨立館，曾經是朝鮮時代做為迎接中國使臣的「慕華館」，在韓劇《李祘》裡即出現過幾次慕華館；這幢傳統的韓式建築在1894年重新整修之後，被朝鮮獨立協會作為獨立運動人士聚會的場所，並改名為獨立館。後來曾經遭受日本人破壞，1996年才又重建完成，目前內部供奉著2,327位為國捐軀的烈士們的牌位。

獨立門位於公園的東端，已列為國家史蹟第32號。

👁 獨立門

독립문

　位於市中心區的西邊，有一個獨立門，是1898年模仿法國巴黎的凱旋門，是韓國最早的西洋式建築之一，由韓國的建築師沈宜錫雇用中國勞工建成。獨立門高14.28公尺、寬11.48公尺，原本位於迎恩門，用來迎接中國使臣，1979年由於成山大路的工程，才遷移到現在的位置上。獨立門是西大門地區最具代表性的文化遺產，某種程度來說也象徵韓國從中國的控制下，終於獲得獨立自主。

完整保存了7幢當時的建築，監獄、刑場、伙房等。

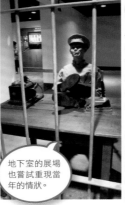

地下室的展場也嘗試重現當年的情狀。

🏛 西大門刑務所歷史館

서대문형무소역사관

🔖別冊P.7B1　🚇3號線獨立門站5號出口徒步約1分　🏠首爾市西大門區統一路251；서울 서대문구 통일로251　☎02-360-8590　🕐3~10月9:30~18:00、11~2月9:30~17:00　❌1/1、春節、中秋、週一　💲全票₩3,000、優待票₩1,000~1,500　🌐sphh.sscmc.or.kr/

　名稱聽起來有些令人畏懼，沒錯！這裡曾經是大韓帝國末期、日本殖民期間用來高壓統治韓國人所蓋的監獄，有很多抗日的獨立運動人士在裡面飽受酷刑，韓劇《京城緋聞》講述的就是當時的情境。1995年左右，西大門地區展開有關獨立運動史跡地的保護活動，1998年11月5日西大門刑務所歷史館正式開館。

首爾·漢江以北 景福宮·光化門·西村 ➤首爾·漢江以南及其周邊

韓屋grace

한옥그레이스

浮誇系裝潢的美味烤肉店。

📖別冊P.19A3 🚇5號線西大門站2號出口徒步約5分 📍首爾市西大門區統一路9街28-5；서울 서대문구 통일로9안길 28-5 ☎02-312-5955 ⏰11:00~22:00 ❌週日 💰五花肉一人份₩19,000起

雖然是烤五花肉餐廳，但位於西大門區的「韓屋grace」非常時髦與華麗，餐廳的入口處就以代表高麗時代藝術的螺鈿漆器與貝類門簾來裝飾，氛圍感絕佳，雖主打烤肉菜單，**但店內的小菜種類份量十足，韓式蒸蛋更是一絕**，厚實豐軟的口感令人念念不忘。

店類酒類眾多，市面上有的燒酒基本都有，還提供燒酒燈座。

©韓國觀光公社

清溪川·清溪廣場

정계천·청계광장

水道旁植滿綠樹，溪道邊裝飾的壁畫，搭配夜晚燈光設計，更顯華麗。

📖別冊P.19C3 🚇5號線光化門站5號出口徒步約5分 📍首爾市中區太平路1街1；서울 중구 태평로1가 1

橫貫首爾江北地區中心的清溪川，是一條人工開出、從市政府附近的光化門區域往東延續到上往十里區域的一條溪流。清溪川開川的歷史已經超過500年，原本是一條因地形而出現的水道，後經人工整治之後有了現在的雛型。

韓國政府大刀闊斧展開了清溪川的重建工作，幅面不寬的水道兩旁除了植滿各式路樹之外，更可在溪道上看到不少用心之處，像是由韓國傳統名畫所

裝飾成的壁畫，還有重現了古早居民所使用的洗衣石與各式石橋，整條溪段在夜間更點綴了色彩華麗的燈光設計，讓開發已久的江北地區灰色叢林多了一股浪漫的氣息與市民休憩的空間。

觀賞清溪川最佳之處是位於第一段起點的光化門附近，地鐵出口右方為清溪川起點的清溪廣場噴水池，這裡在週末會不定期舉辦各種市民活動。另一個賞玩的好地點是東大門運動場，從1號出口徒步約10分鐘，穿過購物人潮後即可看到清溪川，走到清溪川邊散散步，是欣賞首爾風光的好辦法之一。想要了解更清溪川的旅客，可預約有文化遺產解說員隨行的步行路線，每天各有3次，每次約2~3小時，既知性又有深刻的遊覽樂趣。

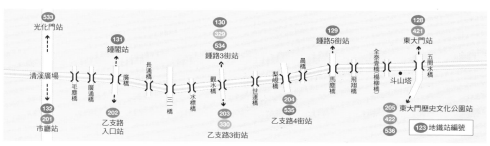

在冬季來臨時，廣場還會變身為市民溜冰場！

🏃 首爾廣場

서울광장

🅐別冊P.19C3 🚇1、2號線市廳站5號出口徒步約1分 🏠首爾市中區乙支路12；서울 중구 을지로 12 ⏰室內展覽10:00~19:00 🚫週一(週一也是草坪休息日，勸禁踏入廣場草坪) 💰免費 🌐plaza.seoul.go.kr

　位於市政廳前的首爾廣場，也被叫做市政府廣場，是市中心難得寬闊的綠地，廣場經常舉辦各式各樣的大型活動，保留的小型展覽室裡，則以「首爾，世界設計之都」為題，陳述首爾市容的過去、現在與未來。

🍴 清進屋

청진옥

🅐別冊P.19C2 🚇5號線光化門站4號出口，或1號線鐘閣站1號出口徒步約2分 🏠首爾市鍾路區鍾路3街32；서울 종로구 종로3길 32 ☎02-735-1690 ⏰06:00~21:30(L.O.21:00) 💰解酒湯(해장국)₩12,000起、水煮肉＋內臟(내장수육)₩28,000

　從1937年開始營業的清進屋，是以「解酒湯」聞名的餐廳，選用上等牛骨熬煮超過24小時，再放入豆芽、蔬菜、牛血等，把飯泡在湯裡，搭配特調的味噌醬，營養美味。韓劇《我叫金三順》中玄振軒突然提出要三順當他的女朋友，三順一驚把飯噴得振軒滿臉的鏡頭，就是在這裡拍的。

位於光化門的總店最具規模。

🎁 教保文庫

교보문고 광화문점

🅐別冊P.19B2 🚇5號線光化門站4號出口徒步約1分 🏠首爾市鍾路區鍾路1 B1F；서울 종로구 종로1 B1F ☎1544-1900 ⏰9:30~22:00 🚫春節、中秋 🌐www.kyobobook.co.kr

　教保文庫可説是韓國大型書店的代表，擁有的書籍包括外文原版書達230萬冊，每個月也會舉辦當月暢銷書作者的讀書交流會，除了圖書外，還有文具及影音產品。平日就擠滿了愛書人，盛況相當於誠品書店。

首爾‧漢江以北……景福宮‧光化門‧西村……首爾‧漢江以南及其周邊

🍴 儒林麵館

儒林麵

歷經三代，清爽鮮甜的好滋味，連都教授都說讚！

📖別冊P.19B3 🚇1、2號線市廳站12號出口，從新韓銀行(신한은행)旁的小路走進即達 🏠首爾市中區西小門路139-1；서울 중구 서소문로139-1 ☎02-755-0659 🕐11:00~21:00(L.O.20:15) 🚫週日 💰鍋燒烏龍麵(냄비국수)₩10,000、蕎麥拌麵(비빔메밀)₩11,000

儒林麵館已有**50多年的歷史**，歷經了**3代經營**，相當受到當地人的喜愛。其中韓劇《來自星星的你》男主角吃的鍋燒烏龍麵(냄비국수)，加了半熟蛋、魚板、香菇和青菜，湯頭清爽鮮甜；蕎麥拌麵(비빔메밀)也相當推薦，紅通通的拌醬有著些微辣度，且清爽不油膩，讓人想一口接著一口。

這裡曾是韓劇《來自星星的你》拍攝場景。

誰來請客？！

聚餐場合如要結帳，通常會依年齡或是輩分來決定誰付錢，基本上會由年紀長者或輩份高者付錢，少有各付各的情況，如果怕不好意思可以適時回請甜點或飲料，以表感謝之意。在重情意的韓國，這樣一來一往的表現更具有人情味。

來自韓國慶尚南道的風味豆汁冷麵。

🍴 晉州會館

진주회관

獨特風味的豆汁冷麵，有嚼勁又爽口。

📖別冊P.19B3 🚇1、2號線市廳站9號出口，直行約2分，左手邊會看到一條上坡的岔路，就位於岔路口 🏠首爾市中區世宗大路11街26；서울 중구 세종대로11길26 ☎02-753-5388 🕐週一至週五11:00~21:00(L.O.20:30)、週六11:00~14:00、15:00~20:00(L.O.19:30) 🚫週日 💰豆汁冷麵(콩국수)₩16,000、泡菜鍋(김치찌개)₩10,000、泡菜炒飯(김치볶음밥)₩10,000

晉州是韓國慶尚南道的地名，從1962年開始營業的晉州會館，採用江原道地區生產的土種黃豆，將黃豆泡水、煮熟、去皮後，打成汁再冷藏，食用時才加入麵條之中。麵條則是以麵粉、馬鈴薯粉、蕎麥、花生和松子等揉製而成，**麵條有勁，豆汁比豆漿還香濃，非常爽口，和一般冷麵又不同的風味**，相當迷人。

🎭 貞洞劇場

국립정동극장

📖別冊P.19B3 🚇1、2號線市廳站1、12號出口徒步約5分 🏠首爾市中區貞洞路43；서울 중구 정동길43 ☎02-751-1500 🌐www.jeongdong.or.kr/

韓國傳統藝能表演的專用劇場，先前上演的《美笑(Miso)》、《律(YOULL)》將代表韓國之美的作品搬上舞台，呈現出傳統美和活力。在貞洞劇場能充分觀賞到韓國的表演藝術之美，**約2~3個月更換表演內容，讓每次到訪劇場都能有不同的感受**。

欣賞韓國傳統歌舞之美。

貞洞教堂

정동제일교회

別冊P.19B3 1、2號線市廳站1、12號出口，順著德壽宮南側的石牆外道路前進，徒步約3分 首爾市中區貞洞路46；서울 중구 정동길46 02-753-0001

chungdong.org/

德壽宮外的貞洞，是韓國近代文明和新事物的搖籃，至今仍保留眾多當年的歷史痕跡。1895年完工的貞洞教堂，是韓國最早的新教教堂，也是韓國出現最早的西式建築，紅磚牆呈現北美哥德式的建築特色，已被列為第256號歷史遺跡。

貞洞教堂還是當年獨立運動家們的秘密集合場所，對韓國的近代史發展意義非凡。

房舍外牆處處有風景。

韓國綜藝節目《Running Man》，曾於此商店拍攝。

因為壁畫增添許多青春與活力。

這戶人家肯定很愛狗。

弘濟洞螞蟻村

홍제동개미마을

別冊P.19B1 3號線弘濟站1號出口出站回轉直走搭乘07號綠色小巴，到「버드나무가게」站下車，沿著山坡路往下逛即可 首爾市西大門區洗劍亭路4街100-22；서울 서대문구 세검정로4길 100-22

「弘濟洞螞蟻村」位在西大門區的弘濟洞一處依山而建的小山莊，**此處為韓戰後形成的難民居處，爾後由建商贊助並請來美術系學生，將原本不起眼的小村莊變身為彩繪壁畫村**。因村莊裡的房子皆依山而建的地理環境，地勢較高，可以看到更棒的城市景色。而從高處看螞蟻村，房屋就像樂高玩具一般散落在山坡地上，在一片綠意裡更具生命力。韓綜《Running Man》、電影《七號房的禮物》，皆曾於螞蟻村拍攝。

如何往返螞蟻村

小巴會沿著山坡開到總站螞蟻村(개미마을)，車子會停一下，下車處在一處山坡地上，下車後就可以沿著下坡路一路逛下去囉。逛的時間大概15~30分鐘，小巴路線和壁畫路線是同一條，逛到後面如果發現有上山的小巴時，也可以準備往下走找巴士站牌搭回弘濟站。(有時可能因為小村莊的關係，會遇到好心的司機讓乘客可以隨招即停。)

首爾·漢江以北……梨泰院·龍山

首爾·漢江以南及其周邊

梨泰院·龍山
이태원·용산
ITAEWON•YONGSAN

梨泰院過去因美軍基地而發展起來，現在成了外國居民的聚集地，而多國色彩正是梨泰院的特色，街道上的舶來品、精品服飾店，或是異國美食餐廳，都讓人可以體驗不同的首爾風情。爾後因位在南山腳下的「解放村」興起，吸引眾多店家進駐，形成人氣的特色商圈。

在龍山一帶除了可以造訪國立中央博物館、龍山家族公園或三星美術館，龍山車站周邊還以電子科技商場聞名，就如同台北的光華商場一樣，是購買相機、電腦、手機、MP3等3C產品的大本營。

交通路線&出站資訊

地鐵
梨泰院站➪6號線
綠莎坪站➪6號線
漢江鎮站➪6號線
龍山站➪1號線
新龍山站➪4號線
二角地站➪4、6號線
二村站➪1、4號線

出站便利通
◎梨泰院2號出口出站後左轉直走，即可到達梨泰院最多異國餐廳的梨泰院美食街，各國美食料理都可在這條街找到。
◎綠莎坪站3號出口出站後與梨泰院商圈較為接近，可沿著巷弄裡的小店面逛到梨泰院地鐵站。
◎漢江鎮站3號出口出站，順著梨泰院路走，沿途已有商店、餐廳可逛，再左轉進梨泰院54街有更多特色小店與餐廳。
◎龍山站1、2號出口則是龍山的百貨商品區，I'Park Mall、E-Mart等皆在此。
◎新龍山站5號出口出站則可抵達有首爾光華商場稱號的宣仁商場。
◎二村站2號出口出站後可抵達韓國國立中央博物館、兒童博物館、龍山家族公園等活動空間。

梨泰院遊客服務中心
이태원 관광안내소(지하)

🅐別冊P.23C3　🚇6號線梨泰院站1號出口站內　🏠首爾市龍山區梨泰院路177；서울 용산구 이태원로 177　☎02-3785-0942　🕙10:00~19:00　🎌春節、中秋

梨泰院的遊客服務中心相當貼心，就設置在地鐵站的出口處，有問題可以立即獲得協助。通常有1~2位服務人員會在座位上接受遊客諮詢，有關於梨泰院地區的景點、路線、店家相關的問題，都可以向他們請教。陳列架上也擺設許多首爾的地圖、旅遊摺頁、參考手冊，還可以向服務人員索取。

首爾·漢江以北

梨泰院·龍山

➡首爾·漢江以南及其周邊

自南山俯瞰首爾夜景，新興市場內的咖啡館多數擁有視野遼闊的露台。

因廚神白鐘元的到訪，現已成為人氣餐廳的「咖哩食堂(코스모스식당)」。

穿越兩面紅磚牆，循著咖啡香爬高走低。

◎ 新興市場

신흥시장

首爾最新咖啡聚落。

🔺別冊P.23B3　🚌首爾車站搭乘402、406號巴士在保聖女子中學、高中入口站 (보서여종고입구)下車　🏠首爾市龍山區新興路一帶；서울 용산구 신흥로

　　新興市場位於被叫做「解放村」(해방촌)的區域，過去凋零的商舖，變身一間間新舊融合的時尚餐廳、咖啡店，充滿創意的異國料理，職人手沖咖啡，還有設計師服飾品牌，把老市場變得有如紐約蘇活區一般，洋溢著濃濃的文青氣息。

首爾·漢江以北

梨泰院·龍山

首爾·漢江以南及其周邊

不只是美景，咖啡廳也提供義大利麵和披薩的簡餐，價錢也合宜。

☕ NOOP COFFEE

눕카페&피자펍

🏠首爾市龍山區新興路26街20號解放塔5F；서울 용산구 신흥로26길 20 해방타워 5층　📞02-790-0789　🕐11:30～23:50　🍴義大利麵₩13,900、披薩₩14,500起

可遠眺南山塔景觀。

小編按讚 짱짱

　位置在梨泰院附近的解放村「NOOP COFFEE」是一個將所有韓國網紅咖啡廳元素融成一體的咖啡廳，天臺戶外區有兩層，第一層有著透明小屋提供給需要私人空間但有想看風景的客人，第二層設置著天空之梯，可將南山塔的美景盡收眼底，還有舒適的躺椅區可以小憩，十分愜意。

Storage Book & Film

스토리지북앤필름

🏠首爾特別市龍山區新興路115-1；서울 용산구 신흥로 115-1 📞070-5103-9975 🕐14:00～19:00 📷www.instagram.com/storagebookandfilm

　　新興市場附近有許多迷你書店，像是這間「Storage Book & Film」，以販賣電影和藝術相關的書籍和雜誌為主，也有當地畫家的海報和文創商品進駐在此，店面雖小，書籍都是店長的嚴選，和首爾文青擠在店裡翻書還蠻有意思的。

> 清爽的氣泡飲為夏日帶來涼爽氣息！

> 店內使用的洗潔劑標榜天然環保，友善地球帶來好心情。

☕ Laundry Project

론드리프로젝트

🏠首爾市龍山區新興路78；서울 용산구 신흥로 78 📞02-6405-8488 🕐週一至週四10:00～20:00(L.O.19:30)、週五至週日10:00～21:00(L.O.20:30) 💲藍色氣泡檸檬汁(블루레몬에이드)₩6,800，洗烘衣₩6,000起 🌐www.laundryproject.co.kr

　　等待洗衣的時間是否只能滑手機發楞呢？這間位在南山山腰的「Laundry Project」為生活找到新提案！店內則以明亮潔白的色調統一，讓你一邊等待洗衣，一邊讓香濃咖啡豐富午後時光。除了咖啡，色彩繽紛的氣泡水和冰沙等飲料都呼應著主題，不管任何季節前來，都能品嚐到帶來陽光滿溢的夏日氣息。

首爾・漢江以北

梨泰院・龍山

首爾・漢江以南及其周邊

Le Montblanc

르몽블랑

⌂首爾市龍山區新興路99-4；서울 용산구 신흥로 99-4　☎0507-1328-3793　◐週二至週五12:00~19:00(L.O.18:30)，週六至週日12:00~20:00(L.O.19:30)　㊡週一　⑤氣泡飲₩8,000起、毛線慕斯(털실 무스)₩10,500起　◉www.instagram.com/le_montblanc

> 遠眺南山好風景。

　　位於瀰漫著懷舊庶民氣息的新興市場內，這間超可愛的溫暖系咖啡廳 Le Montblanc將巷弄內沒落歇業的老編織工廠重新改建，店內保留了工廠器具，牆上掛著工廠往昔的老照片，角落各色棉線、毛毯、觸感溫暖的針織品等裝飾，呼應著這間店的前世今生。冷藏櫃中擺滿各種法式點心，及移留著編織靈魂的**招牌甜點「毛線慕斯」**，為老廠房帶來甜美的新生命。

> 畫著毛線球的招牌，喚起原本編織工廠的回憶。

> 店家裝潢十分溫馨舒適，尤其窗邊的位置可以感受解放村特有的平靜氣氛。

> 頂樓露天陽台能眺望風景，是許多情侶最愛的位置。

> 覆盆子口味的毛線慕斯，渾圓鬆軟的質地實在太像真的毛線球了！

解放村Areumi

해방촌아름이

⌂首爾市龍山區厚巖路40路28-14 3F；서울 용산구 두텁바위로40길 28-14 3층　☎02-2310-0202　◐週一至週五16:00~21:00，週六至週日14:00~21:00　⑤咖啡₩5,500起　◉www.instagram.com/areum_of_lib

> 解放村日落咖啡廳。

　　梨泰院附近的「解放村」原先為戰爭難民所聚集之地，近年透過政府計劃成為年輕人經常到訪的熱門地點，常可見在一般公寓中穿插著個性的咖啡廳和獨立書店，解放村Areumi就是其中一間特別的咖啡廳，**咖啡廳天臺可以俯瞰解放村全景，特殊的地點也意外成為觀賞日落的著名地點。**

S.caf

📍首爾市龍山區素月路26街12 3F；서울 용산구 소월로26길 12 3층 ☎0507-1391-7912 🕐12:00~24:00(L.O.23:00) 💲咖啡₩6,500起、酒類₩70,000起

解放村景觀咖啡廳。

S.caf雖隱身於解放村的窄小巷弄之中，也擋不住因美景到訪的人潮。整棟的建築善用設計，全開放的窗台與頂樓的露臺都使用透明玻璃圍籬，營造出廣闊的視覺空間，在藍天白雲的襯托之下，隱約有種身在歐洲的錯覺。

店內的飲品份量十足，也可以試試看每日的人氣蛋糕。

Mondrian Seoul Hotel

몬드리안 서울 이태원

享用浮誇系飯店下午茶！

📖別冊P.23B4 🚇6號線綠莎坪站3號出口徒步約20分 📍首爾市龍山區長文路23；서울 용산구 장문로 23 ☎02-2076-2051 🕐下午茶14:30~17:00 💲下午茶雙人份₩98,000起 🌐ko.book.ennismore.com/hotels/mondrian/seoul

韓國飯店下午茶各有不同特色，但**位於 Mondrian Seoul Hotel一樓的下午茶特別受到韓國女性的喜愛**，挑高的LED巨大裝飾牆與明亮的白色大理石吧檯十分吸睛，不論從任何一個角度都呈成為華麗的拍照背景，飯店中的三層下午茶建議先預約，鹹甜點心裝飾與配色都很精巧，也會依照季節而有不同的變化。

飯店大廳也是許多人拍攝美照的地方，現場布置宛如幻境。

店內的燈光十分有情調，宛如月光灑落在桌面。

🍴 韓式居酒屋 安氏馬格利酒

한국술집 안씨막걸리

入選2024年首爾米其林指南！

📖別冊P.7C2 🚇6號線綠沙坪站2號出口徒步約5分 📍首爾龍山區檜木路3 1F；서울 용산구 회나무로 3 아름누리빌딩 1층 ☎010-4592-3609 🕐週四至週六18:00~2:00、週日至週三18:00~24:00 💲酒類3杯₩40,000起、生拌牛肉(육회)₩27,000、海鮮血腸(한치순대)₩30,000 📷www.instagram.com/ahn.mak/ ❗位置有限，建議事先預約。

店面外觀非常低調，繞過圍籬後才能發現別有洞天，內部裝修十分有格調，可以看到餐廳裡面有著當季的花卉。就如店面「韓式居酒屋」，這裡可以品嚐到**馬格利酒、清酒與蒸餾酒等韓國傳統酒**；開胃小菜也十分吸睛，呈上時會在客人面前作點綴，色香味俱全，花枝血腸也是必點的菜色之一，尊從古法所製作的傳統海鮮血腸，搭配上現代式的調味與擺盤，令人耳目一新。

首爾・漢江以北

梨泰院・龍山

→首爾・漢江以南及其周邊

> 週末時一樓的空間會變成夜店風格的空間，是男女搭訕的天堂。

🍸 The Fountain

더 파운틴

> 帥哥美女如雲的獨棟酒吧。

🏠別冊P.23C3　🚇6號線梨泰院站1號出口徒步約5分　🏠首爾市龍山區梨泰院路23街16-5；서울 용산구 이태원로23길 16-5　📞0507-1415-8813　🕐週一至週五18:00~3:00，週六至週日18:00~5:30　💲調酒依店內價格

週末來到The Fountain的話，總是可以看到排隊的人潮，進入酒吧前會經過精心裝飾過的花廊，酒吧裏頭也是別有洞天，挑高的空間中掛著大型LED螢幕，兩旁的階梯可以進到二樓的空間，店內的裝潢會不定時的更換，每隔一段時間都有不同的新鮮感受。

🍸 Glam lounge

글램 라운지

> 梨泰院代表性酒吧。

🏠別冊P.23C3　🚇6號線梨泰院站2號出口徒步約5分　🏠首爾市龍山區梨泰院路27街路26(漢密爾頓酒店分館) 2F；서울 용산구 이태원로27가길 26 해밀톤호텔 별관 2층　📞02-796-6853　🕐週日至週四19:00~3:00，週五週五至週六19:00~5:00　💲沙拉₩17,000起、調酒₩9,000起　📷www.instagram.com/glamseoul/

　說到梨泰院最具人氣的酒吧，無疑地就是Glam lounge，即使已開業許久，火爆的程度依舊不減。華麗熱鬧是大多數人對這裡的印象，**雞尾酒種類也十分豐富**，酒吧正中間是360度開放式的長形吧檯，四周座位區不多，多是站式小桌，但也方便男男女女相互交談。

> 遇週末或是熱門時段，座位區通常需要低消或是點瓶裝酒，建議可先詢問。

開　車　不　喝　酒　，　安　全　有　保　障

> 想避開人潮可以選在用餐時間前後一小時來訪餐廳。

🍴 Côté Jardin

꾸띠자르당

🏠別冊P.23C4　🚇6號線梨泰院站3號出口徒步約3分　🏠首爾市龍山區普光路120；서울 용산구 보광로 120　📞010-5771-5072　🕐週日至週四11:30~16:00、17:00~1:00、週五至週六11:30~16:00、17:00~3:00　💲洋蔥湯₩14,000、牛排₩31,000起　📷instagram.com/cotejardin_seoul

　「꾸띠자르당」的法語「Côté Jardin」是指花園旁。一踏入餐廳就是一個露天小庭院，正中間還有一個小水池，座位多是籐製的桌椅營造出法式休閒的風格，建築牆上蔓延著綠色植物，有著懷舊浪漫氣氛，如此**特殊的設計也讓此餐廳成為熱門約會地點**。除了可口的法餐，這邊的紅酒與軟性飲料也十分受到歡迎，可以依照自己的喜好點餐。

首爾·漢江以北 梨泰院·龍山 首爾·漢江以南及其周邊

> 旁邊還有大型滿月的裝飾藝術,適合日落後來到此拍照。

👁 鷺得島

노들섬

首爾新興野餐景點。

🏠別冊P.7C2 🚇9號線鷺得站2號出口徒步約15分 🏠首爾市龍山區讓寧路445;서울 용산구 양녕로 445 ☎02-749-4500 ⏰3~10月週一至週五10:00~21:00、週六至週日10:00~22:00,11~2月10:00~20:00 ⓧ週一 🌐nodeul.org/

　　厭膩了漢江公園野餐時的人擠人?龍山區的「鷺得島(노들섬)」是座人造小島,近日成為新興的野餐地點,這裡雖沒有漢江公園廣闊但是視野極佳,一邊可以遠眺漢江大橋,另一邊可以看到絕美的日落,島上還有便利商店與咖啡廳等設施,就算什麼野餐裝備都沒準備,買杯咖啡也可以到此欣賞美景。

> 在首爾潮牌聚集地的漢南洞,ept也是佔據不小話題。

🎁 ept 漢南店

이피티 한남점

🏠別冊P.22F2 🚇6號線漢江鎮站3號出口徒步約10分 🏠首爾龍山區梨泰院路54街46;서울 용산구 이태원로54길 46 ☎070-7776-3336 ⏰週一至週三11:00~20:00,週四至週日11:00~21:00 🌐eastpacific-trade.com/

　　韓國小眾設計師品牌ept,全名為East Pacific Trade,是主打**美式休閒街頭風格**的設計師品牌,近年許多當紅明星的私下穿搭也常常出現ept的經典鞋款,而受到大眾關注,尤其帶著美式復古運動風設計的鞋款,更是品牌非常熱門的入手單品,在韓國街頭常可見年輕人穿搭,兼具美觀與舒適感。

首爾·漢江以北

梨泰院·龍山

➡首爾·漢江以南及其周邊

Pussy Foot

푸시풋살룬

🍸別冊P.22F4 🚇京義號中央線漢南站1號
出口徒步約20分 🏠首爾市龍山區大使館路
31街7-6 B1F；서울 용산구 대사관로31길 7-6 지하 1층 📞02-
792-5945 🕐18:00~3:00(L.O.2:30) 💲經典調酒飲品
₩22,000起、起司拼盤₩36,000 @www.instagram.
com/pf.saloon?igsh=MTk3dWxiem5jZmRkbw==

漢南洞新興
人氣酒吧！

「Pussy Foot」位於
火熱的漢南洞，從2018
開業至今位置隱密低調
但很受當地人歡迎。別具
心思的挑高酒櫃設計，讓
現場雖然座位不多但看
起來寬敞，低調高檔是這
邊有名的風格，餐點以西
式下酒菜為主，調酒風格
細膩多變。來到這邊選擇
喜歡的調酒與美味佳餚，
就能度過最美好的周末
時光。

現場也可以跟服務人
員討論喜愛的口味，就
只要形容得出來，就
會有一杯專屬調酒。

👁 梨泰院54街

이태원로54길

🍸別冊P.22F2 🚇6號線漢江鎮站3號出口徒步約5分 🏠
首爾市龍山區梨泰院路54街；서울 용산구 이태원로54길

　來到梨泰院如果不想走標準觀光客行程，可以搭到
只有一站距離遠的漢江鎮站，到韓國年輕人潮流聖
地之一的漢南洞走走。**位在漢南洞的梨泰院54街，
約300公尺長**，集聚許多特色建築，因為梨泰院54街
附近上坡路居多，記得出門前要換上一雙好走的鞋才
不會壞了興致！

梨泰院54街處處是
美麗風景，逛街、
拍拍照都是享受。

巷弄間的黃色
小木屋咖啡店。

店面就是漂亮
的裝置藝術。

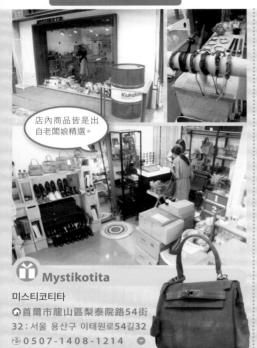

店內商品皆是出自老闆娘精選。

☕ one in a million

원인어밀리언

🏠首爾市龍山區梨泰院路54街31；서울 용산구 이태원로54길 31 📞02-794-2414 🕐週二至週六11:00~23:00，週日至週一11:00~22:00 💲咖啡₩7,000起 📷www.instagram.com/oneinamillion_cafe_hannam

　　充滿文青風的LOW COFFEE斜對面，是家少女最愛的粉紅色咖啡店。**one in a million入口處那一整面粉紅色的LOGO牆，人氣打卡景點**，內部裝潢走時下流行的金屬工業風，花花草草和座位上的抱枕，以及飲品和甜點，都深受喜愛。

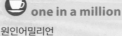

一旁四個小巧可愛的候位椅，也是熱門打卡點。

🎁 Mystikotita

미스티코티타

🏠首爾市龍山區梨泰院路54街32；서울 용산구 이태원로54길32 📞0507-1408-1214 🕐11:00~18:00 🚫週日、週一 💳 www.mystikotita.com

　　這間半地下的小店「Mystikotita」，主要販售包包、皮鞋、皮件、銀飾配件、香氛類等，其中包包品牌有泰國品牌TA.THA.TA、Y-LOGO等，MYKO+SBLM品牌皮鞋、2ND_PALETTE品牌襪子、LAZY SOOJAAN品牌銀飾等。

LOW COFFEE HANNAM

☕ LOW COFFEE

로우커피

🏠首爾市龍山區梨泰院路54街26；서울 용산구 이태원로54길 26 📞0507-1405-1918 🕐10:30~22:00(L.O.21:00) 💲咖啡₩5,000起 📷www.instagram.com/lowcoffeehannam

　　從梨泰院地鐵站前往漢江鎮地鐵站中間的漢南洞區域，是近年興起的文青風小區，巷弄內散著許多很有氛圍的角落，這家LOW COFFEE就是其中之一。LOW COFFEE呈現簡約又不失品味的裝潢擺設，有名的瓶裝飲料更是人手一杯，也是很好拍照打卡的小空間。

首爾·漢江以北┈┈梨泰院·龍山

↓首爾·漢江以南及其周邊

☕ STUDIO CONCRETE

스튜디오 콘크리트

🏠 別冊P.22F1　🚇 6號線漢江鎮站2號出口徒步5分　⌚ 首爾
龍山區漢南大路162；서울
용산구 한남대로 162　📞 02-794-4095　🕐 11:00~20:00　🚫 週一　📷
www.instagram.com/studioconcrete/

由韓國演員劉亞仁開設的藝術咖啡廳，位於6號線漢江鎮站附近，經過天橋後即可看見一棟由紅磚造的舊房子，外觀像民宅，入內後卻是截然不同的藝術氛圍，**在這裡不定期舉辦各類展覽，以及展示劉亞仁設計的品牌服飾，比起咖啡廳這裡更像藝廊**，是許多年青人喜歡來訪的咖啡廳。

> 經理團路齊聚特色異國料理餐廳。

> 喝咖啡之餘也能看看店內的設計品牌。

> 頂樓是一處空中花園。

在首爾就是要喝咖啡

走在首爾街頭可以看到行人幾乎是人手一杯咖啡，走沒五步路即可看到連鎖咖啡廳或是獨立咖啡店，當地人甚至已經習慣睡醒先來杯咖啡，或是餐後來杯咖啡作完美結尾。

韓國的咖啡文化可説是從1988年舉辦的漢城奧運全國西化運動開始，甚至可回溯到1950年的朝鮮戰爭，美軍進駐韓國的年代。不管是手沖式咖啡，或是義式高壓烹煮咖啡，在韓國都十分受到歡迎，除了手法上的精進，也增加許多創意變化，也有人覺得韓國咖啡除了香醇外，奶泡似乎也打得較細緻，入口時小嘴一抿綿密奶泡便會黏在上唇，在嘴邊形成一圈可愛的白鬍子。

👁 經理團路

경리단길

🏠 別冊P.23A3　🚇 6號線綠莎坪站2號出口徒步約5分　⌚
首爾市龍山區梨泰院洞；서울 용산구 이태원동

從綠莎坪站2號出口出站後步行約5分鐘即可到達**梨泰院知名的經理團路(경리단길)，這是一處只要一説到異國美食，韓國人絕對會提出的首選**。在經理團路聚集各式異國料理，像是西方的美式Pizza漢堡、道地的墨西哥餐點、高檔的義式餐廳、熱情的西班牙料理，或是東方的日式食堂、泰國的酸辣口味皆有。

首爾・漢江以北 ···· 梨泰院・龍山 ➡首爾・漢江以南及其周邊

☕ K212

📍別冊P.23C4 🚇6號線梨泰院站4號出口徒步15分 ⏰首爾市龍山區綠莎坪大路26街36；서울 용산구 녹사평대로26길 36 ☎0507-1366-2954 🕙10:00~21:00(L.O.20:30) 💲義大利麵₩23,000起、牛排₩24,000起

　遠離梨泰院鬧區，安靜的這一帶巷弄散落著特色小店，這家**K212是韓國老牌演員兼歌手太真兒所開設，裝潢現代化又不落俗套**，供應咖啡飲品、早午餐、沙拉、麵包及燉飯等義大利餐點。因隔壁建築物是YMC經紀公司，因此曾吸引眾多偶像團體Wanna One的粉絲朝聖。

🎁 hand Made Shop

이태원 작업실

📍別冊P.23A3 🚇6號線綠莎坪站3號出口徒步約6分；6號線梨泰院站1號出口徒步約7分 ⏰首爾市龍山區綠莎坪大路40街57；서울 용산구 녹사평대로40길 57 ☎070-877-0125 🕙13:00~21:00 ❌週一

> 店內的皮件、耳環皆是純手工製作。

　這間位在小巷內的手工藝品店hand Made Shop，**以hand made(手工)為主打，與弘大年輕、潮流風格不同的是，在這裡找到獨特、有個性的配件**，小小的店鋪內擺放許多皮件、銀飾、配件等，如有問題也可詢問打扮波西米亞風的親切老闆娘。

> 建議加點烤腸，烤腸Q彈的口感讓人一口接一口。

> 烤肉串直烤肉串直接上桌，令人食慾大發！

🍴 GulGuNe

걸구네

📍別冊P.23C3 🚇6號線梨泰院站4號出口徒步2分 ⏰首爾市龍山區梨泰院路26街6；서울 용산구 이태원로26길 6 ☎02-795-3992 🕙週一至週四15:30~1:00，週五至週六15:30~2:00，週日15:30~24:00 💲五花肉220g(바비큐 삼겹살)₩16,000、烤腸(바베큐 막창)₩15,000

　這家烤肉店位於梨泰院鬧區對面巷弄中，這一帶較多特色美食餐廳，**GulGuNe供應烤腸和烤肉，烤肉分為排骨和五花肉**，將烤肉串端過來讓我們拍完照後，平放上烤盤內開始燒烤，烤的差不多後剪小塊就可以吃囉，視覺上相當華麗且具有衝擊力，肉質美味有嚼勁。

首爾·漢江以北

梨泰院·龍山

➡首爾·漢江以南及其周邊

點上一瓶Victoria Bictor搭配招牌起司漢堡「The Prost」。

店內成功復刻維多利亞時期的英倫情調。

PROST

プロスト

🏛別冊P.23C3　🚇6號線梨泰院站3號出口徒步約3分　🏠首爾市龍山區梨泰院路27街26(The Hamilton Hotel Annex)1F；서울 용산구 이태원로27가길 26 해밀톤관광호텔 별관 1층　☎02-796-6854　🕐週一至週三18:00~1:00，週四18:00~03:00，週五至週六18:00~6:00，週日18:00~2:00　📷www.instagram.com/prostseoul/

飽含英倫情調，讓人有置身英國的錯覺。

　　韓劇《屋塔房王世子》中，女主角一開始在美國打工，美式風格十足的酒吧就是在這裡拍攝的。這棟紅磚樓、拱型窗框、古典主義的建築，2~3樓是同集團的俱樂部與Lounge Bar，1樓是英式酒吧PROST，店中央旗艦型的吧檯十分氣派，後方則是戶外露天席次。

2017年Maple Tree House也進軍台北開分店。

倒酒、喝酒學問大

　　在韓國，尤其是公司聚會等有著上下階級關係的場合時，幾乎都需要幫對方倒酒，也一定要接受對方倒的酒。

　　如幫對方倒酒，而對方是長輩或上位者時，另一隻手須微微放置胸前以示尊敬；而自己接受他人幫忙倒酒時，如需尊敬對方，則為一手拿起酒杯，一手微放置胸前，或兩手皆拿著酒杯亦可。

　　而如果長輩或上位者自行倒酒，作為小輩的看到了，則要右手放在對方酒杯旁作勢倒酒以表尊敬；如果對方是平輩，我們只要在他倒酒時彈個手指就可以了。

　　不只倒酒，在韓國喝酒也有學問的，如果是和輩份高或是年長者喝酒，在喝酒時需雙手捧酒杯接酒以及側身喝，長輩為你倒酒時也要一口乾掉；如回敬長輩時，需要以雙手捧酒瓶為長輩倒酒。

🍴 楓樹烤肉Maple Tree House

단풍나무집 이태원점

🏛別冊P.23C3　🚇6號線梨泰院站2號出口徒步約2分　🏠首爾市龍山區梨泰院路27街26；서울 용산구 이태원로27가길26　☎02-790-7977　🕐週一至週五11:30~15:00、17:00~22:00，週六至週日11:30~22:00　💰豬肉、牛肉₩18,900起、平日午間套餐約₩15,900~17,900　🌐www.mapletreehouse.co.kr/

　　與一般烤肉店相較下消費偏中高的Maple Tree House，**店內使用的豬肉皆挑選韓國產的豬肉，相當具有品質的保證**。從店內的裝潢即可看出店家走的是較精緻的路線，使用的餐具也是有質感的陶製餐具。菜單品項除了豬肉、牛肉等，也有提供蝦子、蔬菜盤以及石鍋拌飯等選擇。

三星美術館Leeum

삼성미술관 리움

🏛 別冊P.22E2 🚇6號線漢江鎮站1號出口，往梨泰院方向走100公尺後於右邊第1條巷子右轉，再往山坡上去，徒步約5分 📍首爾市龍山區梨泰院路55街60-16；서울 용산구 태원로55길60-16 📞02-2014-6900 🕙10:00~18:00 ⊘週一、元旦、春節 💲各展覽價格不一 🌐www.leeumhoam.org/leeum

小編按讚 讚讚
可謂藝術品的大集結，建築外觀亦為精采作品，展現韓國人的藝術造詣。

三星集團創辦人李秉喆熱心收集韓國文物，美術館名稱將李秉喆的姓氏李(Lee)和美術館(Museum)的um結合成Leeum。

美術館由展示韓國古代美術的1館(M1)及展示韓國和外國近現代美術的2館(M2)組成，再加上三星兒童教育文化中心，形成複合式的文化團地。館前有著法國藝術家Louise Bourgeois的兩隻大型蜘蛛藝術作品，造成錯落的空間趣味。

負責1館的瑞士建築師Mario Botta，建築靈感來自於韓國的傳統陶藝「赤陶」，呼應韓國的古美術藏品。法國建築師Jean Nouve則運用不鏽鋼和玻璃，以黑為基調，創造出數個正方形量體集結的建築外觀。出自荷蘭建築師Rem Koolhaas之手的三星兒童教育文化中心，以突破樓層的概念，在建築中造出另外一個館場，還利用坡地的地形落差，將前方建築的屋頂設置遊戲空間。來此可租借PDA，只要接近藝術品就會自動感應，以遊客選擇的語言解說，更讓人見識韓國創意在細節上的表現。

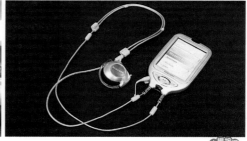

在首爾也能品嚐道地土耳其美食。

🍴 Mr. Kebab

미스터케밥

小編按讚 讚讚

🏛 別冊P.22D3 🚇6號線梨泰院站3號出口徒步約1分 📍首爾市龍山區梨泰院路192；서울 용산구 이태원로192 📞02-792-1997 🕙24小時 💲雞肉Kebab₩6,900，羊肉Kebab₩7,900

道地的沙威瑪！肉、醬汁與麵包的絕妙搭配。

在中亞地區常見在滾軸上烤牛、羊肉，我們慣稱為「沙威瑪」，但土耳其人管它叫「Kebab」。在梨泰院大街上的Mr.Kebab，土耳其人老闆在多年前來到梨泰院開張1號店，以澳洲進口牛、羊肉及韓國本土雞肉，搭配特調醬汁和自家烘焙的麵包，烤得土耳其風味十足。

首爾‧漢江以北

梨泰院‧龍山

↓首爾‧漢江以南及其周邊

🍴 杜拜

두바이레스토랑

📖別冊P.22D3 🚇6號線梨泰院站3號出口徒步約1分 🏠首爾市龍山區梨泰院路192 2F；서울 용산구 이태원로 192 2F 📞02-798-9277 🕐12:00~23:00 🈳週一 💰烤肉₩12,000起，咖哩₩12,500起

小編按讚 讚 讚

阿拉伯的皇家菜餚，也可以嘗試看看阿拉伯水煙。

梨泰院的中東風味餐廳不少，這家杜拜就是引進阿拉伯皇家風味的桌上佳餚。店面位於Mr. Kebab的2樓，**不但可品嘗到正統阿拉伯式的烤羊肉、烤雞肉、法拉費口袋餅(Falafel)，還可嘗試罕見的阿拉伯水煙。**

超過300種的華麗甜點任你挑選！

依季節推出不同水果口味泡芙。

披薩鹹食也有！

小編按讚 讚 讚

🧁 Passion 5

패션5

📖別冊P.22F1 🚇6號線漢江鎮站3號出口徒步約3分 🏠首爾市龍山區梨泰院路272；서울 용산구 이태원로 272 📞0507-1416-9505 🕐7:30~22:00 💰海鹽奶油捲₩4,300、甜點類₩3,900起 🌐spcpassion5.com/

不容錯過的新鮮水果塔與手工餅乾！

位處漢江鎮地鐵站3號出口的SPC大樓是一棟結合餐廳、咖啡、甜點的美食大樓，地上4層的建築。在此最知名的為1樓的烘焙食品與甜點的「Passion 5」，店內裝潢利用燈光、水晶燈營造出華麗的氣氛，**販售新鮮水果塔類、泡芙、佛卡夏、布丁、手工餅乾、歐式麵包、精緻手工蛋糕等超過300種不同的烘焙甜點類。**

🎁 PLATFORM PLACE 漢南店

플랫폼플레이스 한남점

📖別冊P.22F1 🚇6號線漢江鎮站3號出口徒步約3分 🏠首爾市龍山區梨泰院路268；서울 용산구 이태원로 268 📞02-797-4628 🕐11:00~20:00 🌐www.platformshop.co.kr/main/

集結最新流行的簡約生活雜貨。

PLATFORM PLACE品牌開發於2009年，其概念精神為帶給顧客最嚴選的商品，以及正牌商品、絕無假貨。**店內以生活雜貨為主，像是簡約服飾、鞋款、包包、時尚配件、皮件、文具類，甚至到生活廚具、鍋碗瓢盆等**，並集結國內外超過60個品牌。除了漢南分店，在江南島山公園、Coex、明洞以及弘大等地皆有分店。

室內的簡單擺設與光線設計也是看點之一。

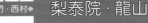
雩祀壇路

우사단로

📖別冊P.22D4　🚇6號線梨泰院站3號出口徒步約5分，直行梨泰院路，左轉雩祀壇路　📍首爾市龍山區雩祀壇路；서울 용산구 우사단로　🕐跳蚤市場3~10月每個月最後1個週六12:00~18:00

綜合多國文化的梨泰院，在路上除了可以看到歐美人士，在這裡也聚集為數眾多、來自中東、印度，或是其他國家的面孔。在距離梨泰院站約5分鐘路程，從主要道路梨泰院路右轉進雩祀壇路，**沿途可看到中東餐廳、販售多國零食、香料的超市**，沿著上坡路走到最頂端左轉至雩祀壇路10街(우사단로10)往前走約5分鐘，便有許多在地小商店映入眼簾，**因地理位置**離地鐵站有一小段距離，租金較便宜，也開始有許多年輕人在此開起小店。這裡也是《梨泰院class》的拍攝地之一，不時可看到打扮潮流的年輕人出入。3~10月每個月的最後一個週六，還會在此舉辦跳蚤市場，如時間碰上或許可以前來挖寶！

🍴泰姬瑪哈Taj Palace

타지팰리스 이태원점

📖別冊P.22D4　🚇6號線梨泰院站3號出口，沿大馬路直行過Mr. Kebab的街口右轉，徒步約5分　📍首爾市龍山區雩祀壇路39；서울 용산구 우사단로39　☎02-790-5786　🕐11:00~21:30　💲印度甩餅(플레인난)₩2,500、泥爐烤半雞(탄두리 치킨)₩19,800、週末及假日吃到飽₩22,900

所謂Taj Palace就是我們慣稱的「泰姬瑪哈」，**來自印度的店主為了堅持印度的正統風味，特別遠從印度聘來專業廚師擔任主廚，以掌握純正的印度口味**。開業多年來，無論是甩餅、烤餅、印度式炒飯、咖哩料理或是泥爐烤雞等，菜單選項豐富、口味道地，頗受在首爾的印度人推崇。

地處於漢江與南山高處，能看到市內景致。

👁首爾中央清真寺

한국이슬람 서울중앙성원

📖別冊P.22E6　🚇6號線梨泰院站3號出口徒步約5分，直行梨泰院路，左轉雩祀壇路，右轉雩祀壇路10街，直行約5分鐘　📍首爾市龍山區雩祀壇路10街39；서울 용산구 우사단로10길 39　☎07-793-6908　🕐10:30~17:00，每週五12:00~15:00為穆斯林教徒禮拜時間　💲免費　🌐www.koreaislam.org　❗(1)勿穿著無袖上衣、短裙(褲)或過度暴露衣物。(2)禁止吸煙、飲酒。(3)拍照或攝影前請先詢問並獲取同意後再行拍照或攝影。(4)週五12:00~15:00為禮拜時間，人潮眾多，可利用其他時間前來參觀。

位在雩祀壇路10街轉角的中央清真寺是首爾市唯一一間伊斯蘭清真寺，也是**在韓國創立的第一間清真寺**，占地近400坪，建立於1976年。清真寺內畫分為1樓的辦公室、教室等，2樓為祈禱室與男性禮拜堂，以及3樓的女性禮拜堂，其皆為開放區域，但進入寺內切記帶著尊敬的心。

首爾・漢江以北

梨泰院・龍山

➡首爾・漢江以南及其周邊

👁 梨泰院壁畫街

이태원벽화거리

🅐別冊P.22E3E4　🚇6號線梨泰院站3號出口徒步約5分
🏠首爾市龍山區雩祀壇路10街39；서울 용산구 우사단로 10길 39

　逛完中央清真寺後不妨走進一旁的小路，約3分鐘路程就能看到可愛的壁畫。梨泰院壁畫與弘大的自由畫風，或是梨花的可愛風格不同，這裡結合了**梨泰院多國文化與異國風情，繪畫出各國的特色建築。**

> 逛完清真寺後可從停車場離開，順著小下坡即可看到壁畫街。

> 巷弄內小巧可愛的壁畫街。

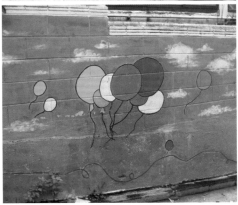

> 這裡買得到許多具歐美風格的家具和生活用品。

🎁 梨泰院古典家具大街

이태원앤틱가구거리

🅐別冊P.23C4　🚇6號線梨泰院站3、4號出口徒步約6分
🏠首爾市龍山區梨泰院洞　🕐約10:30~21:30(各店不一)
🌐www.itaewonantique.com

　在梨泰院古典家具大街可以看到一間間的骨董家具店，有的直接把家具搬到走廊上來，有的則運用這些家具把門面妝點得韻味十足。**因為從20世紀的60年代左右開始，駐韓的美軍們回國前紛紛把家具變賣，這條街便成了歐美風格的古典家具的集散地。**

🚂 龍山車站

용산역

📖別冊P.23A1　🚇1號線龍山站任何出口即達　📍首爾市龍山區漢江大路23街55；서울 용산구 한강대로 23길 55　☎1544-7788

　雖然首爾的數座火車站以首爾車站為首，但是龍山車站不但有火車、地鐵交會，更是高速鐵路(KTX)湖南線的起終點，主要行經西大田、論山、光州、木浦等地，和身為京釜線起終點的首爾站具有同等重要的地位。目前龍山站本身不但有電子城、百貨公司、超級市場等共構一處，成了生活機能很強的交通重地和綜合購物中心。

👕 I'Park Mall龍山店

아이파크몰 용산점

🚇與龍山車站連結　☎02-2012-0101　🕐週日至週四10:30~20:30、週五至週六10:30~21:00　🌐www.hdc-iparkmall.com/

　位於龍山的I'Park Mall是現代集團旗下的購物商場，一共地下3層、地上9層的賣場，以販售服飾、家用品、化妝品等為主，集合許多店家，像是ZARA、GAP、H&M、UNIQLO、8SECONDS、TOP 10、MUJI等，其中3樓可直接通往龍山車站，對旅客非常方便。除此之外，也有美食街、電影院、新羅免稅店等，是很有規模的百貨公司。

emart也是一處可購買伴手禮的當地超市。

🛍️ emart龍山店

이마트 용산점

🚇與龍山車站連結　☎02-6363-2200　🕐10:00~23:00　🌐www.emart.com

　I Park Mall和龍山站的地下樓層是emart的天下。**emart是全韓國頗具規模的平價大賣場，商品包括服裝、食物、文具、玩具、家用品等，品項齊全**，定位相當於我們的家樂福或大潤發，隨時看到的都是闔家出動來採購的溫馨畫面。

小編按讚

適合闔家光臨的大賣場，韓國版的家樂福！

☕ Teddy Beurre House龍山店

테디뵈르하우스 용산점

📖別冊P.23A1 🚇4、6號線三角地站3號出口徒步約5分
🏠首爾龍山區漢江大路40街42；서울 용산구 한강대로40가
길 42 📞0507-1379-8667 🕐10:00~22:00 💲招牌可頌
(Beurre croissant)₩5,000，甜甜圈扁可頌、巧克力扁可
頌₩5,800 🌐www.instagram.com/teddy.beurre.
house

韓國近年最夯的點心就是「扁可頌」(크룽지)，從韓
文直譯就是可頌鍋巴(크로와상+누룽지)的結合詞，而
Teddy Beurre House就是以此點心而聞名，可頌壓扁
後完美厚度就像在吃鍋巴般酥脆香甜。店鋪裡擺放
著許多泰迪熊，裝潢設計也是歐洲鄉村別墅風格，無
論是甜點還是整體氛圍都非常可愛。

店內有著不同口味的
扁可頌，提供給想要嘗
鮮的顧客不同選擇。

紀念館兩側的走廊
刻滿在韓戰和越戰
中陣亡將士的名碑。

入口處的兄弟之像
隱含戰場上無數的
哀痛故事。

小編按讚
讚讚

🏛 戰爭紀念館

전쟁기념관

📖別冊P.23B1 🚇4、6號線三角地站12
號出口徒步約3分 🏠首爾市龍山區梨
泰院路29；서울 용산구 이태원로29 📞
02-709-3081 🕐9:30~18:00(最後入
場17:00) 🚫週一 💲免費 🌐www.warmemo.or.kr

以記錄畫與立
體模型訴說歷
史，謹記戰爭的
教訓，並保留殉
國者的功勳。

韓國自立國以來，外侮不斷，歷史過程相當坎坷，
戰爭紀念館的設立，是為了汲取戰爭的教訓。

紀念館的範圍相當大，室內分為護國悼念室、戰爭
歷史室、韓國戰爭室、海外派兵室、國軍發展室、大
型裝備室等6大展廳，以記錄畫或立體模型訴說著從
三國時期到現代各種護國戰爭資料和為國捐軀者的
功勳。露天的展覽場則展示戰爭時的裝備、世界各國
的大型武器、韓國戰爭象徵物等。

內部相當注重各項珍貴遺物的蒐集與保存，館藏達22萬件。

 國立中央博物館

국립중앙박물관

📖別冊P.23B2 🚇1、4號線二村站2號出口徒步約8分 📍首爾市龍山區西冰庫路137；서울 용산구 서빙고로 137 📞02-2077-9000 🕐週日至週二、週四至週五10:00~18:00，週三、週六10:00~21:00(最後入場閉館前30分鐘)；中文導覽週一至週五10:30、13:00，週日13:00 🈺4月及11月第1個週一、元旦、春節、中秋 💲常設展免費 🌐www.museum.go.kr

韓國的國立中央博物館自1945年第一次在景福宮開館以來，其後的60年間經歷了6次搬遷，2005年終於確立至現址。

國立中央博物館既是教育的基地，建築本身也展現了韓國在IT產業高度發展的成果，內部常態性的展出分成史前古代館、中世近世館、書畫館、雕刻工藝館、亞洲館與捐贈館等；另有兒童博物館和經常安排特展的企畫展廳。

兒童博物館

어린이박물관

🕐10:00~17:50 💲免費，需事先預約 🌐www.museum.go.kr/site/child/home

韓國在一些重要的博物館裡，往往不忘附設兒童博物館，可見對新生代教育與娛樂的重視。附設於國立中央博物館裡的兒童博物館，主要想引導5~9歲的兒童用眼睛觀察、動手觸摸，透過體驗與遊戲留下深刻的印象，培養對韓國文化的興趣與好奇。館內有摹擬舊物搭建的古代房屋、農耕道具、樂器、武器等，具有寓教於樂的功能。

小朋友在這裡可近距離認識韓國傳統的文化遺產。

韓國人對輩份相當重視，幾乎只有同齡者才能當朋友，就算僅1歲之差也差很多，必須說敬語、必須稱呼哥哥或姊姊，因此知曉「年齡」就是非常重要的人際關係第一關。和韓國人初次見面時，被問到年齡也別尷尬，因為這是他們待人處事之道。

公園有草坪、水生植物池、國際名家的雕塑作品。

 龍山家族公園

용산가족공원

📞02-792-5661

龍山地區曾經是朝鮮時代壬辰倭亂(1592~1598年)期間被日本奪為軍事基地；1882年壬午軍亂時也做過中國軍隊的屯駐地；日治時期一直被日本軍所占用，日本戰敗後，又被聯合國軍隊和美國司令部占領，可說是一片歷盡滄桑的土地。1997年韓國國立中央博物館決定落腳於此，也把這片土地規畫為龍山家族公園。

韓劇《秘密》中，男女主角浪漫的木椅約會之地。

小編按讚 짱짱

適合闔家共遊的有歷史故事的公園。

首爾‧漢江以北

梨泰院‧龍山

首爾‧漢江以南及其周邊

🍴 Sowana

소와나

🅐別冊P.22F3　🅑6號線漢江鎮站3號出口徒步約10分
🅒首爾龍山區梨泰院路54路68；서울 용산구 이태원로54길
68　☎02-6080-8586　🕐11:30~23:00　💲七種菜色套餐
₩69,000 五種菜色套餐₩49,000

　首爾韓牛老店「소와나」，提供的韓牛都是現場處
理，肉質色澤鮮艷奪目，肉眼可見的新鮮！餐廳提供
專人烤肉服務，不同的部分有著不同的料理方式，
烤肉火侯控制恰到好處，以套餐的
方式呈現，讓餐點精緻度大大提
升，絕對能滿足所有人的味蕾！

店內也提供單點服務，可以追加喜愛的菜單。

到汗蒸幕體驗洗澡搓背

韓國人很喜歡去汗蒸幕，也
就是韓國特有
的公共澡堂，
最主要的設
備就是以岩石
和黃土堆砌成
的巨蛋型窯屋
(幕)，「幕」的直
徑和高度約在6
公尺左右，每塊岩

石也厚達1公尺，如此才能放射出最高效率的遠紅外
線，可促進汗的分泌並排出體內的廢棄物質。在幕
窯內的地板會放置松樹，中央處則會燃燒松根，松
根燃燒時會釋放出香味，據說有消炎抗菌、治療皮
膚病、神經痛等功效。
對韓國人而言，搓背是洗澡裡一項很重要的工程，澡
堂通常有付費的搓背服務，家人或朋友同往，就可以
互相幫忙搓背。有興趣的話，不妨體驗一下搓背到底
有多舒服。
出完汗、搓完背，不妨學韓國人來一顆「汗蒸幕
蛋」，補充體力。

🏠 宣仁商場

선인상가

🅐別冊P.23A1　🅑1號線龍山站3號出口，或4號線新龍山
站5號出口，穿越地下道即達　🅒首爾市龍山區新倉路
181；서울 용산구 새창로 181　☎02-711-2375　🕐
10:00~20:00　🈺每月第1、3個週一

　宣仁商場就符合我們印象中「光華商場」般的傳統
電子商城，不過它並不在龍山火車站左近，必須穿越
車站東邊火車行駛下方的地下道，來到後火車站，右
手邊看到的第一幢白色樓房，就是宣仁商場。

　宣仁商場分3層樓，每一間店面隸屬於不同店家，
無論是筆記型電腦、桌上型電腦、螢幕、鍵盤、滑鼠
等周邊商品應有盡有，被譽為電腦專門商場。如果沒
有語言溝通方面的障礙，應該可以好價格買到心儀的
產品。

往十里及其周邊
왕십리 & 주변
WANGSIMNI AND AROUND

　首爾市區已有許多區域已發展為旅遊景點，像是明洞、弘大、新沙洞、東大門等地商圈，而其中有許多地區因結合大眾運輸交通，或是地鐵的轉乘站而構成大型的購物中心，例如有3~4個轉乘站以上的就有首爾站、東大門站、高速巴士客運站等，而位在首爾城東區域的往十里站也是其中之一，其站交匯東西南北向的2、4、京義中央、水仁·盆唐線四條地鐵，往東大門、梨大、弘大、建大、蠶室等地的循環地鐵2號線、往汝矣島、光化門、奧林匹克公園等地的5號線，往清涼里、外大等地的京義中央線，以及往首爾林、狎鷗亭、清潭等江南地區的盆唐線等，在往十里站即可到達江南、江北地區。

　因為四通八達的交通，往十里站也形成城東區域的中心，沿線的公車交通也非常發達，位在13號出口出站步行約5分鐘處更有許多餐廳，是附近上班族和年輕人最愛的美食地帶。因往十里站交匯四條不同方向的地鐵，加上平面道路結構較複雜，建議在出站前先確定前往的目的地在哪個出口，否則有可能會在地鐵站裡上演一場迷宮記。

交通路線 & 出站資訊

地鐵
往十里站◇2、5號線、京義中央、水仁·盆唐線
漢陽大學站◇2號線

出站便利通
◎交通便捷的**往十里站**是與「Bitplex」百貨共構的綜合商城，往12、13號出口即達，若要找美食餐廳可以自13號出口出站步行約5分鐘，即可抵達位在地鐵站後方的美食區域，有好幾十間風格各異的餐廳提供選擇。往11號出口出站則是走進韓國人的在地市場生活，巷內暗藏著幾間特色咖啡店值得探索。
◎往十里站下一站的**漢陽大學站**，其校園的歐風建築為最大特色。

地鐵2號線並非一路暢行
地鐵2號線由於是循環線，遊客往往會忽略掉訖點。列車經常會在聖水、新川、三成等3個站折返，如果搭乘這些站之間的路段，要注意是否須下車換車。

🛍 Bitplex

비트플렉스

🅐別冊P.24C1 ◎2、5、京義中央線、水仁・盆唐線往十里站12、13號出口即達 ◎首爾市城東區往十里廣壯路17；서울 성동구 왕십리광장로 17 ☎0507-1421-1028 ◎約10:00~22:00(各店不一) 🌐www.bitplex.co.kr

與往十里地鐵站形成共構的「**Bitplex**」，是一間綜合型的百貨公司，因交通便利而成為當地人週末假日的好去處。其自B2樓的地鐵站內開始形成，B1~1樓為Enter 6百貨商場，2~3樓有超市「emart」、大創，3樓出emart出口後有販售鞋子、電器、美妝等，4~6樓CGV電影院及美食街，位居頂樓7~9樓則為高爾夫球場。

> 找美食、餐廳往4樓走準沒錯！

> Bitplex直結往十里地鐵站，交通超便利。

🎁 ENTER 6 往十里站

엔터식스 왕십리역점

🅐Bitplex B1~1F ☎02-2200-6000 ◎10:30~22:00 🌐store.enter6.co.kr

位在Bitplex B1樓的「ENTER 6」，因充滿浪漫歐洲風格建築，也被稱為「歐風商店街」。這裡主要分為兩個樓層，B1樓為女性及青少年服飾、配件為主；1樓則以運動用品adidas、Nike、戶外用品、男性服飾為主。

> emart必買的自有品牌「no brand」，CP值超高！

> 「JAJU」品牌為平價家居商品。

🎁 emart 往十里站

이마트 왕십리점

🅐Bitplex 2~3F ☎02-6438-1234 ◎10:00~23:00 🅚每月第2、4個週日 🌐store.emart.com/branch/list.do?id=1117

位在Bitplex內的「emart」為往十里分店，店面占據2~3樓，**因商品折扣很多，而成為韓國在地家庭採購生活用品、鮮蔬水果的最佳選擇**。在這裡可以以優惠價格買到民生必需品外，觀光客也可以在此以便宜價格買到伴手禮，像是可在2樓找到韓國燒酒、泡菜、零食，甚至人蔘、韓藥材等也有，商場內還有提供試吃，3樓則是以販售服飾、家居服、內衣為主。Emart也有自有品牌「no brand」，價格與品質兼顧，是不少留學生的第一選擇。

> 華麗的天幕設計和建築，也帶來不同的逛街氣氛。

> 中央有一座挑高兩層樓的室內噴水池。

Zzupirang

쭈피랑

🏠Bitplex 4F　☎02-2200-1475　⊙
11:00~21:30　⊙辣炒小章魚&pizza(직화쭈꾸미&피자)₩14,000、辣炒小章魚&鍋包肉(직화쭈꾸미&꿔바로우)₩16,000、辣炒小章魚&炸豬排(직화쭈꾸미&치즈돈까스)₩17,000

美食廣場裡面有超市、速食店、韓食、中西式餐點。

位在4樓美食街的「Zzupirang」，**招牌是辣炒小章魚，菜單分為3類套餐，辣炒小章魚&Pizza、辣炒小章魚&鍋包肉、辣炒小章魚&炸豬排**，套餐裡面附上白飯、沙拉、三樣小菜(辣蘿蔔絲、生菜、黃豆芽)，以及韓式橡實涼粉。辣炒小章魚的吃法有將小章魚與Pizza夾在一起吃，或是將小章魚和小菜作成拌飯。吃完飯離開前，還可在門口處的冰櫃內拿一根免費的韓國老牌子「빙그레」冰棒作飯後甜點。

奉順家的閣樓

봉순이네 다락방 (봉다방)

🚇別冊P.24C1　🚇2、5、京義中央線、水仁·盆唐線往十里站11號出口，出站後步行約100公尺，於藥局左轉，徒步約3分　🏠首爾市城東區往十里路21街13-1；서울 성동구 왕십리로21길 13-1　☎0507-1339-8057　⊙週一至週五14:00~22:00、週六至週日12:00~22:00，L.O.21:30　⊙飲品₩6,000起，甜點₩5,500起　◉www.instagram.com/vongdabang

同樣在往十里路21街上的「**奉順家的閣樓**」，是只有在地人才知道隱密咖啡館，其主要分為1樓的點餐區，以及B1樓和2樓的用餐區。用餐空間復古中帶點工業風，也成韓國年輕人聚會、談情說愛的場所。這裡有提供咖啡、茶、果汁以及各式豐富甜點等，點好餐後記得拿叫號牌再至用餐區等候餐點。

叫號牌有「宋仲基」、「宋慧喬」，或「才不是周元呢」的趣味牌子。

看起來像外帶區的店面，往裡面走其實別有洞天。

漢陽大學

한양대학교

🚇別冊P.24D2　🚇2號線漢陽大學站2號出口即達　🏠首爾市城東區往十里路222；서울 성동구 왕십리로 222　☎02-2220-0114　◉www.hanyang.ac.kr

韓國國內因大學間數少，故高三大考時可以說是韓國人決定人生未來走向的重要時刻，無論是國立或是私立大家都是擠破頭都想進入，其中首爾、漢陽、成均館、高麗、延世大學是韓國排名前五的熱門大學。**位在城東區的漢陽大學以工學、建築、戲劇、藝術科系為知名**，為了在寸土寸金的首爾市區建立學校，漢陽大學選擇依山建築，所以校園地形較曲折以及較多山坡地，甚至學生宿舍是建在半山腰上，雖然要花些體力步行，卻可以看到美不勝收的都市城景。

而出身於此大學的明星也不在少數，像是韓流藝人李英愛、崔智友、李炳憲，旅美棒球選手朴贊浩，演員丁一宇、鄭柔美、張根碩、池城等人皆是畢業於此。

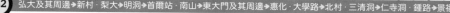
首爾・漢江以北

往十里及其周邊

首爾・漢江以南及其周邊

慶熙大學

경희대학교 서울캠퍼스

首爾的知名賞櫻名所之一！

📖別冊P.6D1　🚇1號線回基站1號出口，轉搭往慶熙醫療院的1號綠色小巴於終點站下車　📍首爾市東大門區慶熙大路26；서울 동대문구 경희대로 26　☎02-961-0114　🌐www.khu.ac.kr/

　　1949年成立的慶熙大學，是韓國排名前3名的知名學府，**以哥德式建築校園聞名，歐風建築讓校園壯闊優雅，特別是高聳的和平殿堂廣為眾人所知**，是舉辦各種頒獎典禮等大大小小活動的租借場所。

　　春天一到，慶熙大學就搖身一變成為熱門賞櫻名所，校園內種植眾多櫻花樹，粉嫩櫻花與哥德式建築相映成趣，堪稱是最美麗的校園之一。

鷹峰山

응봉산

△別冊P.6D2　◎2、5、京義中央線、盆唐線往十里站10號出口直走約50公尺，搭乘公車2016、4211號至鷹峰山現代公寓(응봉동현대아파트，Eungbong-dong Hyundai Apt.)站，徒步約10分　◎首爾市城東區金湖洞4街1540；서울 성동구 금호동4가 1540　◎02-2286-6061

俯瞰漢江百萬夜景的最佳地點，也是春天賞花名所！

位在城東區域的「鷹峰山」是首爾市區內難得的非人造置高點，海拔高度約94公尺，在山頂有設置一處八角亭，在此可以俯瞰漢江與美麗的城景。在4月初黃澄澄的迎春花將山頭染成鮮豔的黃色，遠觀或近看都有不同魅力，且4月第一週的週末會在山頂八角亭舉行「鷹峰山迎春花節(응봉산 개나리축제)」，不妨在黃昏時分開始上山沿途欣賞迎春花，到達八角亭後等待夜色暗下就能遠眺首爾夜景。

首爾塔與夕陽西下的美景。

4月的鷹峰山也是賞迎春花的好地點！

如要拍攝夜景，除在八角亭附近取景，一旁的木頭步道也有不一樣的漂亮構圖。

首爾·漢江以北 ⋯⋯ 往十里及其周邊 ▸ 首爾·漢江以南及其周邊

女性優先停車格

韓國人對女性的貼心和尊重似乎無處不在，就連在首爾市區的停車場都有規畫女性專用停車格，於框內畫上穿著裙子的女性標誌，最有趣的是空間還比一般車位來得寬敞。但此特殊設施也引來兩派說法，有人覺得十分便民，也有人覺得這樣的設計會浪費寸土寸金的城市空間，或是特別設計女性停車位是否有點性別歧視，而引起不同的討論。不過這個女性車位並沒有法令規定一定得遵守。

首爾·漢江以北

建大入口及其周邊

＊首爾·漢江以南及其周邊

建大入口及其周邊
건대입구 & 주변
KONKUK UNIVERSITY AND AROUND

在首爾市內以齊聚年輕人的大學商圈最為蓬勃，像是地鐵2號線上的弘益大學與梨花大學周邊，以及地鐵2、7號線交匯的建大入口周邊。「建大入口站」為首爾城東區域的熱門商圈之一，因臨近建國大學而展現出年輕、活潑及朝氣，擁有最新的潮流趨勢，卻不像弘大商圈這麼商業化。如要逛街可以到有「建大羅德奧街」之稱的同一路20街，彩妝店、餐廳林立，街尾還有數間大型的運動用品店adidas、NIKE等國際品牌。韓國占地最大的藍色貨櫃屋「COMMON GROUND」也在建大入口站；如想吃美食、餐廳，可到「建大美食街」尋覓平價美食，也是學生最愛聚會的地點。

坐上7號線來到靠近世宗大學的「兒童大公園站」，占地萬坪的土地有動物園、植物館以及遊樂設施等，或是到「纛島遊園地站」的纛島

漢江公園，在大片公園綠地上聽著跨江地鐵發出的「空隆、空隆」聲響，坐在漢江邊的韓式傳統木平台上乘涼，邊欣賞著漢江美景。

交通路線 & 出站資訊

地鐵
建大入口站⇨2、7號線
兒童大公園(世宗大學)站⇨7號線
纛島遊園地站⇨7號線

出站便利通
◎自建大入口站即可由地下連通道連接至「Star City Mall」，3、4號出口站為建國大學附設醫院以及建國大學。如直接找美食、餐廳等，可從2號出口出站，到有「建大美食街」之稱的同一路22街，自4、5號出口站過斑馬線後可抵達樂天百貨。從6號出口直行約200公尺即可抵達建大的熱門景點「COMMON GROUND」。

◎兒童大公園站1號出口出站即到達景點「兒童大公園」的正門，1號出口站旁即為「世宗大學」。位在5號線上的峨嵯山站則為「兒童大公園」的後門。

◎纛島遊園地站自2、3號出口出站即抵達「纛島漢江公園」景點。2號出口站有自行車租借服務，以及出口左方有游泳池、遊樂器材區等。從3號出口出站可以直接走天橋至公園最大地標的「尺蠖瞭望台」內。

👁 建國大學
건국대학교

📖別冊P.24B2 🚇2、7號線建大入口站3、4號出口徒步約5分 📍首爾市廣津區陵洞路120；서울 광진구 능동로 120 ☎02-450-3114 🌐www.konkuk.ac.kr

創立於1946年的建國大學，為韓國知名私立大學，其醫學、經濟、獸醫、工學、建築等學科為最知名，校內也有提供交換生制度、韓國語學堂等。也有許多知名藝人出身於建大，像是演員李敏鎬、劉亞仁、李鐘碩，偶像團體SHINee崔珉豪、東方神起沈昌珉、HIGHLIGHT孫東雲、Girl's day李惠利、Twice林娜璉等。

校區內的一鑑湖(일감호)周邊有步道和涼椅。

擁有漂亮湖水景色的知名工業大學。

🍴 👁 建大羅德奧街

건대로데오거리

📖別冊P.24A2 🚇2、7號線建大入口站5、6號出口徒步約5分 📍首爾市廣津區同一路20街；서울 광진구 동일로20 🕐11:00~2:00(各店不一)

　在樂天百貨對街的同一路20街上的「建大羅德奧街」，全長約400公尺，集聚餐廳、小店，過一個小十字路口還可以看到幾間並排的大型餐廳，**其中也不乏特別的飲料小店，或是在韓國難得看到的中式麻辣燙餐廳等**，位在街尾的則是知名貨櫃屋空間「COMMON GROUND」。

一到晚上在周邊地帶擺滿小攤，像個小型夜市。

🍴 建大美食街

건대맛의거리

📖別冊P.24A2 🚇2、7號線建大入口站2號出口徒步約1分 📍首爾市廣津區華陽洞；서울 광진구 화양동 🕐11:00~凌晨(各店不一)

　在**建大入口站2號出口**出站即是齊聚眾多平價美食餐廳的「**建大美食街**」，由東西向南北延伸的兩條主要道路，在夜幕低垂後更是人聲鼎沸，此處聚集附近的建大、世宗大學生族群，還有上班族等。這裡有韓式居酒屋、烤肉店、日式食堂等，還有數不清的KTV、網咖等。

👜 樂天百貨 建大Star City店

롯데백화점 건대스타시티점

📖別冊P.24A2 🚇2、7號線建大入口站4號出口從地下通道前往、5號出口過馬路徒步約5分 📍首爾市廣津區陵洞路92；서울 광진구 능동로 92 ☎1577-0001 🕐週一至週四10:30~20:00、週五至週日10:30~20:30，餐廳10:30~21:00

　樂天百貨建大Star City分店位在建大入口站約5分鐘路程之處，在地鐵站內往4號出口方向走也可直達百貨B1入口，其分為10層樓層，B1為美食街，1樓為服務台、化妝品、國際名牌等，2~5樓為女裝服飾、配件等，6~8樓為男性用品、服飾、運動、戶外、嬰兒用品，9~10樓為生活家電用品。

首爾·漢江以北

建大入口及其周邊

▼首爾·漢江以南及其周邊

Star City Mall

스타시티몰

📍別冊P.24A2　🚇2、7號線建大入口站地下道連接通道進出(可往4號出口方向步行，地下道內已有商家可逛)　🏠首爾市廣津區阿且山路262；서울 광진구 아차산로 262　📞02-2024-1500　⏰約10:00~23:00(各店不一)　🌐www.starctmall.com

與樂天百貨半結合在一起的「Star City Mall」，可分為「STAR ZONE」與「CITY ZONE」，「STAR ZONE」主要是與樂天百貨結合，並分為B2~3樓，主以逛街購物為主；「CITY ZONE」則是結合餐廳、購物和電影院等

Star City Mall是集結餐廳、購物、電影的綜合商場。

的複合式商場，B1樓有emart超市、餐廳，像是31冰淇淋、速食店，或韓式平價餐廳，1樓則有SPAO、ABC-MART、Olive Young等，2樓為樂天電影院，3樓還有一家小型美術館。

emart是韓國人日常採買的大型連鎖超市。

emart 紫陽

이마트 자양점

📍別冊P.24A2　🚇2、7號線建大入口站4、5號出口過馬路徒步約5分　🏠首爾市廣津區阿且山路272 B1F；서울 광진구 아차산로272 B1F　📞02-6742-1234　⏰10:00~23:00　🚫每月第二、四週日　🌐emart.com/

比樂天超市還要好買韓國在地超市！

位在建大入口站Star City購物百貨B1的emart和樂天超市一樣，也是販售大包裝商品，且如果仔細比價的話，可以發現有些商品甚至比樂天超市還便宜！在龍山、永登浦、清溪川、往十里、汝矣島等地區都有分店，且都鄰近地鐵站，其他地區分店也可上emart的中文網站查詢。

COMMON GROUND

커먼그라운드

別冊P.24A2　2、7號線建大入口站6號出口徒步約5分　首爾市廣津區아차산路200；서울 광진구 아차산로 200　02-467-2747　11:00~22:00，部分餐廳週末營業至1:00　www.common-ground.co.kr

韓國第一個貨櫃屋景點，將文創融入生活中的食衣住行。

　利用近200個深藍色貨櫃屋組合成兩個「ㄇ」字型的商場空間「COMMON GROUND」，分別為Street Market及Market Hall。戶外空間則有「Market Ground」、「Terrace Market」，除了特色餐飲、當地潮牌和選物小店，在這裡也時常會舉辦各大類型的展覽及戶外活動。

深藍色的工業風貨櫃屋是熱門拍照景點！

吃飯時不要端著碗

在台灣用餐時習慣將碗捧在手上，已視禮儀之道，但在韓國反之，將飯碗捧起是被視為貧窮、乞討行為，再者因盛飯器皿多為導熱性佳的不鏽鋼製成，端起時會燙手，所以韓國人都將碗平放在桌上，再以湯匙挖飯就口。

analog Kitchen

아날로그키친

Market Hall 3F　0507-1401-1265　11:30~21:30(L.O.20:30)　碳烤烏賊飯₩18,000、義大利麵₩14,000起　www.instagram.com/analogkitchen_cmgr

　自梨泰院漢南洞起家的「analog Kitchen」，結合多國料理手法製作出創意獨特的美食，其中最為知名餐點的是碳烤烏賊飯(통오징어구이밥)，店家將新鮮烏賊刷上特製醬料再做碳烤，鹹香夠味再來一杯啤酒搭配剛好。

首爾·漢江以北 ‧ 建大入口及其周邊 ‧ ➡首爾·漢江以南及其周邊

這裡也有人氣貨櫃屋！

在首爾，這樣外觀造型特殊、裡頭如同百貨商場一樣好逛好買的貨櫃屋也很流行，除了建大，在首爾林和新村也有類似的貨櫃屋，聚集了不少人潮與錢潮！

 UNDERSTAND AVENUE

언더스탠드에비뉴

🔲別冊P.33C3 🚇盆唐線首爾林站3號出口徒步約3分 🏠首爾市麻城東區往十里路63；서울 성동구 왕십리로 63 📞02-725-5526 🕙10:00~22:00 💻www.understandavenue.com

位在首爾林公園入口前有一個新興的彩色貨櫃屋廣場「UNDERSTAND AVENUE」，此為樂天免稅店所投資的文創地點，其集結116個貨櫃屋，打造出年輕、時尚的購物食樂空間。

UNDERSTAND AVENUE主要區域為Art Stand(아트스탠드)、頂樓(루프탑)、中央廣場(중앙광장)、戶外舞台(야외무대)，不定期有市集、快閃店、演出活動等；而Social Dining及Social Lab則是多功能空間，可用於舉辦各種室內活動或廚藝教室。

貨櫃屋與首爾林公園成為備受矚目的文創景點。

廣場上會不定期舉辦創意市集。

 **新村BOXQUARE**

신촌 박스퀘어

🔲別冊P.10D1 🚇京義中央線新村站1號出口徒步2分 🏠首爾市西大門區新村站路22-5；서울 서대문구 신촌로 22-5 📞02-3140-8371 🕙12:00~21:00 💻www.boxquare.com/

新村貨櫃屋進駐眾多街邊小吃店，還有手工藝品店可以參觀選購，對飾品類或訂製手機殼有興趣的人可來此挖寶；**2F**的空貨櫃還有展示藝術品及畫作；**3F**有一間露天咖啡兼酒吧進駐，晚上在此小酌超有氣氛。

兒童大公園

서울어린이대공원

📖別冊P.24B1　🚇7號線兒童大公園站1號出口即達正門；5號線峨嵯山站3、4號出口即達後門　🏠首爾市廣津區陵洞路 洞路216；서울 광진구 능동로 216　📞02-450-9311　🕐兒童大公園：5:00~22:00；遊樂園(재미나라)：平日10:00~18:30、週末10:00~19:30、動物園(동물나라)：10:00~17:00(視天氣調整時間)；自然國度(자연나라)：10:00~17:00　💲公園入園免費；遊樂園三回券成人₩12,000、青少年₩11,000、兒童₩10,000，五回券成人₩19,000、青少年₩17,000、兒童₩16,000，自由使用券成人₩28,000、青少年及兒童₩25,000　🌐www.sisul.or.kr/open_content/childrenpark

結合動物園、植物園、遊樂園等場地和設施的兒童大公園，是首爾市內最大的兒童遊樂公園，絕對堪稱是小孩子的歡樂天堂，其中**除了遊樂園、公演門票需要付費之外，其他設施都是免費參觀**，因此每逢假日總是可以看到許多親朋好友、扶老攜幼結伴出遊。

> 入口右邊有提供保管箱服務，服務時間為9:00~22:00。

> 需注意遊樂設施有分為一回、三回和自由券。

> 尺蠖瞭望台內有展覽區、免費圖書館及生態公園。

> 在鐵路下方的韓式傳統木平台，觀賞漢江美景。

> 位在2號出口處即有自行車可租借。

纛島漢江公園

뚝섬한강공원

📖別冊P.6E2　🚇7號線纛島遊園區站2、3號出口即達　🏠首爾市廣津區江邊北路139；서울 광진구 강변북로 139　📞02-3780-0521　🕐游泳池(수영장)夏季9:00~18:00(每年開放日期不一)，尺蠖瞭望台(뚝섬자벌레)週二至週五9:00~18:00、週六至週日9:00~20:00　💲腳踏車租借1小時₩3,000起，游泳池19歲以上₩5,000、13~18歲₩4,000、6~12歲₩3,000、尺蠖瞭望台免費　❌尺蠖瞭望台每週一、春節、中秋　🌐hangang.seoul.go.kr/archives/46661

> **小編按讚** 짱짱
> 到建大飽餐一頓後，可以到距離不遠的纛島漢江公園欣賞漢江美景。

位在江邊北路上的纛島漢江公園，原為江邊遊樂場，在此可以享受各種運動設施，夏季玩滑水、水上摩托車等水上活動，冬季有雪橇場及溜冰場等，一旁小型的便利商店也有販售炸雞、冷麵、熱狗等熟食。位在3號出口長約240公尺的「尺蠖瞭望台」(뚝섬자벌레)，為纛島漢江公園最大地標，瞭望台內結合藝術、文化、休憩等展示空間。纛島漢江公園也曾為韓劇《IRIS》的拍攝地。

韓國的生命線──漢江

漢江是韓國的主要河流，其將首爾市畫分為南、北，為連接南北區域，在漢江上更有近10條跨江大橋，為了一窺漢江的美麗景色，在江邊沿岸打造了不同特色的漢江公園，以廣津為首蠶室、纛島、蠶院、盤浦、二村、汝矣島、楊花、望遠、仙遊島、蘭芝及江西等12座公園。(詳細漢江介紹可至P.307)

首爾‧漢江以北 … **聖水洞** ➔首爾‧漢江以南及其周邊

聖水洞
성수동
SEONGSU DONG

「咖啡」已經深入韓國人的日常生活，上班前一杯、午餐後再和同事一杯、下班和朋友聚餐再一杯，從早期的喝茶、國外引進的茶房，到早期餐廳必備的咖啡、奶精加砂糖的三合一咖啡機，演變至現在咖啡廳結合獨特的室內裝潢，成為熱門的人氣打卡景點。

不讓年輕人最愛聚集的弘大、合井一帶專美於前，在首爾各區域的特色咖啡廳也滿地開花，像是梨泰院附近的漢南洞、綠莎坪、弘大附近的延南洞，首爾市郊板橋區等都有特色咖啡館，其中最新興的咖啡區域便是位在城東區的「聖水洞」，聖水洞是2014年首爾城市文藝復興計畫之一，將舊屋改造工業風的ONION及大林倉庫開啟聖水洞特殊的況味，尋著咖啡香畫出這趟屬於自己的咖啡地圖！

交通路線＆出站資訊

地鐵
聖水站◇2號線
首爾林站◇盆唐線

出站便利通
◎從地鐵聖水站1～4號出口出站皆可步行抵達各處咖啡館。
◎從首爾林站3號出口步行5分鐘即可抵達有首爾版紐約中央公園之稱的首爾林公園，附近也有不少新潮咖啡廳。

聖水洞是「首爾市裡的布魯克林區」
因曾作為韓劇《鬼怪》拍攝景點而開始受到觀光客注意的咖啡街，原本是製鞋和各種小工廠林立的地區，近年

受到許多年輕的藝術及設計工作者將這裡的老舊建築重新改造裝潢，揉合新舊風格的氣氛深具衝突美感，成功的扭轉老街形象，而有「首爾的布魯克林」之稱，也是首爾最潮的地區之一。

☕ GLOW
글로우

◉別冊P.24D3　◉2號線聖水站2號出口徒步5分　◎首爾市城東區峨嵯山路9街20；서울 성동구 아차산로9길 20　070-5097-5506　●週一至週五9:00~22:00、週六至週日10:00~22:00　⑤咖啡₩4,500起　◎www.instagram.com/glow__coffee

　　走時尚簡約風格的GLOW，遠離了聖水洞主要的咖啡街，在安靜巷弄內享有專屬的一片天，**店內黑白色調讓喜歡簡單格調的人感到舒適，亂中有序的擺放著座位，提供咖啡、飲品和麵包小點**，在偌大落地窗旁享受午後陽光。

大林倉庫

성수동대림창고갤러리

🔖別冊P.24C4　🚇2號線聖水站3號出口徒步5分　🏠首爾市城東區聖水二路78；서울 성동구 성수이로 78　📞0507-1390-9669　🕐11:00~22:00　💲咖啡₩6,000起　◎www.instagram.com/daelimchanggo_gallery

聖水洞最熱門的咖啡廳，工業風超帥氣！

　聖水洞的高人氣咖啡店之一，擁有兩層樓的店面相當寬敞，座位隨意又有巧思的配置，花花草草、復古暖爐、牆上的文青句子，都讓人感到舒適又愜意。店內提供簡單的咖啡及飲品，**在變身為藝廊的空間裡，享受午後的悠閒時光。**

舊倉庫變身飄散咖啡香的藝文空間。

招牌菜單「威靈頓牛排」，複製英國道地風味。

Charmandre首爾林店

차만다 서울숲점

🔖別冊P.24A3　🚇2號線纛島站8號出口徒步10分　🏠首爾市城東區首爾林2街28-12；서울 성동구 서울숲2길 28-12　📞02-6448-0812　🕐週一至週五11:30~15:00、17:00~21:30，週六至週日12:00~15:00、17:00~21:30　💲威靈頓牛排(비프웰링턴)₩48,000、義大利麵₩21,000起　◎www.instagram.com/charmandre.seoulforest

韓國情侶約會熱門餐廳！

　首爾林是首爾的一片綠洲，在這城市中的森林裡散步讓人非常放鬆和愉快，也讓此區成為約會的熱門地。英式家常菜餐廳品牌「Charmandre」是當地人氣餐廳之一，**招牌菜單威靈頓牛排(Beef Wellington)**是英國相當著名的一道名菜，特選牛肉裹上酥皮烤製，外酥內嫩令人回味無窮。訂位時可以指定窗邊座位，欣賞首爾林綠草成蔭的美景。

以假髮作為燈罩，為咖啡廳空間增添創意與趣味。

☕ TOnGUE聖水店

텅 성수 스페이스

如現代美術館般的咖啡廳。

📖別冊P.24C3 🚇2號線聖水站3號出口徒步5分 📍首爾城東區聖水二路82 2F；서울 성동구 성수이로 82 2층 ☎0507-1404-1119 ⏰10:00~21:00(L.O.20:30) 💰咖啡₩5,500起，蛋糕₩14,000起 🌐www.tongueplanet.com

　TOnGUE是韓國潮牌Ader Error旗下的咖啡廳，在首爾共有4家分店。位於聖水洞的店面在2樓，頂樓也設有座位區。走進咖啡廳，就好像踏入了現代美術館，**工業風的裝潢搭配色彩鮮豔的傢俱，還有不規則設計的傢俱與擺設**。這裡的甜點同樣充滿創意巧思：舌頭蛋糕(텅 케이크)，是玫瑰風味慕斯加上酸酸甜甜的綜合莓果內餡；emoji蛋糕(이모지 케이크)有水果和抹茶兩種口味，可愛的外型讓人捨不得吃下第一口；經典的起司蛋糕在這裡則是以珊瑚礁的造型呈現。

💡 **另有新沙分店！**

📖別冊P.25B3 🚇2號線聖水站3號出口徒步5分 📍首爾江南區島山大路11街31 4F；서울 강남구 도산대로11길 31 4층 ☎070-7771-2524 ⏰13:00~21:00(L.O.20:30)

👕 Pan am聖水旗艦店

팬암 성수플래그쉽스토어

📖別冊P.24D4 🚇3號線安國站2號出口徒步約10分 📍首爾城東區演武場路89 ；서울 성동구 연무장길 89 ☎02-3409-5976 ⏰11:00~20:00 🌐www.panam.co.kr

分隔空間的牆體由半透明的聚合材料及玻璃打造，空間充滿未來感。

　PAN AM原先是**復古風格的美國品牌**，但近年成為韓年輕人的愛牌之一，也在潮流聚集地的聖水洞開設了大型旗艦店，建築師著眼於將原本生產膠帶的工廠改造，呈現了「平凡與非凡的界線」設計概念，讓品牌轉型成為新穎的品牌。

這裡也有多種抹醬(스프레드)任君挑選，其中青蔥乳酪是Breadypost的招牌抹醬。

咖啡廳也有販售可愛的蝴蝶餅周邊。

Breadypost聖水店

브레디포스트 성수점

IG人氣蝴蝶餅專賣店！

🅐別冊P.24B3 🚇2號線纛島站5號出口徒步5分 🏠首爾城東區上元1街5；서울 성동구 상원1길 5 ☎0507-1442-2058 🕙10:00~20:00 💲原味蝴蝶餅₩3,800，巧克力·奶油胡椒₩5,500，其他口味₩8,500 🌐breadypost.com

　　首爾近來掀起了烘焙咖啡廳的熱潮，蝴蝶餅(Pretzel，프레즐)亦名列其中，而Breadypost就是**在IG上人氣超高的蝴蝶餅專賣店**！除了聖水洞，Breadypost在明洞、龍山、弘大(延南店)及汝矣島的現代百貨也都設有分店，內外裝潢都是走歐式咖啡廳的風格，吸引許多文青前來朝聖打卡。

　　進入咖啡廳後，左側是開放式廚房，可以看到新鮮的蝴蝶餅製作過程，而右側是一整面的蝴蝶餅牆，可以說是Breadypost的打卡景點之一。**蝴蝶餅種類豐富，甜鹹口味皆有**，最受歡迎的口味包括原味(플레인 프레즐)、奶油胡椒(버터페퍼 프레즐)、韭菜培根奶油乳酪(부추베이컨 프레즐)、油漬番茄玉米片奶油乳酪(토마콘 프레즐)等；還有內用限定的「迷你蝴蝶餅組合」(mini pretzel set)，一次品嚐到5種口味，並搭配橘子果醬及英式奶油。

　　蝴蝶餅單吃已經很美味，加上抹醬更是絕配！Breadypost提供多種抹醬，結帳前不妨看看有沒有喜歡的口味，但要注意的是，由於抹醬大部分主要以奶油乳酪為基底，因此外帶的話要盡快食用，以免離開冰箱太久而變質。

首爾‧漢江以北
……
聖水洞
➡首爾‧漢江以南及其周邊

☕ onion

어니언 성수

🏠別冊P.24D3　🚇2號線聖水站2號出口徒步2分　🏠首爾市聖水洞峨嵯山路9街8；서울 성동구 아차산로9길 8　📞070-4353-3238　🕐週一至週五8:00~22:00、週六至週日9:00~22:00(L.O.21:30)　💲美式咖啡₩5,000、Pandoro(팡도르)₩6,000　◎www.instagram.com/cafe.onion

　　想要遠離人潮、更接近韓國日常生活，不妨撥空一訪聖水洞，這裡有許多特色咖啡廳是韓國年青人新興打卡地點。其中以工業風格打造的「onion」，**佔地廣大的店面，不修邊幅的粗獷風格，與咖啡香、麵包香衝突卻充份融合**，記得點杯韓國人最愛的美式咖啡和店內人氣招牌Pandoro。

人氣Pandoro，酥軟口感令人著迷。

店內麵包都是出爐自2樓的烘焙坊。

不修邊幅的工業風格，怎麼拍都好看！

說到聖水洞工業風咖啡廳，第一個想到的就是「它」！

店內的點心都是每日限量，建議提早到訪。

☕ A to B

에이투비

🏠別冊P.24D3　🚇2號線聖水站2號出口徒步約5分　🏠首爾城東區峨嵯山路135 2樓；서울 성동구 아차산로 135 2층　📞070-4617-0812　🕐12:00~23:00　💲巧克力奶油拿鐵₩6,500、香蕉提拉米蘇₩8,500　◎www.instagram.com/atob_cafeandbar

　　店內巧克力奶油拿鐵在首爾掀起話題，巧克力特有的微甜苦韻凸顯出奶油的醇濃，吸引許多顧客慕名而來。走進店裡映入眼簾的可口點心區令人駐足，尤其焦糖香蕉提拉米蘇，香甜果香與微脆焦糖得結合讓美味更升級，一口咬下在嘴裡散發的濃郁口感，讓人想一吃再吃。

右側直書：首爾‧漢江以北 … 聖水洞 … ▼首爾‧漢江以南及其周邊

Jogaedo貝類海專賣餐廳
조개도

🅐別冊P.24C4　🚇2號線聖水站3號出口出口徒步約15分
🏠首爾城東區聖德亭17街8-1；서울 성동구 성덕정17길 8-1
🕐16:00~24:00　㊡週一　💲烤貝類套餐2人₩54,000、3人₩64,000、4人₩74,000　◎www.instagram.com/jogaedo_　❗週二~週四可於catchtable系統線上候位

　網路上大家狂推的海鮮餐廳，最大的特點是**用石頭加熱**，尤其烤貝類是必點菜單，可以依照人數來點餐，老闆十分熱情，會手把手教導客人如何品嘗海鮮。此外，Jogaedo也有提供新鮮的生干貝。

單獨吃海鮮，有些人可能會覺得太單調，也可以選擇其他菜單如刀削麵或是拉麵。

酒塞還可以當成許願牌掛到聖誕樹上，營造出一片充滿詩意的節慶氛圍。

Nest of Goose
기러기둥지 성수

🅐別冊P.24C3　🚇2號線聖水站3號出口出口徒步約5分
🏠首爾城東區演武場路38 2F；서울 성동구 연무장길 38 2층　☎0507-1460-0459　🕐16:00~23:30　💲經典肉餡餅₩18,000、番茄咖哩雞燉菜₩23,000、松露奶油土豆泥₩21,000　◎www.instagram.com/nestofgoose_seongsu

　Nest of Goose是**十二月必訪的聖誕餐廳**，位置十分隱密，推開木門，眼前展現的是一系列以北歐風格為靈感、在餐桌旁的聖誕藝術。搭配光影的巧妙設計，呈現出浪漫溫馨的氛圍。

saladaeng temple

살라댕템플

📍別冊P.24D4　🚇2號線聖水站3號出口出口徒步約15分
🏠首爾城東區聖水二路16街32；서울 성동구 성수이로16길
32　☎0507-1359-2289　🕐11:30~22:30　💲三層開胃小點
₩43,000 、泰式咖哩₩43,000　📷www.instagram.
com/saladaeng.series

　聖水最熱門的網紅餐廳非「saladaeng temple」莫
屬，從**需搭乘接駁船進餐廳就話題十足**，進入餐廳印
入眼簾的就是大型的佛像裝飾和充滿綠植的室內裝
潢，而餐點的擺盤也是十分吸睛，三層點心架的開胃小
點是人氣菜單，口味也非常道地！

餐廳正中間有
水池，用餐氛圍
滿分。

店內不定時有限量系
列以及 TAMBURINS
人氣品項，是熱門的
韓國伴手禮之一。

🎁Tamburins聖水旗艦店

탬버린즈 성수 플래그십스토어

📍別冊P.24C3　🚇2號線聖水站4號出口出口徒步約5分
🏠首爾城東區演武場5街8；서울 성동구 연무장5길 8　☎
0507-1491-2126　🕐11:00~21:00　🌐www.
tamburins.com/en/

　**因韓國人氣女團BLACKPINK的Jennie代言後爆
紅的小眾香氛品牌TAMBURINS的第3間獨立門市正式
在聖水洞登場**，帶有斑駁冷冽氛圍的混凝土框架呈現
出工業風，大面玻璃牆也讓店內視覺空間看起來更寬
廣，也能更舒適的購物。

延茂莊café & pub

카페&펍 연무장

🔼別冊P.24C3　🔵2號線聖水站4號出口出口徒步約5分
🏠首爾城東區演武場街36演武場8F；서울 성동구 연무장길 36 연무장 8층　☎02-499-4455　🕐11:00~21:00　🍴美式咖啡₩4,500起　📷www.instagram.com/yeonmujang

比起聖水洞其他的網紅咖啡，在延茂莊可以**享受寧靜的舒適時光**，店內的裝潢簡單大氣，就算一個人來此也可以獨自享受遠離塵囂的愜意，窗邊的位子可以在黃昏時刻看著從夕陽慢慢沒入地平線，或是看看聖水洞夜晚熱鬧街景，是許多顧客喜歡到此的原因。

頂層露台也都放置座椅，讓人們可以自由自在的欣賞城市風景。

Puff out

퍼프아웃

🔼別冊P.24D4　🔵2號線聖水站3號出口出口徒步約10分　🏠首爾城東區演武場路84 1F；서울 성동구 연무장길 84 1층　☎0507-1417-8884　🕐週一至週五8:00~21:30、週六至週日10:00~21:30　🍴拿鐵₩6,500起　📷www.instagram.com/puff.out_coffee

內用需每人低消一杯飲料，也要注意音量。

店內打造為**半開放式的風格咖啡廳，暗色調的空間與大型螢幕牆融為一體**，在光影變化下彷彿熠熠星光，餐廳的飲品雖然不多但是店家精選的商品，咖啡是特別推薦的選項。

首爾・漢江以北

聖水洞

▼首爾・漢江以南及其周邊

明鏡池因能如鏡子倒映對面的鷹峰山和樹林而得名。

據說藝人金秀賢買的房子，就在公園一旁的這兩棟建築物裡。

🌳 首爾林公園

서울숲

🔺別冊P.6D2　🔺盆唐線首爾林站3號出口徒步5分　🔺首爾市城東區纛島路273；서울 성동구 뚝섬로 273　🔺02-460-2905　🔺24小時　🔺parks.seoul.go.kr/template/sub/seoulforest.do

　　「首爾林公園」建於2006年，**占地約35萬坪**，因擁有大片森林被譽為韓國版的紐約中央公園。公園植栽約**95種樹木並設計4個主題公園**：一為「文化藝術公園」(문화예술공원)，設有廣場、戶外舞台、人工湖、球場等休閒空間；二為「自然生態林」(자연생태숲)，依動物原生態棲息地而建築，並放養梅花鹿、松鼠等動物；三為「自然體驗學習園」(자연체험학습원)，利用舊有的淨水廠設施建成畫廊庭院、溫室、野生花草園等；四為「濕地生態園」(습지생태원)，有藻類觀察台、環境遊樂園、淨水植物園等體驗空間。

公園的野生鹿場可以餵養鹿飼料。

城北‧付岩洞

城北‧付岩洞

성북 부암동
SEONGBUK‧BUAM DONG

在 首爾城北同樣有許多值得造訪的景點，其中以三清閣最為知名，它過去是達官權貴宴客的地方，2001年首爾市政府將三清閣買下，開放民眾參觀；優雅的傳統建築中，有可以品嘗宮廷料理的宴會廳、小劇場和茶館，也有提供韓國傳統茶藝、音樂、韓紙工藝等體驗課程。

此外，韓國人特別喜歡爬山、散步，城北的幾座郊山便成為當地人閒暇時，和三五好友或一家老小一起登山、休閒的地方；有興趣的遊客也可以一塊上山瞧瞧，登高感受首爾另一番風情。

至於位於市區西北隅的付岩洞原本鮮少人知，直至被韓劇《咖啡王子1號店》帶動了觀光風潮，秀麗的風貌才為人知曉。這一帶分布著許多可愛的商店、咖啡館或博物館，不但自然風光優美，藝術氣息也濃厚。

交通路線 & 出站資訊

地鐵
景福宮站⇨3號線
舊把撥站⇨3號線
道峰山站⇨1號線
北漢山牛耳站⇨牛耳新設線

出站便利通
◎搭到景福宮站後至3號出口出站，再轉搭公車即可到城北及付岩洞區域。
◎轉搭公車1020、7022或7212號至「付岩洞住民中心(부암동주민센터‧무계원)」站下，景點皆在步行可達的區域。注意此區域多山路與小坡，建議穿運動鞋前往較佳。
◎3號線安國站5號出口、4號線漢城大學站6號出口，可等候前往三清閣的接駁車。時刻表可至網站查詢：www.samcheonggak.or.kr/location/
◎從舊把撥站1號出口出站轉搭公車34或704可前往北漢山城。
◎前往道峰山方向可搭至道峰山站從1號出口出站步行約10分即抵達登山口。

很多角度都可以望見蟠踞在北岳山上的首爾城郭。

👁 付岩洞

부암동

🕐別冊P.32 🚇地鐵3號線景福宮站下，從3號出口出站，轉搭公車1020、7022或7212號至「付岩洞住民中心(부암동주민센터‧무계원)」站下，約經過5、6站，車程約10分 🏠首爾市鍾路區付岩洞

位於市區西北隅的付岩洞，因為地鐵無法直接到達，一向是非常寧靜的住宅區，直到韓劇《咖啡王子1號店》在這一帶取景，秀麗的風光讓人為之驚艷，觀光客才略為多了起來。這一帶的巷弄間，順著山坡地分布著許多豪宅、別墅，也有不少小型的博物館、咖啡廳，藝術氣息濃厚。

☕ CLUB ESPRESSO

클럽에스프레소
🚌巴士「付岩洞住民中心(부암동주민‧무계원)」站下徒步約3分 🏠首爾市鍾路區彰義門路132；서울 종로구 창의문로132 ☎02-764-8719 ⏰09:00~21:00(L.O.20:50) 💲咖啡₩5,000起 🌐www.clubespresso.co.kr

位在付岩洞的CLUB ESPRESSO是幢有復古風味的紅磚房子，進到室內馬上能聞到濃郁咖啡香，除了喝到專業級的咖啡，也有許多口味的咖啡豆，像是來自南美、亞洲、非洲等各國生產的咖啡豆。這棟兩樓的建築，1樓為座位區、咖啡豆展示區與結帳區，2樓則是烘豆區與杯測咖啡區。

外頭的衝天煙管，是架設在2樓的咖啡豆烘焙機所有。

demitasse

데미타스

🚌巴士「付岩洞住民中心(부암동주민·무계원)」站下徒步約1分 🏠首爾市鍾路區彰義門路133 2F；서울 종로구 창의문로133 2F ☎02-391-6360 🕐週一至週六11:00～20:00，週日11:00～19:00 ❌週三 💲美式咖啡₩4,000起、餐點約₩14,000起

主打手工製作餐點的demitasse，店內的熱、冷飲到餐點皆是主人一手打包，餐點使用的食材也親自挑選。店內走的是日系的雜貨風格，使用大量的木質裝潢與桌椅等，營造出溫馨的用餐環境，也有販售磁盤、茶具與杯組。用餐地方一旁即是廚房，**料理品項有咖哩飯、義大利麵、蔬菜炒年糕等。**

付岩洞周邊處處是特色建築。

부빙

可愛的白熊來做為招牌的付岩洞冰店。

季節限定的柚子冰。

小編按讚 짱짱

🧁 付岩洞冰店

부암동빙수집(부빙)

🚌巴士「付岩洞住民中心(부암동주민·무계원)」站下徒步約1分 🏠首爾市鍾路區彰義門路136；서울 종로구 창의문로136 ☎02-394-8288 🕐13:00～19:30(L.O.19:00) ❌週一 💲冰品₩10,000起 ◎www.instagram.com/ice_boobing

付岩洞冰店小小的冰藍色店面、落地窗，鑲上木質邊框，看起來涼爽舒服。室內使用木質桌椅搭配溫暖黃光，營造溫馨的用餐環境。**店內販售的冰品約有6～8種，像是原味的紅豆冰(팥빙수)、焦糖(카라멜)、草莓(딸기)、抹茶(녹차)、芝麻(흑임자)、韓式年糕(인절미크림)等。**

小熊圖案首先吸引目光！白牆與木質桌椅搭配，溫馨可愛。

木質家具與手作布料的裝飾，營造溫暖氣氛。

☕ 裁縫咖啡館CAFÉ STAMMTISCH

카페스탐티쉬

🚌巴士「付岩洞住民中心(부암동주민·무계원)」站下徒步約3分 🏠首爾市鍾路區白石洞路1；서울 종로구 백석동길1 ☎0507-1444-8633 🕐週日至週四12:00～22:00、週六12:00～23:00 ❌週一 💲咖啡₩4,500起，冰品₩13,000起 ◎www.instagram.com/cafe_stammtisch

將拼布裁縫與咖啡館結合在一起的CAFÉ STAMMTISCH，店內除了販售手作拼布的成品，還可以喝杯咖啡享受付岩洞的悠閒時間。**店內的菜單以咖啡和茶類為主，另有汽水、冰茶類可點，不定期提供手工甜點**，如果是晚上來店家則有提供啤酒，不妨可以小酌放鬆一下。

雞熱社

小編推薦
讚讚

계열사

🚌巴士「付岩洞住民中心(부암동주민·무계원)」站下徒步約3分 🏠首爾市鍾路區石白洞路7;서울 종로구 백석동길7 ☎02-391-3566 ⏰週二至週六12:00~22:30、週日12:00~22:00 ⛔週一 💲炸雞(후라이드)₩22,000、海螺麵線(小份)(골뱅이소면)₩25,000

當地人推薦！店家手腳俐落，無需太多時間即可享受的排隊美食。

店內滿滿的人潮都是衝著美味炸雞來！

　　在前後左右皆是餐廳包夾下的雞熱社，憑藉著美味的炸雞成為火熱的排隊美食，來到店內吃炸雞的多為韓國當地人，室內座位不多但翻桌率高，很快就能等到座位，店家也有提供外帶的服務。**店內以炸雞最熱銷**，餐點裡的炸馬鈴薯，香脆鬆軟的口感令人吮指回味，還有特別的海螺麵線是當地人必點單品。

外面依舊保留寫著主角崔漢成名字的門牌。

능금나무길75
최한성

可愛的路邊警示牌。

擺放在外頭的黃色車子超顯眼！

彰義門

창의문

🚌巴士「付岩洞住民中心(부암동주민·무계원)」站下，往人行道上的石階徒步約3分 🏠首爾市鍾路區彰義門路42(彰義門服務中心);서울 종로구 창의문로 42 ☎02-730-9924

　　首爾城廓為朝鮮太祖在西元前1396年為守衛當時漢城而建造，全長有18.7公里，一路自北岳山、駱山、南山至仁王山。在這之中有著名的四大門與四小門，**其位處於付岩洞的彰義門即為四小門之一，又被稱為北小門或紫霞門**，位在西北邊的彰義門與北岳山相相通，為與北岳山之間的交通要道，目前為四小門中唯一一個保留原貌的重要遺跡。因彰義門為軍事基地，外國旅客可至彰義門案內所填好表格，即可得到通行證入內參觀。

韓綜《Running Man》曾在彰義門前作節目開場。

山木同一

산모퉁이

🚌巴士「付岩洞住民中心(부암동주민·무계원)」站下徒步約10分 🏠首爾市鍾路區白石洞路153;서울 종로구 백석동길153 ☎02-391-4737 ⏰11:00~19:50(L.O.19:20) 💲咖啡和茶₩8,000起、飲料₩8,000起

　　看到這個大門、這個建築是否有種似曾相識的感覺？沒錯！這裡就是韓劇《咖啡王子一號店》的重要場景之一——崔漢成大叔的家！位在付岩洞山坡上的山木同一，室內還保留許多《咖啡王子一號店》的道具以及攝影集，提供給影迷回味。因山木同一臨近北岳山，到2樓後便可遠眺北岳山全景。

首爾·漢江以北 城北·付岩洞

首爾·漢江以南及其周邊

☕ The piano

더 피아노

🏠別冊P.32B5 🚇牛耳新設號線北漢山輔國門站1號出口車程約15分 🏠首爾市鍾路區平昌6街71;서울 종로구 평창6길 71 ☎02-395-2480 ⏰11:00~19:00 🈔週二 💲咖啡飲品₩14,000起 📷www.instagram.com/thepiano_official

　位於北漢山的「The piano」的位置鑲嵌在山崖邊上，以絕美的山壁為宣傳亮點，懸崖咖啡廳整體建築延伸出山體，是結合醇香咖啡與自然美景的療癒空間，雖然店內價格偏高，但俯瞰流過山壁的流水，意外也能慢慢撫慰旅人疲憊的心靈。點完餐之後顧客可以自行挑選喜愛的座位，從戶外區的座位遠眺就是山巒的遼闊美景。

戶外空間的座位區更能欣賞到美麗景色。

不論何處的座位區都與山崖完美地融合在一起，呈現不一樣的風情。

☕ 山腳咖啡

카페 산아래

🏠別冊P.32C4 🚇牛耳新設線北漢山牛耳站1號出口徒步約6分 🏠首爾市江北區三陽路181街56 102號;서울 강북구 삼양로181길 56 102 ☎0507-1352-8813 ⏰週一至週五11:00~20:00(L.O.19:30)、週六至週日11:00~22:00(L.O.21:30) 💲咖啡₩5,500起、甜點₩7,000起 📷www.instagram.com/cafe_sanare

　若你想要選離市區塵囂，來到位於北漢山旁的山腳咖啡會是最佳的選擇，在這你可以看到季節的變化，挑高的空間與落地窗讓戶外的美景就像一件藝術品。咖啡廳有分成室內座位區還有戶外的空間，旁邊是綠意盎然的小山谷，可以盡情享受芬多精的薰陶。咖啡廳除了咖啡等飲品，還有麵包蛋糕等可供選擇。

☕ 星巴克 北韓山店

스타벅스 더북한산점

🔺別冊P.32A4 🚇3號線舊把撥站2號出口出站，轉搭公車704號至「北韓山城入口(북한산성입구)」站下，徒步約7分 🏠首爾恩平區大西門街24-11；서울 은평구 대서문길 24-11 ☎1522-3232 ⏰週一至週五08:00~20:00，週六至週日7:00~20:00

位於北漢山旁的星巴克就，**森鄰山景宛如現實版世外桃源，內部擺設也走自然寬敞的風格，最吸睛的就是位於頂樓的露臺，可以眺望**北漢山也能拍下遼闊風景照，還有露天的桌椅，能顧客更加貼近大自然。

> 北漢山也以秋楓美景而聞名，不訪可以在秋天到訪享受不同風情。

> 隱藏在韓屋村裡的「1人1杯」，能同時瞭望韓屋村和北漢山風景。

☕ 1人1杯

1인1상

🔺別冊P.32A5 🚇3號線舊把撥站2號出口出站，轉搭公車7211、7723號至「Hana高中·三川寺·津寬寺(하나고·삼천사·진관사)」站下，徒步約2分 🏠首爾恩平區津寬洞127-27；서울 은평구 진관동 127-27 ☎0507-1488-1277 ⏰11:00~19:30 💰早午餐₩14,000起、甜點₩11,000起 ◉www.instagram.com/1in_official

想要遊逛傳統韓屋村，除了北村，還有建於2014年的恩平韓屋村(은평한옥마을)也十分值得到訪。這裡的**韓屋結合現代風格的設計，更有視覺的一致性。**「1人1杯」也是這邊必試的熱門咖啡廳，餐點除了傳統風味的甜點和咖啡，也有提供義大利麵和牛排的套餐。二樓的靠窗座位是IG打卡的最佳位置，可以一覽韓屋村和北漢山風景。

首爾・漢江以北

城北・付岩洞

首爾・漢江以南及其周邊

綠意盎然的庭院和雅致韓屋散發著寧靜氣氛。

刨冰淋上細火熬煮的甜南瓜，綿軟潤口。

喝一口茶、配著韓式小點，在這裡的時間似乎都過得特別慢。

☕ 壽硯山房

수연산방

洋溢書卷香的山中茶房。

🗺別冊P.32B2 🚇4號線漢城大入口站出站，轉搭1111、2112號公車，在「李泰俊家屋(이태준가옥)」站下車 🏠首爾市城北區城北路26街8；서울 성북구 성북로26길 8 ☎02-764-1736 🕐週三至週五11：30～17：50(L.O.17：00)，週六11：30~21：50(18：00~19：00休息，L.O.21：00)，週日11：30~19：40(L.O.18：50) 🚫週一、週二 💰紅棗茶(대추차)₩15,000、甜南瓜刨冰(단호박빙수)₩15,500 📷 https://www.instagram.com/sooyeonsanbang

位於城北洞的「壽硯山房」，是一間由傳統韓屋改建的茶室，綠意盎然的庭院和古色古香的木造韓屋。1933年時，韓國文學家李泰俊曾在此隱居了13年，在他離去後的四十多年，也就是1977年時這幢傳統韓屋便被首爾市列為政府管理的民俗建築。

後來，李泰俊的孫女決定把老宅邸改建成一間古色古香的茶屋對外開放。茶屋內裝保存完整，彷彿將時光定格在上個世紀，處處都能窺見李泰俊生活過的痕跡。店內提供各種韓國茶和年糕甜點，年輕人也喜愛的南瓜紅豆冰更是夏季的人氣商品。

👁 三清閣

삼청각

坐落山腰的傳統建築，漫步其中頗有逸致。

🗺別冊P.7C1 🚇3號線安國站5號出口、4號線漢城大學站6號出口，可等候前往三清閣的接駁車。時刻表可至網站查詢：www.samcheonggak.or.kr/location/ 🏠首爾市城北區大使館路3；서울 성북구 대사관로3 ☎02-765-3700 🕐韓式餐廳(한식당)12：00～15：00、18：00～21：00，茶園咖啡廳(카페 다원)11：00～21：30 🌐www.samcheonggak.or.kr

「三清」之意源自道教所說的「大清、玉清、上清」，三清閣過去是達官權貴宴客的地方，長達半世紀的時間，一直到1999年有心人士欲申請改建為私人住宅，引起大眾矚目，2001年首爾市政府遂將三清閣買下，以保護其建築與周遭風景，並將其開放給民眾參觀，現在委由世宗文化會館管理。

三清閣主要可分為三部分，中心建築為一麸堂，1樓為精緻的宴會廳，2樓是小劇場和茶館，坐在走廊還可遠眺北漢山景。千秋堂、聽泉堂、幽俠亭是傳統文化教室，不定期提供韓國傳統茶藝、音樂、韓紙工藝等體驗課程，還有展覽和表演活動。此外，三清閣皆為傳統建築，坐落山腰，不時還有主題花卉展，漫步其間感受閒情逸致。

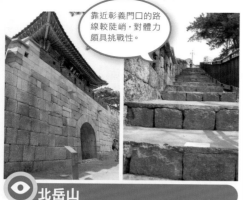

靠近彰義門口的路線較陡峭，對體力頗具挑戰性。

北岳山

북악산

◎別冊P.7C1 ◎1、3號線景福宮站3號出口，轉搭公車1020、7022或7212號，於彰義門下車，徒步約2分可達彰義門旁的登山口 ◎首爾市鍾路區付岩洞彰義門指南所 ☎02-730-9924 ◎春季、秋季(3~4月、9~10月)7:00-18:00(最後上山時間16:00)，夏季(5~8月)7:00-19:00(最後上山時間17:00)，冬季(11~2月)9:00-17:00(最後上山時間15:00) ◎免費 ◎seoulcitywall.seoul.go.kr/wallcourse/1.do ◎外國人登山必須以護照換取通行證，回程再換回，所以必須原途往返；17:00前一定要回到指南所換回證件。

北岳山為首爾的內四山之一，朝鮮太祖李成桂定都漢陽後，便著手進行城郭修建的大工程，城牆圍繞著北岳山、仁王山、駱山與南山，作為防禦北方敵人的堅強防線。

北岳山的首爾城郭可以從3個入口進入：一個是從位於付岩洞的彰義門，一個是位於三清閣旁邊的肅靖門，一個是位於成均館大學後側的臥龍公園。

道峰山

도봉산

◎別冊P.24C3 ◎1、7號線道峰山站1號出口徒步約10分可達登山口 ◎首爾市江北區牛耳洞道峰區一帶 ☎02-954-2566 ◎夏季(3~10月)7:30-18:00，冬季(11~2月)8:00-17:00 ◎tour.dobong.go.kr/Contents.asp?code=10006269

道峰山位於北漢山國立公園的北側，雖山勢較低，只有海拔739公尺，但**和北漢山一樣都是巨大的花崗岩石，不但山勢陡峭、風景秀麗，有不少地方需要攀著繩索而上，爬起來頗有些難度**，適合喜歡迎接挑戰的人。臨近地鐵站的道峰山不必轉車即可步行至登山口，愛爬山的人不妨從這裡作為親近首爾的山的第一步。

前往道峰山只要搭乘地鐵再步行即可達，交通十分方便。

站在主峰上視野廣闊，被譽為首爾第一名山。

北漢山

북한산

小編攻略 讚讚

◎別冊P.32B4 ◎3號線舊把撥站2號出口出站，轉搭公車704號至「北漢山城入口(북한산성입구)」站下，徒步約7分 ◎首爾市城北區貞陵洞一帶；서울 성북구 정릉동 ☎02-909-0497 ◎bukhan.knps.or.kr/

單位面積遊客最多的國立公園！視野遼闊、景象壯觀。

北漢山國立公園橫越在首爾的北方，總面積達79.9平方公里，1983年被指定為韓國第15個國立公園，南為北漢山、北稱道峰山，每年遊客達500萬人次，在金氏世界紀錄上是「單位面積遊客最多的國立公園」。

北漢山的正式名稱是三角山，由海拔836公尺的白雲峰、810公尺的仁壽峰和799公尺的萬景峰三足鼎立，主要由巨大的花崗岩構成，共有20多條登山路線。

漢江以南怎麼玩

分 屬於漢江以南的江南地區，是首爾市區與國際接軌的商業中心及黃金地帶。藉由1988年的漢城（首爾）奧運，韓國政府大舉興建江南地區，江南因而躍身成為最繁華先進的商業地區，成為重點區域的江南房價也水漲船高，其中以漢江沿岸及汝矣島的房價最昂貴，韓國人也將居住在江南視為有錢象徵。

❶ 永登浦 영등포

永登浦是個高度發展的商業及住宅區，周邊擁有許多流行的購物百貨和商場，現代百貨汝矣島店是首爾規模最大的購物中心，還有時代廣場、樂天百貨、新世界百貨可以逛。

❷ 汝矣島 여의도

汝矣島是填補漢江而成的人工島，聚集證券交易所、電視台等高樓大廈，是韓國的政治、經濟中心；島上廣大的綠地與河畔步道，也吸引民眾前來散步、遊憩，在汝矣島可以利用漢江遊船欣賞首爾的城市風景。

❸ 新沙洞林蔭道 가로수길

有「首爾表參道」之稱的新沙洞林蔭道，街道兩旁聚集流行元素滿點的服飾店，秋時金黃色的銀杏，更為大道妝點浪漫氣氛，逛累了也有不少氣氛、設計感俱佳的餐廳和咖啡館可選擇。

❹ 狎鷗亭 압구정

狎鷗亭素有「首爾比佛利山」的稱號，這裡的店家設計、品質、服務和消費皆高檔，從Galleria百貨東西館到羅德奧時裝街的精品服飾店、餐廳，都能讓人感受到與眾不同的奢華氣息。

❺ 清潭洞 청담동

清潭洞可說是首爾最昂貴的地段，這個區塊因入住眾多韓國政商名流，沿街的國際精品店更顯不同的生活氣息。

❻ 文井洞 문정동

文井洞雖離市區有段距離，但因為是過季商品的集中區，讓不少人會特地前往撿便宜。這裡的商店是常年打折，即使價格便宜，但衣服排列整齊，同時還可以讓人試穿，讓購物樂趣大大加分。

❼ 江南 강남

提到「江南」，一般腦海中就會浮現「高級」的印象：全首爾最貴的地段、名牌、精品、高級餐廳等，高樓大廈林立，點與點之間的距離比較遠，和漢江以北是截然不同的都市印象。

首爾‧漢江以南及其周邊

江南

江南
강남
GANGNAM

江南區是首爾現代化的先驅,此區域擁有許多高級大樓、頂級餐廳、購物大樓、商業中心,就好比日本東京的青山、台北的天母般,是很多人夢想居住的一區。

江南廣義上指得是漢江以南的地區,範圍相當廣大;因此,除了此處,本書會針對幾個重要的細部區域,如狎鷗亭(詳見P.286)、清潭洞、汝矣島(詳見P.301)、永登浦、新沙洞(詳見P.277)、樂天世界……再另闢專區做詳細介紹,可見本書各單元。

交通路線&出站資訊

地鐵
江南站◌2號線、新盆唐線
新論峴站◌9號線、新盆唐線
論峴站◌7號線、新盆唐線
鶴洞站◌7號線
宣陵站◌2號線、水仁‧盆唐線
三成站◌2號線
矗院站◌3號線
高速巴士客運站◌3、7、9號線
新盤浦站◌9號線
內方站◌7號線
教大站◌2、3號線

銅雀站◌4、9號線
可樂市場站◌3、8號線
良材站◌3號線、新盆唐線
彥州站◌9號線
江南區廳站◌7號線、水仁‧盆唐線

出站便利通
◎因江南區的店家分散區域較廣,建議可從相近的地鐵站來做路線規畫,如江南站2、3號出口出站走至新論峴站,這段路上是最繁華的地段,聚集相當多服飾店、美妝店,然後再轉向旁邊的小巷子覓食。

◎三成站5號出口近COEX MALL,裡面有海洋主題公園與泡菜博物館等有互動的空間,適合當成一條主要活動路線。

◎高速巴士站1、2、3出口出站為高速巴士客運站地下街,此處是購物逛街的最好選擇,5號出口出站再走約15分鐘,即可到有小法國村之稱的瑞來村,在此可享受猶如外國社區般的悠閒步調。

> 帶著一本書或筆電,點上一杯好咖啡,盡情享受都市中的休閒。

別冊P.27C3

☕ At Bali (ab Cafe)

度假風咖啡廳。

에이비카페

◎別冊P.27C3 ◎9號線新論峴站6號出口徒步約10分 ⓞ首爾市江南區江南大路102街32;서울 강남구 강남대로 102길 32 ☎02-566-2052 ◎24小時 ⑤美式咖啡₩6,000、拿鐵₩6,500

這家咖啡廳位於江南鬧區,**內部裝潢是走度假休閒風,藤製的桌椅與充滿南洋風情的布置,讓人感到十分舒適,整棟咖啡廳**總共有3層樓,一頭為採取挑高式設計,整體寬敞舒適,令人非常放鬆,2~3樓有不同的座位數較多,適合三五好友在此停留休息。

首爾‧漢江以北

首爾‧漢江以南及其周邊

……

江南

店內採開放空間，可以自由穿梭在植物裝飾區，能充分感受到自然。

 植物館PH

식물관 PH

植物園系咖啡廳與文化空間。

🅰別冊P.6E3 🚇3號、水仁盆唐線水西站1號出口徒步約20分 🏠首爾市江南區廣坪路34街24；서울 강남구 광평로34길 24 ☎02-445-0405 ⏰12:00~18:00 💰成人入場券₩10,000、青少年入場券₩7,000 📷www.instagram.com/sikmulgwan.seoul

　植物館PH是咖啡結合藝術的複合文化空間。**主要用植物裝飾出的這個休憩文化空間，不定時會有不同的藝術或是文化展覽，讓現代人在忙碌的生活中之餘，能在鬱密的綠蔭下與植物一同休憩。**室內採光充足，溫暖的陽光隱約地灑進室內，在寬敞的空間喝喝咖啡看看展覽，此種心胸放鬆的氛圍讓此處很受年輕人歡迎。

首爾·漢江以北

首爾·漢江以南及其周邊

江南

☕ Treeanon

트리아농

🏃別冊P.26D2 🚇7號線江南市廳站4號
出口徒步約15分 🏠首爾市江南區鶴洞路
59街43；서울 강남구 학동로59길 43 📞0507-1496-
5955 🕘9:00~21:00 🚫週日 💲英式下午茶一人
份₩25,000起、司康₩3,000起 📷www.
instagram.com/cafe_treeanon

清潭名媛風
高級下午茶。

英式茶飲與豐盛的點心
的下午茶須兩人以上才
能享用，建議提早預約。

　「Treeanon」位於引領首爾時尚潮流的清潭洞地
段，**從外觀裝潢到甜點處處顯露著低調奢華的高級
感**，店內主打英式下午茶，用三層點心瓷盤裝盛，自
下而上，第一層放鹹點三明治與可頌等、第二層放傳
統英式點心司康，最後第三層則放蛋糕及水果塔，半
戶外區的座位區因照明充足，讓人有置身在歐洲旅遊
的感覺。

Buanjib

원조부안집잠실새내점

烤五花肉名店！

🔺別冊P.6E3　🚇2號線暨新川站3號出口徒步約10分　🏠首爾市松坡區百濟古墳路15街55 1F；서울 송파구 백제고분로15길 55 1층　📞0507-1302-3039　🕐週一至週四16:00~23:00，週五16:00~24:00，週六13:00~24:00，週日13:00~23:00　💲五花肉(숙성삼겹)₩15,000、烤豬皮(쫄깃껍데기)₩9,000

Buanjib是有名的烤肉鎖店，肉質新鮮且價錢合理為一大吸客特點之外，魚露、鹽、芝麻葉、大蒜與辣椒醬等八種的肉類配料、店內的蔥泡菜更是一絕，可以直接配著烤肉吃也可以將其泡入油中添增香氣，就算是外國人也不用擔心，店內都會協助烤肉所以可以品嘗到最佳的口感。

炭火燒烤的肉質柔軟多汁，完全鎖住肉的美味。

🎁 江南站地下街

강남역지하쇼핑센터

🔺別冊P.27C4　🚇2號線、新盆唐線江南站出口即達　🏠首爾市江南區江南大路地下396；서울 강남구 강남대로 지하396　📞02-553-1898　🕐9:00~22:00　🈺農曆新年、中秋節(各店不一)

走出**江南地鐵站**，眼前就是看不見盡頭的成排店鋪，從吃的穿的到住的，都可以在這個廣大的地下迷宮找到。由於交通非常方便，又可遮風避雨，在天候不佳或者酷寒的冬季，就會看到通道擠得水泄不通，地上的人潮全部擁到地下街來了。

首爾·漢江以北

首爾·漢江以南及其周邊 江南

點滴飲料，就像點滴一樣可以自行控制注入速度。

🍴 魔女廚房

小編按讚 讚讚

마녀주방

🗺別冊P.27C4 🚇2號線江南站11號出口徒步約10分 🏠首爾市江南區江南大路94街9 B1F；서울 강남구 강남대로94길 9 지하 1층 📞0507-1345-1116 🕐12:00~22:00 (L.O. 21:00) 💲魔女牛排(마녀의 돈마호크 스테이크)₩15,900、醬料炸雞奶油義大利麵(간장치킨 크림 파스타)₩14,500 🌐witchskitchen.co.kr

以魔女為主題，深具話題性。

　魔女廚房隱身在江南CGV後巷內的B1樓，店內僅以小燈泡做光源，營造出神秘的用餐氣氛，香辣泡菜炒飯上的骷髏頭造型荷包蛋、義大利麵旁的魔女手指裝飾(要加手指裝飾的話須告知店員)，還有設計成點滴的飲料，都讓這頓餐充滿魔幻魅力，而且別以為成本都花在花招上，餐點本身很美味，一點都沒有華而不實。

🍴 海泥中的珍珠

小編按讚 讚讚

갯벌의진주본점

🗺別冊P.27C3 🚇9號線新論峴站3號出口徒步約3分 🏠首爾市江南區鶴洞路2街55 2F；서울 강남구 학동로 2길55 2층 📞0507-1448-8909 🕐16:00~4:00 💲烤扇貝(가리비구이)、清蒸扇貝(가리비찜)₩48,000 📷www.instagram.com/pearl.of.mud.flat

活力四射的用餐氣氛，深受年輕人喜愛。

　這家店提供數十種新鮮貝類，從叫得出名字的牡蠣、文蛤、扇貝到叫不出名字的都有。門口的大水槽放著滿滿的活貝，客人點菜後才用大網子撈起來處理。把超新鮮的貝類加點蔥花、奶油，或者灑上起司，連殼帶貝放到火爐上碳烤，配上韓國燒酒是再適合不過的了。

首爾‧漢江以北

首爾‧漢江以南及其周邊 ── 江南

 COEX MALL

코엑스

ⓜ別冊P.26E2　◎2號線三成站5、6號出口即達　◎首爾市江南區永東大路513；서울 강남구 영동대로 513　☎02-6000-0114　◷10:00~18:00(各店不一)　ⓦwww.coex.co.kr

COEX韓國國際會議展覽中心於2000年5月啟用，擁有展覽中心、會議中心、亞歐高峰大廈、貿易會館、飯店等設施，以及號稱全亞洲最大的COEX MALL。

COEX MALL是集購物、娛樂、文化等各種設施於一體的綜合娛樂休閒空間，有各式服飾、禮品店、大型電影院、書店、音響店等，並有一間具世界級規模的海洋主題公園。

👁 星之芳庭圖書館

별마당 도서관

ⓐCOEX MALL B1~1樓　☎02-6002-5300　◷10:30~22:00

> 超美打卡點，百貨裡的巨型圖書館。

這間位於COEX Mall的巨型圖書館，風格相當現代化，採用木材作為裝潢基調，時尚的設計以及能從多面大窗讓陽光照射進來的極佳採光，都讓人充分擁有在時尚文藝空間中閱讀的氛圍。館內擁有50,000多本藏書及雜誌供讀者免費閱讀，還可使用iPad閱讀電子版本。

> 星之芳庭是首爾第一間開在百貨商場裡的圖書館。

👁 海洋主題公園

COEX Aquarium

코엑스아쿠아리움

ⓐCOEX MALL海洋街最底端　☎0507-1435-7203　◷10:00~20:00(最後入場閉館前1小時)　Ⓢ全票(13歲以上)₩33,000、優待票(3~12歲)₩29,000；網路購票可享優惠　ⓦwww.coexaqua.com

海洋主題公園為韓國最大規模的水族館，擁有500多種、4萬多條的魚，展示的水族箱約有40個、飼育水箱約有130個。園內分有「亞馬遜密林探險」、「七色海」、「Deep Blue Sea」，以及可180度觀賞海洋生物的海底隧道。韓劇《聽見你的聲音》朴修夏和張彗星的眼淚之吻場景，就是在這裡拍攝的。

首爾·漢江以北

首爾·漢江以南及其周邊·····江南

奉恩寺

봉은사

小編推薦 讚讚

◎別冊P.26E2 ◎2號線三成站5、6號出口徒步約15分 ◎首爾市江南區奉恩寺路531；서울 강남구 봉은사로531 ☎02-3218-4895(外國人專線) ◎5:00~22:00 ⓢ免費 ⓤwww.bongeunsa.org

> 城市中的歷史古剎，也是一處寧靜綠地。

坐落於COEX北側的奉恩寺，是擁有超過1,200年歷史的古剎。西元794年新羅的元聖王時期所建，當時名為見性寺；1498年朝鮮成宗的貞顯王后把成宗安葬在寺廟的東側，並擴建改名為奉恩寺。

朝鮮後期的大儒金正喜曾經隱居在此，完成了秋史；永奇法師建立板殿，鐫刻華嚴經81卷，供奉在板殿之中。

> 奉恩寺有不少國家重要文化財，是歷史悠久的名所。

> 韓屋的骨董窗櫺為藏酒櫃，酒藏亦甚豐。

🍸 The Timber House

더 팀버 하우스

◎別冊P.26F3 ◎2號線三成站1、2號出口即達 ◎首爾市江南區德黑蘭路606 Park Hyatt Seoul B1F；서울 강남구 테헤란로606 Park Hyatt Seoul B1F ☎02-2016-1291 ◎17:00~24:00 (L.O.23:00) ⓢ調酒類₩29,000起 ⓤwww.seoul.park.hyattrestaurants.kr/ko/web/the-timber-house/

The Timber House是以傳統韓屋為原型設計，大量運用韓紙、韓瓦、鎖頭與舊瓦缸，3座吧台以

> 以新鮮魚貨或是燒烤搭配亞洲系調酒。

韓屋不同部分的木材為基調建造，威士忌酒吧收藏近百種的威士忌，搭配20餘種的雪茄；位於中央的壽司吧，提供日本酒與韓國燒酒；由數十塊桐木箱扉與庫門拼貼而成的雞尾酒吧前，還有得獎調酒師親手調製美味調酒。

開 車 不 喝 酒 ， 安 全 有 保 障

◉ 宣靖陵

선정릉

> 這片陵地已被聯合國教科文組織列為世界文化遺產。

◎別冊P.26E3 ◎2號線、盆唐線宣陵站8號出口，直行徒步約6分可達售票口 ◎首爾市江南區宣陵路100街1；서울 강남구 선릉로100길1 ☎02-568-1291 ◎3~10月6:00~21:00、11~2月6:30~21:00(售票至關門前1小時) ⓗ週一 ⓢ外國人(19歲以上)₩1,000 ⓤroyal.khs.go.kr

宣陵是朝鮮第9代王成宗長眠的地方，旁邊還有他的繼妃貞顯王后的陵墓；靖陵則是成宗的兒子、第11代王中宗的陵寢。

成宗13歲登上王位，在位期間以租稅制度施行官

收官給制，減輕百姓的負擔，對外也曾擊退女真族入侵，算是太平盛世的好皇帝，可惜後繼的燕山君成為歷史有名的暴君。燕山君被推翻後，同父異母的中宗繼位，也就是《大長今》裡面的皇上。

Bo Reum Soei

보름쇠

🏛 別冊P.26E3 🚇2號線三成站5號出口徒步10分 🏠首爾市江南區德黑蘭路81街36；서울 강남구 테헤란로81길 36 ☎0507-1473-9968 🕐週一至週五11:00~15:00、17:00~22:00，週六至週日11:00~22:00；L.O. 21:00 ◉www.instagram.com/boreum_sae

首爾米其林美食之一的濟州島直送美味牛肉！

對於熱愛吃牛肉的韓國而言，要在當地吃到韓國牛肉並不稀奇，但要吃到濟州島直送生產的黑牛可就不是隨處可見了。**首爾米其林一星的燒烤餐廳Bo Reum Soei，以新鮮高品質的燒烤黑牛聞名**，從生產、養殖至運送皆不過他人之手，以一條龍生產模式，將自家牧場的新鮮黑牛空運直送至餐廳，並將稀有的牛肉食材鮮切以各部位分類，配合人們不同的飲食需求，品嚐現烤現吃、最高規格的黑牛款待。

除了燒烤黑牛外，餐廳也提供搭配牛肉一起吃的海鮮與沙拉類菜餚。

極品黑牛來自於老闆濟州自家牧場飼養的新鮮黑牛。

牛肉皆以厚切處理，小火烤至三分至五分熟口感最鮮嫩。

黑牛風味大觀園

牛肉部位百百種，實在不知該如何抉擇，不如就讓首爾米其林一星的燒烤餐廳「Bo Reum Soei」為我們精選美味的黑牛部位，讓大家在不同肉質中享受百變的奢華口感。

特等里脊肉 특등심 Premium Sirloin
靠近腰部的里脊肉，是富含大量脂肪的部位，油花含量適中且紋理最細緻，因脂肪風味十足且熔點低，常被餐廳用於燒烤牛排的料理中使用，燒烤至三分至五分熟後再切片食用，口感軟嫩多汁。

特等橫隔膜 특안창 Premium Outside Skirt
牛橫膈膜部位是市面上少見的部位，每頭牛能取下的橫膈膜約只有6公斤，口感軟嫩具有嚼勁外，橫膈膜本身散發的特別香氣也是許多肉食主義者的心頭好，烤至五分熟食用是最能品嚐美味的熟度。

特等板腱肉 특살치Premium Chuck Flap Tail
特等板腱肉位於牛的肩胛位置，是一個經常運動的部位，肌肉發達、筋多且油花分布均勻，肉質較為堅實，軟  嫩程度僅次於里脊肉，常被拿來燒烤或做絞肉。

特等牛腩肉 특안심 Premium Tenderloin
特等牛腩肉是取自牛隻腰內肉的部位，因為運動量最少，所以肉質細緻且油脂含量極低，是整隻牛口感最嫩的部位，常用來做牛排或燒烤，烤至三分熟是最佳口感。

首爾·漢江以北

首爾·漢江以南及其周邊

江南

從17樓望去首爾美麗城景盡收眼底。

Ⓗ 首爾卡布奇諾飯店

호텔 카푸치노

🏠別冊P.27C3 🚇9號線彥州站1號出口徒步約3分 🏠首爾市江南區奉恩寺路155；서울 강남구 봉은사로 155 ☎0507-1441-9500 🌐hotelcappuccino.co.kr

位在江南區彥州地鐵站附近的Hotel Cappuccino，其宗旨為**帶給旅客如在家中般舒適**，並將設計質感帶入生活中；飯店共有18層樓，提供141間房間、7種不同房型，其中有為狗狗與主人設計的「Bark Room」，以及為背包客設計的四人房。用餐空間則有1樓的CAFFE CAPPUCCINO、17樓的RESTAURANT & BAR Hot Eatsue和ROOFTOP GINTONERIA、18樓是ROOFTOP TRRRACE等。

Bark Room備有狗狗的小床及沐浴品。

🏛 可樂市場

가락농수산물종합도매시장

🏠別冊P.6F3 🚇3、8號線可樂市場站1號出口，直行徒步約30公尺右手邊即可看見南門入口 🏠首爾市松坡區良才大路932；서울 송파구 양재대로932 ☎02-3435-1000 🕐24小時 🌐www.garak.co.kr

別誤會了，可樂市場沒有賣可樂，而是全韓國規模最大的果菜批發市場，1986年擴增畜產市場，1988年又增加其他商品，腹地闊達16萬4千多坪，蔬果攤販超過一千家，規模令人咋舌。**這裡的攤販價格比市價便宜約1~2成**，經常可看到拖著菜籃車的大嬸或大叔們到此採購物品。如果趕大清早，還有機會看到水產批發商們競標漁獲的盛況。

首爾‧漢江以北

首爾‧漢江以南及其周邊 江南

Ⓗ 樂天世界飯店

롯데호텔 월드

🅐別冊P.6E3 🚇2、8號線蠶室站3號出口有通道通往飯店地下樓，徒步約3分 🏠首爾市松坡區奧林匹克路240；서울 송파구 올림픽로 240 ☎02-419-7000 ⓦwww.lottehotel.com/world-hotel/ko.html

Lotte Hotel World的**前身是1938年開業的半島飯店，當時是全韓國最早出現的民營飯店**。1973年轉變為Lotte Hotel World，並迅速擴展為國際連鎖品牌，不但在韓國各地成立眾多分店，也在莫斯科等城市開始設立海外據點。飯店共有469間客房與套房，並特別設置卡通客房樓層，整體色彩鮮豔活潑。

> 挑高空間與玻璃採光，融合現代與韓民族的文化色彩。

Ⓗ INTERCONTINENTAL SEOUL COEX

인터컨티넨탈 서울 코엑스

🅐別冊P.26F3 🚇2號線三成站5號出口徒步約1分 🏠首爾市江南區奉恩寺路524；서울 강남구 봉은사로 524 ☎02-3452-2500 ⓦseoul.intercontinental.com/iccoex

INTERCONTINENTAL是國際知名的連鎖飯店，江南這家屬於COEX綜合中心裡的一部分，豪華舒適，設備先進。**韓劇《城市獵人》曾在這裡取景**：國防部長全家聚餐卻遭受狙擊，李允誠在千鈞一髮裡救了金娜娜一命，餐廳的位置就設定在飯店頂樓，槍是從鄰近的高樓射擊而出。放眼它的四周，還真不容易找到比它高的建築。

> 排骨的脂肪與肉的比例適中，醬汁充分滲透其中。

🍴 韓式烤排骨

신동궁 감자탕뼈숯불구이

🅐別冊P.27C4 🚇2號線譯三站3號出口徒步約5分 🏠首爾江南區德黑蘭路10街21 1F；서울 강남구 테헤란로10길 21 1층 ☎02-555-3782 ⏰24小時 🅢馬鈴薯排骨湯小份₩35,000、炭烤排骨₩38,000

신동궁 감자탕뼈숯불구이是**韓式烤排骨的人氣名店**，韓式烤排骨是將五花肉連骨切下，用以醬料進行調味醃製，然後在鐵板上燒烤。招牌烤排骨經過醃製，烤後的肉質嫩軟地入口即化，骨肉十分輕鬆就可以分離，甜辣的風味也是啤酒的最佳拍檔，所以一直以來深受大眾喜愛。

首爾‧漢江以北

首爾‧漢江以南及其周邊

江南

> 餐點豐富,從美式餐點、義式料理、墨西哥風味、法式土司通通都有。

☕ 413 project

카페413프로젝트

🅰別冊P.26D3 🚇2號線譯三站4號出口徒步約5分 🏠首爾江南區論峴路97街19-11;서울 강남구 논현로97길 19-11 ⬇ 10:30~22:00 🈺週一 💲美式咖啡₩4,100、早午餐₩15,000起

　　來趟韓國早午餐之約,享受早晨的和煦陽光!413 project是全棟的庭院建築,在餐廳內**採用許多綠植裝飾,輕鬆打造舒適的空間,還有許多水果總匯餐點可以選擇**,搭配其他水果和麵包,就這樣成了超級美麗的花園早午餐餐桌風景,享受在陽光下吃頓早午餐,真的是旅程中最慵懶的時光。

🧁 Baskin Robbins江南大道店

배스킨라빈스 강남대로점

🅰別冊P.27C3 🚇9號線新論峴站2號出口徒步約5分 🏠首爾江南區江南大道442(驛三洞)A棟1樓;서울 강남구 강남대로 442 (역삼동) A동 1층 ☎0507-0288-9802 ⬇ 10:00~23:00 💲四種綜合口味₩18,500起 🌐www.baskinrobbins.co.kr

　　Baskin Robbins就是台灣俗稱的「31冰淇淋」品牌,店裡隨時都有31種口味,因為希望顧客一個月31天每天都可以選擇不同口味的冰淇淋。

　　而韓國的Baskin Robbins開設了4家**100flavor旗艦店(100flavor 플래그십스토어)**,店內可品嚐到最美味又具特色世界前100名的31冰淇淋,江南大道分店就是其中一家。店面裝潢與美國知名室內設計品牌OSMOSE合作,以「奇幻樂園」為主題,並以熱氣球形象展示各種口味,營造出童話般的氛圍。

> 店裡也有一面牆用來展示韓國明星實際所使用過的冰淇淋湯匙。

🎁 Central City

센트럴시티

> 逛購物商場讓等車時光一點都不無聊~

> 小編按讚 짱짱

🅰別冊P.27A3 🚇3、7、9號線高速巴士客運站2、3號出口新世界百貨公司入口 🏠首爾市瑞草區新盤浦路176;서울 서초구 신반포로176 ☎02-6282-0114 ⬇ 各家不一 🌐www.shinsegaecentralcity.com/

　　首爾高速巴士客運站不僅是長途巴士的起迄點、3條地鐵線的交會處,也是60多條市區巴士的總停靠站,可說是全國陸路交通中心。此外,還有新世界百貨公司、JW Marriott飯店、中心公園等連成一氣,**綜合成中央城市(Central City)**,連銀行、郵局、大型書局、電影院、醫院、停車場都有,機能非常完整。

七樂賭場

Seven Luck

세븐럭카지노 강남코엑스점

別冊P.26E2 2號線三成站5號出口徒步約12分 首爾市江南區德蘭路87街58；서울 강남구 테헤란로 87길 58 02-3466-6000 www.7luck.com

耗資600億韓幣打造，**歷經6個多月裝修的七樂賭場COEX店，是外國人專用的賭場，每張牌桌上的莊家都具備簡單的英、日、中文能力。**

七樂賭場的名字與企業標章，取自代表勝利的「星號」和具有幸運涵意的「7」，內部以韓國式風格裝修，每張牌桌上方是韓國傳統屋頂造型，門上的裝飾花樣也統一為韓式風格。此外，更引進搏擊與散打秀，提供旅客在賭局之外的娛樂消遣。

一如其他賭場，旅客上桌進行遊戲時，得以免費享用飲料和三明治，離開前可至兌換處將持有的代幣換回現金。兌換處也提供外幣的匯兌服務，台灣旅客可直接在此用台幣換韓幣，另外還有信用卡的預借現金服務。

桑樹豬腳

뽕나무쟁이 선릉본점

別冊P.26E3 2號線、盆唐線宣陵站1號出口徒步約6分 首爾市江南區驛三路65街31；서울 강남구 역삼로65길31 02-558-9279 週一至週五12:00~14:00、16:00~22:50，週五至週六12:00~22:50 原味豬腳(족발)、辣味豬腳(양념족발)中份₩40,000、綜合豬腳(모듬족발)中份₩42,000

桑樹豬腳在江南區是有名的豬腳名店，來到店內的客人皆為在地韓國人居多，為因應晚上或假日眾多的客潮，店家特別在本店一旁另開了二號店，讓大家都能吃得到美味豬腳。店家的菜單以豬腳為招牌，**分有原味豬腳、辣味豬腳以及綜合豬腳**，另有蒸蛋鍋、蕎麥麵以及泡菜鍋(김치찌개)等

調上辣醬的辣味豬腳最受歡迎。

春天時沿著步道盛開粉嫩的櫻花。

石村湖水(公園)

석촌호수

別冊P.6F3 2、8號線蠶室站2、3號出口徒步約6分 首爾市松坡區蠶室洞；서울 송파구 잠실동 02-412-0190

石村湖水公園又稱松坡渡口公園(송파나루공원)，裡頭的石村湖原來是漢江支流，後來截斷成為湖泊，之後又因「松坡大道」的興建，**將它畫分成東、西兩湖，並沿湖泊周邊建立步道、廣植樹木，讓它成為居民休閒、運動的好去處；**西湖北邊是面熱鬧的樂天世界「魔幻島」，相較下東湖顯得幽靜許多；這裡也是欣賞樂天世界大廈的角度最佳。

👁 樂天世界

롯데월드

🏠別冊P.6E3　🚇2、8號線蠶室站4號出口徒步約3分　🏛首爾市松坡區奧林匹克路240；서울 송파구 올림픽로240　☎遊樂園02-1661-2000　🕐遊樂園10:00~21:00(設施不定期關閉)　💲遊樂園全票₩59,000、優待票₩46,000~52,000　🔗adventure.lotteworld.com

> 小編按讚

> 充滿歡樂的購物娛樂休閒大本營！

蠶室站的周邊可說是廣義的樂天世界的範圍，在這一大片的區域，**有遊樂園、有百貨公司、購物中心、免稅店、星光大道、民俗博物館，還有飯店**，可說將所有娛樂休閒一網打盡。遊樂園區分為室內的探險世界和蓋在室外湖面上的「魔幻島」，即使是嚴冬，廣大的室內園區一樣可以提供盡情遊玩的樂趣。

> 遊樂園的旋轉木馬和溜冰場是韓劇《天國的階梯》經典場景。

🎁 樂天百貨 蠶室店

롯데백화점 잠실점

🚇2、8號線蠶室站3號出口徒步約1分　🏛樂天世界內　☎02-2200-0111　🕐10:30~20:30　🚫每月一天(不固定)　🔗www.lotteshopping.com/store/main?cstrCd=0002

樂天百貨蠶室店可以買到國際品牌精品，也能看到目前當紅的韓國品牌服飾和商品；另外還有餐廳、咖啡館和免稅店，並提供兒童遊戲區，小孩們可以在這裡玩樂；基本上，這家百貨與整個樂天世界結合成一個完整的複合式休閒購物娛樂天地，讓人只要留在樂天，就能將吃喝玩買一網打盡。

> 博物館內分有免費(遊戲廣告與商店街)與付費(展示區)兩大區域。

🏛 樂天世界民俗博物館

롯데월드 민속박물관

🏛樂天世界購物中心 3F　☎02-411-2000　🕐週一至週五11:00~19:00(入場至閉館前30分鐘)，週六至週日及假日11:00~20:00(入場至閉館前1小時)　💲全票₩5,000、優待票₩2,000~3,000　🔗adventure.lotteworld.com/museum

在樂天世界購物中心的3F，於1989年開闢了一處別開生面的**民俗博物館**，依照時間順序把韓國近**5,000年的歷史和傳統文化作淺顯易懂又有系統的介紹**。展示區大致畫分出史前時代、三國時代(新羅、百濟、高句麗)、新羅統一時代、高麗時代與朝鮮時代，活用縮小模型複製文物等多種手法。

> 觀景台的透明玻璃地板，可以體驗刺激的高空步行感。

 樂天世界大廈

Lotte World Tower

롯데월드 타워

🚇 別冊P.6F3 　🚊 2、8號線蠶室站1、2號出口徒步約2分
📍 首爾市松坡區奧林匹克路300；서울 송파구 올림픽로 300 　📞 02-3213-5000 　🕐 9:00~23:00(各店營業時間不一) 　🌐 www.lwt.co.kr/

　總高555公尺、共有123層樓的樂天世界塔，是**全韓國最高摩天大廈**，內部的B1~1F、6F~9F可以通往樂天世界百貨(Lotte World Mall)和免稅店，除了123樓的展覽台，也有飯店、美術館、水族館等設施，滿足一天行程的食購遊。

Seoul Sky

서울스카이

📍 樂天世界大廈117F~123F；入口、售票櫃檯位於B1F，建議從樂天世界百貨的B1F前往 　📞 02-1661-2000 　🕐 週日至週四10:30~22:00、週五至週六10:30~23:00(最後入場閉館前1小時) 　💲 普通門票全票₩31,000、優待票₩27,000；天空步道套票(含入場票、Sky Bridge Tour和2張數位照片)₩120,000 　🌐 seoulsky.lotteworld.com/ko/main/index.do

　Seoul Sky是**韓國最高、全球第三高的觀景台**，可以俯瞰整個首爾市區，享受360度無死角的壯麗景色。若遇到好天氣，甚至可以遠眺到松島、仁川及黃海。Seoul Sky擁有3項金氏世界紀錄：**最高和最快的雙層電梯，以及最高的玻璃地板觀景台**。

　首先會穿過Sky Gate前往搭電梯(Sky Shuttle)，途中會經過一些數位展覽和主題特展，從B2F到117F的觀景區，只需要1分鐘左右。118F和120F有天空甲板和天空露台，逛累了可以到119F或122F的咖啡廳休息一下；最高層是一家餐廳123 Lounge可享用餐點和喝酒，但需事先訂位。離開時從120F或121F搭電梯，紀念品商店也在120F。

> 位在79樓的The Lounge能欣賞首爾最美的夜景。

> 還特別打造了傳統韓屋造型的房間，古典又浪漫。

Ⓗ HOTEL SIGNIEL SEOUL

시그니엘 서울

📍 樂天世界大廈76~101F 　📞 02-3213-1000 　🌐 www.lottehotel.com/seoul-signiel/ko.html

　位在首爾第一高樓樂天世界塔上的「HOTEL SIGNIEL SEOUL」享有五星級飯店服務外，從高樓望去也是五星級美景。235間客房能一望城市絕景，飯店內餐廳更能享用米其林星級主廚監製的美食，在酒吧裡度過絕讚的時光。

樂天塔全景配上店家自製SEOUL字樣與飲料拍一張。

頂樓觀景台後方是攝影棚，巧遇新人拍照中。

空中花園酒吧，遠眺樂天塔。

首爾主義

서울리즘

🅐別冊P.6F3 🚇8號線石村站2號出口步行約10分 📍首爾市松坡區百濟古墳路435 6F；서울 송파구 백제고분로 435 6층 ☎02-412-0812 🕐17:00~23:00 (L.O.22:00) 💲調酒₩13,000起 ◎www.instagram.com/seoulism_official

這處位在蠶室附近的咖啡廳「首爾主義Seoulism」，離地鐵站稍有距離，先在一樓店面點好飲料再端著盤子坐上電梯上到最頂樓。**木頭打造的咖啡座簡單俐落，近在眼前的樂天塔配上白雲藍天，讓人暫時忘卻身處在城市的喧囂中。**

🚌 首爾高速巴士客運站

서울고속버스터미널

🅐別冊P.27A3 🚇3、7或9號線高速巴士客運站1號出口徒步約1分 📍首爾市瑞草區新盤浦路194；서울 서초구 신반포로194 ☎1688-4700 🌐www.exterminal.co.kr

位於**漢江南面的長途巴士總站**，從首爾出發前往**各地的長途巴士**，路線分有慶尚線(경상)前往慶州、大邱、釜山；嶺東線(영동)前往束草、江陵、東海；忠清線(충청)前往大田、天安、清州；京畿道(경기)前往龍仁、利川、驪州等，是首爾重要的對外公路交通樞紐。

🎁 GOTO MALL高速巴士客運站江南地下街

小編按讚 👍👍

고투몰 강남터미널지하쇼핑몰

🅐別冊P.27A3 🚇3、7、9號線高速巴士客運站8號出口即達 📍首爾市瑞草區新盤浦路200；서울 서초구 신반포로200 ☎02-535-8182 🕐10:00~22:00 🌐gotomall.kr/

彷彿來到大迷宮，廣大的地下街絕對讓你逛到腿軟。

首爾高速巴士客運站有地鐵3、7與9號線在此交會，範圍相當大，地鐵出口外整排都是地下商店街，於2012年修建完成並名為GOTO MALL，綿延超過1公里，分為以年輕品牌為主的「GoTo Zone」和中高年齡者喜歡的「West Zone」兩大區，**從吃的、穿的到住的，只要依循指標，都可以在這個廣大的地下迷宮找到。**

這裡是首爾最長的地下商街，買氣十足！

便宜又可愛的襪子也超好買！

店內的角色大型公仔等著與大家合照。

🎁 Kakao Friends 江南旗艦店

 小編按讚 讚讚

카카오프렌즈 강남플래그십 스토어

🅐別冊P.27C4　🚇2號線江南站10號出口徒步約10分　🚉首爾市瑞草區江南大路429；서울 서초구 강남대로 429　☎02-6494-1100　⏰10:30～22:00　🛍 store.kakaofriends.com

目前韓國最大間，有些商品也只有這裡限定發售！

沒有表情的Ryan是最受歡迎的角色。

江南Kakao Friends旗艦店店面分有3層樓，**1樓主要販售玩具、文具、手機相關周邊與玩偶等商品；2樓有生活用品、廚房用品、服飾配件、旅行小物等；3樓是專為Ryan量身打造的主題餐廳**，玻璃櫃內有以Ryan、Apeach、Muzi設計的馬卡龍、杯子蛋糕、蛋糕，和Ryan限定的冰淇淋、飲料杯及杯套，一起與可愛角色度過慵懶午後。

🍴 教大烤腸2號店

교대곱창II

🅐別冊P.27B4　🚇2、3號線教大站8號出口徒步約5分　🚉首爾市瑞草區瑞草中央路79；서울 서초구 서초중앙로 79　☎02-3474-9167　⏰12:00～5:00　💲綜合烤腸(모듬구이)₩52,000

還記得《一起吃飯吧2》男女主角曾到烤腸店一起享用早餐嗎？當然早餐時間吃烤腸略顯不生活化，但這家烤腸店的高人氣可是很真實的，用餐時間經常座無虛席，店內也掛著許多簽名和電視採訪圖。**店內供應的綜合烤腸包含大腸、小腸、牛胃和牛心，加上洋蔥、杏鮑菇、及馬鈴薯，最後以牛胃炒飯作結，保證滿足。**

烤得香脆的牛胃、牛心、大腸，讓人身心都飽足。

單人烤肉無法開火

如果是隻身在韓國旅行，吃飯時偶爾會感到有些不方便。因為很多餐館的菜單，都設定至少兩人以上用餐，價格也是列二人份以上，例如烤肉、煎餅、辣炒雞肉等；尤其是烤肉、火鍋等要開火的用餐型式，如果是單人用餐則不讓開火。

所以單身旅行時想吃煎餅、烤肉等，要嘛找個同伴一起分享，要嘛只得忍住嘴饞。

首爾・漢江以北

首爾・漢江以南及其周邊……江南

👁 瑞來村

서래마을

ⓐ別冊P.27A4 🚇9號線新盤浦站4號出口徒步約15分；或從2號出口搭社區巴士10、14號於盤浦綜合運動場站(盤浦綜合運動場)下車後徒步約5分 🏠首爾市瑞草區盤浦4洞；서울 서초구 반포4동

在江南的瑞草區有一條瑞來路，早年因為住戶有許多是來自歐洲的新住民，鄰近逐漸出現許多風情咖啡廳、法式餐廳，加上當地的法國學校和歐州風建築，被形容為首爾的小法國。不過瑞來村距離地鐵站有點距離，步行也需要20分，建議可以轉乘社區巴士前往。

天花板上夾著世界各國錢幣，皆是遊客所留下。

像座山一樣的藍莓剉冰，令人大嘆滿足！

☕ Square Garden

스퀘어가든

🚇3、7或9號線高速巴士客運站5號出口徒步約15分 🏠首爾市瑞草區瑞來路5街26；서울 서초구 서래로5길26 ☎070-8888-5959 ◷8:30~21:00、週六10:00~21:00、週日12:00~20:00 💲藍莓剉冰₩20,000、咖啡₩7,000起

小編按讚 讚讚

以手沖咖啡聞名，店內提供甜品，尤其推薦夏季剉冰。

位在瑞來村街道內的小咖啡館Square Garden，是以手沖濾泡式咖啡而聞名，甚至還有獲選過最受歡迎的咖啡店獎項。店家堅持親自烘焙咖啡豆，狹窄的店內擺放著一台專業烘豆機，每次開始烘豆時咖啡香總會瀰漫在整間店，喜愛咖啡的人來到這裡別忘了來杯手沖咖啡。除了咖啡店內另有販售剉冰、冰沙等甜品。

🧁 HoTEL DOUCE

오뗄두스 서래점

🚇3、7或9號線高速巴士客運站5號出口徒步約10分 🏠首爾市瑞草區瑞來路10街9；서울 서초구 10길9 ☎02-595-5705 ◷週一10:30~20:00、週二至週六10:00~21:00、週日10:00~20:00 💲法式千層酥(밀푀유)₩7,500、每日霜淇淋(하루아이스크림)₩4,000

法文原意為「溫柔之家」的HoTEL DOUCE，從店面可愛的淡藍色調加上粉紅字體，就可感受到其甜美滋味。經營HoTEL DOUCE的甜點主廚曾任職於日本知名酒店的甜品師，其甜點製作功力高深，店內販售的法國甜點代表馬卡龍、蒙布朗、千層酥、霜淇淋等皆是主廚親手製作。其中最受歡迎的香草霜淇淋是用真正的香草莢製作，乳白色的霜淇淋上還能看得到一點一點的香草籽。

HoTEL DOUCE的特色招牌是香草霜淇淋。

首爾‧漢江以北

首爾‧漢江以南及其周邊 江南

小編按讚
讚讚

永同豬腳 本店

영동족발 본점

份量很多，軟嫩豬腳的美味讓人難忘。

🔺別冊P.6D3 🚇3號線良材站11號出口徒步約10分 📍首爾市瑞草區南部循環路358街8；서울 서초구 남부순환로358길8 ☎02-571-3939 ⏰週一至週五12:00~23:00，週六11:30~22:00 ㊡週日 💰豬腳(왕족발)大份₩45,000、中份₩42,000

擁有30年歷史的永同豬腳，從一家僅有10張桌子的小店開始，到現在成了每天來訪上千名食客的美食店，**採用國內最頂級的豬前蹄，搭配各種中藥材和蔬菜一起熬煮**。大、中份價差不大，建議點大份較划算。當紅連鎖餐飲企業CEO所主持的韓國美食綜藝節目《白鍾元的三大天王》就曾報導過。

Q彈的膠質和軟嫩的豬肉口感，非常美味。

建議傍晚後前往，夜色下建築體以彩色LED燈華麗綻放。

👁 三島some sevit

세빛섬

🔺別冊P.27A2 🚇9號線新盤浦站2號出口，或3、7、9號線高速巴士巴客運站8-1出口徒步約25分；或從2號線瑞草站搭巴士405號於盤浦大橋站下，徒步約3分 📍首爾市瑞草區奧林匹克大路2085-14；서울 서초구 올림픽대로2085-14 ☎1566-3433 🌐www.somesevit.co.kr

原稱漢江人工浮島的三島，是**2011年秋季正式向世人展現首爾設計之都魅力的大手筆工程之一**，3座浮島主體建築於漢江上盤浦大橋側開放給觀光客參觀，其中西側為佳島(some gavit)和藝島(some yevit)，中間為帥島(some solvit)，最東側為彩島(some chavit)，島上分別做為國際會議表演廳、宴會廳、餐廳展示會以及水上設施之用。

美麗的場景自然是不少影視戲劇的取景地，包括韓綜《Running Man》曾在這裡出任務，韓劇《她很漂亮》曾在此拍攝，而國際大片《電影復仇者聯盟2》裡頭，也看得到三島美麗的身影。

盤浦大橋月光彩虹噴泉

반포대교 달빛무지개분수

👁 別冊P.27A2 🚇9號線新盤浦站2號出口，或3、7、9號線高速巴士客運站8-1出口徒步約25分；或從2號線瑞草站搭巴士405號於盤浦大橋站下，徒步約3分 🏠首爾市瑞草區新盤浦路11街40；서울 서초구 신반포로11길40 ☎02-3780-0578 ⏰4~6月、9~10月12:00、19:30、20:00、20:30、21:00；7~8月12:00、19:30、20:00、20:30、21:00、21:30，每回20分鐘(以上時間可能依天氣、季節有所變動) 🌐hangang.seoul.go.kr/www/contents/856.do?mid=849

小編按讚 讚讚

色彩繽紛的水柱伴隨音樂起舞，華麗又浪漫。

盤浦大橋兩側共裝了380個噴嘴，總長達1,140公尺，用抽水機把漢江水抽引上來，再持續噴灑而出，每分鐘噴水量可達190噸，**白天見到的是白茫茫、舞動的水柱，晚上在七彩燈光的照映下，呈現出華麗的景象**，是旅人來到首爾必留下的美麗回憶。

彩虹噴泉在金氏世界紀錄認證為「全世界最長的橋樑噴泉」

夜景也是看點之一。

野花坡(들꽃마루)種植整片的波斯菊。

山丘上佇立著一顆孤獨樹(나홀로나무)可說是奧林匹克公園最著名景點之一。

奧林匹克公園

올림픽공원

👁別冊P.6F2 🚇5號線奧林匹克公園站3號出口出站，沿外牆直走，過了網球場之後繼續直行至路口，玫瑰花園會出現在右側，玫瑰花園後方即是種植著波斯菊的野花坡。 🏠首爾市松坡區奧林匹克路424；서울 송파구 올림픽로424 ☎和平廣場旅客服務中心02-410-1111、會面廣場旅客服務中心02-410-1112 🌐www.ksponco.or.kr/olympicpark

奧林匹克公園是因為1988年首爾奧運而建，擁有休憩、體育、文化藝術、歷史和教育等空間的多用途公園。園內的百濟時代遺址和現代體育場並存，森林和綠地的休閒空間更是極寬廣，可說是**首爾最大的綠地公園之一**，也是韓國最早的運動殿堂。佔地廣大的公園腹地種植多樣樹木及花草，隨著四季更迭的景色，更是美不勝收。

漢江市民公園 蠶院區

잠원한강공원

👁別冊P.6E2 🚇3號線蠶院站3號出口徒步約6分 🏠首爾市江南路狎鷗亭洞386；서울 강남구 압구정동 386 ☎02-3780-0531 ⏰24小時 🌐hangang.seoul.go.kr

長達40公里的漢江沿岸建設了12個江濱公園，除了散步道、自行車道外，還有籃球、足球、網球、羽毛球、游泳池等場地，還可以釣魚、滑板、欣賞夕陽，眾多休閒設施一應俱全，是首爾市民重要的休閒去處。

趁著黃昏的涼爽氣溫外出運動，順便賞夕陽。

靠近蠶院附近的漢江市民公園，位在漢江南側沿岸，**除了可欣賞盤浦大橋定時的噴泉秀外，還有戶外舞台和生態觀察館**。

新沙洞林蔭道●

新沙洞林蔭道
가로수길
GAROSUGIL

說 到首爾的流行指標，漢江以北是明洞，以南就是年輕新潮的新沙洞林蔭道；這條有「首爾表參道」之稱的街道不過5、600公尺，但兩旁林木成蔭，一間間設計師或國際精品店毗連而立，漫步其間彷彿置身法國的香榭麗舍大道般時尚、高雅。

這條街上除了聚集設計感強烈、流行元素滿點的服飾店，更有多間風格獨具的餐廳、咖啡廳，每逢秋季，金黃色的銀杏更為大道妝點浪漫氣氛，不時可以看見人們坐在咖啡廳露天座位上，享用一份早午餐或下午茶，感受自在悠閒的時光。

交通路線 & 出站資訊
地鐵
新沙洞站◇3號線、新盆唐線
出站便利通
◎要前往新沙洞林蔭道很簡單，只要從地鐵新沙洞站8號出口出站，直行約300公尺後左轉就可以看到了。

林蔭道還有一個別稱—「藝術家的街道」
1980年代江南最初的商業畫廊在林蔭道開幕，在這裡有許多畫廊，現在偶爾也會舉辦創意市集，因此林蔭道也被稱為「藝術家的街道」。短短的一條街聚集許多知名美食餐廳、文具店、咖啡廳，及設計潮流服飾店，連藝人也愛造訪，也是韓國情侶們的約會聖地。

> 半戶外區的座位多是兩人的情人雅座，如需多人座位可以現場調整。

🍸 TELLERS 9.5
텔러스 9.5

小編按讚

江南夜景酒吧。

ⓜ別冊P.27C2 ⓖ3號線、新盆唐線新沙唐線新沙站8號出口徒步約15分 ⓐ首爾市江南區島山大路153 19F；서울 강남구 도산대로 153 19층 ⓣ02-542-2395 ⓣ9:00~22:30 ⓢ啤酒₩15,000、葡萄酒單杯₩17,000、調酒₩22,000起 ⓘwww.instagram.com/anteroom_seoul/

說到首爾的江南區，大多都會連想到富麗堂皇的高樓大廈跟來往不停的車流，因此江南區的夜景也是以絢麗的市區燈景而聞名。TELLERS 9.5是位在新沙洞林蔭大道上的夜景酒吧，**位於「Anteroom Seoul Hotel」19樓的空間不大，卻是能將江南區的夜景盡收眼底**，尤其是半戶外區的座位十分搶手。

開 車 不 喝 酒 ， 安 全 有 保 障

首爾・漢江以北

首爾・漢江以南及其周邊

新沙洞林蔭道

ARTBOX

아트박스 가로수길점

📖別冊P.25C3 🚇3號線、新盆唐線新沙站8號出口徒步約3~5分 🏠首爾市江南區島山大路139 J Tower B棟B1F 3號；서울 강남구 도산대로 139 제이타워 B동 지하1층 3호 ☎0507-1351-6776 🕐11:00~22:30 🌐www.poom.co.kr

在韓國觀光區常會看到的ARTBOX，專賣各種文具、雜貨、小禮品、生活用品、美妝品，甚至還有小家電和3C產品，類似台灣的生活工場，但商品更多元、更年輕化。

位於新沙洞的這家ARTBOX，看得到以時下最流行的卡通、漫畫人物為造型的筆記本、提袋、皮夾、手機袋，樣樣令人愛不釋手，價位也算平實，絕對是送禮自用的好選擇。

有可愛、有設計感、有實用性，是選購禮物的好地方！

軟綿綿的雲朵，讓人好想吃但又捨不得切開它。

Deux Amis

듀자미

各式切片蛋糕，各個都精緻地讓人難以選擇。

📖別冊P.25C3 🚇3號線、新盆唐線新沙站8號出口徒步10分 🏠首爾市江南區島山大路11街28；서울 강남구 도산대로11 길 2 8 ☎02-3443-0030 🕐12:00~21:30 💰雲朵蛋糕(구름둥둥)₩8,000 📷www.instagram.com/deuxamis_patisserie_seoul

位在林蔭大道旁的美食街上的Deux Amis，不論中午下午或傍晚都是絡繹不絕的人龍，甜蜜又精美的法式甜點，總能深深吸引住路人的目光。**店內各個精緻蛋糕令人目不轉睛，雲朵蛋糕、草莓起司、千層派、蒙布朗，以及點綴著小巧馬卡龍的小而美店面也不減人氣。**

首爾・漢江以北

首爾・漢江以南及其周邊……新沙洞林蔭道

NUDAKE Sinsa

누데이크 신사

🔺別冊P.25B2 🔹3號線、新盆唐線新沙站8號出口徒步約8分 🔺首爾市江南區江南大路162街43(Le82大樓) 1~2F；서울 강남구 강남대로 162길 43 Le82 1-2층 ☎0507-1431-6977 🕐11:00~21:00(L.O.20:45) 💲御飯糰可頌₩6,000、Peak蛋糕(小)₩28,000 📷www.instagram.com/nu_dake

推翻傳統造型的可頌專賣店！

NUDAKE純白的店面外觀看看似簡單，仔細一看大面的牆上用膠帶貼了一顆可頌，門把也是可頌造型；透過玻璃窗門看，映入眼簾的是超巨大的可頌裝飾。NUDAKE的可頌**推翻了一般印象中的**造型，開創了充滿新意「御飯糰可頌」(오니와상, oniwassant)，有三角形、圓形和方形共3種造型，而口味分別是明太子、泡菜、香蔥、羅勒檸檬及核桃香草。另外還有「Peak」(피크)蛋糕，採用墨魚汁製成的千層酥，搭配濃郁的抹茶奶油。螢光綠與深邃黑色的鮮明對比，令人眼前一亮，視覺與味覺皆為享受。

招牌「御飯糰可頌」是오니기리(onigiri)和크로와상(croissant)的組合詞。

紙袋的設計也非常俏皮可愛，到底是貓咪狗狗，還是鬆軟的可頌呢？

醒目的招牌下方貼著一個用膠帶固定的可頌，幽默的設計讓人會心一笑。

首爾·漢江以北➡

首爾·漢江以南及其周邊　新沙洞林蔭道

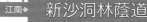 Maman Gateau Sinsa

마망갸또 신사점

🚇別冊P.25B1 🚇3號線、新盆唐線新沙站8號出口徒步約10分 📍首爾市江南區狎鷗亭路10街30-12 2F；서울 강남구 압구정로10길 30-12 🕐12:00~21:00 💲蛋糕₩7,000、羊羹₩3,500 ⓘwww.instagram.com/mamangateau_

　Maman Gateau直譯就是「媽媽牌蛋糕」，是知名韓國甜點主廚皮允姃(피윤정)於2001年以母親的心意創立的專業甜點品牌。皮允姃曾在巴黎藍帶廚藝學校進修，也獲得韓國烘焙協會(한국제과기능장협회)的認證。Maman Gateau**主打以焦糖製作的蛋糕和甜點**，吃起來甜而不膩，還帶有一些焦香味。除了蛋糕，也有提供羊羹，是咖啡廳裡較少見的品項。夏季期間也會推出焦糖牛奶刨冰(카라멜 눈꽃 빙수)。

🎁 AFTERNOON IN THE HOUSE

에프터눈인더하우스

🚇別冊P.25C3 🚇3號線、新盆唐線新沙站8號出口徒步約8分 📍首爾市江南區島山大路13街26；서울 강남구 도산대로13길26 🕐11:00~22:00

　AFTERNOON IN THE HOUSE販售的服飾以時尚獨特、不撞衫、女性化為設計原則，**最大特色是利用大量的白、藍、灰及黑色，展現出簡約時尚**，頗具日系品牌無印良品的風格，喜歡這種簡單設計的人千萬別錯過，店裡也備有多款夏季必敗的牛仔外套，不妨來逛逛挑選一件。

dami

다미

⚑別冊P.25C3 🚇3號線、新盆唐線新沙站8號出口徒步約6分 ⚐首爾市江南區島山大路13街26；서울 강남구 도산대로13길26 ☎02-518-8620 ⏰12:00~21:00 @www.instagram.com/dami.seoul

　　dami白淨簡約的店面，在一片五花八門的櫥窗中顯得獨特。店內利用大量木質擺設，襯出各項自家工坊手工製作的天然寶石飾品，像是不對稱設計或是結合金、銀材質的項鍊、耳環等，展現出不同風格的精緻美感。另外，店內也有販售髮圈，以及各式材質的可愛髮夾。

牆上的簽名鍋蓋是人氣拍照牆。

泡菜鍋份量十足、用料實在！

🍴 金北順大鍋家

김북순큰남비집 신사본점

韓星最喜愛的傳統泡菜鍋。

⚑別冊P.25B2 🚇3號線、新盆唐線新沙站8號出口徒步10分 ⚐首爾市江南區狎鷗亭路2街15；서울 강남구 압구정로2길15 ☎02-543-9024 ⏰週一至週五10:30~21:30，週六10:30~21:00 🚫週日 💲豬肉泡菜鍋(돼지고기김치찌개)₩10,000

　　隱藏在新沙巷弄內的金北順大鍋家，是韓星最喜愛的傳統泡菜鍋，一踏入店內會先被牆上滿滿的簽名鍋蓋給驚嘆不已，金北順大鍋家的泡菜鍋皆提供一人份起，使用傳統銅鍋來盛裝，招牌豬頸肉泡菜鍋內滿滿的豬頸肉分量很足，口感入味充滿嚼勁，難怪EXO的世勳等韓星都大力推薦。

首爾·漢江以北▶

首爾·漢江以南及其周邊

新沙洞林蔭道

H Hotel la casa Seoul

라까사호텔 서울

🅐別冊P.25A1 🚇3號線、新
盆唐線新沙站5號出口步行
約15分 🅰首爾市江南區島
山大路1街83；서울 강남구 도
산대로1길 83 📞02-6711-
9000 🌐www.
hotellacasa.kr

位在新沙洞的「Hotel la casa Seoul」，為**家具品牌casamia所打造的設計飯店**，飯店內使用的裝潢家私皆精選至casamia，主旨在於帶給旅客如在家般舒適，飯店主要分為兩棟建築物東側(East)和西側(West)，提供共88間的漂亮客房，接待大廳充滿設計感的桌椅、挑高達2層樓的一整面開放式書櫃，讓每個角落都充滿新奇設計。

🎁 3CE

3CE 시네마 플래그십 스토어

🅐別冊P.25B2 🚇3號線、新盆唐線新沙站8號出口徒步
約11分 🅰首爾市江南區狎鷗亭路8街22；서울 강남구 압구
정로8길 22 📞02-544-7724 🕐13:00~21:00

在首爾，3CE大部分是進駐百貨公司和免稅店設立
專櫃，位於新沙洞的這一家是繼弘大後，**第2家大型
的旗艦專賣店，進到整棟樓層內，可以看到最完整的
商品**，包括熱門的唇膏、唇蜜、指甲油、極細眼線筆、
控油粉餅、透明蜜粉、粉底液、眼霜、水凝腮紅等等多
樣商品，現場也有會講中文的店員提供服務。

東側房型使用偏向摩登的黑、藍與紅做為設計重點。

首爾‧漢江以北

首爾‧漢江以南及其周邊 新沙洞林蔭道

🍴 Spain club

스페인클럽 가로수길 본점

地道西班牙美食，滿溢南歐風情。

🔺別冊P.25B2 🚇3號線、新盆唐線新沙站8號出口徒步約12分 🏠首爾市江南區狎鷗亭路10街26；서울 강남구 압구정로10길26 ☎0507-1496-1191 ⏰週一至週五12:00~15:00、17:00~23:00、週六12:00~23:00、週日12:00~22:00 💲燉飯₩39,000 🌐www.spainclub.co.kr

　位於巷弄內的Spain club，鮮豔的黃色外觀加上閣樓小窗台的設計，讓人彷如置身於熱情的西班牙。店內現切火腿的桌邊服務是特色之一，**必點有裝著滿滿鮮蛤、鮮蝦等海鮮的西班牙燉飯Paella Mixta(빠에야믹스타)，或是蒜香鮮蝦鍋(마늘새우냄비요리)**，嘗得到鮮蝦的Q彈，麵包沾上醬汁入口是滿滿的蒜香與香料味，令人回味無窮。

穿上最新款式洋裝，變身韓劇女主角！

Spain club一到夜晚便化身為小酒館。

🎁 Market-Liberty

마켓리버티

🔺別冊P.25C1 🚇🚇3號線、新盆唐線新沙站8號出口徒步約15分 🏠首爾市江南區狎鷗亭路12街14；서울 강남구 압구정로12길 14 ☎02-3445-4600 ⏰13:00~21:00 ❌週日

　沿著階梯走向地下樓，Market-Liberty寬廣的店面空間讓人眼睛為之一亮；這家在新沙洞林蔭道開幕5年以上的服飾店，提供適合各年齡層的正韓版女裝，

與其他同條街上的女裝店不同之處，這裡的飾品和配件選擇特別多，從各式耳環、項鍊，到太陽或造型眼鏡、帽子、包包、鞋子樣樣新潮時髦。

ISNANA

이즈나나

別冊P.25C1

3號線、新盆唐線新沙站8號出口徒步約15分 ♦首爾市江南區林蔭道80；서울 강남구 가로수길 80 ☎02-516-3989 11:00~22:30

時尚感和質感俱佳，適合上班族、熟女或輕熟女。

ISNANA的服飾款式優雅與舒適兼具，這種不譁眾取寵的低調，圓熟的版型、黑白與大地色調，被日本人稱為「大人的可愛」。**店中原創商品及代理品牌兼備，可以當工作服或瑜珈服一般的舒適，同時又典雅不失禮節，是ISNANA獨有的洗練。**尤其是原創商品，在當下潮流中添加了設計師的獨特詮釋，讓ISNANA的衣服展現不盲從的均衡美感，走在當季但又永不過季。

MILESTONE COFFEE

마일스톤 커피

別冊P.25C2 3號線、新盆唐線新沙站8號出口徒步10分 ♦首爾市江南區論峴路159街49；서울 강남구 논현로159길49 ☎0507-1425-1195 10:00~21:00(L.O.20:30) 咖啡₩4,300起 milestonecoffee.kr

優雅的白色店面，一度錯覺是高級服飾店，**MILESTONE COFFEE主打好好享受咖啡所帶來的感覺**，提供咖啡之外，人氣甜點有提拉米蘇、蘋果派佐冰淇淋和布朗尼等甜點，明亮寬敞的室內裝潢，讓人能夠悠閒的享受午後陽光揮灑而來的那瞬間。

Youk Shim Won

육심원

⚐別冊P.25C2 ⚑3號線、新盆唐線新沙站8號出口徒步約12分 ⚐首爾市江南區論峴路159街66；서울 강남구 논현로159길66 ☎02-511-2187 ◷11:00~19:30 ⊕www.youk.co.kr

這間位在林蔭道上的「Youk Shim Won」是韓國著名畫家「陸心媛」開設，創作理念是用優雅線條勾勒出女性的喜怒哀樂。林蔭道店1樓為商品販賣區，有像是皮夾、手提包、化妝包、筆記本、服飾、鑰匙圈、手機殼等可愛商品，2樓則是義大利餐廳。

運用多彩的色調，展現出女性淡雅且清新的一面。

🍴仁寺洞村

인사동촌

⚐別冊P.25B3 ⚑3號線、新盆唐線新沙站8號出口徒步約3分 ⚐首爾市江南區江南大路152街29；서울 강남구 강남대로152길29 ☎02-511-3151 ◷週一至週五18:00~5:00，週六至週日18:00~6:00 ⑤前菜、炸物約₩8,900起，湯鍋類₩20,000起、煎餅₩19,000

一到下雨天韓國人就要吃煎餅配上馬格利酒。

位在新沙的這間傳統韓屋餐廳「仁寺洞村」，最有名的招牌是各式口味的煎餅，像是韭菜煎餅(부추전)、或是海鮮(해물파전)、老泡菜(시골김치전)、明太魚(동태전)、牡蠣(굴전)及綠豆煎餅(순녹두빈대떡)。店內另有提供湯、辣炒年糕、炸物等餐點，也有如清麴醬湯(청국장)、海鮮嫩豆腐鍋(해물순두부찌개)、石鍋拌飯(돌솥비빔밥)等套餐組合。

狎鷗亭·清潭洞
압구정·청담동
APKUJONG·CHEONGDAM-DONG

走 進狎鷗亭，不論是建築外觀、櫥窗設計，或是販售商品、行人衣著，都顯得高雅、新潮且流行，這裡人潮比其它購物商圈少了許多，卻多了份自在的幽靜，可說是另一種視覺上的高級享受。狎鷗亭的精華區從羅德奧時裝街開始，有許多充滿驚喜的小巷，可以看到許多充滿時尚感的精品店、咖啡館與餐廳。

交通路線 & 出站資訊

地鐵
狎鷗亭羅德奧站⇨水仁·盆唐線
狎鷗亭站⇨3號線

出站便利通
◎3號線狎鷗亭站6號出口出站，可至現代百貨。
◎水仁·盆唐線狎鷗亭羅德奧站1、2、7號出口是狎鷗亭地標Galleria百貨東西館；從4～6號出口出站，即置身在羅德奧時裝街中，南至島山大路的範圍，有許多時尚精品店可以好好逛逛；而從2、3號出口出站，即可往清潭洞時尚街，一路走去，寬廣的街道兩旁是GUCCI、Giorgio Armani等國際精品，安靜的巷弄內還有不少隱藏美食可發掘。

🍴 Hanmiog

🔖 小編按讚 讚讚

한미옥

韓國宮廷料理新吃法！

📍別冊P.28D3 🚇水仁·盆唐線狎鷗亭羅德奧站4號出口徒步約2分 📍首爾市江南區宣陵路822 B1F；서울 강남구 선릉로 822 지하 1층 ☎02-545-4622 🕐週一至週五11:00～14:30(L.O.13:40)、17:00～22:00(L.O.21:10)，週六至週日12:00～15:00(L.O.14:10)、17:00～22:00(L.O.21:10) 💲2～3人套餐₩128,000、韓牛九節坂₩59,000 🌐www.instagram.com/hanmiok0616

Hanmiog(한미옥)是一處將韓國傳統宮廷再升級的人氣餐廳。九節坂(구절판)是古代是韓國宮廷料理中的前菜，原先是將蛋黃絲、紅蘿蔔絲、石耳絲、青瓜絲、豆芽、蘑菇絲等食材用薄餅包起後食用，**Hanmiog改以結合鐵板韓牛烤肉將美味升級**，尤其將蛋液利用噴槍加熱，更添香氣。

飯後的大醬湯飯是直接放入鍋中續煮，是韓國少見的做法。

⭐ 韓流明星街

K-STAR ROAD

◎別冊P.28D3 ◎盆唐號線狎鷗亭羅德奧站2號出口即達
◎首爾市江南區狎鷗亭路；서울 강남구 압구정로

　　自狎鷗亭羅德奧站2號出口即達的「K-Star Road」以K-POP韓樂明星為主，是首爾為向世界各地遊客介紹及宣傳江南地區所設計的街道。2號出口周遭齊聚許多百貨公司以及國際品牌旗艦店，明星街則是自地鐵站旁的Galleria百貨為　始點，再經過SM娛樂公司，全長約1公里。林蔭大道上可以看到代表不同韓樂團體的彩繪小熊公仔，像是代表江南的江南大熊，以及SUPER JUNIOR、2PM、FT ISLAND、SHINee、CNBLUE、東方神起、少女時代、EXO、INFINITE、防彈少年團等。

明星街上的彩繪小熊公仔代表著不同的韓樂團體。

店內的調酒雖單價較高但是頗具水準，也可以依舊客人需求客製化。

🍸 Esteban隱藏式酒吧

갓포준 x 에스테반

小編按讚 쨍쨍

◎別冊P.29A3 ◎3號線狎鷗亭站4號出口徒步約5分 ◎首爾市江南區論峴路163街10 B1F；서울 강남구 논현로163길 10 ◎0507-1358-7524 ◎Jun日式料理17:00~1:00(L.O.23:50)，Esteban酒吧週二至週五19:00~2:00、週五至週六19:00~3:00 ◎週日 ◎調酒₩20,000起(依現場價格)、生魚片組合₩80,000 ◎www.instagram.com/jun_x_esteban/

當地人帶路才知道的隱藏式酒吧！

　　《金牌特務》曾掀起一陣隱藏式酒吧熱潮。位於狎鷗亭的Esteban就是借用電影中最具代表性的「Kingsman裁縫店」以及「黑王子酒吧」的印象所設計的酒吧。酒吧位置十分隱密，酒吧外是高檔日式料理餐廳，但用完餐後透過密門進入酒吧，在低調奢華的神祕空間中享受夜晚，**是許多韓國上班族的專屬的秘密基地。**

偶像偶像我愛你，一定要參加的應援活動
韓國的追星文化自90年代盛行至今，在網路上有官方網站、不同的粉絲專頁、Cafe後援會等；除了演唱會當天有販售官方週邊，在場外各處的後援會為了支持喜愛的歌手，而花錢製作各式應援小物，例如貼紙、扇子、零食、小卡等免費發送給來看演唱會的歌迷，因此演唱會前東奔西跑到各個點排隊領應援物，彷彿就像玩大地遊戲樂此不疲。

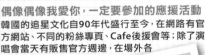

開車不喝酒，安全有保障

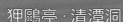
首爾·漢江以北

首爾·漢江以南及其周邊

狎鷗亭·清潭洞

Dior coffee

카페 디올 청담

🅐別冊P.28E3 🚊水仁·盆唐線狎鷗亭羅德奧站3號出口徒步約10分 🏠首爾江南區狎鷗亭路464 House of Dior 5F；서울 강남구 압구정로 464 하우스 오브 디올 5층 ☎0507-1318-0390 🕐週一至週六11:00~20:00(L.O.19:20)，週日11:00~19:00(L.O.18:20) 💲早午餐₩32,000起，下午茶套餐(兩人份)₩140,000

狎鷗亭是國際精品大牌的一級戰區，許多知名品牌的旗艦店便設立在此區，House of Dior便是其中的代表建築之一，逛累了還可以到最頂樓的Dior coffee享受咖啡時光。咖啡廳採用了半開放式吧台的設計，搭配銀灰色系的極簡裝置藝術與大量大理石元素呈現品牌的經典風格，咖啡上還印有品牌LOGO，怎麼拍都好看！

高品質的牛排穩坐韓國代表牛排館，週末更是一位難求。

Wolfgang's Steakhouse

울프강 스테이크하우스

🅐別冊P.28D3 🚊水仁·盆唐線狎鷗亭羅德奧站4號出口徒步約10分 🏠首爾江南區宣陵路152街21永仁大廈1F；서울 강남구 선릉로152길 21 영인빌딩 1층 ☎0507-1486-8700 🕐11:00~22:00(L.O.20:30) 💲W套餐₩225,000、Classic套餐₩198,000 🔟 **wolfgangssteakhouse.co.kr**

Wolfgang's Steakhouse是美國傳統的牛排餐廳，被譽為美國三大牛排餐廳之一，在全世界擁有13家分店。餐廳採用的是較為傳統高成本的乾式熟成，提升牛肉的嫩度的同時，還能增添多種層次的風味，也讓牛排的紋理特別清晰。鮮嫩多汁的口感中帶有熟成香味，質鮮美緊緻有嚼勁。

🍴 牛室Ushiya (韓牛炭烤專門店)

우시야 본점

🏠別冊P.27C2 🚇3號線狎鷗亭站4號出口徒步約5分 🏠首爾江南區島山大路27路16 1F；서울 강남구 도산대로27길 16 1층 ☎0507-1419-9667 🕐週一至週六17:00~23:00(L.O.22:00)，週日17:00~22:00(L.O.21:00) 💰A套餐(含5種部位)₩99,000、B套餐(含4種部位)₩79,000、C套餐(含3種部位)₩59,000 @www.instagram.com/ushiya_official

　韓國頂級牛肉品種「韓牛」各部位的輕奢燒烤餐廳逐漸在高級精緻餐飲界佔據一席之地。牛室Ushiya就是代表餐廳之一，韓牛的肉香濃郁，口感更Q彈，油花分佈均　，肉質柔嫩，**店內大廚們特地為最高級韓牛訂製不同作法**，創新但不失原味的手法是此餐廳受歡迎的關鍵之一，去首爾絕對值得光顧。

韓國傳統生拌牛肉也被設計成繽紛的開胃小點。

🍴 bome清潭

보메청담

🏠別冊P.28D3 🚇🚇水仁‧盆唐線狎鷗亭羅德奧站4號出口徒步約5分 🏠首爾江南區宣陵路152路40 1F；서울 강남구 선릉로152길 40 1층 ☎02-515-0528 🕐10:00~22:00(L.O.21:00) 💰💰玫瑰氣泡飲₩13,000、生牛肉沙拉₩33,000 🕸www.bomecheongdam.com

　Bome位於清潭洞，是首爾著名的商業中心、精品街所在地，也是韓國首屈一指的黃金地段。**半露天的用餐空間，十分清爽明亮，裝潢整體是極簡風的設計，但菜色擺盤與設計上卻是十分精巧**，廣受韓國年輕女性的喜愛，除了咖啡等飲品，店內也提供特色調酒，適合朋友購物後，小憩一下。

餐廳不定期更換菜單，讓消費者有機會品嘗韓牛各部位的美味。

🍸 Le Chamber

르챔버

亞洲五十大酒吧。

🔺別冊P.28D2 🔲水仁‧盆唐線狎鷗亭羅德奧站4號出口徒步約3分 🔼首爾市江南區島山大路55街42 B1F；서울 강남구 도산대로55길 42 지하 1층 📞010-9903-3789 ⏰週一至週四19:00~03:00，週五至週六19:00~4:00，週日19:00~2:00 💲入場費₩10,000、調酒₩23,000起 📘www.facebook.com/LeChamber.seoul

來到清潭洞，打扮時髦的路人與路邊隨處可見的名車，許多高檔餐廳或是酒館也選擇在此開業，「Le Chamber」隱身在普通的大樓地下室，但它可是由得過知名「Diageo世界調酒大賽」的頂尖調酒師嚴都煥（EOM DO-HWAN），以及林在貞（LIM JAE-JIN）等調酒界明星團隊所創立。顧客必須走進店裡找到位於牆上的書，酒吧門才會自動開啟。

酒吧裝潢復古華麗卻又帶有摩登時尚，週末最好提早訂位。

開 車 不 喝 酒 ， 安 全 有 保 障

餐廳內可分為提供正統法式料理的餐廳「La Catégorie RESTAURANT」，和氣氛較為輕鬆的餐酒館「Maison de la Catégorie」兩部分。

「粉紅水蜜桃刨冰」展現輕飄飄的法式浪漫。

☕ Maison de la Catégorie

메종드라카테고리

越冷越狂的視覺系冰品。

🔺別冊P.28D3 🔲水仁‧盆唐線狎鷗亭羅德奧站4號出口徒步約5分 🔼首爾市江南區宣陵路826；서울 강남구 선릉로826 📞010-9940-6640 ⏰11:00~17:00、17:30~22:00(L.O.20:20) 🚫週一 💲每日特餐₩75,000、刨冰₩45,000起 📷www.instagram.com/maison_de_la_categorie

在名牌商店林立，不時就會看到千萬跑車呼嘯而過的首爾貴族區清潭洞，高級法式餐廳Maison de la Catégorie掌握潮流不落人後，甜點主廚以製作法式點心的技巧，使用頂級國產水果搭配各種法式醬汁，挑戰刨冰味覺的金字塔。

Terrace room

테라스룸

🅐別冊P.28D3　🚇水仁・盆唐線狎鷗亭羅德奧站3號出口徒步約15分　📍首爾市江南區宣陵路152街37 2F；서울 강남구 선릉로152길 37 2층　☎0507-1466-1063　🕐12:00~22:00(午餐L.O.14:45；晚餐L.O.20:30)　❌週一、週二　💲牛排₩68,000　◎www.instagram.com/terraceroom.seoul

　清潭洞是首爾著名的富人區，鄰近林立的餐廳與酒吧更是首爾最高檔次的等級。**Terrace room以老式復古的木製桌椅、盆栽和裝飾藝術風格的室內裝潢**，彷彿來到經典的西式高級餐廳，讓人有種時光倒流的錯覺。餐廳內特別提供等待的客人可以小酌的酒吧區，一樣可以點餐，若是沒有空位可以優先選擇此區。

藝人明星也愛的烤五花肉名店！

露台區的座位通常需要提早預約，顧客可以在懷舊情調中享受美食和調酒。

Woo Don Chung

우돈청

🅐別冊P.29C2　🚇水仁・盆唐線狎鷗亭羅德奧站5號出口約5分　📍首爾市江南區彥州路170街37；서울 강남구 언주로170길 37　☎0507-1369-5055　🕐16:00~1:00　💲濟州五花肉一人份₩21,000、韓牛一人份₩39,000起

　位於狎鷗亭的Woo Don Chung是**大小韓國明星藝人常常光顧的名店**！只提供頂級的肉品是店內的堅持，所以就算比起一般的烤肉店貴上一倍，用餐時段依舊大排長龍。店員通常建議第一口只要簡單沾鹽食用，用最簡單的方法就能感到到最原始的美味。推薦店內的奶油拌飯！海苔與奶油加上淡味醬油有種純樸風味。

首爾‧漢江以北

首爾‧漢江以南及其周邊 狎鷗亭‧清潭洞

 Dalmatian Dosan

달마시안 압구정점

🏛別冊P.29C2 🚇水仁・盆唐線狎鷗亭羅德奧站5號出口約10分 📍首爾市江南區狎鷗亭路42街42；서울 강남구 압구정로42길 42 ☎0507-1491-0926 🕐9:00~23:00(L.O.22:00) 💰早午餐₩14,500起、主餐₩20,500起 @www.instagram.com/dalmatian_dosan

在歐式庭院享用早午餐。

位於狎鷗亭的「**Dalmatian Dosan**」，因典雅的**歐風庭院，成為韓國橫掃IG網美打卡景點**。進入餐廳區域後，先是穿過石造拱門，宛如漫步法國花園中，餐廳分成室內區與室外區，室外空間巧妙運用格局擺放噴水池，唯美設計用餐空間，不管什麼角度都能拍下人生美照，

餐點頗具水準，以早午餐為主，另外也有甜點、咖啡茶飲與調酒。

🛍 現代百貨 狎鷗亭店

현대백화점 압구정본점

🏛別冊P.29A2 🚇3號線狎鷗亭站6號出口即達 📍首爾市江南區狎鷗亭路165；서울 강남구 압구정로165 ☎02-547-2233 🕐週一至週四10:30~20:00，週五至週日10:30~20:30 🚫每月一次(不定休) 🌐www.ehyundai.com

狎鷗亭的兩大百貨——現代百貨和Galleria百貨，氣派與眾不同，**尤其前者是於1985年開幕的現代百貨總店，不論是進駐的專櫃或是人員的服務、客群的層次，都最為高檔**，例如Louis Vuitton、Gucci、Tiffany、Armani等50多個世界級國際精品，不少韓國優質的本土品牌也買得到。在B1樓可以買到香氛、家居生活和廚具用品，還有美食街和超市，親民許多。

Space C-Coreana化妝博物館

스페이스 씨 코리아나 화장박물관

🏛別冊P.29B3 🚇3號線狎鷗亭站3號出口徒步約8分 ⏰首爾市江南區彥州路827；서울 강남구 언주로 827 ☎02-547-9177 🕐11:00~18:00 🚫週六至週一、國定假日 💲全票₩4,000、優待票₩3,000；與Coreana美術館聯票全票₩6,000、優待票₩5,000 🌐www.spacec.co.kr

　　Coreana是韓國著名的化妝品公司，這家化妝博物館就是由Coreana的創辦者松坡俞相玉所設立，將花了40多年收集的5,000多件收藏品分別展於3座博物館，其中位於Space C大樓的這座博物館是與展示現代美術的Coreana美術館開在一起，可同時欣賞這兩項與「美」有關的收藏和藝術品。

　　在這裡，可以看到韓國歷史上各個時代的化妝文

物，像是化妝用具、銅鏡、粉盒、油瓶等，連裝飾物和傳統服飾也包含其中，可以欣賞到指環、鈕扣、瓔珞簪和襦、花冠等物件。

三元花園餐廳

삼원가든

🏛別冊P.29B3 🚇3號線狎鷗亭站3號出口徒步約15分 ⏰首爾市江南區彥州路835；서울 강남구 언주로 835 ☎02-548-3030 🕐週一至週六11:00~15:00、17:00~22:00，週日與例假日11:00~15:00、17:00~21:00 💲牛肉₩45,000起 🌐www.samwongarden.com

　　在台灣也小有名氣的三元花園韓式餐廳，其實是來自韓國。1976年開業的三元花園餐廳在首爾大有來頭，堪稱是目前最能代表且規模最大的韓國傳統料理餐廳，1、2兩館可同時容納多達1,200位的客人，在許多國際會議或運動盛會中，也接待過重要外賓。

　　三元花園餐廳強調嚴選精緻韓牛和在地食材，以大量蔬果和特殊醬料來醃漬烤肉，讓肉質吃起來鮮嫩無比；而在以山水林園為造景及古色古香的韓屋環境中用餐感受民俗氣息，令人印象深刻。

韓宇利餐廳

한우리 본점

🏛別冊P.29C4 🚇3號線狎鷗亭站3號出口或水仁·盆唐線狎鷗亭羅德奧站5號出口徒步約16分 ⏰首爾市江南區島山大路304；서울 강남구 도산대로304 ☎02-545-3334 🕐週一至週五11:30~14:30、17:30~22:00(L.O.21:00)，週六至週日11:30~22:00(L.O.21:00) 💲韓、宇、利套餐₩87,000起，烤韓牛₩60,000起，蕎麥冷麵₩15,000 🌐www.hwrfood.com

　　1981年成立的韓宇利餐廳，早先以牛肉火鍋、燻牛里肌、牛肉火鍋麵、牛肚火鍋等牛肉料理為主，1990年更名為韓宇利外食產業公司，擁有海內外多家分店，建立韓式料理連鎖經營並走向國際市場。韓宇利本店是一幢獨幢的西式樓房，內部裝潢也很新式現代，料理卻是傳統韓式風味，品質與服務皆有口碑。

首爾·漢江以北

首爾・漢江以南及其周邊・狎鷗亭・清潭洞

🛍️ Galleria百貨東西館

갤러리아백화점 명품관

🅰️別冊P.28D2　🚇水仁‧盆唐線狎鷗亭羅德奧站1、2、7號出口即達　🏠首爾市江南區狎鷗亭路343、407；서울 강남구 압구정로343、407　📞02-3449-4114　🕐週一至週四10:30~20:00、週五至週日10:30~20:30　🈺不定休　ⓊURL
dept.galleria.co.kr

　　Galleria百貨屬於韓化集團，位於狎鷗亭洞的東館及西館專營高級客層，並請來荷蘭建築事務所UNStudio進行翻修。貼上4,330塊玻璃圓盤的外牆，含有特製箔片，白天可產生珍珠貝的銀亮效果，夜晚則被LED燈點亮，並展現多種效果及圖案，儼然一座大型的燈光裝置藝術。

　　商場內部時裝秀的T型舞台為靈感，顧客行走在寬敞的廊道上，有如置身時尚世界。**東館以歐洲精品為主，西館為海內外的設計品牌；B1樓食品館則販賣許多產地嚴選的高級食材。**

翻修後的百貨一舉成為狎鷗亭亮眼的時尚地標。

🎁 羅德奧時裝街

로데오거리

🅰️別冊P.28D3~29C3　🚇水仁‧盆唐線狎鷗亭羅德奧站4~6號出口即達

　　羅德奧時裝街從狎鷗亭羅德奧站4~6號出口出站開始，西至彥州路，南至島山大路，這廣大的範圍內**聚集了許多平價品牌，店家眼光獨到精選當季的流行商品，以不算貴的價格販賣。**另外，名牌服飾、精品店、設計師的個人工作室，以及越夜越熱鬧的餐飲夜店等這裡都有，更顯示江南的奢華氣息。

🍴 Kkanbu Chicken

깐부치킨 청담1호점

擁有多家分店的連鎖炸雞店，口味繁多任君挑選。

🅰️別冊P.28F3　🚇水仁‧盆唐線狎鷗亭羅德奧站2、3號出口徒步約10分　🏠首爾市江南區島山大路89街18；서울 강남구 도산대로89길18　📞02-3446-8292　🕐16:00~0:00　💲炸雞₩22,000起　ⓊURL www.kkanbu.co.kr

　　Kkanbu Chicken是韓國炸雞連鎖店，**供應多款口味多，也有提供烤雞菜單，有原味(후라이드 치킨)、脆皮炸雞(크리스피 치킨)、蒜香(마늘 전기구이)等，其中最具人氣的是辣味炸雞(불사조 치킨)**，包含嘗來甜辣的去骨雞肉、年糕以及薯條，相當豐盛。除了炸雞，像是辣炒年糕(국물떡볶이)和辣海螺拌麵(골뱅이쫄면)皆是熱門菜單。此店在東大門、江南、弘大等地區皆有分店。

首爾·漢江以南及其周邊 ─ 狎鷗亭·清潭洞

◎ Figure Museum W

피규어뮤지엄w

🏠別冊P.28D3 🚇盆唐號線狎鷗亭羅德奧站4號出口徒步3分 ⓐ首爾市江南區宣陵路158街3；서울 강남구 선릉로158길3 ☎02-512-8865 �🕐週二至週五13:00~17:00，週六至週日11:00~18:00 ⓧ週一、元旦、春節、中秋節 🅢門票₩15,000、門票+上色體驗₩25,000，3歲以下免費 🌐www.figuremuseumw.co.kr

> 搜集超過千種玩具，還有等人身高的英雄人物公仔，玩具狂絕對別錯過！

位在狎鷗亭羅德奧站4號出口附近有一棟以玩具為主題的展覽館「Figure Museum W」，外觀三面利用7萬個LED照明，營造出充滿現代感的視覺畫面，館內可分為6層樓，**B2樓為玩具的互動區，1樓為入口區及咖啡大廳，2樓為商品販賣區，3~4樓為玩具展覽區，5樓為主題展覽區**。館內搜集超過1,000樣來自美國英雄人物、日本動畫等玩具公仔外，也有設置體驗互動區，是適合家庭同樂的地方。

> 入口就在機器人公仔的後方。

> 建議可以搭乘電梯至頂樓，由上往下逛。

> 石頭爺爺造型製作的甜點，充滿濟州島嶼風情。

🍴 Jungsik

정식당

🏠別冊P.28D3 🚇盆唐號線狎鷗亭羅德奧站4號出口徒步約3分 ⓐ首爾市江南區宣陵路158街11；서울 강남구 선릉로 158길11 ☎02-517-4654 �🕐12:00~15:00(L.O.13:15)，17:30~22:00(L.O.19:15) 🅢午餐₩195,000、晚餐₩290,000 🌐www.jungsik.kr ❶採預約制，請先致電預約

> 以玉米鬚、玉米調味料和玉米做成的美味冰淇淋。

> 米其林二星名廚巧手發揮、重新組合傳統韓菜。

來自現代韓菜界的龍頭「Jungsik」，早在2014年就曾上榜「亞洲五十最佳餐廳」，主廚Yim Jungsik先於2009年在首爾開設他首間新派韓菜餐廳Jungsik，隨後於2011年在紐約開設第2間分店，馬上就在2014年獲得米其林二星的殊榮，而2017年首爾米其林第一屆評選出爐後，Jungsik也不負眾望地獲得米其林一星的肯定，並在**2022年也獲得二星殊榮**。作為新派韓菜始祖的Jungsik，**將西式菜餚的特色深深結合至韓式料理**，是南韓新派韓菜界的第一把交椅，也是發揚創意料理的卓越新典範。

> 利用簡單的煎烤烹調鴨胸，品嚐最好的原味。

首爾·漢江以南及其周邊

狎鷗亭·清潭洞

樣式多變具質感的made in Korea手機殼。

手機外殼後方多設可以放T-money卡，超實用！

Design SKIN

디자인스킨 압구정점

🎁 別冊P.29C2 🚇盆唐號線狎鷗亭羅德奧站5號出口徒步5分 🏠首爾市江南區狎鷗亭路50街8；서울 강남구 압구정로50길 8 ☎02-516-5819 🕙10:00~22:00 💲商品₩20,000起 🌐designskin.com

　　韓國的網路速度是世界有名的快，連帶著民眾也都是一手一支手機，有了手機之後變會開始想要妝點它，裝上各式的手機殼，韓國本土品牌「Design SKIN」看準此商機，設計許多款式、圖案、顏色的外殼。在狎鷗亭分店可以找到各式款式，可愛動物、line系列，或是具有質感的皮件外殼也有。

韓國買的手機拍照一定會發出咔嚓聲

由於韓國的網路科技十分發達，網速甚至可排名世界前幾名，手機品牌更是名聞國際，因生活中高頻率的使用手機與網路，加快資訊傳送速度外，也影響到個人的隱私和安全問題。或許為了這個緣故，不少人就發現，不只在日本，凡是在韓國購買的手機在拍照是一定會發出清脆的「咔嚓」聲響，就算有人下載將拍照聲設為靜音的APP，但其為違法並且在下載不久後即會失效。

像是在韓國粉絲文化中即有一個名詞「私生飯」，意指瘋狂粉絲會偷拍藝人私下樣貌，有人還會查到藝人住家並在附近站崗，嚴重入侵到藝人的私領域，有些藝人保鑣聽到拍照聲響都會要求粉絲刪除照片，有些甚至直接拿手機檢查並親自刪除照片。手機拍照聲響設定或許可以抑止一些偷拍行為，但對有心人而言，其實也是防不勝防。

🍴 清潭嫩豆腐湯

 小編按讚 讚讚

청담순두부본점

📍別冊P.29C3 🚇盆唐號線狎鷗亭羅德奧站5號出口徒步約7分 🏠首爾市江南區島山大路53街19；서울 강남구 도산대로53길 19 ☎02-545-4840 ⏰8:00~22:00 (L.O.21:30) 💲嫩豆腐湯套餐₩10,000起 🌐www.instagram.com/puredubu

> 少女時代、CNBLUE、2PM等人氣團體也愛吃的豆腐料理店！

位在巷子內的「清潭嫩豆腐湯」可以品嚐到各式水豆腐料理，店內菜單主要以清淡的水豆腐為主，並將其與海鮮、牛腸、起司、火腿、泡菜、水餃和韓國大醬等各式食材作結合。就座時可以看到桌上放著一籃生土雞蛋，在享用豆腐鍋前可以將雞蛋打入鍋中，增加濃郁蛋香。

> 牆上掛的滿滿的相框，皆是偶像明星的親筆簽名。

應援活動的暖心回贈禮

韓國的人情文化也深刻反映在韓飯(飯取自fan諧音)之間的相處，像是領到應援物的人即會回送零食或糖果給發放的人，以及進入會場就座後有些韓飯會給在自己座位的前後左右鄰居發送零食，這種一來一往的人情，感覺像是對彼此喜歡這個歌手的心意互通，這是在臺灣演唱會中沒有的文化，這樣的心意交流讓人覺得很暖心。

👁 島山公園

도산공원

📍別冊P.29C3 🚇水仁‧盆唐線狎鷗亭羅德奧站5、6號出口徒步約10分 🏠首爾市江南區島山大路45街20；서울 강남구 도산대로45길20 ⏰24小時

◎安昌浩紀念館 도산 안창호 기념

☎02-541-1800 ⏰10:00~18:00 ㊡國定假日

島山公園是紀念島山安昌浩(안창호，1878~1938年)所設立的，他是日本統治朝鮮期間對抗日本的朝鮮民族運動人士，大韓民國成立後被尊稱為「韓國民族獨立之父」。

這座公園內有安昌浩及其夫人的墓園，及介紹生平事蹟並展示文物的島山紀念館。島山公園的環境優美，幽靜的林間步道常吸引人來這裡散步、運動，享受片刻清閒。

🍴 刀五花肉

추풍령칼삼겹살 압구정점

🔺別冊P.29C2 🚇水仁・盆唐線狎鷗亭羅德奧站5號出口徒步5分 📍首爾市江南區島山大路51街41；서울 강남구 도산대로51길 41 ☎0507-1307-0090 🕐週一至週五17:00~23:00(L.O.22:40)，週六16:00~23:00(L.O.22:40) 🚫週日 💰招牌刀五花肉(칼생삼겹살)₩17,000

> 跟著大明星吃美味烤肉店！

位在狎鷗亭的這間烤肉店，主打高級的肉質和服務，點完餐後店員會來協助烤肉，還會不時囑咐不要自己烤，當你一口吃下的時候，也只能頻頻點頭認同這樣的價格。**店內的肉品菜單提供招牌刀五花肉**，另可單刀削麵、泡菜鍋、蒸雞蛋等，吃完肉後不妨來碗冷麵解解膩，也是最道地吃法！

> 店外貼滿偶像明星的簽名。

> 厚實的五花肉在口中入口即化，瞬間受到幸福。

> 一碟碟精美小菜以現代化的擺盤方式盛放於小木桌上。

> 主菜地產韓國牛排，以煎烤方式維持肉質鮮甜。

🍴 Kwon Sook Soo

권숙수

> 入選2022年首爾美食米其林二星殊榮的新派韓菜。

🔺別冊P.29C2 🚇水仁・盆唐線狎鷗亭羅德奧站5號出口徒步7分 📍首爾市江南區狎鷗亭路80街37；서울 강남구 압구정로80길 37 ☎0507-1354-6268 🕐12:00~15:00、18:00~22:00 🚫週日、一 💰午餐平日₩210,000、假日₩225,000，晚餐₩340,000 🌐www.kwonsooksoo.com ❗採預約制，請先致電預約(官網有預約網頁)

位於江南區並榮獲米其林二星的**Kwon Sook Soo**，除了承襲兩班貴族重視的小菜特色以外，更把貴族的飲食方式融入至餐廳，將傳統韓食文化發揮到極致。主廚以一張小木桌的獨門飲食方式，彷彿搭上了時光機重返朝鮮年代，以專注和尊敬的態度去品味美食的奧妙，讓人重新擁有好好吃一頓飯的感受，燃起對料理的熱情與喜愛。

湖林博物館 新沙分館

호림박물관 신사분관

⚑別冊P.29C3　⚑水仁‧盆唐線狎鷗亭羅德奧站5號出口
徒步約12分　⚑首爾市江南區島山大路317；서울 강남구 도
산대로317　☎02-541-3525　⏱10:30~18:00　⚑週日　⚑
全票₩10,000、優待票₩7,000　⚑www.
horimmuseum.org

　湖林博物館，為韓國前三大私立博物館，本館位在
新林洞，館內展示了超過1萬件韓國古代美術品，其中
含有國家級文化遺產。位在新沙洞的新沙分館由3棟
建築物組成，館內分為5層空間，**其內展出古代美術**

作品，以及與現代藝術家合作的風格多樣展覽，讓
人藉此能更加了解當地具有代表性的藝術寶物。

愛馬仕之家

Maison Hermès

메종에르메스 도산파크

⚑別冊P.29C3　⚑水仁‧盆
唐線狎鷗亭羅德奧站5號出
口徒步約12分　⚑首爾市江
南區島山大路45街7；서울
강남구 도산대로45길7　☎02-
540-0901　⏱11:00~19:00
⚑www.hermes.com

　歷經7年的籌備，愛馬
仕順著土地格局，以正方
的概念作為發想，於2006年
在首爾狎鷗亭完成這幢看似
立體正方塊的建築物。這裡有
**第二代當家Emile Hermès的珍藏品博物館、現代
藝術展覽館**，頂層有空中花園，還有結合室內花園
的咖啡館(Café Madang, 카페 마당)，可以在這裡享
受愛馬仕寧靜、奢侈又優雅的氣氛。

> 這座是全球第4間愛
> 馬仕之家，建築物就
> 是一座藝術品。

鄰家胖胖 tongtonge

이웃집 통통이

⚑別冊P.29C2　⚑水仁號線狎鷗亭羅德奧站6號出口徒步
約5分　⚑首爾江南區宣陵路161街19 1F；서울 강남구 선릉
로161길 19 1층　⏱10:00~21:30　⚑떠먹케₩22,000、麻薯
麵包₩4,000起　⚑www.instagram.com/tongtonge_

　이웃집 통통이字面上即為鄰家的小胖子，**店內的麵
包和店名一樣，外形蓬蓬軟軟的，非常可愛**。從店內
最先爆紅的是**起司鹽麵包**，起司的香濃與麵包徹底
結合，和淡爽的鹽味交織出和諧口感，每天供不應
求。麵團與麻糬層層堆疊烤製的**麻糬麵包**也是店裡
的招牌，口感柔軟有嚼勁，有多種口味。其中還有一
種將蛋糕與奶油等點心混合放入杯中的떠먹케，也深
受韓國人的喜愛。

首爾・漢江以北

首爾・漢江以南及其周邊

狎鷗亭・清潭洞

風月堂
풍월당

📍別冊P.29C3 🚇水仁・盆唐線狎鷗亭羅德奧站5號出口徒步約3分 🏠首爾市江南區島山大路53街39；서울 강남구 도산대로53길39 ☎02-512-2222 🕐12:00~20:00 🚫週日

www.pungwoldang.kr

　風月堂是間書店兼咖啡館，販賣古典音樂、唱片和DVD為主，也有部分相關書籍；如果在這裡購物，還會免費贈送咖啡。5樓會不定期舉辦電影欣賞和音樂講座。只是它隱身於一幢不起眼大樓，即使問路也不一定找得到。

咖啡與藝術完美結合，是藝文愛好者的小角落。

韓國陶瓷
한국도자기 논현점

📍別冊P.27C2 🚇水仁・盆唐線狎鷗亭站3號出口徒步約10分 🏠首爾市江南區論峴路729；서울 강남구 논현로 729 ☎0507-1381-6709 🕐週一至週五9:30~19:00、週六10:00~19:00 🚫週日 📷www.instagram.com/alt729

　創業於1943年的韓國陶瓷，專門生產與販賣韓國的陶瓷器，商品在全國都有鋪貨。這間商場販賣超過1,000種以上的商品。店裡的商品以韓國的自創品牌Linen White為主，其中手感溫潤的杯、盤等設計典雅大方，許多高級餐廳與飯店都特別來此選購餐具。2樓還有販賣特價商品。

在高級的狎鷗亭地段停車
　狎鷗亭就像是台北市信義區，地方小人多路窄，因為是高級地段進出的名車也特別多，因此這裡的店家、餐廳等都有代客泊車的服務，但停的可不是店家停車場，而是開車在附近周邊地方找停車位，因此時常可看到穿著制服的大叔，開著進口車在巷裡穿梭，而形成一幅在狎鷗亭才看得到的有趣畫面。

汝矣島·永登浦

여의도·영등포

YEOUIDO·YEONGDEUNGPO

永登浦區是一個高度發展的商業及住宅區，擁有許多流行的購物百貨和商場，其中汝矣島是填補漢江而成的人工島，位在漢江以南，聚集了證券交易所、電視台等高樓大廈，是目前韓國的政治、經濟中心；因為是全新規畫的土地，所以島上的建築與街道十分地井然有序，廣大的綠地與河畔步道，也吸引不少民眾前來散步、遊憩；如果想要好好地欣賞首爾的城市風景，則一定要試試動靜皆宜的漢江遊覽船；汝矣島以便利的交通方式，成為遊客搭乘漢江遊船時的首選。

交通路線 & 出站資訊

地鐵
汝矣島站◇5、9號線
汝矣渡口站◇5號線
國會議事堂站◇9號線
鷺梁津站◇1、9號線
永登浦站◇1號線
新道林站◇1、2號線
文來站◇2號線

出站便利通
◎汝矣島以及永登浦附近多為公司大樓，所以附近出入的人多為上班族，每一站的距離相較市區的地鐵站間隔也較遠，建議以相近地鐵站，或直接選擇單一大地點做為旅遊重點地。
◎汝矣渡口站則是屬於接觸大自然

的路線，適合較傍晚時間前往以避開烈陽。2號出口近首爾色彩公園、汝矣漢江公園，到漢江公園可搭乘遊船遊廣闊的漢江。春天季節則可至輪中路看美麗的櫻花大道。
◎新道林站和文來站之間是文來洞，原是鋼鐵工廠的聚集地，如今不少工廠改建為頗有特色的咖啡廳與餐廳，巷弄裡還有各種裝置藝術的驚喜。
◎要在首爾吃到珍貴的新鮮海鮮則可到位於鷺梁津站1號出口的鷺梁津海產市場，或是到永登浦站3號出口吃CNBLUE團員爸爸開的烤鰻魚店。
◎想逛百貨或是超市，可到永登浦站5號出口的樂天百貨、新世界百貨，以及E-Mart大買特買。

> 輪中路是首爾市內最具代表性的賞櫻勝地。

◎ 輪中路

小編按讚 짱짱

윤중로

🔵別冊P.30A1　🔵5號線汝矣渡口站2號出口徒步約25分；9號線國會議事堂站1號出口徒步約10分；5、9號線汝矣島站3、4號出口徒步約20分

> 誰說看櫻花一定要去日本！首爾的賞櫻勝地，落櫻繽紛，賞花一族不要錯過。

位於汝矣島上、國會議事堂後側的輪中路，道路兩旁植滿樹齡達30~40年的櫻花樹，綿延約6公里，共1,400多棵，**每年4月初到中旬，櫻花綻放，每年都有超過250萬人前來賞花**。賞櫻時節，國會議事堂前後道路會進行交通管制，最好坐地鐵或公車前往。

首爾·漢江以北

首爾·漢江以南及其周邊

汝矣島·永登浦

👁 文來洞

문래동

🚇別冊P.31　🚈2號線文來站7號出口徒步約10分　🕐店家各自營業時間不一

位於永登浦區的文來洞，原是鋼鐵工廠的聚集地，如今經由改造變身為「**文來洞藝術村(문래동예술촌)**」，成為人氣盤升的熱門商圈。原為鋼鐵基地的景像現在更成為文來洞特有的粗獷風格，進駐的商家也各自散發獨特的氛圍，走進巷弄裡還有各種裝置藝術的驚喜。

> 店內的菜單使用宮書體(類似中文的楷體)，給人一種經典而優雅的印象。

☕ 平和

평화

🚇別冊P.31D4　🏠首爾市永登浦區道林路131街13；서울 영등포구 도림로131길 13　☎070-4115-0815　🕐週一至週四13:00~0:00、週五13:00~1:00、週六12:00~1:00、週日12:00~0:00　💰咖啡₩5,000起、咖啡奶油蛋糕₩8,000　📷 www.instagram.com/pyeong_hwaa

位於巷弄裡的平和，外面只有一個小巧的招牌，稍不留意便會以為是私人住宅而錯過。**咖啡廳內部保留了老房子的痕跡，粗糙的牆面和木質感俱營造出溫馨的氛圍**；角落擺放的黑膠唱片與音響，為空間增添了復古情調。平和的特色甜點是咖啡奶油蛋糕(커피크림케이크)，再點一杯冰美式，恰好能中和蛋糕的甜膩，讓人度過一個靜謐舒適的午後時光。若是晚上前往，可以來杯啤酒或葡萄酒，又是另一種享受。

☕ Rust Bakery

러스트 베이커리

🚇別冊P.31D4　🏠首爾永登浦區京仁路79街15；서울 영등포구 경인로79길 15　☎070-8805-0815　🕐11:00~22:00　💰咖啡₩5,000起、麵包₩3,800起

Rust Bakery由一間工廠改裝而成，咖啡廳外觀低調的招牌，沒有過多的裝潢，但兩層樓的建築內部非常寬廣，基本色調為深色系，店內實木家具及鐵件交互穿插裝潢，加上自然光的明亮環境，意外地有種閒靜感。**Rust Bakery最受歡迎的是可頌**，除了原味，還有巧克力、杏仁和奶酥等口味。

> 新鮮麵包每天大約11:00及15:00出爐，可以在這前後到訪，搶鮮品嘗軟鬆的麵包。

 逗點mallang

쉼표말랑

◎別冊P.31D4 ◎首爾市永登浦區道林路438-7；서울 영등포구 도림로 438-7 ◎010-4645-2639 ◎11:30~17:30(L.O.17:00) ◎今日定食約₩9,000起(價格依食材變動) ◎www.instagram.com/comma_mallang ◎建議事先打電話訂位

每天都不一樣的韓式家常料理！

逗點mallang提供溫馨的家常料理，是當地上班族的午休首選。特別的是他們家的今日定食(그때그때 밥상)，包含紫菜、白飯、湯及4種小菜，而主食則是根據季節時令食材，由主廚隨時準備的創新料理；另外也有固定的菜單品項像是可麗餅和馬鈴薯洋蔥濃湯。逗點mallang的料理不僅美味，份量也十足，可以品嚐到最道地的韓國家常味！

今日定食裡的雞腿燉泡菜，濃郁的湯汁是白飯殺手。

 VERDE coffee

베르데커피

◎別冊P.31D4 ◎首爾市永登浦區道林路139街5；서울 영등포구 도림로139가길 5 ◎0507-1358-7564 ◎咖啡廳10:00~22:30(L.O.21:30)；餐廳10:00~22:50(L.O.20:50) ◎飲料₩5,000起、蛋糕₩7,000起、甜點₩6,500起 ◎www.instagram.com/verde__coffee

從外觀來看，VERDE也是一家由工廠改建而成的咖啡廳，但進入後卻是歐式紅磚風格的空間。靠近門口的階梯座位區，放置了小餐桌和坐墊；再往裡面走也有一般的座位區。VERDE可分為兩個區域，咖啡廳提供蛋糕點心、茶飲與咖啡，而後方則是餐廳兼酒吧，供應早午餐、簡餐及酒精飲料。

咖啡廳的蛋糕選擇豐富，招牌品項有杜拜巧克力、桃子、伯爵茶、焦糖海鹽和草莓奶油等口味，或也可以試試焦糖布丁。

VERDE的蛋糕選擇豐富，每一款都好想吃！

 Mullae banggu

문래방구

◎別冊P.31D4 ◎首爾市永登浦區京仁路763；서울 영등포구 경인로 763 ◎0507-1355-9204 ◎週一至週五11:30~19:00、週六至週日12:00~20:00 ◎義式濃縮₩3,000起、花生麵包(땅콩빵)₩2,500 ◎www.instagram.com/mullaebanggu

周邊商品是文來屁孩的一大特色，購買鉛筆時還能享受免費刻字服務！

店名문래방구中文直譯為「文來屁孩」，標誌就是一個帶著棒球帽的少年；店內裝潢走的是復古工業風，與文來洞的其他咖啡廳風格相似。除了提供簡單的蛋糕點心，文來屁孩的招牌咖啡是義式濃縮(espresso)，主要有Dolce Ggusto(돌체구스토)和Ggust Presso(구스토프레소)兩種風味：前者加入了奶油和牛奶，口感濃郁順滑；後者以可可粉調製，並搭配一顆黑糖，呈現出苦中帶甜的滋味。更特別的是，這裡也提供客製化的義式濃縮咖啡，只要₩500就可以添加一份鮮奶油、牛奶、焦糖糖漿等配料，甚至還可加入冰淇淋，帶來與眾不同的濃縮咖啡體驗。

咖啡另一特色便是它的周邊商品，除了品牌馬克杯和玻璃杯，還有一系列的可愛文具、明信片和小包包。

Small

스몰

> 酒吧菜品都是經典韓式下酒菜,現場氣氛輕鬆喧鬧。

🅐別冊P.31D4 🏠首爾市永登浦區京仁路77街12;서울 영등포구 경인로77가길 12 ☎070-8880-0815 ⏰週日至週四17:00~0:00、週五至週六17:00~1:00 💲拉麵₩5,500、煎餅₩15,000起、海鮮₩20,000起、酒類₩5,000起 ◎www.instagram.com/small_nightmarket

> 復古布帳馬車室內酒吧。

　　若沒有霓虹招牌燈,酒吧外觀看起來是一個小型的工廠,但進入後才發現別有天地。「Small」將傳統布帳馬車的風格直接搬到室內,讓店內看起來就是一個小型的酒街,**特殊的概念與設計吸引了不少的年輕人到此打卡**。除了特殊風格,店內美味的下酒菜也是店家的一大賣點。

Challang韓式酒吧

찰랑

> 文來洞露臺復古式酒吧。

🅐別冊P.31D4 🏠首爾市永登浦區道林路436-3;서울 영등포구 도림로 436-3 ☎0507-1491-0307 ⏰週一至週四17:00~2:00、週五17:00~3:00、週六16:00~3:00、週日16:00~1:00 💲韓式海鮮湯₩28,000起、酒類₩4,500起

　　文來洞位於永登浦區,是新興的熱門商圈,原先是鋼鐵工廠的聚集地,現今重新改造成的藝術村,許多餐廳與酒吧也逐漸開業。Challang是帶有頹廢風格的酒吧,保留建築的原貌並無過多的裝飾,天台上擺上傳統的酒攤桌椅,在這裡吃著韓式下酒菜配著燒酒,**彷彿就是韓劇中鄰居家天臺的私人酒局**。

> 店內下酒菜多為海鮮,湯類也是各桌必點的菜色之一。

> 餐廳為現場候位,店家開放可在開店前一小時前到達等待。

Yankee烤雞

양키통닭 본점

> Yankee烤雞是文來洞人氣排隊名店!

🅐別冊P.31D4 🏠首爾市永登浦區道林路139街13;서울 영등포구 도림로139길 13 ☎070-8800-0815 ⏰週一至週四17:00~23:00、週六 14:00-23:30、週日14:00-22:00 💲波菜烤雞₩28,500起

　　文來洞的排隊名店「Yankee烤雞」是喜愛雞肉料理的人千萬不能錯過的餐廳。**店內的招牌是「波菜烤雞」**(오리지널 시금치 통닭),鐵盤中的烤雞外皮香脆而肉質軟嫩,肉汁流入波菜更加提味,底部平鋪著調味米飯,隨著鐵鍋的熱度還能品嘗酥脆的鍋巴飯,就是此招牌美味讓店內高朋滿座。

首爾‧漢江以北 ▼

首爾‧漢江以南及其周邊 汝矣島‧永登浦

🍴 mullae chinchin

문래친친

🅐別冊P.31D4 🏠首爾市永登浦區道林路139街5-1 2F；
서울 영등포구 도림로139길 5-1 2층 ☎0507-1371-6153
🕐週一至週四18:00~0:00、週五17:30~1:00、週六
17:00~1:00、週日17:00~0:00 💲披薩₩21,000起、沙
拉₩19,000起 @www.instagram.com/
chinchin_2018

　　在熱鬧的老舊街區改造的文來洞，有不少能享受
喝酒的隱密酒吧，mullae chinchin就座落其中。由
舊式建築改建的酒吧露臺需要穿過窄小的樓梯才能
到達，從黃昏到深夜，會調整不同的燈光使不同風格
的景色在眼前展開，讓這處**成為不分晝夜都能享受
喝酒樂趣的秘密基地**。

露臺點餐是使用韓國
通訊軟體kakao talk，
建議可以事先下載。

植物園的總面積是汝
矣島的2.2倍，等同於
70座足球場。

此處占地寬廣可以漫
步走上半天，觀賞植
物和野生花卉。

👁 首爾植物園

서울식물원

🅐別冊P.7A2 🚇9號線麻谷渡口站3號出口徒步約15分
🏠首爾市江西區麻谷東路161；서울 강서구 마곡동로 161
☎02-2104-9716 🕐3~10月9:30~18:00，11~2月
9:30~17:00；最後入場閉館前1小時 🚫週一 💲成人
₩5,000、13~18歲₩3,000、6~12歲₩2,000 🌐
botanicpark.seoul.go.kr

　　麻谷地區「首爾植物園」是喜好自然旅的遊客不可
錯過的口袋名單，大型溫室空間**展示了熱帶及地中
海12個城市的植物，所以可以看見椰子樹、紅樹林、
天南星、大王蓮等不同地區的特色植物**。逛完平面
還可以走上空中走廊，從高點觀察熱帶植物。除了
室內溫室空間之外，還有戶外湖水園與溼地園等。

2024年熱門韓劇《淚之女王》中的Queens百貨就是在這裡取景！

現代百貨 汝矣島店
THE HYUNDAI SEOUL

현대백화점 더현대 서울

首爾最新，規模最大現代百貨。

別冊P.30B1 ⏺5號線汝矣渡口站1號出口徒步約5分 ⏺首爾市永登浦區汝矣大路108；서울 영등포구 여의대로 108 ☎02-767-2233 週一至週四10:30~20:00，週五至週日10:30~~20:30 www.ehyundai.com

THE HYUNDAI SEOUL是目前全首爾最大的巨型百貨公司，由世界最著名的建築家之一的理查羅傑斯爵士設計，百貨空間寬敞，內部裝飾有天然草坪、30餘棵樹和各種鮮花，除了更具備了藝文中心、展覽公演場等功能，百貨裡的世界各國美食餐廳，更是一度成為人們打卡的熱門景點。

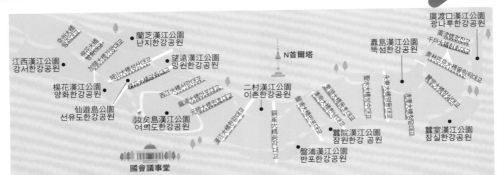

廣渡口漢江公園
광나루한강공원

蘭芝漢江公園
난지한강공원

望遠漢江公園
망원한강공원

江西漢江公園
강서한강공원

楊花漢江公園
양화한강공원

仙遊島公園
선유도한강공원

汝矣島漢江公園
여의도한강공원

國會議事堂

N首爾塔

二村漢江公園
이촌한강공원

銅雀大橋
동작대교

蠶院漢江公園
잠원한강 공원

盤浦漢江公園
반포한강공원

纛島漢江公園
뚝섬한강공원

蠶室漢江公園
잠실한강공원

首爾‧漢江以南及其周邊 …… 汝矣島‧永登浦

汝矣島漢江公園

小編按讚

여의도 한강공원

別冊P.30B1 ◎5號線汝矣渡口站2、3號出口即達 ◎首爾市永登浦區汝矣島路330；서울 영등포구 여의동로330 ◎02-3780-0561 ◎hangang.seoul.go.kr/archives/46758

長達40公里的漢江沿岸，共有12處漢江市民公園，其中就以汝矣島漢江公園最容易親近。總長跨越3座大橋，有個身兼咖啡館與聲光表演場地的水上舞台、運動場地和可戲水的水色廣場，水上樂園，江邊渡船頭可搭乘漢江遊船一覽美景。臨近麻浦大橋的風之路，橫亙在車道岔路的船型裝置藝術，延著蜿蜒的走道至頂端，可一覽車水馬龍和漢江水光交融的景象，是韓劇《城市獵人》的場景之一。

一覽漢江美景的最佳地點。

運用首爾10大主要色彩裝飾在橋墩、椅子，分外搶眼。

首爾色彩公園

서울색공원

首爾色彩公園就位在汝矣島漢江公園裡面，麻浦大橋底下的區域開闢為以色彩為主題的公園，運用首爾10大主要色彩裝飾在橋墩、椅子，分外搶眼。亦是韓劇《城市獵人》的場景之一。

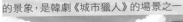

島上的綠地公園能飽覽漢江美景。

一定找到你！神奇的食物外送文化

在韓國路上鮮少看到摩托車，大多為餐廳外送人員會騎著車在大街小巷穿梭，外送的食物以中式的炸醬麵、糖醋肉，或是炸雞和披薩為大宗。以前的韓國外送大多只送到住家、公司或學校等固定地點，現在已進階到在首爾各處都可以送達，像是在漢江公園賞花、某個籃球場，甚至在演唱會場外也可以點外送，神奇的外送大叔總是找得到地方，將食物熱騰騰得送到你手上。

首爾・漢江以南及其周邊 — 汝矣島・永登浦

🍴 熙正食堂

희정식당

小編按讚 讚讚

在地人最愛的部隊鍋專賣店！

📍別冊P.30B1　🚇5號線汝矣渡口站1號出口徒步5分　📍首爾市永登浦區汝矣渡口路117；서울 영등포구 여의나루로 117　☎02-784-9213　⏰11:30~23:00　休週日　💰部隊鍋一份₩12,000

鄰近汝矣渡口站的這家部隊鍋專門店，別看它地理位置應該只做得了鄰近上班族的生意，**有許多人可是慕名而來享用**，用餐時間也是大排長龍。不一定要按人頭數點餐，如食量偏小的話，3人可以點2人份、4人可以點3人份，以此類推。也將麵撈起來吃，再將湯舀進碗中加入一點飯，可是超美味吃法。

加入滿滿的火腿和食材，超有飽足感！

還有烤牛肉分量不多卻是相當好吃。

坐上遊覽船欣賞首爾不同的城市風景。

👁 漢江遊船

한강유람선

小編按讚 讚讚

乘著船就可將沿岸風光和城市樣貌盡收眼底，非常推薦。

📍別冊P.30C1　🚇5號線汝矣渡口站3號出口徒步約10分至遊船碼頭　📍首爾市永登浦區汝矣島路290 ELAND CRUISE；서울 영등포구 여의동로290 이랜드크루즈에비호 매점　☎02-6291-6900　⏰約14:00~22:00；開船班次將依季節變化作調整，可至官網查詢時刻表　💰下午茶遊船(카페 크루즈)全票₩25,900、優待票₩21,900、晚餐遊船(디너크루즈)全票₩129,000起、優待票₩89,000起，漢江遊船(한강투어크루즈)全票₩17,900、優待票₩11,900，日落遊船(선셋크루즈)全票₩20,900、優待票₩13,900，月光音樂遊船(달빛뮤직크루즈)全票₩27,900、優待票₩19,900，星光遊船(별빛크루즈)全票₩23,900、優待票₩16,900　🌐www.elandcruise.com

東西向流貫首爾的漢江，沿岸風景日夜各有風姿，著名地標建築像栗島、切頭山公園、63大樓、N首爾塔等，都能一網打盡。乘船處可選擇從汝矣島及蠶室登船，有繞漢江一圈的循環路線，也有來回於汝矣島和蠶室間的單程路線，更有煙火或船上音樂表演豐富的遊船行程，提供遊客更多元的選擇。

🎁 國際金融中心商場IFC Mall

IFC

📍別冊P.30B1　🚇5、9號線汝矣島站3號出口延通道徒步約5分至IFC Mall 2F　📍首爾市永登浦區國際金融路10；서울 영등포구 국제금융로10　☎02-6137-5000　⏰10:00~22:00(各家不一)　🌐www.ifcmallseoul.com

環繞在3棟摩天大樓間的「國際金融中心商場IFC Mall」，自2012年開幕以來是為了讓聚集在金融島的首爾菁英有個喘息空間，相當於3座台北世貿一館的容積相當大；正門的玻璃帷幕建築，呈現歪斜M字型的玻璃天幕，為巨型地下空間延長了一整天的午後陽光。這裡引進**許多國際品牌以及眾多韓國本地的設計品牌**。

IFC Mall店家鎖定兼具時尚且實惠的品牌。

士大夫之家 庫間The Koggan

小編推薦 讚讚

사대부집 곳간

首爾米其林二星，品味屬於都會的極上美食之旅。

🅐別冊P.30A2　🚇5、9號線汝矣島站2號出口徒步約7分　🏠首爾市永登浦區汝矣大路24 FKI大樓50F；서울 영등포구 여의대로 24 FKI타워 50층　📞02-2055-4441　🕐週一至週五11：30～15：00、17：00～21：00，週六至週日11：30～15：30、17：30～21：30　🌐www.theskyfarm.co.kr　❶如需用餐，請先致電預約

位於FKI大樓50樓的「The Koggan 庫間」，獲得首爾米其林二星評價，餐廳以**稀罕珍貴的韓國食材為料理的主要特色**，也會經常準備以在地材料和傳統手法製成100年的發酵醬，並按照傳統士大夫追求的道理和美學為理念，採用在地新鮮食材，以真誠做飯的態度，為人們帶來高品質的韓國美食。

食用九宮格開胃菜先從柑橘與梨子製成的果汁開始順時針吃起，才能品嘗多變的味覺層次。

用餐空間擺放傳統韓國家具，展露濃厚的文化底蘊。

韓式甜點料理味美，做工精緻。

麻浦大橋是座自殺大橋？

韓國的生活壓力大，很多想不開的人會選擇在麻浦大橋一躍而下，結束自己不順遂的一生，故麻浦大橋有自殺大橋之稱。韓國政府為了減少在這條橋結束生命的人口，特別在橋上新增了很多溫馨的鼓勵小語，盼望能夠在最後拉他們一把，提醒他們多想想，自殺不能解決問題。

公園周圍還有自行車道可利用。

🎯 汝矣島公園

여의도공원

🅐別冊P.30B1　🚇5、9號線汝矣島站3號出口徒步約5分　🏠首爾市永登浦區汝矣公園路68；서울 영등포구 여의공원로68　📞02-761-4079　🌐parks.seoul.go.kr/yeouido

如果說汝矣島漢江公園是歡樂的休閒勝地，那麼汝矣島公園就是幽靜的一片綠地。**公園內分成韓國傳統叢林、文化院壩和自然生態叢林等區塊**，韓國傳統叢林由常見的植栽搭配荷花池、八角亭等，和諧雅緻；自然生態叢林以溼地、草地等交織，可觀察、接觸自然；文化院壩則是經常舉辦集會或表演的場所。

首爾‧漢江以北

首爾‧漢江以南及其周邊……汝矣島‧永登浦

永登浦時代廣場

영등포 타임스퀘어

🅰別冊P.30A3 🚇1號線永登浦站3號出口徒步約3分 ⓘ首爾市永登浦區永中路15;서울 영등포구 영중로15 ☎02-2638-2000 ⏰10:30~22:00 🌐www.timessquare.co.kr

永登浦時代廣場，足足有COEX的兩倍大，連樂天百貨、新世界百貨都屬於它的一部分。無論是購物、住宿、商業、醫療、文化體驗等，樣樣都有；超市、書店、美食街都是基本元素，還有5星級飯店、健身中心、婚禮及宴會中心、會議廳、空中花園等，生活必備機能無所不包。

時代廣場從平價到高檔品牌任君挑選。

emart 永登浦店

이마트 영등포점

ⓘ永登浦時代廣場B1F、B2F ☎02-3468-1234 ⏰10:00~22:00 🌐emart.ssg.com

與樂天超市不分軒輊的emart，想買什麼這裡都有！

位於永登浦時代廣場B1樓、B2樓的emart是大型連鎖超市，和樂天超市並駕齊驅，擁有規模龐大的體育用品專賣店、葡萄酒專賣區、保健食品專賣區、進口廚具專賣區等，加上方便的停車設施，好逛又好買。

新世界百貨 永登浦店

신세계백화점 타임스퀘어점

ⓘ首爾市永登浦區永中路9;서울 영등포구 영중로 9 ☎02-1588-1234 ⏰週一至週四10:30~20:00，週五至週日10:30~20:30 🈺每月一次(不定休) 🌐www.shinsegae.com/store/main.do?storeCd=SC00003

新世界百貨公司的永登浦店，是時代廣場的地標建築之一。時尚館(Fashion Hall)1~2樓以精品、化妝品和珠寶為主，3~4樓是女性服飾的天下，5~6樓是男性西裝和休閒服飾，7樓為戶外活動和高爾夫球專區，8樓主賣童裝，10樓則有空中花園；生活館(Living Hall)可以找到家電、傢俱、床墊等居家生活用品。兩棟分館的餐廳與美食街都集中在B1樓，而退稅服務櫃台及自助電子退稅機位於名品館(Boutique Hall)的1樓。

首爾‧漢江以北

首爾‧漢江以南及其周邊

汝矣島‧永登浦

永登浦地下街

영등포역지하쇼핑센터

別冊P.30B3　1號線永登浦站6號出口即達　首爾市永登浦區永登浦洞4街440-10；서울 영등포구 영등포동4가440-10　約10:30~20:00(各店不一)　sisul.or.kr/gha/store/info.do?key=2309210001&sc_mallSn=23

人潮即帶來錢潮，在首爾地鐵周邊便可知曉，其發展從地上延伸至地下街，地鐵出口即與購物地下街相連，其中位在永登浦站5號出口的「永登浦地下街」，有各種風格服飾，飾品、包包或鞋店，逛累了還有咖啡廳可以休息，鄰近樂天百貨、時代廣場、emart超市和Homeplus超市等，一次滿足所有購物慾望。

> 服飾、包款樣樣有，是最平價的購物天堂！

KBS電視台

KBS방송국

別冊P.30A1　1號線國會議事堂站4號出口徒步約5分　首爾市永登浦區汝矣公園路13；서울 영등포구 여의공원로13　02-781-1000　www.kbs.co.kr

簡稱為「KBS」的韓國放送公社，原為韓國最早的公營電視台與廣播電台，與MBC和SBS為韓國目前3大無線電視台。可以免費入內參觀電視台及各式展覽，並在外面設有面對面的廣播電台，幸運的話還能遇到自己喜歡的偶像前來錄製節目。KBS製播有綜藝《兩天一夜》、《超人回來了》，韓劇《太陽的後裔》、《金科長》、《三流之路》、《美男堂》等人氣節目。

樂天百貨公司 永登浦店

롯데백화점 영등포점

別冊P.30B3　1號線永登浦站5號出口即達　首爾市永登浦區庚寅路846；서울 영등포구 경인로846　1577-0001　週一至週四10:30~20:00，週五至週日10:30~20:30　每月一次(不定休)　www.lotteshopping.com/store/main?cstrCd=0010

1991年開始營業的樂天百貨公司永登浦店，是韓國最早由民間投資和建設、與地鐵站相連的百貨公司，同時，樂天也帶動整個商圈發展起來，成為首爾江西地區的主要購物商圈，可說功不可沒。

> 販售各式生猛海鮮，價格划算又新鮮。

鷺梁津海產市場

노량진 수산시장

別冊P.30C2　1、9號線鷺梁津站7號出口徒步約5分　首爾市銅雀區鷺德路674；서울 동작구 노들로 674　02-2254-8000　24小時　www.susansijang.co.kr

> 最大海產市場！攤位眾多盛況驚人，還可請店家幫忙料理。

與地鐵站以天橋相連的鷺梁津海產市場，於1927年開市，原本聚集在西大門到首爾車站的義州路，後遷至現址，拍賣場面積達6,962平方公尺、零售場面積達8,476平方公尺，發展成為韓國最大的海產批發市場。購買海產之後，可以到市場旁的餐廳交給店家料理，只要酌收醬料費和工本費，就可以嘗鮮，非常划算。

首爾．漢江以北

首爾．漢江以南及其周邊

汝矣島．永登浦

> 觀覽台上可看到楊花與城山兩座跨江大橋及漢江景色。

仙遊島公園

선유도공원

別冊P.7A2　9號線仙遊島站2號出口徒步約10分　首爾市永登浦區仙遊路343；서울 영등포구 선유로 343　02-2631-9368　公園6:00~0:00，展覽館夏季9:00~18:00、冬季9:00~17:00　展覽館週一　parks.seoul.go.kr/seonyudo

　　位在楊花大橋上的仙遊島公園，在1978年至2000年間原為提供江南永登浦一帶的自來水淨水場，但隨著與江北淨水場合併後遷移，並於2002年首爾市政府的公園計畫將其改建為仙遊島生態公園。

　　占地3萬多坪的公園綠地，是環境再生生態公園，同時也被稱為「水之公園」，設施有再利用藥品沉澱地建造的水生植物園和時間庭院、拆掉淨水池水泥屋頂留下柱子建成的綠柱庭園、水上樂園、溫室，及由漢江展覽館改建而成的「仙遊島故事館」(이야기관)等再生空間。

> 故事館旁的牆壁已成為留言板。

如何從仙遊島地鐵站步行至仙遊島公園

1 仙遊島地鐵站2號出口出站後，抬頭即看到往仙遊島公園(선유도공원)的指示直行即可。

2 沿途會看到標示，直行到底會看到G25便利商店。

3 店家也貼心告知此為往仙遊島的路，以及前往公園路上的最後一家便利商店，不妨可在此補點貨。

4 過馬路後往左手邊走，會看到小小的指示牌，接著可以在右手邊看到天橋。

5 順著天橋走會經過漢江公園，再來即會看到「仙遊橋」，繼續往前走。

6 抵達仙遊島公園觀景台，再由一旁的木梯往下走，即抵達仙遊島公園。

首爾‧漢江以南及其周邊⋯⋯汝矣島‧永登浦

打折血拚樂╳直擊首爾Outlet

很多人會發現，首爾的物價並不便宜，除了韓國當地品牌，一些國際牌子買起來甚至比台灣貴，文井洞雖然離首爾市區有段距離，但因為是過季商品的集中區，讓不少人會特地前往撿便宜。

這裡的商店以運動休閒品牌為主，另也有不少流行服飾品牌可選擇，常年打折是特色，最常見的折扣是5~7折，有的可以下殺到2~4折；而且即使價格便宜，但衣服排列整齊，同時還可以讓人試穿，讓購物樂趣大大加分。

LF Outlet
LF 문정아울렛

文井洞Outlet區的最西北端有一幢5層樓的時尚建築，名為LF Outlet，也就是LG Fashion Outlet的簡稱，LG跨足流行服裝界，旗下代理的都是頂尖的時尚品牌，包括DAKS、Lafuma、MAESTRO等。

🚇8號線文井站1號出口徒步約3分　🏠首爾市松坡區東南路118；서울 송파구 동남로118　☎02-449-0764　🕙10:00~20:00

Nike
나이키 문정점

Nike是世界知名的休閒服飾與用品品牌，無論是從事不同強度運動的運動鞋、兼具造型與功能性的服裝、背包、帽子、襪等，應有盡有，專業及非專業的運動人士都喜愛。坐落於文井洞的Outlet，提供折扣可高達50~70%的過季品。

🚇8號線文井站1號出口徒步約12分　🏠首爾市松坡區東南路127；서울 송파구 동남로127　☎02-409-7320　🕙10:30~20:30

首爾‧漢江以北

首爾‧漢江以南及其周邊
……
汝矣島‧永登浦

adidas
아디다스 문정점

adidas和Nike一樣，是世界知名的休閒服飾與用品品牌，走到全世界它們的專賣店似乎都無所不在。adidas位於文井洞Outlet區東端的暢貨中心產品種類齊全，部分過季商品折扣可至**40%**。

🚇8號線文井站1號出口徒步約12分　🏠首爾市松坡區文井洞東南路125；서울 송파구 동남로125　☎0507-1332-2447
🕐10:00~20:30

The North Face
노스페이스 문정점

韓國人登山風氣相當盛，加上冬季氣候嚴寒，所以登山用品和極地氣候服裝賣得非常好，國際知名的The North Face更可說是韓國人的最愛，銷路好到連The North Face都授權可以開發專屬韓國的產品。The North Face坐落於文井洞的Outlet賣場有3個樓層，裡面有新品、也有過季產品。

🚇8號線文井站1號出口徒步約10分　🏠首爾市松坡區中臺路10街39；서울 송파구 중대로10길39　☎0507-1390-7383
🕐10:30~20:00

K2
K2 문정로데오점

K2是世界第二高峰，也是知名的登山用品專賣店，無論是登山外套、排汗衣、褲、鞋、帽等，都有型有款，不過價格和The North Face差不多，甚至更貴。K2坐落於文井洞的Outlet是包含當季商品與過季商品的綜合賣場，正與The North Face對門而立，有興趣的消費者可以兩邊好好地比較、仔細地挑選心儀的產品。

🚇8號線文井站1號出口徒步約10分　🏠首爾市松坡區中臺路10街42；서울 송파구 중대로10길42　☎0507-1463-9670
🕐10:00~20:00

Mario Outlet
마리오아울렛

位於地鐵加山數位團地站的Mario Outlet，是首爾市區內最大型的Outlet，共分1、2、3館，提供上百個國際和韓國知名品牌的過季商品銷售，其中包括一些大家耳熟能詳的國際平價牌子，折扣高達2~5折。在這裡購物滿₩15,000，還可以辦理免稅。

🗺別冊P.7A3　🚇1、7號線加山數位園區站4號出口徒步約6分　🏠首爾市衿川區數位媒體路9街23；서울 금천구 디지털로9길 23　☎02-2067-2100　🕐週一至週四10:30~21:00、週五至週日10:30~21:30　🌐www.mariooutlet.co.kr

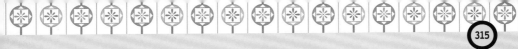
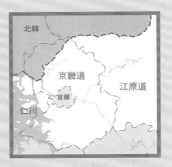

首爾近郊
AROUND SEOUL

首爾近郊怎麼玩

善 用首爾市區四通八達的交通工具輕鬆暢遊遊郊區景點，像是坐落著國際機場的仁川廣域市，充滿特色的中華街、刺激的月尾島樂園；離首爾約一小時車程的京畿道感受不同於都市的韓國風情；或是前往位在韓國東北部、有著豐富自然資源的江原道，利用火車、巴士與地鐵串連，韓國偏遠的鄉間風情也近在咫尺。

❶ 仁川 인천

仁川除了有進出國內外的國際機場，同時也是個港口城市，展現新都市樣貌的松島中央公園、熱鬧的中華街、松月洞童話村，和以文化藝術與表演遊樂受到矚目的月尾島都是來到仁川必訪景點。

❷ 京畿道 경기도

京畿道位於朝鮮半島西部中央地區，環抱著首爾與仁川市外圍一圈，東北部地區屬於山岳地帶，以北緯38度線與北朝鮮相望；而東南部則是遼闊的平原區，道府所在地設在水原市。

❸ 江原道 강원도

位於韓國東北部，擁有豐富的自然環境，境內山嶽面積高達八成，更有好幾座國家公園，包括雪嶽山、五台山及雉岳山等國家公園。四季美景更是不能錯過，秋季賞楓、冬季滑雪，一年四季都有遊客造訪，難怪許多度假村都位於此地。

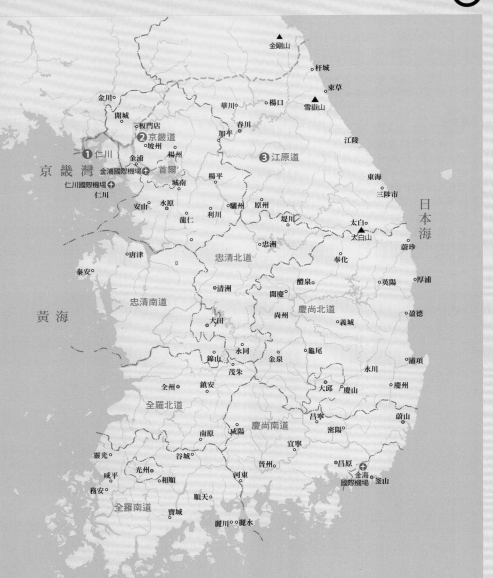

金剛山

杆城

華川　楊口　東草

金川　　　　　　　春川　雪嶽山

開城　　　板門店　加平

　　　京畿道　　　　　江陵

❷

❶ 仁川　　坡州　　楊州　　❸ 江原道

京 畿 灣　金浦　　首爾　　　　　東海

金浦國際機場　　　　　　　　　三陟市

仁川國際機場　城南　　楊平

仁川　　　安山　水原　　驪州　原州　　太白

　　龍仁　利川　　　　　　太白山

　　　唐津　　　　　　堤川　　　蔚珍

秦安　　　　　忠清北道　　忠洲　　　奉化

黃 海　　　忠清南道　　清洲　　醴泉　　　英陽　厚浦

　　　　　　　　　　聞慶　　慶尚北道

　　　　　　大田　　尚州　　　　盈德

　　　　　　　　　　　　義城

　　　　　　錦山　永同　　龜尾　　浦項

　　全州　鎮安　　　金泉　　永川

　　　　　　茂朱　　　　大邱　慶山　慶州

全羅北道　　　　　　　　　　　蔚山

　南原　咸陽　慶尚南道　昌寧

靈光　　谷城　　　　宜寧　密陽

咸平　光州　　　晉州　　昌原

務安　和順　河東　　　金海　釜山

順天　　　　　　國際機場

全羅南道　寶城

麗川　麗水

濟 州 海 峽

日
本
海

仁川
인천
Incheon

仁川是個港口城市，從古時候開始就與中國等鄰近各國有密切的貿易關係。1883年隨著清朝領事館在仁川成立，華人激增，逐漸發展出華人社區，中國餐館也慢慢增多，成為了現在知名的仁川中華街；與中華街僅10分鐘車程的月尾島，因作為文化藝術與表演遊樂的場地而開始受到矚目，咖啡館、海鮮餐廳等日漸增多。寬闊道路、高聳大樓和綠色公園，呈現松島這美麗新都市的面貌，由海岸旁打造而成的街道之間，有許多知名景點等著你來探訪。

交通路線 & 出站資訊

地鐵
中央公園站◇仁川1號線
仁川大學站◇仁川1號線
仁川站◇1號線、水仁・盆唐線

出站便利通
◎往中華街：從仁川站1號出口出站，對面就是顯眼的紅色中華街大門。從大門進入一直直走到底左轉，就是燕京大飯店和中國風階梯。沿著右手邊的燕京大飯店繼續直走，約5分走出中華街後，右邊就會看到松月洞童話村的入口。仁川藝術攝影棚也鄰近中華街，可做為串聯程。
◎往月尾島：在仁川站1號出口左邊的公車站，搭乘公車2、23、10號，約5分後在終點月尾島站下車，往前走至路口就會看到月尾島My Land；搭乘公車45號會稍微繞路，約10分在月尾文化大街站下車即達。
◎往松島中央公園：公園佔地廣大，從中央公園站和仁川大學站皆徒步可達。從中央公園站4號出口出站即為公園旁，而從仁川大學站4號出口徒步約5分則到達中央公園東邊小船租借處。
◎往NC CUBE CANAL WALK：從中央公園站4號出口出站的話距離較近。

 仁川青蘿湖水公園

청라호수공원

📍別冊P.33C2 🚇1號線、水仁・盆唐線仁川站1號出口對面 📍仁川西區水晶路59；인천 서구 크리스탈로 59 ☎032-456-2749 🌐www.insiseol.or.kr/park/cheongna/

　　仁川最新的公園綠地一「青蘿湖水公園」，就湖水打造而成的青蘿公園佔地廣大，也是《鬼怪》拍攝景點，這裡也搭建了一處鬼怪劇照板，以及模擬鬼怪劇中插劍樣子的道具，讓遊客重回劇中留下有趣的回憶。

因熱門的韓劇「鬼怪」而吸引遊客到此踩點。

有許多韓劇、韓國電影曾於此拍攝。

 仁川藝術攝影棚

인천아트플랫폼

📍別冊P.33C2 🚇1號線、水仁・盆唐線仁川站1號出口徒步約5分 📍仁川中區濟物梁路218街3；인천 중구 제물량로218길 3 ☎032-760-1000 🌐inartplatform.kr/home/home

　　鄰近仁川中華街的**仁川藝術攝影棚**曾是《鬼怪》拍攝地之一外，也是由韓國演員韓孝周主演的《愛上變身情人》(The Beauty Inside)拍攝地，外圍兩旁可見到許多日本、中國或是俄式的舊時房子，此處也是韓國人校外教學、情侶必訪的熱門景點。

愛麗絲夢遊仙境裡撲克牌小兵的座椅好可愛。

繽紛又立體的公主系列可説是少女最愛的一面牆！

巷弄裡的綠野仙蹤。

松月洞童話村

송월동동화마을

🏢別冊P.33C2 🚇1號線、水仁·盆唐線仁川站1號出口徒步約10分 📍仁川中區松月洞3街17-1；인천 중구 송월동3가 17-1

小編按讚 讚讚

諔麗又栩栩如生的童話系列壁畫，小心別拍到手機容量不足。

從中華街底左轉，一路直行就能到達充滿許多可愛公主壁畫的巷弄。松月洞因種有許多松樹，原本又稱為松谷或松山，因為在松林間欣賞的月色非常美麗而得名。自1883年仁川港開港後，湧入眾多外國人而形成繁榮的社區，**近年為改善逐漸沒落的情形，使用花朵與世界知名的童話故事，打造出了童心未泯的童話村**，成為仁川的熱門景點。

小編按讚 讚讚

👁 中華街

인천차이나타운

🏢別冊P.33C2 🚇1號線、水仁·盆唐線仁川站1號出口即達 📍仁川中區中華街路；인천 중구 차이나타운로 🕐各家不一 🌐ic-chinatown.co.kr

中國風建築櫛比鱗次，是特別的韓國風景。

這個韓國最大的中華街，是從古時候與中國的貿易往來開始發展的。1883年清朝領事館成立，華人在現在的仁川中華街慢慢增加及聚集。1894年11月，中國與韓國簽訂「清商保護規則」，華人移居的情形又更大幅度增加，來自中國各地，其中山東人最多，中式餐館也陸續出現。初期炸醬麵只

是將炒好的中國大醬「春醬」放在麵條上，稱為「炒醬麵」，後來開始在麵條上放上蔬菜和肉，在春醬裡加入焦糖，才做出韓國人熱愛的炸醬麵。

中華街上充斥著中式餐館和商店。

小吃攤也不能錯過！

中國風壁畫的大階梯非常有氣勢，是多部韓劇拍攝景點。

白炸醬麵甜而不膩，三鮮炒馬麵的滋味也令人難忘。

🍴 燕京大飯店

연경

📍 仁川中區中華街路41；인천 중구 차이나타운로 41 ☎ 0507-1389-7894 ⏰ 10:30~21:30 💲 白炸醬麵(하얀짜장)₩10,000、三鮮炒碼麵(삼선짬뽕)₩12,000 🌐 yanjing.modoo.at

白炸醬麵會讓人想到香噴噴的炒飯，和一般韓國黑炸醬麵不同，非常好吃！

　　中華街底這座相當有氣勢的大紅建築，平日接近中午時分，車輛就已停滿在1樓停車處，堪稱是這條街上人氣最高的餐館。相當推薦《Running Man》炸醬麵特輯曾介紹過的白炸醬麵，而海鮮炒碼麵的辣味適中、料豐味美。另外，韓劇《家和萬事成》劇中的餐館外觀即是在燕京拍攝的，燕京旁有著中國風壁畫的大階梯，則是《傲慢與偏見》等韓劇拍攝地。

🍴 幸運大飯店

럭키차이나

📍 仁川中區中華街路47-1；인천 중구 차이나타운로 47-1 ☎ 0507-1483-8894 ⏰ 週一至週五10:00~20:00(L.O.19:30)，週六至週日09:00~21:00(L.O.20:30) 💲 白炸醬麵(하얀짜장)₩8,000、炸醬麵(짜장면)₩7,000

　　本店是燕京大飯店的幸運大飯店，位在中華街中段，外觀雖然沒有很起眼，但同樣以白炸醬麵作為招牌，以獨特醬料廣為人知，《Running Man》也有來此拍攝。另外，除了炸醬麵店家必備的糖醋肉，也有糖醋蝦和乾燒蝦，以豬肉或蝦為內餡的生煎包也很推薦。

首爾近郊 仁川

↓首爾近郊・京畿道 ↓首爾近郊・江原道

◉ INSPIRE迎仕柏度假村

인스파이어 엔터테인먼트 리조트

🔖別冊P.3A2 🚇4號線明洞站8號出口搭乘接駁車，共4班車9:40、13:50、18:10、22:30，車程約2小時 🏠仁川中區空港文化路127；인천 중구 공항문화로 127 ☎032-580-9000 🌐www.inspirekorea.com/ko

仁川最新一站式度假勝地！

2024年3月盛大開幕的迎仕柏度假城，**聚集購物、娛樂、五星級飯店以及多功能綜藝館**，距離仁川國際機場只要15~20分鐘的車程，首爾市區也有免費接駁車可以前往。全館占地面積達461,661平方公尺，相當於64個足球場，是美國綜合娛樂度假企業Mohegan在東北亞的首個據點。

這裡也有Olive Young，備品沒帶貨不夠也不需要擔心，還可以退稅！

Hi-Fi炸雞啤酒餐廳推出的燒啤組合(Somac Sampler)，可以一次品嘗4款不同的燒啤。

位於輝映樓3樓的總統套房(Villa)有獨立的陽台和泳池。

Ⓗ 飯店

飯店分為**翠林樓(Forest Tower)、輝映樓(Sun Tower)、海洋樓(Ocean Tower)**，合計**1,275間客房**，為所有旅客提供最頂級的住宿服務。每棟飯店都針對特定客群設計：輝映樓位於賭場上方，是娛樂愛好者的首選；翠林樓鄰近Splash水上樂園，方便家庭旅客前往；海洋樓則適合商務人士，下樓即達會議中心。

風格各異的3棟大樓的**設計靈感都來自於永宗島的自然風光**，以不同角度將島上的景緻融於建築之中，營造寧靜奢華的度假氛圍。房內備品也使用百年奢華香氛品牌，像是來自法國的Lalique及義大利的Santa Marina Novella、Acqua di Parma；飯店也免費提供擦鞋和個人化枕頭服務，可根據需求更換鵝絨軟枕、防過敏枕頭或乳膠枕頭。

首爾近郊 仁川

↓首爾近郊 京畿道↓首爾近郊 江原道

🍴 喬丹牛排屋

⊕迎仕柏度假村1F，招牌餐廳區(Signatures Restaurants) ⊙午餐：週末及假日11:30~14:30；晚餐：週四至週六16:30~23:00、週日至週三17:30~22:00 ⑤週末午餐套餐₩110,000、單點牛排₩110,000、晚餐套餐₩270,000起

喬丹牛排屋是**籃球傳奇麥克喬丹的同名餐廳品牌，是迎仕柏度假村的招牌餐廳之一，亦是美國境外的首家分店。**

餐廳採用最優質的韓牛及進口USDA乾式熟成與濕熟成牛，加上新鮮的時令食材，讓客享受到完美的經典牛排。四人套餐可一次品嚐堪薩斯城帶骨牛排、菲力牛排和肋眼牛排，以及招牌甜點「23層巧克力蛋糕」。牛排屋當然少不了葡萄酒，喬丹牛排屋有豐富的酒單，其中必點的是致敬喬丹的Air-spresso Martini的咖啡馬丁尼調酒，泡沫上還有喬丹經典的Jumpman標誌。

©INSPIRE Resort

甜點也是致敬喬丹球衣號碼的23層巧克力蛋糕。

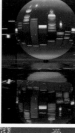

👁 Le Space INSPIRE

⊕迎仕柏度假村1F ⊙10:00~21:00 (最後入場20:10) ⑤旺季(1、7、8、12月、週末及假日)全票₩33,000、優待票₩25,000，淡季全票₩28,000、優待票₩20,000

5月絢麗登場的數位藝術空間Le Space，為迎仕柏度假村的限定光影體驗，佔地6,600平方公尺，是**南韓規模最大的互動式媒體藝術展覽**。現代集團旗下企業Futurenet推出的Le Space是由Lumiere(光)、Experience(體驗)和Space(空間)組合而成，設計理念是透過夢幻的光影與感性的聲音，呈現完美的沉浸式體驗。

目前展出的主題是「未知世界之旅」，從宇宙空間站前往超現實主義的新行星，途中近距離欣賞宇宙大爆炸、穿越扭曲的蟲洞，來到充滿未知的外星球、深海中心、光影森林、會花開的沙漠……一共18個展間。

📎 INSPIRE其他特色

一年365天都能玩水的Splash水上樂園

150公尺長的LED燈光秀：極光道(Aurora)

以光、時間、空間和自然奇景為主題的裝置藝術「迎仕柏奇觀」(INSPIRE Wonders)

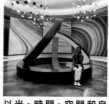

KPOP藝人與國際巨星陸續開唱的迎仕柏綜藝館(INSPIRE Arena)

👁 月尾島

월미도

小編按讚 쩡쩡

在摩天輪或海盜船上，感受夕陽、海與海鷗的浪漫。

📖別冊P.33B2 🚇1號線、水仁·盆唐線仁川站1號出口前搭公車2、23、45號，約10分後於終點月尾島站下車 🏠仁川中區月尾文化路36；인천 중구 월미문화로 36 ☎032-765-4169 🌐wolmi-do.co.kr/

從中華街搭乘公車僅10分鐘就能抵達的月尾島，以號稱最高海盜船和超趣味整人大轉盤等遊樂設施的復古遊樂園、成天飛舞的海鷗、和美麗夕陽廣為人知，海水退潮時有大片沙灘露出水面可以盡情玩水，是仁川和首爾民眾假日休憩的好所在。韓劇《太陽的後裔》第1集中，李光洙所工作的射氣球店就是在月尾島所拍攝的。

日落時海鷗在月尾島空中盤旋飛翔，畫面美麗。

面海的文化大街和周邊全是海產店，可以盡情享受新鮮料理！

月尾島My Land

마이랜

📍同月尾島 🏠仁川中區月尾路234街7；인천 중구 월미로234 길 7 ☎032-765-2490 �🕐週一至週五11:00~22:00、週六至週日10:30~1:00 💲入場免費；遊樂設施乘坐券：全票₩6,500、優待票₩5,500，遊樂設施套票大人選3種₩18,000、12歲以下選5種₩24,000，唯套票仍不包含部分項目。 🌐www.my-land.kr/

> 搭乘海盜船和觀賞爆笑DJ秀是兩大重點！

　　月尾島My Land自1992年開幕以來就相當受歡迎，是月尾島上知名的小型遊樂園，有好幾座高低大小不同設計的海盜船等遊樂設施，其中廣為人知的就是比一般2層樓高的海盜船還要高的3層樓高海盜船；更加具有人氣的是有多部韓綜找上門來挑戰的瘋狂大轉盤元祖「TAGADA DISCO」，根據DJ心情胡亂甩動大轉盤上的人們，隨著瘋狂甩動的大轉盤而喪失形象的乘客，以及熱愛調侃乘客的DJ，是本遊樂設施的一大爆笑看點；需注意入園免費，而是根據遊樂設施收費。

> 海盜船號稱「地表上最可怕的遊樂設施」。

> TAGADA DISCO的DJ秀無比爆笑。

> 海水足湯可以邊看海景邊享受足浴。

> 小型戲水區有海豚、鱷魚、烏龜等可愛的裝飾設計。

月尾主題樂園

월미짱랜드

🚌1號線、水仁線仁川站1號出口前搭公車45號，約10分後於月尾主題樂園站下車 🏠仁川中區月尾文化路81；인천 중구 월미문화로 81 ☎032-761-0997 �🕐週一至週五10:30~20:00、週六至週日10:30~23:00 💲入場免費；遊樂設施乘坐券全票₩6,500、優待票₩5,500，遊樂設施套票₩24,000(大人選4種、12歲以下選5種)，唯套票仍不包含部分項目。 🌐www.my-land.co.kr/

　　位在月尾島的「月尾主題樂園」，佔地約4,000坪，一樣是依遊樂設施收費，有飛椅、旋轉木馬、小型海盜船等遊樂設施，以及身為仁川前海地標的80公尺高摩天輪，和規模達2,500坪的室內遊戲區、戲水區域、4D影像館等，大多適合小朋友乘坐，是親子同遊的好去處。

松島中央公園

송도 센트럴파크

小編按讚 쩡쩡

➡別冊P.33B1　➡仁川1號線中央公園站4
號出口即達；➡仁川延壽區Convensia大
路160；인천 연수구 컨벤시아대로 160　➡24
小時　➡免費　➡www.insiseol.or.kr/park/songdo/

堪稱是仁川最美景觀，非常適合安排慢活一日遊。

韓綜《超人回來了》三胞胎曾經過這座橋。

　　被許多高樓大廈所圍繞的這片面積達101英畝的綠地，**是利用海水製作水道的韓國第1個海水公園──松島中央公園**，概念來自於紐約中央公園，人工水道上有水上計程車行駛其間。水道旁有綠地與蘆葦田打造而成的寬闊散步道路，區分為散步公園、露台庭園、草地園等，共5種主題庭園，加上公園附近展現

未來感的各種建築，呈現出多樣化的美景與風情。

可以租借獨木舟、輕艇、家庭遊艇在水道中享受悠閒。

4號出口出站後左轉直行來到橋上，就能拍到經典的中央公園美景。

可以親手餵食小鹿！

梅花鹿農場

사슴농장

➡散步花園(산책정원)

　　位在兔子島附近的梅花鹿農場，**飼養了多隻梅花鹿**，梅花鹿幾乎不怕生，遊客們可以隔著網子餵食，是很好的親子郊遊地點。

G-Tower

GE타워

📍別冊P.33B1 🚇仁川1號線中央公園站4號出口徒步約10分 🏠仁川延壽區藝術中心大路175；인천 연수구 아트센터대로175 🕐週二至週五10:00~21:00、週六至週日13:00~21:00 🚫週一 🌐www.ifez.go.kr

想要看到松島中央公園全景，來這裡準沒錯。

鄰近松島中央公園的G-Tower，是「IFEZ 仁川經濟自由區」的辦公大樓，名稱有Green(綠色)、Growth(發展)、Global(世界)之意，整棟大樓消耗的能源有17.8%是來自太陽與地熱，屬環保綠色建築。**G-Tower另一個重點，就是它的「登高望遠」。搭乘直達電梯前往33樓的IFEZ宣傳館，這裡有展望台可眺望整個松島區，還介紹**有關仁川經濟自由於的發展與未來規畫。

這裡也是韓劇《太陽的後裔》中南北韓會談的拍攝場景。

首爾近郊 仁川

↓首爾近郊 京畿道↓首爾近郊 江原道

內部從B1~3樓，分別有活動廳、多用途廳、數位圖書館等綜合文化空間。

👁️ Tri-bowl

트라이볼

🏠別冊P.33B1 🚇仁川1號線中央公園站4號出口即達 🌐
仁川延壽區仁川塔大路250；인천 연수구 인천타워대로 250
☎032-832-7995 ⏰13:00~17:30 🚫週一 🕸️www.
tribowl.kr

在中央公園站4號出口的碗狀裝置藝術，有「世界」之意的triple和「碗bowl」組合而成的Tri-bowl，**是為了紀念2009年舉辦的仁川世界都市節而打造的裝置藝術，不僅象徵著將天空(機場)、海洋(港**灣)、土地(廣域交通網)完美融合的仁川，也代表著仁川經濟自由區域——松島、菁蘿和永宗。

河道貫穿購物商場，頗有威尼斯風情。

小編按讚 짱짱

🛍️ NC CUBE CANAL WALK

NC큐브 커넬워크

歐洲購物大道一般的悠閒氛圍！

🏠別冊P.33B1 🚇仁川1號線中央公園站4號出口徒步約20分 🌐春棟(봄동)：仁川延壽區藝術中心大路149；인천 연수구 아트센터대로 149、夏棟(여름동)：仁川延壽區藝術中心大路131；인천 연수구 아트센터대로 131、秋棟(가을동)：仁川延壽區藝術中心大路107；인천 연수구 아트센터대로 107、冬棟(겨울동)：仁川延壽區藝術中心大路87；인천 연수구 아트센터대로 87 ☎032-723-6300 ⏰約10:00~22:00(各店不一)

NC CUBE CANAL WALK是個可以享受美食與購物的特色空間，**分為春夏秋冬4個區域，由人造運河貫穿，運河兩旁商家和餐廳林立，每區皆有時裝、生活家居、運動用品等商品，可以先在地圖上找好目標再開始逛，逛累了就坐在戶外座位上享受悠閒時光。**韓劇《又是吳海英》也曾在此拍攝。

京畿道
경기도
Gyeonggido

位於朝鮮半島西部中央地區的京畿道，是從首爾出發一日旅行的好地點。京畿道環抱著首爾與仁川市外圍一圈，它的東北部地區屬於山岳地帶，以北緯38度線與北朝鮮相望，群山綠意也是韓國人夏天避暑的首選；而東南部則是遼闊的平原區，其道府所在地設在水原市。像是坡州、高陽、水原等都是可以搭乘地鐵或巴士即能抵達的旅遊地。

交通路線&出站資訊

往坡州→景點介紹詳見P.331
◎巴士：2號線合井站1號出口出站前方即可看到2200號巴士站牌，車程約45分即可抵達坡州市，沿途有各景點的巴士站牌。

往板門店(DMZ)→景點介紹詳見P.335
◎地鐵：光明站→1號線
◎火車：從首爾站搭乘KTX到光明站，車程約17分；車資₩7,100起。

由韓國鐵道公司(KORAIL)經營的DMZ和平列車(DMZ평화열차)，將一般火車繪製上舊式蒸汽火車樣貌，以及象徵和平的風車、自由的氣球，一改DMZ冷灰氣息注入活潑與重生。
◎每月一次，每年時間不一，發車日期詳見官網
🌐ggdmzpeacetrain.com

路線	臨津江行(自由觀光) 임진강행—평화누리관광(자유관광)	都羅山行(和平體驗觀光) 도라산행—평화체험관광
去程	光明→龍山→一山→臨津江 9:50→10:14→10:54→11:28	光明→龍山→一山→臨津江→都羅山 9:50→10:16→10:58→11:29→12:15
回程	臨津江→一山→龍山→光明 16:40→17:12→17:55→18:25	都羅山→臨津江→一山→龍山→光明 16:10→16:21→16:56→17:41→18:07
行程內容	臨津江站→自由觀光→臨津江站 ❶需自行確認回程發車時間！	都羅山站統一村(午餐)→第三坑道→南北韓出入境體驗→都羅山
價格	每人來回₩3,000, 不包含餐費	全票₩12,200、優待票₩3,000~10,000

備註：實際行程內容及火車停靠站，將視主辦單位或其他因素而有所變動。

往高陽→景點介紹詳見P.338

◎地鐵：鼎鉢山站⇔3號線

◎出站便利通：

‧一山周邊的店家皆以地鐵鼎鉢山站為主發點，每個地點約步行5~10分鐘皆可抵達。

‧因高陽市離首爾市區需要花1小時車程，建議可在一山規畫半天至一天的行程，首先可從1號出口出站先至WesternDom吃早午餐、逛逛街，順路到MBC夢想中心、一山湖水公園，再到LAFESTA購物商圈，最後可選出現在韓劇《一起吃飯吧》的店家用餐。

往水原→景點介紹詳見P.341

◎地鐵：水原站、華西站⇔1號線

‧水原站1號出口出站後再到車站西側搭巴士於八達門站下，八達門的東、西兩側都有華城入口，且八達門和華城行宮距離相當近，徒步可達。

‧華西站1號出口可前往水原Starfield，這是京畿道規模最大的購物中心，還有4層樓高的「星之芳庭圖書館2.0」。

京畿道旅遊相關資訊

◎京畿道旅遊諮詢專線：1330(韓、英、日、中)

◎坡州市 ☞www.paju.go.kr；dmz.paju.go.kr:8443/Eng/index

◎高陽市 ☞www.goyang.go.kr

循環巴士

京畿道EG循環巴士

京畿道EG (Explore Gyeonggi, Enjoy Gyeonggi, Exciting Gyeonggi)循環巴士，是由首爾出發，前往京畿道多處旅遊景點再回到首爾市區，有A、B、C、D、E、F、G共7條路線，可根據自己的需要選擇。每條路線營運商不一且非每日行駛(詳見下方資訊)，皆需在搭乘巴士至少前3天完成預約，價格也都已包含入場門票。

A、B、C線：☎02-2038-0840 ☞www.ktourstory.com

D、E、F線：☎02-2238-2895 ☞www.plusplanner.kr

G線：☎02-2088-0887 email：kcct0810@naver.com

☞ggtour.or.kr/cnt/?p=12

加平循環巴士

加平循環巴士(가평군 관광지 순환버스)從加平巴士站加平鐵路自行車、加平火車站、南怡島、小法國村及義大利小鎮、晨靜樹木園等地來回，可在1天內無限搭乘。

▶旺季(1,4,5,6,10,11月)去程10:00~18:00，約每小時1班車，回程10:00~19:30，約1~2小時1班車；淡季(2,3,7,8,9,12月)去

程10:00、12:00、15:00、17:30，回程9:00、12:30、14:30、17:30 ⑤全票₩8,000、優待票₩6,000 ☞www.gptour.go.kr/tour/citytour_A.jsp?menu=guide&submenu=theme

坡州

파주 / Paju

 首爾市區只要搭乘半小時巴士車程的京畿道坡州市,是近郊旅遊的好去處!眾多的異國情調與特色建築,一趟旅途下來抹殺不少底片。

首爾近郊 仁川 → 首爾近郊 京畿道 → 首爾近郊 江原道

坡州出版都市

파주출판도시

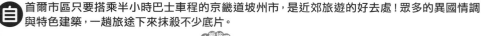

🏢別冊P.3A1 🚇2號線合井站1號出口搭乘巴士200、2200號巴士至은석교사거리 정류장站下車,徒步約5分 🏠京畿道坡州市回東路145;경기 파주시 회동길 145 ◐展覽空間各異 ☎各家不一 $免費 www.pajubookcity.org

韓國出版文化的美好發源地。

占地約50萬坪的「**坡州出版都市**」為韓國文化觀光部所屬的機關外,**也是韓國出版業的大本營**,超過200間的出版社齊聚於此,出版書籍的策畫、編輯、印刷等程序皆於此完成。這裡除了眾多出版社,也因應觀光產業發展開設咖啡、圖書館複合式營業的「亞洲出版文化資訊中心(Asia Publication Culture & Information Center),並結合藝廊、民宿等多樣式展覽與互動空間。

坡州出版都市是韓國國家文化產業園區。

智慧森林

지혜의숲

⊙京畿道坡州市回東路145；경기 파주시 회동길 145 ☎0507-1335-0144 ◷10:00~12:00、13:00~20:00 ⊗免費 ⊕forestofwisdom.or.kr

位在亞洲出版文化資訊中心(Asia Publication Culture&Information Center)裡的「智慧森林」是利用咖啡、圖書館的複合式經營所打造出來的特別空間。1~2館以書本為主題，打造出大片的書牆、廣大的閱讀空間，和分類清楚、收藏豐富的書籍，提供讀者舒適閱讀環境；3館將書籍和咖啡館做結合，以及特別打造民宿「紙之鄉Jijihyang(라이브러리스테이 지지향)」。

山中的歐風城堡造型，格外有異國情調。

坡州英語村

경기미래교육 파주캠퍼스

⊙別冊P.3A1 ●2、6號合井站2號出口轉搭2200號巴士至坡州英語村站(경기미래교육캠퍼스)，徒步約5分；京義中央線金村站2號出口轉搭036、75-2號公車至坡州英語村站，徒步約3分 ⊙京畿道坡州市炭縣面Eoreumsil路40；경기 파주시 탄현면 얼음실로40 ☎1588-0554 ◷9:00~22:00(需在22:00前離場) ⊗入場免費，活動或表演另外付費 ⊕www.gill.or.kr/gill/cntnts/i-118/web.do

鄰近Heyri文化藝術村的坡州英語村**建築皆以歐風設計為主，充滿異國情調的環境**，讓人一進到英語村彷彿身處歐洲國家，獨具一格的建築也抹殺了不少底片。進到英語村前記得先到大門口的事務處買票，設計的像機場海關的售票處，工作人員都會説英文，拿到票和護照後再到左方的海關入場，入場時會有工作人員用英文聊天，彷彿真的像到國外一樣。

普羅旺斯村

프로방스마을

別冊P.3A1 2、6號合井站2號出口轉搭巴士2200號至國立民俗博物館(성동사거리(맛고을입구))站，徒步約10分 京畿道坡州市炭縣面新五里路69；경기 파주시 탄현면 새오리로69 031-946-6353 10:00~22:00

　　位於京畿道坡州市的普羅旺斯村，因韓劇《紳士的品格》來此取景而成為國內外的觀光勝地。普羅旺斯村是依照**法國普羅旺斯小鎮的特色，運用鮮豔的顏色打造出一幢幢櫛比鱗次的南歐風彩色房屋**。村內聚集約有50間店家，有服飾店、咖啡館、手作坊等，還有一間「柳載恩Bakery House(류재은베이커리)」麵包店，販售當天手工烘培的麵包、蛋糕以及餅乾等，店內最有名的是大蒜麵包，麵包只要一出爐就會搶購一空。

柳載恩Bakery House的大蒜麵包相當有名！

首爾近郊 仁川

首爾近郊

京畿道

首爾近郊 江原道

> 為不破壞自然景觀，藝術村裡的建築都不超過3樓。

Heyri文化藝術村

헤이리 예술마을

🅐別冊P.3A1 🚇2、6號合幷站2號出口轉搭2200號巴士至Heyri 1號大門站(헤이리1번게이트)；京義中央線金村站2號出口轉搭033號公車至Heyri 4號大門站 🏠京畿道坡州市炭縣面Heyri村路70-21；경기 파주시 탄현면 헤이리마을길70-21 ☎031-946-8551 ◷場場館而異 🅐依場館而異(大部分中午過後營業、週一休) 🅢依場館而異 🌐www.heyri.net

　　占地約50公頃的「Heyri文化藝術村」是一個集合韓國國內作家、藝術家、建築師以及音樂家等創作作品的文創園區，可從住宅、工作室、美術館、咖啡館、博物館等建築物，看到許多新穎且具現代感的設計。

　　特別的是，藝術村裡的所有建築物，為與坡州自然地形與自然環境作為結合，在其構造上都不會建造超過3層，以免破壞自然景象。

 Book House

한길 북하우스

🏠京畿道坡州市炭縣面Heyri村路59-6；경기 파주시 탄현면 헤이리마을길 59-6 ☎031-949-9305 ◷11:00~19:00

　　由韓國著名出版社Hanglisa創立的**Book House**，以藏書量豐富作為特色，從美術、音樂橫跨到當代文學，並以結合咖啡館的經營方式，創造出複合式的文化空間。韓劇《守護老闆》、《紳士的品格》都曾來此拍攝，也是韓國綜藝節目《我們結婚了》國際版中李洪基和美菜初次見面的地方，團體CNBLUE也曾到這裡錄製音樂中心的表演。

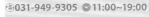

> 美麗的大片書牆成為熱門的拍攝點。

醜八怪遊樂園

킴앤리체험박물관

🏠京畿道坡州市炭縣面Heyri村路59-78；경기 파주시 탄현면 헤이리마을길 59-78 ☎0507-1445-8324 ◷◷10:00~18:00 🅢入場費₩7,000 🌐www.monnani.co.kr/

　　Heyri文化藝術村內還有一處為展示韓國懷舊物品的展覽館「醜八怪遊樂園」，在這裡可以品嘗到傳統便當，以及試穿早期的女子制服，另外還可以買到許多韓國懷舊零食，店家還提供火爐可以將零食現烤現吃。

板門店

판문점 / PANMUNJOM

位 於首爾北方約60公里的板門店，以北緯38度線為界向外延伸4公里之處，全長241公里為韓國的非武裝地帶。這一個對南北韓人民來說雖近猶遠的地方，外國遊客卻只要參加觀光行程即有機會可以窺探一番。

前往北韓平壤方向的乘車入口處。

都羅山車站

도라산역

◎別冊P.33A4　◎先抵達臨津閣後，在臨津閣的DMZ觀光列車售票處購票、申請出入許可並搭乘觀光列車　◎京畿道坡州市長湍面希望路307；경기 파주시 장단면 희망로 307　◎1544-7788

都羅山車站位於南韓最北的國際線火車站，如果從這裡出發抵達平壤即可銜接西伯利亞鐵路，一路往歐洲前進。奈何2002年車站建好至今，**南北韓之間的敵對狀態仍未消除，車站一直不曾真正使用過，目前比較像是一個開放式的紀念館。**

遊客可以在此蓋個車站紀念章，也有紀念品販售。

DMZ觀光行程

DMZ(非武裝地帶，Demilitarized Zone)，也就是我們慣稱的板門店(Panmunjeom)，距離首爾西北方只有大約60公里，雖然有大眾交通工具前往，但有的點必須轉車再步行、點與點之間也不一定有方便的交通聯繫，再加上還要辦理申請手續，自行前往其實有些麻煩且浪費時間，建議不如直接報名當地的旅行團，由旅行社打理一切，省時省事。

旅行團從集合地點搭上指定觀光巴士出發後，沿途導遊會解說南北韓分裂的歷史，並會不斷告知遊客應該注意的事項，包括在指定區域拍照、遵照導遊的指示行動等。DMZ旅行團除了週一休息外，天天出發，絕大多數的飯店、旅館皆可幫忙報名，然後到住宿處接人。

Seoul City Tour：www.seoulcitytour.net
I Love Seoul Tour：www.iloveseoultour.com

首爾近郊 仁川

首爾近郊 京畿道

首爾近郊 江原道

👁 臨津閣

임진각관광지

> 保留戰爭古物的紀念公園，能一覽歷史遺物。

📖別冊P.33A4　🚃京義中央線臨津閣站1號出口徒步約8分　📍京畿道坡州市汶山邑臨津閣路164；경기 파주시 문산읍 임진각로 164　☎031-953-4744　⏰10:00~18:00　💲免費　❗進入DMZ皆須申請出入許可，記得攜帶護照同行

臨津閣是1971年南北韓共同聲明發表後，南韓於1972年在軍事分界線南方7公里處修建的紀念景點，裡面有北韓資料館、京畿和平中心、自由之橋、和平鐘、蒸氣火車等，廣場上還陳列著南北韓戰爭中使用過的坦克、飛機等軍事裝備。

👁 自由之橋

자유의 다리

> 戰俘通往自由之路，望拜壇是遊子心繫故鄉的依託。

1953年南北韓簽署停戰協定後，在原本屬於火車行駛的軌道上鋪設了一座長83公尺的橋，當時1萬2千多名戰俘就是從這座橋回到南韓來的，所以名為自由之橋。一旁有一座望拜壇，是離鄉背井的人們每年春節和中秋節，會在此面朝故鄉祭拜的地方。

👁 和平鐘

> 登上21階石梯到達和平鐘，象徵開啟21世紀的新紀元。

韓國在許多重要的景點，都會建立鐘閣。臨津閣的和平鐘重達21公噸，顧名思義是為了祈求人類的和平，並希望韓國的統一早日到來。

> 2004年南韓政府將列車登錄為國家文化財第78號，經整修、處理後放置在臨津閣展示。

👁 蒸氣火車

> 傷亡慘重的蒸汽火車，為慘烈歷史的註解。

這一列蒸氣火車是在韓國戰爭期間被炸毀，棄置在DMZ超過半個世紀的歷史證據。根據當時的司機描述，列車載著軍需用品，從開城駛向平壤，由於中國共產黨的介入，無法到達平壤，只好從平山的汗浦車站倒退到長湍站，中途就受到攻擊並被轟炸，看它車身的彈痕和扭曲了的輪子，不難想見當時情況有多慘烈。

> 坑道內濕滑，
> 行走要小心。

👁 第三坑道

제3땅굴

> 北韓偷挖的地下坑道，鄰近首爾，規模驚人。

🔺別冊P.33A4 🔸先抵達臨津閣後，在臨津閣的DMZ觀光列車售票處購票、申請出入許可並搭乘觀光列車 🔺京畿道坡州市郡內面第3地道路210-358；경기도 파주시 군내면 제3땅굴로 210-358 ☎031-954-0303 🕙9:20~15:00 ⓧ週一

　1978年10月17日，南韓政府在距離首爾約52公里的地方發現第3條北韓所偷偷挖掘的地下坑道，這條坑道總長1,635公尺、高與寬各2公尺，其規模約可容納30,000名全副武裝的士兵在1個小時內通過，比前兩條被發現的坑道對南韓具有更大的威脅性，可見北朝鮮南侵的野心有多麼強烈。雖然北韓在坑道被發現後，立刻宣稱是南韓所挖的，但是坑道裡面的爆破痕跡都是朝向南邊，謊言也就不攻自破。**進入坑道前，必須將隨身物品及相機寄放在儲物櫃裡，並戴上安全帽。坑道內禁止拍照。**

👁 都羅展望台

도라전망대

> 南韓最北邊，窺探北韓最前線！

🔺別冊P.33A4 🔸先抵達臨津閣後，在臨津閣的DMZ觀光列車售票處購票、申請出入許可並搭乘觀光列車 🔺京畿道坡州市郡內面第3地道路310；경기 파주시 장단면 제3땅굴로 310 ☎031-954-0303 🕙10:00~17:00 ⓧ週一

　都羅展望台的所在地，是南韓地界的最北端，1986年開設了展望台，可以最近距離觀望北朝鮮。利用這裡的高倍數望遠鏡，可以看到開城的一部分市區、樣板宣傳村、農田、松岳山和金日成的銅像。不過，規定不能朝著北朝鮮拍照，要拍照必須站到黃線的後面。

首爾近郊·仁川

首爾近郊

京畿道

首爾近郊·江原道

高陽
고양 / Goyang

距 離首爾約1小時車程的京畿道高陽市，有點像是新北市板橋區的氛圍，空間不擁擠、氣氛悠閒輕鬆，十分適合規畫一趟輕旅行。

👁 一山湖水公園

小編按讚
讚 讚

일산호수공원

📖別冊P.31C2　🚇3號線鼎鉢山站1號出口徒步約10分　📍京畿道高陽市一山東區湖水路731；경기 고양시 일산동구 호수로731　☎031-909-9000　🕐8:00~20:00　🌐www.goyang.go.kr/park/index.do

亞洲最大人工湖水公園，許多經典韓劇在這取景，韓迷怎能錯過！

曾作為連接漢陽和義城的關西大路的高陽市一山湖水公園，**其公園面積高達30萬坪、為亞州最大的人工湖水公園**。公園內約9萬餘坪的人工湖，為了維持清澈的湖水，將蠶室水中狀的上游水源以化學沉積作用後，引入乾淨的淡水進人工湖中。

占地廣大的一山湖水公園內主要設施有沿著水邊廣場、人工島而建的約4.7公里的自行車專用道，韓劇《繼承者們》、《屋塔房王世子》、《紳士的品格》、《來自星星的你》等都曾在此拍攝。另外還有兒童遊樂區、自然體驗區、品種眾多的野生花、樹木。因空間廣闊此處曾舉行過高陽花卉博覽會和展示會場而聞名。

韓國綜藝節目《Running Man》曾於音樂噴泉取景。

規畫Onemount一日行程，逛街、玩樂園再洗汗蒸幕。

🏠 Onemount

원마운트

📖別冊P.31C1　🚇3號線注葉站2號出口徒步約10~15分　📍京畿道高陽市一山西區韓流世界路300；경기 고양시 일산서구 한류월드로 300　☎1566-2332　🕐水上樂園(워터파크)10:00~17:00、週末~19:00(室外樂園12:00~17:00)，冰雪樂園(스노우파크)10:00~19:00；營業時間根據季節及活動情形會調整變動，建議出發前先至網站確認　💲水上樂園(워터파크)平日₩68,000、週末₩50,000；費用根據季節及活動情形會調整變動，建議出發前先至網站確認　🌐onemount.co.kr

位在一山湖水公園旁的「Onemount」是一處結合樂園、運動以及購物的綜合商場，因為吃喝玩樂都包含，且鄰近一山湖水公園，晚上可到公園看彩色噴泉表演。占地約**15萬坪**的商場可分為四大區域——**水上樂園、冰雪樂園、購物商場以及運動中心**，其中水上樂園區還有汗蒸幕，超多遊樂施設，是夏天消暑的好地方。

餐廳會依情況而有不同的豬肉部分可以供選擇。

在大自然中享受烤肉的樂趣！

首爾近郊 京畿道

首爾近郊‧江原道

☕ Forest Grill Cafe

훼릭스 숲속에서그릴

🏠別冊P.7B1 🚇3號線元興站3、5號出口轉搭95、567、999號公車至Helix站(훼릭스)，徒步約10分 📍京畿道高陽市德陽區高陽大路1626；경기 고양시 덕양구 고양대로 1626 ☎0507-1430-3941 ⏰12:00~22:00(L.O.21:00s) 💲肉類一份₩20,000起、酒類₩5,000起 📷instagram.com/forest_grill_cafe

　　若是去膩了首爾的烤肉店，想找與眾不同的餐廳的話就絕不能錯過Forest Grill Café，雖位於京畿道高陽市，但只離弘大鬧區約20分鐘的車程。**在自然風景中的野外烤肉區是此餐廳的一大賣點**，部分座位上方也設計了吊燈，讓晚上增添浪漫氣氛。

🏬 WesternDom

웨스턴돔

🏠別冊P.31D2 🚇3號線鼎鉢山站1號出口徒步約5分 📍京畿道高陽市一山東區鼎鉢山路24；경기 고양시 일산동구 정발산로24 ☎031-931-5114 ⏰10:00~22:00(各店不一)

　　位於京畿道高陽市的WesternDom，與LAFESTA購物商圈同為一山的代表性購物商圈，**WesternDom建築物是由B2~10層，聚集約有500家商店，在此可找到各種咖啡館、服飾、流行雜貨、美妝**。如果說LAFESTA是美妝街，WesternDom即是以服飾、配件為大宗。

區域內有6幢建築物，是結合購物、餐廳的複合式休閒商圈。

LAFESTA購物商圈
라페스타

📖別冊P.31C1 🚇3號線鼎鉢山站2號出口徒步約5分 📍京畿道高陽市一山東區中央路1305-56；경기 고양시 일산동구 중앙로 1305-56 ☎0507-1370-9600 ⏰11:00~22:00

京畿道最大步行區購物商城，好逛好買！

廣大的舞台也是各種慶典、表演以及活動的地點。

「LAFESTA」為京畿道最大的步行區主題購物商城，以漫步閒逛為主題，有流行服飾、精緻飾品、美食街、咖啡廳、遊戲中心、書店、電影院等商店，甚至還有2家Olive Young以及一家樂天百貨公司。

HOMEPLUS一山店
홈플러스일산점

📖別冊P.31C1 🚇3號線鼎鉢山站2號出口徒步約5分，位於LAFESTA購物街旁 📍京畿道高陽市一山東區中央路1275街64；경기 고양시 일산동구 중앙로1275 길64 ☎031-925-2080 ⏰10:00~24:00 ⏰每月第2、4個週三

吃飯或是購買日常所需，這裡都能滿足你。

臨近LAFESTA購物商圈與一山湖水公園的Home Plus，共有4層樓層，1樓為家庭式餐廳，2樓為生鮮食品，3樓為化妝品、生活用品、服飾，4樓則為家電、美食街等。

漁郎烤魚
어랑생선구이

📖別冊P.31D2 🚇3號線鼎鉢山站1號出口徒步約10分 📍京畿道高陽市一山東區鼎鉢山路31-9；경기 고양시 일산동구 정발산로31-9 ☎031-907-9295 ⏰7:00~21:45 (L.O.21:00) 💰泡菜燉鯖魚(김치소림)₩13,000、烤魚類(구이)約₩13,000起

喜愛吃魚的人有福了，多種料理方法任君挑選。

位在MBC日山夢想中心附近有一家有名的烤青花魚餐廳「漁郎烤魚(어랑생선구이)」，店內有超過十種不同的魚料理，料理方式以烤、燉煮、湯類3種烹調方式為主，其中以烤鯖魚(고등어)、泡菜燉鯖魚、魚卵湯(알탕)為店家推薦料理，韓國人來到此必點的是烤魚料理，建議可點烤魚加湯類組合，此外如果不太能吃辣，看菜單時可避有標註辣(지리)的辣湯。店家的美味料理——泡菜燉鯖魚也出現在韓劇《一起吃飯吧》的介紹中。

烤鯖魚(고등어)

魚卵湯(알탕)

水原

수원 / Suwon

 到水原最重要的景點非水原華城莫屬，其建於朝鮮王朝正祖時期，正祖父親因思悼世子去世，為了撫慰孤魂而將遺骸移至水原並興建華城。來此感受朝鮮時代留下的磅礡遺址。

華城是連綿5.7公里的心型城牆，於1997年被列入世界文化遺產。

👁 水原華城

수원화성

🏠別冊P.33A1　🚃1號線水原站1號出口下，於車站西側搭巴士2、11、13、32、36、39、82-1、83-1、3000、6000號於八達門站下，車程約10~15分，八達門的東、西兩側都有華城入口。　🏠京畿道水原市長安區迎華洞320-2；경기 수원시 장안구 영화동 320-2　☎031-228-4677　🕐3~10月9:00~18:00、11~2月9:00~17:00　💰水原華城全票₩1,000、優待票₩500~700；套票(水原華城、華城行宮、水原博物館、水原華城博物館) 全票₩3,500、優待票₩800~2,000　🌐www.swcf.or.kr　❗每月第1個週一博物館休館，無法購買套票

心型城牆不僅被列為世界遺產，更是前人智慧的體現。

朝鮮第22代王正祖的父親因群臣讒言，受到其父21代王英祖猜忌並致死，韓劇《李祘》講述的是正祖的一生。

正祖即位後，選定水原華山安葬父親，並於1794年動工興建華城。**華城是最早並用花崗岩石材與黑磚塊的工程，同時運用起重機等機械建造而成**，以大幅縮短工期及經費，減輕百姓負擔。

水原華城是正祖大王李祘之城。

華城行宮原是正祖打算頤養天年的地方，規模比其他行宮都來得大。

小編按讚 짱짱

華城行宮

⏏京畿道水原市八達區正祖路825；경기 수원시 팔달구 정조로825 ⏰9:00~18:00 ⑤全票₩1,500、優待票₩700~1,000

一覽朝鮮時代建築之壯麗，古裝劇的現成場景！

華城行宮是正祖來水原參拜父親，作為臨時住處而構築，具體展現朝鮮時代的建築美學。在受到日本帝國的破壞並重建後，2003年正式對外開放。

位於華城行宮最東側另有一處華寧殿，是純祖1801年為正祖修建的「影殿」，供奉已過世皇帝的肖像畫，並進行膜拜。遵照正祖生前的指示，**華寧殿風格力求簡潔、樸素，色彩和行宮本身可看出明顯的區別。被指定為史蹟第115號。**

華城行宮是不少連續劇的場景，如早期的《大長今》、《王的男人》，到後來火紅的《仁顯王后的男人》、《屋塔房王世子》、《擁抱太陽的月亮》等劇，都到這裡取景過。

華城行宮是拍攝古裝劇最佳的現成場景。

星之芳庭圖書館2.0！
除了首爾江南區的COEX Mall(見P.263)，水原也有「星空圖書館」了！於2024年1月26日盛大開幕的水原Starfield，佔地超過300,000平方公尺，是新世界集團旗下最新的購物中心，也是京畿道規模最大的商場。水原Starfield共8層樓高，而星之芳庭圖書館(별마당 도서관)就橫跨了其中的4~7樓，擁有高達22公尺的挑高設計，氣勢恢宏。

📖別冊P.3B2 🚇1號線華西站1號出口徒步約6分 📍京畿道水原市長安區水城路175；경기 수원시 장안구 수성로 175 ☎1833-9001 ⏰10:00~22:00 🌐starfield. co.kr/suwon/main.do

八達門市場

팔달문 시장

📖別冊P.33A3 🚇八達門的東側 🏠京畿道水原市八達區正祖路776-2；경기 수원시 팔달구 정조로 776-2 ☎031-251-5153 🕐約9:00~22:00

　　位在八達門的東側，原本就是一個傳統的市場，傍晚開始愈來愈熱鬧。**規模橫跨好幾條街，商品種類繁多，價格也平易近人**，揮別水原前不妨逛一逛，也許會有豐收。每年10月配合華城文化節，市集前更有韓服俏選賽、市民歌唱比賽等眾多活動。

淵瀑排骨

小編按讚
짱짱

연포갈비

📖別冊P.33A2 🚇從華虹門徒步約1分；從八達門徒步約30分 🏠京畿道水原市八達區正祖路906街56-1；경기 수원시 팔달구 정조로906 길56-1 ☎031-255-1337 🕐11:20~21:30 💲烤牛小排(양념갈비)₩55,000、牛骨湯(갈비탕)₩15,000 📷 www.instagram.com/yeonpogalbi

不可不嘗的水原牛，烤的熬的都很棒！

肉質軟嫩的調味韓牛直接放在鐵架上烤，香氣逼人。

　　來到水原，不能錯過有名的水原烤牛小排。水原過去做為牛隻集散地，以容易取得品質優良的牛肉而聞名。當地把有烤牛小排的餐廳翻譯為「排骨店」，觀光局的旅遊冊上推薦的排骨店超過30家，**其中淵瀑排骨就在華虹門外，不必費力找尋。如果單人無法開火烤肉，點一碗精心熬製的牛骨湯配飯，味道也很棒。**

京畿道其他地方也好玩！

除了上述的分區，佔地廣大的京畿道還有更多好玩景點，待你發掘！

若是想要避開人潮拍下紫藤花美照，可以選擇在午餐的時間到訪。

 WISTERIA

위스테리아

📖別冊P.6F3 🚇8號線山城站2號出口搭乘公車52號，於南漢山城獨立公園站(남한산성도립공원)下車，徒步約3分 🏠京畿道廣州市南漢山城面南漢山城路774 2F；경기 광주시 남한산성면 남한산성로 774 2층 📞031-744-2646 🕐11:00~21:00(L.O.20:30) 💰美式咖啡₩5,000起

　　WISTERIA位於世界文化遺跡「南漢山城」的附近，每到5月紫藤花的季節更是一位難求。咖啡廳外的露臺經過精心設計，讓**紫藤花佈滿天花板支架，在豔陽高照的日子，鮮豔綻放的夢幻紫藤花更顯奪目**，不時還會有蜜蜂穿梭其中，除了露臺區，室內區意外地也有好的視野。

WISTERIA是京畿道南漢山著名景點咖啡。

春天來訪時，還有機會看到融雪景致。

園區內也設置了許多繽紛可愛的裝置藝術。

👁 抱川藝術谷

포천아트밸리

著名韓劇取景地！

📖別冊P.3B1 🚇1號線議政府站5號出口搭乘巴士138號至「新北面行政福祉中心·抱川藝術谷(신북면행정복지센터,포ㄴ천아트밸리)」站，轉乘巴士73號或搭計程車 📍京畿道抱川市新北面藝術谷路234；경기 포천시 신북면 아트밸리로 234 ☎1668-1035 🕐週一至週四9:00~19:00(最後入場18:00)、週五至週六9:00~19:00(最後入場20:00)、週日9:00~20:00(最後入場19:00) 🚫每月第1個週二 💰全票₩5,000、優待票₩1,500~3,000；單軌電車單程全票₩3,500、優待票₩1,800~2,500，來回全票₩4,500、優待票₩2,500~3,500 🌐artvalley.pcfac.or.kr

抱川藝術谷在1960年代末期是花崗岩採石場，曾為青瓦台、國會議事堂、光化門、仁川機場等建築提供建材。採石場關閉後，抱川市政府於2005年開始進行改建，歷經8年時間，成功將廢棄採石場轉型為文藝空間；當時採石場造成的人造湖也被保留下來，將其命名為「天柱湖」(천주호)。如今抱川藝術谷的懸崖湖景也吸引了《花遊記》、《藍色海洋的傳說》、《月之戀人一步步驚心：麗》等韓劇來取景拍攝。

園區地勢如小山坡，從入口到最高點的天文科學館的距離約500公尺，若是不想爬坡，也可以搭乘可愛的單軌電車上去，再悠閒步行下坡。

👁 天文科學館

除了展示天文科學的演進與發展，這裡也有提供天空觀影和天體觀測的活動，每天9:30、12:00、18:00會發放免費座位票，但是否能觀察成功也要看當天的天氣狀況。

光明洞窟

광명동굴

📖別冊P.3B2 🚇1號線光明站8號出口搭乘巴士17、77號至「光明洞窟(광명동굴)」站 ⏰京畿道光明市 駕鶴路85番街142；경기 광명시 가학로85 길 142 ☎070-4277-8902 🕐9:00~18:00 ❌週一、春節、中秋 💲全票₩6,000、優待票₩2,000~3,500 📷www.instagram.com/gmcave_official

洞窟裡有不少階梯，參觀時記得穿合適的鞋子，也要攜帶保暖的衣物。

光明洞窟前身是日據時期的金銀礦山，歷史可以追溯到1921年，如今被改造成**融合歷史、藝術和葡萄酒的地下遊樂園**，於2011年以全新樣貌迎接大眾。

蜿蜒狹窄的地道根據主題分為十多個展區，如風之路、黃金路、黃金瀑布、光之空間、蟲洞廣場、紅酒洞窟……錯綜複雜的地下構造共7.8公里長、275公尺深，利用酷炫的LED燈打造神秘的氛圍，每個轉角都是驚喜，無論是大人或小孩都玩得盡興。

紅酒洞窟長194公尺，蒐集了來自南韓各地將近200多款葡萄酒。

鎮洞之寶的「神秘龍」有800公斤重、41公尺長，由魔戒後製團隊維塔工作室(W　t Workshop)打造！

©京畿觀光公社

©京畿觀光公社

©京畿觀光公社

©京畿觀光公社

運氣好的話，可能有機會看到「摩西分海」！

© 京畿觀光公社

小編按讚

👁 嶼海浪濟扶島海上纜車

서해랑 제부도해상케이블카

🅟 別冊P.3A2　🚌水仁·盆唐、1號線水原站3號出口搭乘巴士1004-1號至「前谷港（전곡항）」站，車程約1小時10分　🅐京畿道華城市西新面前谷港路1-10；경기 화성시 서신면 전곡항 1-10　☎1833-4997　🕐週一至週五10:00~19:00(最後入場18:30)，週六至週日9:00~20:00(最後入場19:00)；可能視天氣狀況調整　💲一般車廂單程全票₩16,000、優待票₩13,000，來回全票₩19,000、優待票₩15,000；水晶車廂單程全票₩20,000、優待票₩16,000，來回全票₩24,000、優待票₩19,000　🌐www.seohaerang.com

除了釜山，首爾近郊也有海上纜車！

　　嶼海浪海上纜車連結了前谷港和濟扶島，**總長度達2.12公里，是韓國最長的海上纜車**。「嶼」代表山丘與小島，「海」象徵兩者之間的海洋，「浪」則勾勒出它們的動態美感，生動地描繪出京畿道海天一色的壯麗景觀。

　　這裡最大的看點當然是海上日落美景，官網上每天都會公布當天的日落時間，可以抓緊時間安排前往，記得要在前谷港上車，才能捕捉到以濟扶島為背景的絕美黃昏。

安山湖水公園

안산호수공원

📖別冊P.3A2 🚃4號線中央站2號出口搭乘公車123、80C、10號至湖水公園(호수공원)，徒步約5分 📍京畿道安山市常綠區海安路615；경기 안산시 상록구 해안로 615 ⏰24小時

　從韓劇《紳士的品格》中男女主角第一次的櫻花之吻，到《又是吳海英》海英和道京談心的飄著櫻花的木頭階梯，這個**時常在韓劇中出現的櫻花紛飛場景，是首爾的人氣賞櫻名所**——安山公園，櫻花季節來臨時，整座公園被層層疊疊交錯的櫻花林所覆蓋，在一整片淺粉世界下漫步或野餐浪漫無比。

　有時間的話，可以走到安山公園山腳下的弘濟川欣賞瀑布，這條漢江以北的美麗河川旁都被規畫為自行車步道，是很不錯的休憩場所。

一年四季都可看到不同的自然景色。

晨靜樹木園

아침고요수목원

韓國人的美麗後花園

小編按讚 쨩쨩

📖別冊P.3B1 🚃京春線清平站2號出口，搭乘加平觀光巴士(往晨靜樹木園아침고요수목원方向) 📍京畿道加平郡上面樹木園路432；경기 가평군 상면 수목원로 432 ☎1544-6703 ⏰8:30~19:00；最後入場18:00 💰全票平日₩11,000，價待票₩7,500~8,500 🌐www.morningcalm.co.kr

　位在祝靈山的「**晨靜樹木園**」更説是韓國人的後花園，其占地超過9萬坪的庭園內，有35個以上不同的主題庭園，也有提供餐廳、商店等休憩空間，以及依季節不同舉辦的各式主題花季。庭園內植超過百種的花卉與綠木，一年四季都可看到不同的自然景色，並在每個季節展出不同花卉季，像是逢春天4~5月有迎春花季，夏天的6月有鳶尾花季、7月繡球花季、韓國國花木槿花季，以及秋天才看得到的美麗楓葉，在萬物俱寂的冬季12~3月，園方利用多色燈光打造出五彩星光庭園等眾多特色活動。

👁 小瑞士村

에델바이스 스위스 테마파크

📕別冊P.3B1　🚃京春線清平站1號出口出站，轉搭計程車，車資約₩20,000；2號線蠶室站5號出口直行約1分，轉搭長途巴士7000至「雪嶽市外巴士站(설악터미널)」，車程約80分鐘，再轉搭計程車　🏠京畿道加平郡雪岳面多樂嶺路226-57；경기 가평군 설악면 다락재로 226-57　📞031-5175-9885　🕐9:00~18:00　💲💲全票₩8,000，瑞士傳統服裝體驗₩5,000；2歲以下免費　🌐www.swissthemepark.com/

　但位在加平禾也山下的「小瑞士村」，雖然沒有列在觀光巴士的行經地點，因浪漫歐風小木屋建築而聞名，雖然來這裡的路途稍嫌遙遠，但美麗建築、乾淨的空氣、環山圍繞的山景，也沒有擁擠的人潮，讓

人心曠神怡。小瑞士村內可分為18個區域，其包含32棟風格各異的小木屋，以及不同主題的場地，其中有紅酒博物館、起司博物館、巧克力博物館、咖啡博物館等。

小瑞士村雖然較偏遠，依舊吸引眾多遊客。

從清平站回首爾市區

需注意清平站有一般列車京春線，與高速列車ITX青春號之分，一般列車即為地鐵京春線電車車廂，刷T Money即可搭乘，而高速列車ITX青春號則需要另外買票。回市區搭乘往上鳳站方向(상봉행)即可，而青春號在告示牌標示為ITX-青春(ITX-청춘)，需額外購票才能上車。

園內有不同主題區，也提供另外計費使用的接駁列車。

小編按讚

超高人氣的賞楓美景。

👁 和談林

화담숲

🏠別冊P.3B2 🚗京江線昆池岩站車程約10分 🏁京畿道廣州市都尺面都尺上路278-1；경기 광주시 도척면 도척윗로 278-1 ☎0507-1344-6669 ⏰9:00~18:00；最後入場17:00 ㊡週一 💰全票₩11,000，優待票₩7,000~9,000 🌐www.hwadamsup.com

　　若是説到賞楓，位於京畿道廣州昆池岩度假村內的和談林是LG公司以恢復樹林生態界的植物園區，高達約480種的紅葉品種，**秋色各異的美景使這裡成為韓國知名賞楓勝地**，因此賞楓季節都需要提早上網預定入園票，尤其週末更需提早一兩個月搶票以免向隅。

抱川香草島樂園

허브아일랜드

別冊P.3B1　1號線逍遙山站1號出口對面搭乘巴士57、57-1號至「抱川香草島樂園(허브아일랜드)」站或「三政里香草島樂園(삼정허브아일랜드)」站，徒步約15分　京畿道抱川市新北面青新路947街51；경기 포천시 신북면 청신로947 길 51　031-535-6494　週日至週五10:00~21:00、週六10:00~22:00　週三(週國定假日則營業)　週一至週五全票₩10,000、優待票₩8,000；週六至週日及國定假日全票₩12,000、優待票₩10,000　www.herbisland.co.kr

韓國最大規模室內植物園。

位在京畿道抱川市的「**香草島樂園**」於**1998年**開**幕，是韓國最大規模的室內香草植物園**。在浪漫的歐式建築和貢多拉運河之間，可看到180多種香草植物，欣賞香草的戶外庭園、香草博物館與生活香草展示館，除了「看」當然還能「吃」，在園區裡還有香草餐廳、咖啡館、麵包店、以及販售各種香草相關產品的香草禮品店。

另外，也有可體驗芳香療法的體驗室，以及威尼斯村、香草工坊(DIY體驗)、迷你動物園和戶外舞台等，園區內並有提供充滿香草芳香的雙人房山莊，在客房內都能享受有SPA功能的按摩浴缸和沐浴用品。

夜間點亮的五彩燈光，使薰衣草花海搖身一變成為五彩燈海，美不勝收。

👁 首爾樂園

서울랜드

📖別冊P.7C3 🚇4號線大公園站2號出口徒步約15分；或從地鐵站搭乘首爾樂園的大象列車，5分可達 📍京畿道果川市光明路181；경기 과천시 광명로 181 ☎02-509-6000 💲1日通票₩43,000~52,000，16:00後₩36,000~45,000 🕐週一至週四10:00~21:00，週五10:00~20:00，週六至週日、國定假日9:30~22:00 🌐www.seoulland.co.kr

　　首爾樂園位在首爾大公園旁，以及風景怡人的清溪山附近，是距離市區相當近的主題樂園。樂園內以「世界廣場」、「冒險王國」、「未來國度」、「三千裏樂園」等5個主題組成，面積達10萬多坪的樂園內，除了雲霄飛車和海盜船之外，還有太空船、黑洞2000、銀河列車、急流勇進、飛毯等50多種刺激好玩的遊樂設施，以及冒險館、電影館、傳說的國度等互動設施。

每逢春天杜鵑花季節，躑躅花園聚集許多人潮。

👁 軍浦躑躅花園

小編按讚

杜鵑花季最美名所。

군포철쭉동산

📖別冊P.3B1 🚇4號線修理山站3號出口徒步約10分 📍京畿道軍浦市山本洞1152-4(躑躅花園)；경기 군포시 산본동 1152-4(철쭉동산)

　　杜鵑花原名為躑躅(철쭉)，每逢春季，從京畿道、仁川，至全羅南道、大邱以及慶尚南道，杜鵑花在韓國會全面盛開，在賞花名所也會舉辦各種慶典。其中位於京畿道軍浦的「躑躅花園(철쭉동산)」就是知名的杜鵑花名所，每年花季都會舉辦「軍浦躑躅節(군포철쭉대축제)」，小山坡上滿開超過9萬株艷紅的杜鵑花，人們沿著步道穿梭其間欣賞，舞台上則有不同的音樂和藝術表演，以及杜鵑花相關體驗，很適合情侶和親朋好友前來踏青。

小法國村

Petite France

쁘띠프랑스

◉別冊P.3B1 ◉京春線清平站或加平站轉搭加平觀光循環巴士 ◉京畿道清平面湖畔路1063；경기가평군청평면반로1063 ☎031-584-8200 ◉9:00~18:00 ⑤全票(含國中生以上)₩16,000、優待票(含小學生以下)₩12,000；小法國村＋義大利小鎮全票₩23,000、優待票₩19,000 ◉www.pfcamp.com/

　　從清平水壩往南怡島方向前進，就能看到小法國村的異國風建築盤踞在湖水邊的山丘上，占地117,357平方公尺，**以「花、星星、小王子」作為主題，由16幢法國建築構成的「小法國村」**。園區有《小王子》作者聖·埃克絮佩里紀念館、法國傳統住宅展示館，以及收藏許多音樂盒、歐洲玩偶和骨董的展示館，還可以親手操作牽線木偶、體驗世界打擊樂器，並觀賞小王子音樂劇影片、法國玩偶劇等表演。小法國村除了是座主題園區，也有提供住宿，共34間可容納4~10人的客房，適合團體旅遊。

喜歡《小王子》的話，決不能錯過小法國村！

園區門口的巨型皮諾丘，張開雙臂迎接大家的到來。

在皮諾丘冒險館裡可以看到世界各地對《木偶奇遇記》的解讀，彷彿進入一場環遊世界的童話冒險。

想俯瞰小法國村的話，義大利小鎮的皮諾丘觀景台擁有完美視角！

義大利小鎮

이탈리아마을 피노키오와 다빈치

☎031-5175-8929 ◉www.pinovinci.com/

　　小法國村上方於2021年延伸出義大利小鎮，**仿造了托斯卡納地區的傳統住宅和威尼斯小鎮的特色建築，園區主以皮諾丘和達文西為主題**。跨入大門之後，會先穿越古樸的傑佩托小巷，這裡以小商店和古董展示為主，非常符合他工匠的人物設定。小鎮上也有各種造型的皮諾丘，以及不時出現的小王子，彷彿置身於童話故事中，心情不自覺地放鬆下來。

　　義大利小鎮的兩大看點就是皮諾丘冒險館和達文西展覽館了！前者根據《木偶奇遇記》的劇情設計展區，不僅重現了卡洛·科洛迪(Carlo Collodi)的原著形象，也展出了來自不同國家的故事詮釋；而後者則展示了這位天才藝術家的發明與創作，帶領參觀者一探他的卓越智慧與藝術成就。此外，園區內設有定期的提線木偶表演，無論是在露天劇場融入現代風格，還是在小劇場重現《木偶奇遇記》的經典場景，這些表演都充滿趣味與創意。

首爾近郊 仁川

首爾近郊 京畿道

首爾近郊 江原道

富川上洞湖水公園

부천상동호수공원

🌳 別冊P.3B1 　🚇 7號線三山體育館站1號
出口徒步約5分　📍 京畿道富川市遠美區
吉州路16；경기 부천시 원미구 길주로 16　🌐 www.
sdlakepark2019.com

觀賞虞美人
的最佳景點。

每年接近夏季的5~6月是「虞美人」的盛開期，傳說虞姬自殺後地上長出鮮紅色的花朵，後人為紀念她對愛情的忠貞，便將此花命名為「虞美人」，在韓國則稱為「楊貴妃(양귀비)」。

位於富川的「上洞湖水公園」不僅是富川市民主要

的休息勝地，也是虞美人的群落地，一到花期就會盛開多達30萬朵的虞美人花，整片鮮紅花田襯著公園中央的湖水，相當美麗，吸引大小朋友前來欣賞同樂。

愛寶樂園

에버랜드

🌳 別冊P.3B2　🚇 盆唐線器興站4號出口，轉搭龍仁輕軌至總站愛寶樂園站3號出口，車程約30分，單程車票₩1,800，再搭乘接駁車即達；或2號線江南站4、5號出口的「新盆塘線江南站(신분당선강남역(중))」搭乘巴士5002B號，車程約40分，單程車票₩2,800　📍 京畿道龍仁市蒲谷面愛寶樂園路199；경기 용인시 처인구 포곡읍에버랜드로199　☎ 031-320-5000　🕙 10:00~22:00(依季節而異，請先上網確認)　💲 分為ABCD季節票，請先上網確認前往時間所屬季節；A季全票₩62,000、優待票₩52,000；B季全票₩52,000、優待票₩42,000；C季全票₩46,000、優待票₩36,000；D季全票₩68,000、優待票₩58,000　🌐 www.everland.com

足以和世界各國知名遊樂園並駕齊驅的「**龍仁愛寶樂園**」，就規模、遊玩項目、造訪的顧客數都是名列前茅。完備的複合式遊樂設施，讓所有人覺得應該多停留時間在此，而多種的設施更是滿足不同階層與年齡的需求。

占地達133萬平方公尺的愛寶樂園，分成含有遊園地和動物園的「**歡樂世界**」(Festival World)，集結各種水上活動的「**加勒比海灣水世界**」(Caribbean Bay)，和擁有全長2,124公尺競賽跑道的「**愛寶樂園賽車場**」等3大遊樂場，遊樂設施含跨室內和室外等多樣化的設備，集結各種遊樂器材，每年造訪人數高達900萬。而不單考慮年輕人喜歡追求刺激、驚險的遊樂項目，也兼顧到兒童與年長者只想「看」不敢「玩」的特性，為老少咸宜的家庭式遊樂園。

THE GREEM有著如畫一般的美好風景。

👁 THE GREEM

더 그림

🏠別冊P.3B1 🚕京義中央線楊平站1、2號出口前搭乘計程車約10分 📍京畿道楊平郡玉泉面舍那寺街175；경기 양평군 옥천면 사나사길 175 ☎0507-1419-2210 🕐週一至週五10:00~18:40(L.O.17:40)，週六至週日9:30~19:00(L.O.18:00) ❌週三，暑假期間仍無休 💲入場費全票₩8,000、優待票(小學生以下)₩7,000；可抵1杯飲品 🌐www.thegreem.net

　　GREEM(그림)在韓文中是「畫」的意思，THE GREEM則是比畫更像畫，也就是這座莊園非常美麗之意。占地1,900坪的THE GREEM，主人在2003年改建後就一直居住在此，**綠草如茵的大片草坪和歐式小屋，就算隱身在鄉間仍掩飾不住它的光芒**，2005年就出借場地初登小螢幕，約莫十年來已吸引超過50部戲劇在此拍攝。

　　除了主人居住的宅邸不開放參觀之外，其他都可放鬆遊覽，逛累了就到入口右側的咖啡館換取1杯飲料吧。這裡提供有很不錯的花草茶，還有水果茶、咖啡、冰品等，好好地在美麗莊園享受休憩時光。

竹田咖啡街

죽전카페거리

⏥別冊P.31B3 ⏤水仁·盆唐線竹田站2號出口往右方經過新世界百貨，過河約徒步10分

位處京畿道龍仁市寶亭洞的竹田咖啡街，因韓劇《紳士的品格》在此拍攝，而吸引眾多觀光客及劇迷，全長約100公尺的竹田咖啡街，一排排的樹木讓人彷彿置身新沙洞的林蔭道上。因這條街是禁止車輛行進的，所以每到假日總會有許多人來這裡散步、壓馬路，享受悠閒時光。

café yaang

카페양

⏥京畿道龍仁市器興區竹田路15街10；경기용인시기흥구죽전로15 길10 ☏031-897-1249 ◷11:00~0:00

café yaang店內的吉祥物是與店名「yaang」發音相同的綿羊，店裡隨處可見白色綿羊的出現，就連坐墊和地毯都特意選擇羊毛材質。推薦這裡的手沖咖啡，咖啡豆為自家烘焙。另外還有蛋糕、Häagen-Dazs冰淇淋鬆餅、招牌早午餐等選擇。

回音書房

에코의서재

⏥京畿道龍仁市器興區竹田路15街11-3；경기용인시기흥구죽전로15 길11-3 ◷11:00~23:00 ☏031-266-1138

位在竹田咖啡街裡的「回音書房」外觀時尚極簡，帶著生鏽感的大門是其特色。店內除手沖咖啡，也有提供早午餐等餐點。回音書房也曾是韓劇《紳士的品格》拍攝場景，其畫面即是金道振談生意時，徐伊秀於店前經過的場景。

店內結合書香與咖啡香，大片書牆相當吸睛。

除了美麗的韓屋村，四季風景也令人驚豔。

韓國民俗村

한국민속촌

別冊P.3B2　1號線水原站9號出口「梅山市場(매산시장)」搭乘搭乘巴士37號，車程約50分，單車車票₩1,550　031-288-0000　京畿道龍仁市器興區民俗村路90；경기 용인시 기흥구 민속촌로90　10:00~22:00(依季節而異，請先上網確認)　全票₩35,000、優待票₩25,000~29,000、17:00之後全票₩32,000、優待票₩22,000~25,000　www.koreanfolk.co.kr

　　位於龍仁的**韓國民俗村占地30萬餘坪，是收集、保存韓國諸多傳統元素的露天博物館**，復原了朝鮮時代超過260幢傳統家屋，展示家用器材、以及製造陶瓷、竹筐、箕、柳筐、銅器、韓紙、繡花、紙傘、樂器、農具的過程，重現朝鮮時代的民家原貌。村內除了古色古香的農村建築，每天也有精采的民俗表演如農樂、跳板、爬繩、傳統婚禮等。

柏峴洞咖啡街

백현동 카페거리

📖別冊P.3B2 🚇新盆唐線板橋站2號出口，沿大路徒步約20分；或轉搭公車66、76、390號再徒步約6分

　　位在京畿道城南市的柏峴洞咖啡街又稱為板橋咖啡街，街道全長約200公尺左右，聚集約20多家商店，**其中包括服飾店、連鎖餐廳以及特色咖啡館。**在韓劇《來自星星的你》、韓國綜藝節目《我們結婚了》等的加持下，柏峴洞咖啡街已成為粉絲朝聖之地。

☕ Coffee Stone

커피스톤

📍京畿道城南市盆唐區板橋站路10街8；경기 성남시 분당구 판교역로10 길8　📞0507-1445-0541　🕐11:00~22:00(L.O.21:40)

啜飲著美味咖啡，在優雅空間度過美好午後。

　　木質大門與白色牆面形成簡約又優雅的風格，推開門，內部也以木頭為基調的裝潢，加上挑高設計，就像坐在小木屋裡喝咖啡一樣。**店家供應冰滴咖啡和其他咖啡及飲品，也有販售咖啡豆**，其中有著柳橙清香的柳橙拿鐵很受歡迎，光是看著那橙色與白色的組合就倍感清爽。

兩水頭
두물머리

景色美如畫的大自然仙境。

🍂別冊P.3B1 🚇京義中央線兩水站1號出口徒步約30分 🚌京畿道楊平郡楊西面兩水頭街125；경기 양평군 양서면 두물머리길 125

距離首爾只需30分車程的兩水里(양수리)，是來自金剛山的北漢江與源自江原道金台峰山麓儉龍沼的南漢江交會處，過去這裡作為水路樞紐，連接了江原道旌善郡、忠清北道丹陽郡，和水路終點——首爾蠶島與麻浦碼頭，隨著八堂水庫的建設以及鋪設陸路，機能逐漸衰退。1973年八堂水庫竣工後，這一帶被指定為綠色地帶，禁止捕魚與造船等，正式終止了碼頭功能。而在兩水里的兩水頭這個地方，雖然是私有地，卻也沒有因此杜絕外人，韓劇中出現的大畫框、河岸邊的老櫸樹、孤單的船隻，以及冬季雪景、夏季蓮花和夕陽，都是受歡迎的攝影場所，尤其沒什麼遊客的早晨時分，這裡好似遺世獨立一般，相當清幽。

大自然的美麗讓旅人流連忘返。

每逢夏季就有典雅的蓮花美景可盡情觀賞。

🍀 洗美苑

세미원

🚇中央線兩水站1號出口徒步約20分 🏠京畿道楊平郡楊西面兩水路93；경기 양평군 양서면 양수로 93 📞31-775-1835 🕐週一至週四9:00~18:00、週五至週日9:00~21:00、蓮花花季(約6/28~8/15)9:00~21:00 ❌11~3月每週一 💲全票₩5,000、優待票₩3,000 🌐www.semiwon.or.kr/

位於兩水頭旁的洗美苑是一座自然淨化公園，利用具代表性的水生植物所打造，名稱出自觀水洗心、觀花美心的古語。占地18萬平方公尺，有6座生長著蓮花、水蓮、菖蒲等植物的池塘，漢江流經6座池塘並經過重金屬與浮游物質去除作業後流入八堂水壩。

園內分為洗美苑與石菖苑，洗美苑中有種植著百種水蓮的世界水蓮園、實驗水生植物的環境淨化能力並進行體驗的環境教育區、實驗新品種的實驗栽培園區等；以石菖蒲溫室為主的石菖苑，則設有水車型涼亭「四輪亭」，與朝鮮正祖時期設於昌德宮內的溫室等，可了解到先祖們將生活與自然環境結合的智慧。

定食還能品嚐到多樣小菜，十分超值！

🍴 蓮田餐廳

연밭

🚇中央線兩水站1號出口徒步約5分 🏠京畿道楊平郡楊西面穆王路34；경기 양평군 양서면 목왕로 34 📞031-772-6200 🕐11:30~19:00、夏季11:30~21:00 ❌週一 💲蓮田定食(연밭정식)₩20,000

距離兩水站約300公尺的蓮田餐廳，以荷葉飯聞名，招牌蓮田定食包含大醬湯、蒸蛋、南瓜醬生菜沙拉、泡菜小煎餅、蓮藕、海蜇皮、小魚乾、辣醬章魚、柚子醬花椰菜、橡實凍等共可以續的12道小菜，主菜蒸明太魚沒有多餘調味，可以吃到明太魚的新鮮口感，搭配一小杯葡萄酒，小菜都還沒續就吃得很飽足了。

北漢江鐵橋
북한강철교

🚇中央線兩水站1號出口徒步約10分

　　在兩水頭附近的北漢江鐵橋又稱為兩水鐵橋自行車道(양수철교 자전거길)，是橫跨江面的自行車道，全長約560公尺，屬南漢江自行車道路段的其中一個景點，從韓劇《天使之眼》中，男主角東柱騎單車經過、東柱戴著秀婉前往高空彈跳時經過的鐵橋，到《Doctors》朴信惠和金來沅騎自行車經過的鐵橋，都是這座北漢江鐵橋，原本就因景色美麗的自行車道路段而知名，經由韓劇加持後又更受歡迎了。

騎上單車馳騁兩水頭！

韓國4大江漢江、洛東江、錦江、榮山江江邊都有個別開發擁有不同魅力的「自行車道」，其中位於漢江上游的南漢江邊「南漢江自行車道」景色優美，而從「兩水站」到「八堂站」的自行車道格外美麗，如果沒有時間或精力騎完，不妨來到兩水站，先前往北漢江鐵橋欣賞江上風光及一旁疾駛而過的中央線地鐵，再至兩水頭享受遺世獨立的滋味，距離短，不用太花時間和氣力就能體驗此段自行車道的迷人魅力，也是非常不錯喔。

🚇中央線兩水站1號出口正前方和左方都有單車租借處
🕐約9:00~20:00　☂雨天　備註：需出示身份證或護照。

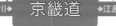

👁 作夢的照相機咖啡館

꿈꾸는사진기

🏠別冊P.3B1 🚇京義中央線龍門站出站後轉搭計程車約10分 📍京畿道楊平郡龍門面Hansol街35；경기 양평군 용문면 한솔길 35 ☎031-771-3264 🕐11:00~18:00 🚫不定期休，詳見粉絲專頁公告 💲美式咖啡(아메리카노)₩4,500、可頌鬆餅(크로플)₩6,500 🌐www.facebook.com/cafedreamy

　　佇立在山坡上的「作夢的照相機咖啡館」，於2013年開幕，不僅被美國網站Buzzfeed評選為「死前必去的咖啡館」之一，也讓身為退役軍人的老闆夫婦實現了他們8年來的夢想，「希望透過我們夢想的實現，鼓勵來到這裡的客人、給他們勇氣。」

　　咖啡館造價3億54萬韓幣，分為2層樓空間，1樓老闆珍藏的骨董照相機和相機造型的復古式電話等，其中有一台紅色的ROLLEIFLEX雙鏡照相機就是這棟搶眼建築的雛型。通往2樓的樓梯貼滿客人的拍立得，還有老闆夫婦女兒的童趣畫作，2樓一樣有許多骨董照相機和膠捲等擺飾，也有書籍、紀念冊和畫筆。

江原道
강원도

Gangwondo

江原道位於韓國東北部，境內擁有豐富的自然環境，山嶽面積高達八成，更有好幾座國家公園，其中包括雪嶽山、五台山及雉岳山等國家公園。四季美景更是不能錯過，秋季賞楓、冬季滑雪，一年四季都有遊客造訪，難怪許多度假村都位於此地。江原道雖離首爾市區有段路程，但隨著四季更迭的美麗景象，更是吸引旅人再度造訪的最佳理由。

交通路線 & 出站資訊

往江陵→景點介紹詳見P.366
◎火車
・首爾站搭火車到江陵站，車程約2小時，每天5:00~22:00，約1~2小時一班車；車資₩23,500起。 letskorail.com

◎巴士
・3、7、9號線高速巴士客運站搭巴士在江陵高速巴士總站(강릉고속버스터미널)下車；車程約3小時，每天6:00~23:00，約20~40分一班車；車資₩16,700起。

・2號線江邊站徒步至東首爾巴士總站，搭巴士在江陵高速巴士總站下車；車程約2小時20分，每天6:50~22:10，

約1~1.5小時一班車；車資₩22,800起。 www.kobus.co.kr

◎市區交通
・遊客一般是搭乘巴士遊逛市區，車資₩1,530，可使用TMoney搭乘。於江陵巴士總站到市區主要搭乘巴士206、228、230號，約10分可達；巴士229、230號行經巴士總站、江陵車站以及草堂豆腐村；巴士202號行經烏竹軒、江陵市立博物館以及鏡浦台；於江陵車站到江陵市外巴士總站，搭巴士19-7、21、28號，約25分可達。 bis.gn.go.kr/?lang=EN

交通路線 & 出站資訊

往春川→景點介紹詳見P.371

◎地鐵／火車

‧1號線清涼里站搭京春線地鐵到春川站，車程約1.5小時，每天6:44~22:06；車資₩3,100。

‧1號線龍山站或清涼里站搭ITX青春列車，車程約1~1小時20分即可抵達春川站；車資₩7,300起。

◎巴士

‧3、7、9號線高速巴士客運站搭巴士在春川高速巴士總站(춘천고속터미널)下，車程約1.5小時每天6:50~21:00；車資₩10,100。

‧從江陵市外巴士總站(강릉시외버스터미널)，搭巴士於春川市外巴士總站(춘천시외버스터미널)下，車程約1小時40分，每日7:10~19:00；車資₩17,300。

韓國市外巴士　www.bustago.or.kr

◎市區交通

‧從客運站或車站到市中心有一段距離，必須利用巴士前往，一般巴士的車資約₩1,000起，在車站附近都有站牌。

‧到春川明洞也可以搭計程車，從市外巴士總站或高速巴士總站出發，搭計程車約5分，價錢不貴，計程車的起跳價錢約₩1,800~2,000。

往束草‧雪嶽山→景點介紹詳見P.373

到達雪嶽山通常是先到束草(속초)，再搭乘巴士前往國家公園的入口；從首爾雖然可以坐火車到束草，但因路途遙遠，坐巴士會比較快速；另外如果是從五色溫泉入雪嶽，則必須到襄陽坐車；從首爾出發往束草的巴士都會經過襄陽，此外從束草到襄陽的巴士班次也很頻繁。

◎巴士

‧首爾出發：3號線高速巴士客運站，搭巴士於束草高速巴士總站(속초고속터미널)下，車程約3小時，每天6:00~23:30，途經襄陽，車資₩17,200起；2號線江邊

站，徒步至東首爾巴士總站，搭巴士在束草高速巴士總站下，車程約2.5~3小時，每天7:00~19:50，途經襄陽，車資₩20,900起。

‧江陵出發：從江陵市外巴士總站到束草高速巴士總站，車程約70分，車資₩7,900；到束草市外巴士總站(속초시외버스터미널)，車程約1小時20分，車資₩10,200。

◎從束草到雪嶽山

‧從束草市外巴士客運站，可搭往雪嶽山的巴士7、7-1號到雪嶽山小公園(설악산소공원)，車程約1小時，每日約9:00~20:30約10~20分1班車。

‧從巴士總站搭乘計程車到雪嶽山國家公園入口，車程約20分。

江原道旅遊相關資訊

◎江原道旅遊諮詢專線：1330(韓、英、日、中)

◎江陵市　visitgangneung.net

◎春川市　www.chuncheon.go.kr

◎雪嶽山　seorak.knps.or.kr

韓國鐵路通票KORAIL Pass

KORAIL Pass是專為外國遊客設計的鐵路通票,分為自選券和連續券,在指定時段內不限次數搭乘火車,包括高速列車(KTX、KTX-山川)、一般列車(ITX新村號、新村號、無窮花號、Nuriro號、ITX青春號)以及觀光列車(O-train、V-Train、S-Train、DMZ-Train、A-Train、Westgold-Train)。

行程中若有搭乘到2趟中長程的火車,就可以考慮購買一張KORAIL Pass,例如首爾與釜山之間的來回KTX,或是預計用火車的方式同時玩首爾與京畿道或江原道,使用KORAIL Pass都非常划算。

letskorail.com

❶預定KORAIL Pass之後,會收到一張憑證序號。

❷到官網的「我的車票」裡輸入序號後選擇「選座」即可完成劃位(可在出發日的前一個月,或是當日到火車站櫃台劃位)。若需要更改班次,出發前可到官網取消劃位。

自選券

使用起始日後,可於10天內任選2天或4天使用,其中可自行決定是否要連續使用。

💲自選2天28歲以上₩131,000、13~27歲₩105,000、6~12歲₩66,000,團體票2~5人同行每人₩121,000;自選4天28歲以上₩234,000、13~27歲₩187,000、6~12歲₩117,000,團體票2~5人同行每人₩224,000

連續券

使用起始日後,可連續使用3天或5天。

💲連續3天28歲以上₩165,000、13~27歲₩132,000、6~12歲₩83,000,團體票2~5人同行每人₩155,000;連續5天28歲以上₩244,000、13~27歲₩195,000、6~12歲₩122,000,團體票2~5人同行每人₩234,000

❸使用KORAIL Pass劃位,車票上的金額會顯示「0Won」。搭車時,需出示KORAIL Pass、護照和車票。

首爾近郊 ⋯⋯⋯ 江原道

江陵
강릉 / Gangneung

江陵為起點，可以參訪郊區的賞楓名所五台山，到以《冬季戀歌》出名的龍平度假村滑雪玩樂，或是來段火車小旅行，拜訪和湛藍大海只有數步之遙的正東津車站。

🚂 正東津站
정동진역

📍別冊P.3C1　🚃從清涼里站搭KTX-Eum到正東津站，車程約1小時40分，車資₩22,700起；從江陵站搭巴士113號巴士於正東津站下；從江陵站搭Nuriro號到正東津站，車資₩2,600　📍江原道江陵市江東面正東津里259；강원 강릉시 강동면 정동진리 259

位於江陵市北端的正東津車站，乃是金氏世界紀錄所認可，全世界離海岸線最近的火車站。每逢炎熱的夏季，鄰近潔白沙灘上總可看到成群的戲水人潮。這裡曾是韓劇《沙漏》的拍攝場景，也是韓國綜藝節目《我們結婚了》紅薯夫婦曾旅行的地方。正東津車站月台需購票才可入內，也可選擇從北邊的東海車站搭乘火車，只要半個小時就可抵達正東津車站，不僅能體驗當地庶民生活，列車沿途緊鄰東海岸行駛，窗外稍縱即逝的山海景觀讓人目不暇給。

正東津車站是全世界離海岸線最近的火車站。

鐵道與黃昏夕陽並列眼前，景致美得不像話。

👁 江陵安木咖啡街
강릉안목카페거리

📍別冊P.3C1　🚃從江陵站外搭乘223-1公車至安木咖啡街站(안목카페거리)，車程約15分　📍江原道江陵市滄海路14街20-1；강원 강릉시 창해로14 길 20-1

> 尋著咖啡香來到療癒人心的海邊村莊。

江陵有許多知名的海灘，正東津就是其中之一，加上安木、江門等海灘也隨之興起，特別是安木海灘進駐了相當多的咖啡店，都主打可欣賞海景，一整排海景咖啡店讓這裡有了江陵咖啡街之稱，是韓國人非常喜歡的渡假勝地。

> 面海的落地窗是最受歡迎的桌位。

🧁 **albero**

卡페알베로

🅰️別冊P.3C1 🏠江原道江陵市滄海路14街36；강원 강릉시 창해로14 길 36 ☎033-651-7200 ⏰9:00~22:00(L.O.21:30) ☕咖啡₩4,800起

　　咖啡街上顧名思義當然有許多咖啡店，且幾乎各個都有落地窗、露台或屋頂可以眺望海景，當然面海的座位也就特別難搶，尤其是假日。**Albero就是其中一家人氣高的咖啡店之一**，提供咖啡、飲品和甜點，天氣好時坐在露台吹著涼風看海，好不愜意。

👁 **注文津(《鬼怪》拍攝地)**

주문진(드라마[도깨비]촬영지)

🅰️別冊P.3C1 🚌從江陵站搭乘巴士300、302、314號至「삼천리아파트」站，車程約30~40分，再往海邊徒步20分 🏠江原道江陵市注文津邑橋項里81-151；강원 강릉시 주문진읍 교항리 81-151

> 小編按讚 짱짱

> 韓劇《鬼怪》劇迷不能錯過的經典場景！

　　注文津海灘的名氣沒有江門和安木這麼大，**單純以新鮮的海產而知名，在超級火紅的韓劇《鬼怪》來此拍攝後，人氣扶搖直上**，每天都有旅行團來此朝聖，甚至在拍攝場景做起出租花束的生意，給每個來朝聖的國內外旅客增添趣味！

首爾近郊 仁川➡首爾近郊 京畿道➡

首爾近郊

江原道

> 輕柔的海浪聲和絢麗的極光，還有微微拂過的「海風」，讓人忍不住在這裡坐上一整天，放空自我。

👁 ARTE Museum江陵館

아르떼뮤지엄 강릉

小編按讚 짱짱

🏠別冊P.34B1　🚌從江陵站搭乘巴士202-1、202-2號至「許筠·許蘭雪軒紀念公園(허균.허난설헌기념공원)」站，徒步約6分　🏠江原道江陵市蘭雪軒路131；강원 강릉시 난설헌로 131　☎1899-5008　◷10:00~20:00，最後入場19:00　💲全票₩17,000、優待票₩8,000~13,000；展覽＋茶飲　🌐kr.artemuseum.com

> 沉浸在式的多媒體藝術，一不小心就在裡面待了好幾個小時！

ARTE Museum是由韓國設計公司d'strict打造的大型沉浸在式多媒體藝術館，2020年在濟州島開設了第一個場館，短短4年內已在麗水、江陵、拉斯維加斯、成都、杜拜和釜山設立據點。ARTE Museum的主旨為「永恆的自然」(Eternal Nature)，除了震撼十足的視覺效果，同時帶來的還有精心搭配的聽覺和氣味效果，打造完美的多感官沉浸式體驗。d'strict以山谷為主元素策劃了江陵館的展區空間和咖啡廳，展現江原道的自然魅力與景色。

☕ TEA BAR

TEA BAR是一個讓你意想不到的茶飲空間！當茶飲上桌時，桌面上會顯現梅花盛開的景象，茶杯中還倒映著彎月；四周淡淡的香氣襯托著，讓人彷彿在月光下品茶，營造出一種清雅的氛圍。最特別的是，隨著茶杯的移動，梅花和月亮也會跟著舞動，即使在室內也能享受如月夜般的品茗體驗，充滿趣味和詩意。

首爾近郊 仁川→首爾近郊·京畿道→ **首爾近郊** ┊┊ **江原道**

 江門海邊

강문해변

ⓐ別冊P.3C1　ⓑ從江陵市外巴士總站(강릉시외버스터미널)搭乘巴士230、230-1號至「江門海邊(강문해변)」站，車程約30分，再徒步約5分　ⓒ江原道江陵市江門洞；강원 강릉시 강문동　ⓣgangmunbeach.co.kr

江門可説是因為韓劇而人氣高漲的江陵海灘之一，來到這裡可以看到韓劇《她很漂亮》中出現的鑽石座椅、相框，和各種特別的造景，非常適合情侶在這裡外拍、三五好友在這裡也能留下美好回憶。

相框也是熱門打卡點。

人多時鑽石座椅需要排隊才拍得到。

 **草堂豆腐村**

초당순두부마을

ⓐ別冊P.34B1　ⓑ從江陵市外巴士總站搭乘巴士206、230號至「江門高中正門(강릉고정문)」站，車程約20~30分，再徒步約5分可達；搭計程車約15~20分　ⓒ江原道江陵市草堂洞20-1；강원 강릉시 초당동 20-1

　説到江陵，一般韓國人馬上就會聯想到豆腐。**江陵草堂的海水豆腐馳名全國**，當地店家以水管探近海底，抽取深海乾淨的海水來製作豆腐。所謂海水豆腐是將海水當作硬化劑，在豆漿煮沸後適時加入些許海水，使其凝固，因海水本身就有鹹味，剛製作好的豆腐，趁熱吃味道最佳。

　豆腐未定形前，**店家會將最上層的豆花舀出做成豆腐腦湯，加上泡菜一起吃**，十足的韓式風味。

海水豆腐口感稍硬，一口咬下豆香就在嘴裡漾開。

草堂婆婆水豆腐

ⓒ江原道江陵市草堂水豆腐街77；강원 강릉시 초당순두부길77　ⓢ033-652-2058　ⓞ週一至週四8:00~16:00、17:00~19:00，週六至週日8:00~15:30、17:00~18:30　ⓧ週三　ⓢ嫩豆腐(순두부백반)₩11,000

　草堂地區有許多豆腐店，歷史最悠久的要算是已經營20年的「草堂婆婆水豆腐」。不僅日本電視台都遠赴採訪，還有澳洲遊客為了將美味帶回澳洲，特地到店理學藝，美味可見一斑。**店內賣的清一色是手工製作的豆腐料理，有軟綿嫩滑的涼拌豆腐腦，以及香氣濃郁的水豆腐**，搭配熱騰騰的白飯、醃製一年以上的泡菜，還有自製味噌醬，雖然樸實簡單，卻最能吃出大豆本身的鮮甜滋味。

首爾近郊·仁川➡首爾近郊·京畿道➡

首爾近郊 ····· 江原道

🏛 真音留聲機＆愛迪生博物館

참소리에디슨손성목화박물관

🚇別冊P.34B1 🚌從江陵站搭乘巴士202號至「鏡浦台·真音留聲機博物館(경포대. 참소리박물관)」站，徒步約3分 🏠江原道江陵市鏡浦路393；강원 강릉시 경포로 393 📞033-655-1130 🕐10:00~17:00(售票至15:30) 💰全票₩15,000、優待票₩6,000~12,000 🌐www.instagram.com/charmsori_museum

> 館內以1999年法國製造的頂級音響播放音樂，讓旅人能體驗音響之美。

這座私人博物館為孫木成館長所有，從14歲起就開始收藏各式留聲機的孫館長原來是一位建築師，因為從北韓遷移至南韓時，身上只有一部父親留給他的留聲機，當時便對留聲機有著特殊的情感。

博物館裡4,500件館藏是館長花費45年，從世界各地收集而來，另外還有2,000多件展示在浦城地區。走進館內彷彿走進留聲機的發展歷史裡，從1912年愛迪生發明的4分留聲機、1888年沒有喇叭的木櫃式留聲機、1903~1905年流行的大喇叭留聲機，一直到近代有著特殊造型的音響等，**其中最特殊的要算是全世界最小、直徑3.5公分的黑膠唱片，據說播放這黑膠唱片也是世界最小的留聲機**，現為大英博物館所有，兩方還曾為了要同時收藏機器和唱片而進行協商。

🌳 統一公園

강릉통일공원

🚇別冊P.34B3 🚌從江陵站搭乘巴士112、113號至「統一公園站安保展覽館(통일공원안보전시관)」站，車程約30分，徒步約8分 🏠江原道江陵市江東面谷路1715-38；강원 강릉시 강동면 율곡로 1715-38 📞033-640-4469 🕐冬季9:00~17:00、夏季9:00~17:30 🌐www.gtdc.or.kr/pub/unificationPark.do

南北韓之間的關係，其實和中國與台灣之間一樣，一言難以敝之。南北韓只有一條經緯線之隔，兩國之間間諜活動頻繁，**位於江陵南方的統一公園，所展示著1996年9月18日，由一位計程車司機發現因推進器被撞斷而觸礁的北韓潛水艇方可為證。**當時巡防軍警花了3個月才抓到1名間諜，其他20多名間諜不是陳屍山林就是自殺身亡；現在開放展示的潛水艇，雖保持原樣，但那時潛艇人員為煙滅證據，放火燒了內部陳設。

在潛艇旁的美軍驅逐艦則是1972~1999年在南韓服役的艦艇，可容納280位船員的內艙，現已成為南韓海軍發展史的展示地。

春川

춘천 / Chuncheon

春川是江原道道政廳的所在地，城市雖小，卻因四周的人工湖泊圍繞而成為風光優美的水都，也是外圍城市居民的周末旅遊地，來此一定不能錯過香辣夠勁的炒雞排。

🏠 春川明洞

小編按讚 짱짱

춘천명동

🚌別冊P.34D2　🚌從春川市外巴士總站(춘천시외버스터미널)搭乘巴士3、4、7-2、7-3號至「明洞入口(명동입구)」站，車程約10分；從春川站搭乘巴士11、11-1號至「明洞入口(명동입구)」站，車程約3分　🏠江原道春川市中央路1街；강원 춘천시 중앙로1가

各式主題購物區，不管男女老幼，這裡都能滿足你！

春川明洞購物商圈麻雀雖小，卻五臟俱全，平日就聚集不少年輕人，周末假日還不定期在街上展示學生的素描及雕塑作品，更添年輕藝文氣息。地下購物街，分有時裝街、青春街等各式主題購物區，流行衣飾、生活雜貨、化妝品等琳瑯滿目。中央區為設有噴水池的相會廣場，是春川年輕男女熱門約會地。

位在流行最前端的春川明洞旁，中央市場卻呈現出不一樣的懷舊氣氛。這間歷史悠久的市場內，販賣生鮮蔬果、南北貨以及居民常用的日用品，有著濃厚的庶民風味。

春川辣炒雞肉是韓國人都認證的美味！

🍴 春川雞排一條街

小編按讚 짱짱

닭갈비골목

🚌別冊P.34D5　🚌從春川明洞徒步約5分　🏠江原道春川市金剛路62街9-1；강원 춘천시 금강로62 길 9-1

再辣還是要吃！辣完再來碗蕎麥冷麵，連首爾人都不怕舟車勞頓的好滋味。

從春川明洞岔出一條小巷，陣陣燒烤香味襲來，就是著名的春川雞排街。經過辣椒醬料醃製的雞肉加上蔬菜、大把青蔥，還有香Q的炒年糕條，在大鐵鍋炒得香氣四溢，最適合三五好友或家族同享。只見大家圍著鐵鍋邊吃邊喊辣，筷子卻怎樣都停不下來。春川人建議吃完雞排後，再來一碗口感極佳的春川蕎麥冷麵，連首爾人都願花1~2小時車程，到春川享用這絕讚好味。

小編按讚 讚讚

👁 南怡島

남이섬

永遠經典的韓劇勝地。

📖別冊P.3B1　🚌(1)陸路：京春線清平站或加平站轉搭加平觀光循環巴士，車資₩8,000，運行路線及時刻表見P.330；預約8:20從弘大、明洞、東大門出發的接駁車直達南怡島(回程為16:20發車)，車程約2.5小時，來回USD\$28起，預約專線：02-2038-0840；2號線江邊站徒步至東首爾巴士總站，轉搭巴士至加平，車程約80分，每日6:45~20:50約9班車，車資₩8,000；從春川搭巴士至加平，車程約20分，每日6:50~20:35，車資₩3,600。(2)搭船：在加平火車站或巴士站搭巴士或計程車到渡口，車程約10分，碼頭8:00~9:00每30分1班、9:00~18:00每10~20分1班、18:00~21:00每30分1班，船程約5分　📍江原道春川市南山面南怡島街1；강원 춘천시 남산면 남이섬길1　☎031-580-8114　⏰8:00~21:00　💰含往返船票，全票₩16,000、優待票₩13,000；早鳥票(8:00前購票和上船，12~3月18:01後購票、4~11月18:31後購票)可享優惠價₩10,000　🌐www.namisum.com

這個因為韓劇《冬季戀歌》而聲名大噪的景點，未曾因為時間久遠讓它的美麗褪色，一到晚上，咖啡屋外會點起蠟燭，一盞盞燭光營造出不同白日的靜謐氣氛。**這島上的浪漫美景不僅至今仍是遊客樂於造訪的目的地，也是韓國情侶們假日約會的好去處。**

《Running man》加持下，變身人氣觀光景點。

👁 江村鐵路自行車(金裕貞鐵路自行車)

강촌레일파크(김유정 레일바이크)

📖別冊P.3B1　🚇京春線金裕貞站下車即達　📍江原道春川市新東面金裕貞路1383；강원 춘천시 신동면 김유정로1383　☎033-245-1000　⏰9:00~17:30每小時1班，從金裕貞站騎乘40分後抵達休息處，轉搭浪漫列車40分後至江村站，再轉搭接駁巴士返回金裕貞站　💰兩人座₩40,000、四人座₩56,000　🌐www.railpark.co.kr

在依山傍河、利用廢棄鐵道改裝成的江村鐵路自行車道上，排著一個個2人或4人座自行車，**來回8.5公里的江村鐵路自行車，是利用京春線遺留的鐵路而改建，不須龍頭掌控方向，只須用腳踩動踏板，就能迎風看山河**，中途經過隧道也別急著害怕，那不是黑漆漆的隧道，而是閃爍著LED燈和播放著樂曲的浪漫之路。

雪嶽山‧束草

설악산‧속초 / Seoraksan‧Sokcho

雪嶽山擁山色隨著四季更迭而變化，為韓國東部最高的國家公園；束草因東有大海西有高山，還有豐富的魚產，讓這裡一直都是首爾人度過假日的熱門首選。

 雪嶽山國家公園

小編按讚
讚讚

설악산

ⓐ別冊P.3C1, 34 **☎**033-636-7700 **◷**全年開放，3月中旬~5月下旬、11月中旬~12月中旬權金城、蔚山岩等地禁止入山。一般入山時間約為日出前2小時~16:00(小公園、新興寺~20:00)，實際情形依天候狀況調整 **＄**入園費₩4,500 **⊕**seorak.knps.or.kr **❶**國家公園內氣候變化多，管理人員會依山況封閉某些道路或觀光景點，最好先上網或以電話查詢實際狀況。

每到秋季，楓紅籠罩極其美妙，若是不想太費力，纜車也是個好選擇！

位於韓國東部江原道的雪嶽山，主峰大清峰海拔1,780公尺，大致可分東部由束草入山的外雪嶽，南部由襄陽入山的南雪嶽，以及由麟蹄方向的內雪嶽。各方皆有時間長短與難易不同的登山路線，若想輕鬆走又要賞美麗楓景，南雪嶽可以鑄錢谷路線為代表，北雪嶽則為權金城、纜車觀景最為熱門。

這兩條路線來回花費時間約為2小時，行經的楓樹種類不多，但山中變葉木不少，加上四季氣候的變化，一到秋天，仍吸引不少旅客從外地開車前來。尤其是每年9月下旬後的楓紅旺季，光從山腳下到國家公園入口處，就能塞上1個多小時，有不少遊客乾脆下車徒步前往。

樹林中紅黃相間的美景，是秋季限定。

五色溫泉

◔從襄陽巴士總站搭往葛川里的市區巴士1號於五色溫泉站下；從束草市外巴士總站搭往春川方向的巴士於五色(오색)站下

五色溫泉據說起名自朝鮮時代，一位和尚在當地發現有山泉湧出，**乍看泉水似有5種顏色因而命名為「五色溫泉」**。五色溫泉屬碳酸泉含豐富鐵質，據說對胃部、神經痛、貧血等有相當好的療效，因為泉水乾淨可生飲，有不少民眾帶著水壺瓶罐上山接水喝。

五色溫泉水喝起來自然甘甜中帶些許氣泡感。

仙女潭

선녀담

據說12位仙女曾在此沐浴，仔細看看在溪谷中間以岩石圍起來的部分，還真有點像個天然浴池！

這裡雖沒有萬馬奔騰之勢，豁然開闊的景色，仍令人眼前一亮。

金剛門

금강문

◔江原道束草市雪嶽山路1119-542；강원 속초시 설악산로 1119-542

金剛門之名從佛經而來，過了這金剛門就像把過去不好的拋在門外，迎向門後的美麗境界。這段步道過了金剛門，算是真正置身鑄錢谷中，往前幾步就是龍沼瀑布。

權金城

권금성

◎雪嶽山纜車 설악케이블

$ 來回全票₩15,000、優待票₩11,000，3歲以下免費 ◉
約8:00~18:00(各季節不一) 🌐www.sorakcablecar.
co.kr

從束草方向入山，是進入雪嶽山的主要入口，也是遊覽雪嶽山最熱門的路線。從入口搭乘纜車到權金城，沿著新興寺到晃岩，步行約80分鐘，沿途經過山林小徑，春夏兩季綠蔭遮日，一到秋天，紅黃相間的變葉木夾道，又是另一番風景。

權金城過去是高麗王時代為躲避元朝蒙古軍的侵略，利用雪嶽山山勢曲折的優點而建的展望台兼山城。爾後有姓權、金的兩位將軍，將此地作為民眾避難所，後人遂稱其為權金城。

想要前往權金城的旅客，只要從公園入口搭乘全長1,100公尺纜車在終點山頂站下車即可。此山頂站位於標高800公尺處，可眺望對山，觀賞奇岩峭壁的壯闊山景，秋天楓紅處處，冬季白雪藹藹，四季皆美。天氣晴朗時，從纜車下車處徒步約20分鐘到權金城展望台，還可見千佛洞溪谷、束草市景等。

龍沼瀑布

용소폭포

以龍為名，其實是藉龍喻蛇。傳說過去曾有一對水蛇在此修行，完成千年修煉之際，只要往天上飛去就能成龍，沒想到母蛇錯過升天良辰，只得先挨在河邊岩石休息，**現在所見的蜿蜒河道就是母蛇停留的痕跡。**

新興寺

신흥사

新興寺建於652年三國時代末期，原名香城寺。**在1642年遭達祝融之災，於1647年重建，並重新命名為神興寺，近年才更名為「新興寺」。**

在進入新興寺之前先見一坐落地大佛，這是韓國最北的一座坐佛像，名為統一大佛是為祈求南北韓的早日統一。廟宇內部保留李氏朝鮮時代的梵鐘、三層石塔、大雄殿、冥府殿等17~18世紀的建築，可一窺當時佛教藝術的樣貌。

> 以雪嶽山為背景的新興寺，清幽的環境為它最大的特色。

> 遊客行到此處都喜歡在晃岩前留下徒手推石的紀念照。

晃岩

흔들바위

大自然無奇不有，立在雪嶽山山峭旁的晃岩，看似一觸即倒，實際上卻是八風吹不動，萬人推不倒。由於晃岩就在山崖邊，可清楚望見蔚山岩巍峨聳立的山景。蔚山岩之所以有名，傳說這尊巨岩遠從蔚山欲前往北韓金剛

山的岩石選美比賽，中途卻將雪嶽山誤認為賽場，左等右等才發現錯過比賽，心有羞愧不敢回鄉，就此停留在雪嶽山上，成為雪嶽山的奇岩山景之一。

東草大浦港

대포항

迎著海風，沉浸海港的氛圍，鮮美的生魚片再配上現烤魷魚，是何等奢侈的享受。

在這裡可以品嘗到滋味鮮美、價格也實惠的海產。

別冊P.34B4 **從東首爾長途巴士站搭往東草的長途巴士；從雪嶽山入口搭乘往東草方向的巴士，中途會停靠大浦港，車程約20分；從東草市外巴士總站搭乘巴士1、1-1、1-7、7-1、9、9-1號；從高速巴士總站搭市區巴士1、3、5、7、9號於大浦港站下** **江原道東草市大浦洞；**강원 속초시 대포 **033-633-3171** **www.daepo-port.co.kr/about/**

大浦港是東草相當熱鬧的觀光海港，沿著港邊是交易熱絡的魚市和小吃攤，對面則是比鄰的海鮮餐廳及土產店，從雪嶽山方向下來只需20分鐘車程即可達。

想吃鮮美的海產，可以在攤販挑好魚，讓魚販將魚處理乾淨，直接切片盛盤，配上醬料和一盆野菜，就可以坐上防波堤，享受新鮮海味。

沿街24小時海產餐廳也有各式海產料理，生魚片、海鮮鍋，任君挑選。要嘗嘗在地風味，漁市場旁也有現烤魷魚、蛤蠣、魷魚腸，以及烤栗子、馬鈴薯甜包等隨手小吃。因為魷魚是東草最豐富的漁獲，最後不妨到土產店買一些便宜又新鮮的魷魚乾。

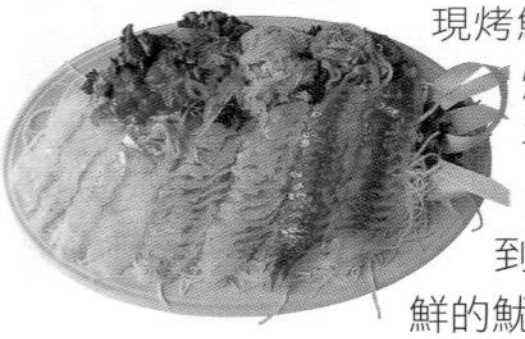

雪嶽水上樂園 Seorak Waterpia

설악워터피아

別冊P.3C1 **從東首爾巴士總站搭巴士至東草高速巴士總站，轉乘巴士1、1-1、1-7、7-1、9、9-1號至「119救助隊(119구조대)」站，轉乘巴士3、3-1號至「韓華度假村(한화리조트본관)」站；從東草搭巴士3號於雪嶽水上樂園站下** **江原道東草市彌矢嶺路2983街111；**강원 속초시 미시령로 **2983 길111** **033-635-7700** **全日10:00~18:00、午場15:00~18:00、晚場19:00~21:30** **全日全票₩61,000、優待票₩49,000，午場全票₩51,500、優待票₩41,500，晚場全票₩41,000、優待票₩32,000；桑拿全票₩12,000、優待票₩10,000** **www.hanwharesort.co.kr**

位於江原道東草市的雪嶽水上樂園，是由韓華渡假村所經營。**它除接近雪嶽山等優渥地理條件之外，更因為擁有百分之百的溫泉水質，形式上則結合水上活動和溫泉的功能**，你可以穿著泳衣享受水上樂園的遊樂設施，也有一般溫泉池洗滌身心的樂趣，是許多人最佳的度假勝地。

江原道其他地方也好玩！

除 了上述的江陵、春川及雪嶽山，江原道境內的好山好水令人目不暇給。

Mona龍平度假村

모나 용평

🚇別冊P.3C1 🚌從東首爾高速巴士客運站搭往注文津或江陵方向的巴士，於橫溪市外巴士客運站搭免費巴士前往度假村；從首爾金浦機場或仁川機場搭專車直達，詳見網站www.yongpyong.co.kr/eng/about/bustAirport.do；另外，首爾到龍平度假村也有專車運行，詳見網站www.yongpyong.co.kr/eng/about/bustShuttle.do 🏠江原道平昌郡道岩面奧林匹克路715；강원 평창군 대관령면 올림픽로715 ☎033-335-5757 🌐www.yongpyong.co.kr

擁有28個滑雪道，為韓國最大的Mona龍平度假村，在韓劇《冬季戀歌》流行之前就是韓國熱門的滑雪度假地，1999年冬季亞運會和2018年冬季奧運會的主要賽事場地就在這裡。

龍平度假村一直是韓國熱門的滑雪度假地，一到雪季，得在停車場另開一個Check in櫃檯，才夠應付大量的滑雪度假人潮。

鳳凰度假村

휘닉스 파크

🚇別冊P.3B1 🚌從首爾站搭KTX-Eum到平昌站，車程約1小時40分，車資₩16,700起；從平昌站搭免費接駁車直達鳳凰度假村，途徑長平長途巴士站，每日8:55~17:55共6班車，詳見網站phoenixhnr.co.kr/en/static/pyeongchang/guide/traffic/map；從東首爾巴士總站，搭往長平方向的巴士於長平站下，車程約1小時20分，每日6:40~20:20共8班車，抵達長平長途巴士站後，再搭免費接駁車 🏠江原道平昌郡鳳坪面泰基路174；강원 평창군 봉평면 태기로174 ☎1577-0069 🌐phoenixhnr.co.kr/page/main

度假村位在江原道平昌郡海拔700公尺處，擁有13座滑雪道、9洞高爾夫球場等多項休閒活動設施，住宿區分為公寓式住房和旅館住房。前者就是韓國炕式睡房附帶客廳、廚房，在鳳凰度假村有3棟分以藍、綠、橘色區分的公寓式住房，1棟西式旅館住房，1棟青年旅館。

三色公寓式住房大樓下分別有活動中心、健身房、滑雪用具供應區、超市、餐館等，還有保齡球場、室外滑水道游泳池、夜總會等娛樂設施，每棟大樓的地下室有相互連結的通道，冬季時，旅客不需冒著寒風往返活動地點。滑雪旺季時，每日約有20,000人次的旅客前往。

坐落在公寓式住房後方的Euro Villa帶著歐式建築風，其中一間套房曾為韓劇《藍色生死戀》劇中元彬所飾演的泰錫的住房。

五台山

오대산

別冊P.3C1, 34 (1)黃袍加身路線(두로봉 코스):2號線江邊站徒步至東首爾綜合巴士站搭巴士於珍富站,車程約2小時15分,車資₩13,500起;從江陵巴士總站搭巴士至珍富站,車程約50分,再轉搭往五台山的市區巴士至五台山站,車程約40分。(2)五台山小金剛路線(소금강산 코스):從江陵車站搭市區巴士303號至五台山小金剛站,車程約1小時 ❑江原道洪川郡內面五台山路2;강원 홍천군 내면 오대산로 2 ☎033-332-6417 ❑夜間登山限制4~10月16:00~4:00、11~3月15:00~5:00,和每日日落至日出前2小時禁止入山 ❑www.knps.or.kr

五台山因為周圍有虎嶺峰、象王峰、頭老峰、東台山、毘盧峰五座山峰簇擁著,遠看就像一座蓮花,而被稱為五台山。據說在新羅宣德王時期(西元643年),慈藏法師在中國的五台山上親眼見到文殊菩薩,並得到佛祖頭頂骨舍利後回到韓國,將其供奉在江原道的五台山上,並創建了月精寺。山上同建於新羅時期的上院寺,以及朝鮮時期世祖大王在此發生的傳說故事,古物、傳說,加上春夏的縱樹林步道,秋天楓紅美景,一到假日總是遊客如織,登山客絡繹不絕。

兩座分別位於山腳下的國立公園入口處的月精寺,以及車行距離約15分鐘的上院寺,是遊客登上五台山的主要遊歷地點,又叫做「黃袍加身路線」。在尚未進入月精寺之前,可見一座「月精大伽藍」的入山牌樓,沿著牌樓前行,是一條縱樹林步道;從停車場一直往月精寺方向,則為秋季賞紅葉的步行路線。

從江陵出發,可以到達五台山東側的「五台山小金剛」,同樣是遊客熱愛的旅遊勝地。以貌似仙鶴展翅的青鶴山、險峻的老人峰為首,周遭怪石猙獰、瀑布奔流,讓人讚嘆大自然的巧奪天工。

月精寺

월정사

⌂江原道平昌郡珍富面五台山路374-8；강원 평창군 진부
면 오대산로 374-8 ☎033-339-6800 🌐woljeongsa.
org/intro.php

踏上月精寺台階前可見坐落在院中廣場，從高麗
時代(西元918~935年)留存至今的9層石塔。石塔高
16.2公尺，為8角造型，底座刻有蓮花圖樣，是韓國寺

廟中鮮見的華麗石塔，原石塔內供奉有16個佛祖舍
利，現已移至寺廟旁的博物館存放。

月精寺的正殿為1968年重建的寂光殿，從1592年
任辰倭亂後，韓國一直處於戰亂狀態，許多古老寺廟
不是毀於戰事，就是遭到祝融，現在所見的寺廟建
築，多數為近代重建。

斜對寂光殿的博物館，展示著從韓國各地寺廟收來
的釋迦摩尼畫像，畫作年代久遠，從1791~1913年的
畫像都有，每個月都會替換展示品。

月精寺前的石塔是自高麗時代留存。

韓劇《鬼怪》也曾於月精寺拍攝。

韓國人的石頭許願塔

在韓國的郊區、河岸邊、旅遊勝地或是廟宇，常
會看到一堆一堆的石頭
塔，對韓國人而言其喻
意為「許願塔」，塔上
一個個堆疊的石頭代
表著一個個願望，邊
放邊許願，如果石頭
許願塔不倒的話，許
下的願望即有可能
會實現。

上院寺

⌂江原道平昌郡珍富面五台山路1211-14；강원 평창군 진부
면 오대산로 1211-14 ☎033-332-6666

上院寺從創建到供奉的佛像似乎都和皇族有關。**建
於新羅705年聖德大王時期的上院寺，是聖德大王在
王子時期修行的地方。**而朝鮮時代的世祖大王，也在
此親遇文殊童子，並被治癒病痛，為感神恩而在此塑
了文殊童子像供後人膜拜，這是全韓國廟宇中唯一供
奉的文殊童子像。正殿前方兩座石貓像，是為紀念趕
走刺客以保護世祖的兩隻山貓。

因秋季滿山楓紅景致，也稱為赤岳山。

雉岳山

치악산

📄別冊P.3B2 🚌3、7、9號線高速巴士客運站，搭往原州方向的巴士至原州高速巴士總站，車程約1.5小時，每日約6:10~21:30；2號線江邊站徒步至東首爾巴士總站，搭往原州方向的巴士至原州高速巴士總站，車程約2小時20分，每日約6:10~22:00；從春川長途巴士總站搭往原州長途巴士總站的巴士，車程約40分；從原州市搭巴士41、41-1號於終點站下，車程約45分 🏠江原道原州市所草面Musoejeom 2街26；강원 원주시 소초면 무쇠점2길 26 ☎033-740-9900 🕐全年開放，3月中旬~5月下旬、11月中旬~12月中旬禁止入山，最好為日出前2小時至日落後2小時參訪 💰入園費全票₩2,500、青少年₩800、兒童₩500 💻chiak.knps.or.kr

　雉岳山有著流傳已久的報恩傳說。一位年輕人上山時，為救雉雞而殺了一條蛇，蛇的妻子為了報復就將龜龍寺的和尚殺盡，變身為出家人將年輕人騙進寺廟後，詛咒他若能活到天曉鐘響，才放他一條生路。但寺裡已無和尚敲鐘，就在天破曉之前，被救的雉雞為了報恩，便一頭撞上鳴鐘，讓年輕人解咒脫困，雉岳山之名便由此而來。

　雉岳山屬於國家公園的部分共有1,700多種樹種，其中又有91%是楓樹等的變葉木。每年約10月初~10月中為楓紅季節，最輕鬆的賞楓路線，就是從龜龍地區的國家公園入口處徒步至龜龍寺，來回不到2小時，卻能賞盡雉岳山的精華風光。

☕ 寫真花園

사진정원

📄別冊P.3B2 🚉火車原州站1號出口車程約15分 🏠江原道原州市所草面黃谷路426；강원 원주시 소초면 황골로426 ☎010-9470-1209 🕐10:00~22:00(L.O.21:00) 💰美式咖啡₩5,500起、季節特調飲品₩6,500起、奶油鬆餅₩6,000 💻www.instagram.com/graphygarden

　雖然韓國咖啡廳以多樣設計風格為名，但像寫真花園**直接打造整座花園的拍攝區**還是令人驚嘆萬分。花園分區域種植著不同的花品，每一區都有不同的景觀設計，精心布置過的木製小屋則最美的一區，像是來到屬於自己秘境花園一般。

咖啡廳也有免費提供一些拍照小物，簡直就是私人攝影棚的程度。

首爾近郊 仁川→首爾近郊·京畿道

首爾近郊 江原道

👁 花津浦海灘

花津浦海水浴場

🏠別冊P.3C1 🚌從東首爾長途巴士站，搭往杆城的巴士，於杆城轉搭往巨津或大津的巴士1號至大津高中，徒步約15分；從束草市外巴士總站搭往大津的市區巴士，車程約30~40分 🏠江原道高城郡縣內面草島里99；강원 고성군 현내면 초도리 99 🌐hwajinpobeach.co.kr/about/

　　長約1公里的花津浦海灘，原本以夏季海棠花開聞名，因為是韓劇《藍色生死戀》最後一幕女主角撒手人寰，淒美結局的拍攝地而聲名大噪。

　　走在花津浦的沙灘上，除了海浪聲，還可聽見腳踏在沙灘上沙沙的聲響，韓國人稱之為「鳴沙」。海灘後方的紀念館是北韓前總理金日成生前的避暑山莊，1964年重建後，除住房保留原樣，其他空間則改成南韓解放後的歷史展示館。

三炭藝術礦場原為開採石炭的礦山。

👁 三炭藝術礦場
Sam Tan Art Mine

삼탄아트마인

🏠別冊P.3C2 🚌2號線江邊站前的東首爾綜合巴士客運站搭乘巴士至古漢·舍北巴士客運站，轉乘往淨嚴寺(정암사)的市內公車至「三炭藝術礦場(못골찜질방(삼탄아트마인))」站，徒步約5分；搭火車至古漢站後，轉乘市內公車或計程車(市內公車1日4班，客運站去程7:10、10:20、14:40、19:30，回程6:40、9:50、14:10、19:00) 🏠江原道旌善郡古汗邑咸白山路1445-44；강원 정선군 고한읍 함백산로 1445-44 ☎033-591-3001 ⏰4月~7/20、9~11月9:00~18:00，7/25~8/21 9:00~19:00，12~3月9:30~17:30；最後入場閉館前1小時 ⏰週一、週二、元旦、春節、中秋 💰全票₩13,000、優待票₩9,100~11,000 🌐samtanartmine.com/

　　三炭藝術礦場原先是開採石炭的礦山，**1964年開啟韓國的產業時代，於2001年關閉，直至今日改造成文化藝術園區**。名稱源自韓國具代表性的炭礦「三陟炭」，加上英文的Art Mine組成。整個園區內包含藝術中心、洞穴酒窖、餐廳、鐵道博物館等空間。此處也是韓劇《太陽的後裔》第5集中Argus等壞人的秘密基地拍攝地點，劇中出現的淋浴間也都是原本的採礦設備。

首爾旅遊資訊

簽證辦理

➔簽證

　持台灣護照者可享90天免簽證。

　更多簽證及入境相關資訊，可至駐台北韓國代表部官網查詢。

🌐 www.roc-taiwan.org/kr/post/6045.html

➔駐台北韓國代表部

📍 臺北市基隆路1段333號1506室
☎ 02-27588320-5
@ taipei@mofa.go.kr
🕐 9:00~12:00、14:00~16:00

班機資訊

❶因航班資訊時常變動，建議行前再次於機場官網確認。

➔仁川國際機場

🌐 www.airport.kr/ap/ch/index.do

　台灣(台北、台中、高雄)直飛首爾仁川機場的航空公司有大韓航空、泰國航空、長榮航空、中華航空、韓亞航空、國泰航空、華信航空、真航空、酷航、易斯達等。台北至首爾飛行時間約2小時20分鐘，航班時間和詳情可上網或電話查詢。

　因應2018年的平昌冬季奧運，仁川機場第二航廈在2018年1月正式啟用，目前停靠第二航廈的航空公司有：大韓航空、達美航空、荷蘭皇家航空、法國航空，需特別注意的是大韓航空偶有與中華航空的聯營航班是停靠第二航廈，其餘航空公司皆停靠仁川機場第一航廈，建議訂完機票後確認票據上的「仁川機場」登機航廈為T1或T2。

➔金浦國際機場

🌐 www.airport.co.kr/gimpochn/index.do

　從台北的松山機場亦可直飛首爾金浦機場，有中華航空、長榮航空、德威T'way和易斯達Eastar等航空可選擇，飛行時間約2小時20分鐘，航班時間和詳情可上網或電話查詢。

機場往返首爾市區交通

　請參考P.008。

當地旅遊資訊

➔貨幣

　韓幣(WON，本書皆用₩表示)，韓幣對台幣的匯率約為1: 0.0295 (匯率隨時變動，僅供參考)。旅客可在台灣國內的銀行直接兌換到韓幣(匯率較不好)，或是在台灣國內銀行先兌換少部份韓幣(機場進入市區的交通費)，抵達韓國再兌換成韓幣，後者雖然比較麻煩，但匯率會好一些。

　韓國目前也盛行數位支付，除了信用卡，也可考慮外國人專用的WOWPASS及NAMANE兩款現金預付卡(請參考P.012、018)。

信用卡

在韓國使用信用卡相當普遍，許多店家都可接受信用卡付費，唯有批發商場或傳統市場的部分商家不接受信用卡。

小費

在韓國消費稅已內含，在大部份餐廳用餐時不需再加給小費。

時差

比台灣時間快1小時。

氣候

3~5月為春季，會有梅花、木蘭花、迎春花、櫻花等陸續盛開，為甦醒中的市容增添色彩。

6~8月是夏季也是雨季，高溫潮濕。

9~11月為秋季，典型的「秋高氣爽」，是韓國全年度最舒適的季節，加上樹葉紛紛轉紅，還有為數頗眾的銀杏樹黃葉繽紛，也是最美麗的季節。

12~2月為冬季，相當寒冷，適合嚮往滑雪的遊客。

電壓

有100V(兩孔插頭)和220V(圓型三孔插頭)兩種，目前以220V較多，仍建議攜帶變電器，以備不時之需。

打電話

打至韓國國內

和在台灣使用方式一樣，市內電話直接撥號碼；市外長途撥打區碼+電話號碼。

韓國各地區碼一覽表

地區	首爾	京畿	仁川	江原	忠南	大田	忠北	釜山
區碼	(0)2	(0)31	(0)32	(0)33	(0)41	(0)42	(0)43	(0)51
地區	蔚山	大邱	慶北	慶南	全南	光州	全北	濟州
區碼	(0)52	(0)53	(0)54	(0)55	(0)61	(0)62	(0)63	(0)64

打至韓國國外

國際冠碼(001或002或008其中擇一)+受話方國碼+區碼+電話號碼。

例：從韓國打回台灣的台北：001、002或008+886+2+電話號碼

郵件

現在韓國街頭已少見郵筒，如有找到可以貼好郵票再投進紅色郵筒的타지역우편(市外、國際郵件)即可，郵票可在郵局、文具店購買，或委託飯店櫃檯。此外，亦可直接到郵局(KOREA POST)辦理，營業時間一般為平日9:00~18:00；明信片空運費用₩430、海運為₩310，但並非所有國家都有配合海運作業，郵遞時間約1週。

如果真的找不到寄送地方，可以到位於2號線乙支路入口站5號出口的明洞旅遊諮詢中心(명동관광정보센터)，這裡除了遊客服務，也有提供明信片寄送服務。

飲用水

韓國的水不能生飲，除了一般山泉，最好買礦泉水飲用。

用電話找人用中文幫你

1330旅遊諮詢翻譯熱線

1330是由韓國觀光公社與政府提供的全天候中、英、日、韓語旅遊諮詢熱線，只要遊客在旅途中遇到景點、住宿、購物，甚至是旅遊安全各方面的問題，都可撥打1330尋求協助；而且是24小時全年無休，通話費用照市話計算。

◎人在韓國撥打方式

·家用電話、公共電話直撥1330

·手機：區碼+1330(例如詢問首爾的相關資訊，則撥02-1330)

◎人在其他國家撥打方式

國際冠碼+82+區碼+1330(例如跨海尋求首爾相關資訊協助，則撥002-82-2-133)

bbb免費翻譯服務

bbb翻譯服務是一群自願義工，透過行動電話幫助外國人解決語言不通的問題，只要遇到語言溝通上的困難，以手機撥打1588-5644，然後再按所需語言的代號，例如中文按「3」，電話那一頭就會自動轉接到負責中文翻譯的義工的手機，線上即刻協助溝通。bbb也有推出手機app，可直接在上面撥通電話，直接聯繫義工。

這項服務同樣全天24小時全年無休。如果你沒有手機，也可嘗試向路人求救，請他們代撥。小編實際探訪，發現大部分的韓國人相當熱心，多半願意伸出援手。

🌐 www.bbbkorea.org

如何退稅

購物天堂韓國對外國旅客十分友善,一般購物商場甚至小型商店都會有退稅機制,只要購物滿₩15,000,就可以填寫退稅單,等離境時再在機場辦理退稅。

在樂天超市、Olive Young、部份美妝店家購物單筆₩15,000~未滿₩100萬可享現場扣除消費稅,即直接將退稅金額扣除在結帳金額中,現買現賺,精打細算的旅人們可別忽略了自己的權益。切記購物時要隨身攜帶護照,才可以辦理現場退稅喔!

➜ 市區退稅服務

為方便遊客,現在韓國政府推出了在首爾市區就可以辦理退稅的服務,包括圖片中的退稅公司。只要在店裡看到這些標章其中一個,就代表購物滿₩15,000可以退稅。

退稅時只要出示購買商品、退稅單、護照和信用卡,即可當場辦理退稅和領取現金,但特別提醒的是,這張已稅退的單據仍然要在機場離境時交給海關(同時帶著退稅商品備查),才算完成手續。

至於最近的退稅處可以在結帳時詢問店員(如在大型購物商場,則有可能在同一樓層),現在在首爾許多店家,都會雇用中文服務人員,讓大家在買物時沒有溝通障礙。

當然,如果在市區沒有退到稅,到機場一樣可以辦理,以下退稅公司都提供上述的自助電子退稅機服務,Global Blue TAX FREE和Global市區退稅服務TAX FREE另外還提供櫃台人工退稅。

5間退稅公司

◎**Global Blue(英中俄)**
ⓤ www.globalblue.com
◎**GLOBAL TAX FREE(韓英中)**
ⓤ web.gtfetrs.com/#1
◎**Easy Tax Refund(韓英中)**

ⓤ www.easytaxrefund.co.kr
◎**CubeRefund(韓英日中)**
ⓤ www.cuberefund.com
◎**eTAX FREE(韓)**
ⓤ etax-free.com

➜ 機場自助電子退稅機

KIOSK自2014年開始,在仁川與金浦機場都備有自助電子退稅機(KIOSK),機台上除了有韓文介面,還有中文、英文、日文等10國語言,而且現場都會有會講中文的服務人員,你只要把單據填妥收集好交給服務人員,他們就會直接幫你操作機器,讓你更快完成手續。要注意的是,若單筆可退稅的金額超過₩75,000,則無法使用自助電子退稅辦理。

退稅小撇步

可退稅的消費額度上限
◎現場退稅:單筆金額₩15,000~ ₩999,999,總消費金額不超過₩500萬
◎市區退稅:單筆金額₩15,000,總消費金額不超過₩600萬
◎機場退稅:單筆金額₩15,000,總消費金額不超過₩500萬

買多不見得退多
退稅是依據金額級距來計算,退稅的最低門檻為₩15,000,但其實是指滿₩15,000~49,999以下的金額,同樣退4~7%。也就是說,買₩15,000和買₩49,999所退的金額是一樣的。

多買一點,就是賺到
如果購物金額接近每個級距的頂點,差一點就要超過時,不妨考慮多買個小東西,以超過那個標準,例如:
原本花費74,000-退稅3,500=實際花費70,500
原本花費74,000+多買個小東西1,500-退稅5,000=實際花費70,500
→這個多買的小東西等於是免費得到!

換個地方就能退稅
有的時候,想買的品牌在門市沒有退稅的標示時,如果剛好該品牌也在有退稅機制的百貨公司內設櫃,到百貨公司買就能退稅。

wagamama no.072

大首爾攻略
完全制霸
2025～2026

國家圖書館出版品預行編目資料

大首爾攻略完全制霸. 2025-2026/趙
思語,李聖依,墨刻編輯部作. -- 初版. --
臺北市:墨刻出版股份有限公司出版:
英屬蓋曼群島商家庭傳媒股份有限公
司城邦分公司發行, 2024.10
384面; 14.8×21公分. -- (Wagamama
; 72)
ISBN 978-626-398-043-3(平裝)
1.CST: 旅遊 2.CST: 韓國首爾市

732.7609   113008852

U0094820

作者 趙思語‧李聖依‧墨刻編輯部
主編 趙思語
美術設計 李英娟‧駱如蘭(特約)‧董嘉惠(特約)
地圖繪製 墨刻編輯部‧nina(特約)

出版公司
墨刻出版股份有限公司
地址:115台北市南港區昆陽街16號7樓
電話:886-2-2500-7008/傳真:886-2-2500-7796/
E-mail:mook_service@hmg.com.tw

發行公司
英屬蓋曼群島商家庭傳媒股份有限公司城邦分公司
城邦讀書花園:www.cite.com.tw
劃撥:19863813/戶名:書虫股份有限公司
香港發行城邦(香港)出版集團有限公司
地址:香港九龍土瓜灣土瓜灣道86號順聯工業大廈6樓A室
電話:852-2508-6231/傳真:852-2578-9337/
E-mail:hkcite@biznetvigator.com
城邦(馬新)出版集團Cite(M)Sdn Bhd
地址:41,Jalan Radin Anum,Bandar Baru Sri Petaling,
57000 Kuala Lumpur, Malaysia.
電話:(603)90563833/傳真:(603)90576622/
E-mail:service@cite.my

製版‧印刷
凱林彩色製版印刷設計有限公司

城邦書號KS2072 **初版**2024年10月 **二刷**2025年2月

ISBN978-626-398-043-3‧978-626-398-044-0(EPUB)
定價499元
MOOK官網www.mook.com.tw
Facebook粉絲團
MOOK墨刻出版www.facebook.com/travelmook

版權所有‧翻印必究

執行長 何飛鵬
PCH集團生活旅遊事業總經理暨墨刻出版社長 李淑霞

總編輯 汪雨菁
副總編輯 呂宛霖
採訪編輯 趙思語‧李冠瑩‧蔡嘉榛
叢書編輯 林昱霖‧王靖婷‧羅婕云
資深美術設計主任 李英娟
資深美術設計 羅婕云

影音企劃執行 邱茗晨

資深業務經理 詹顏嘉
業務經理 劉玫玟
業務專員 程麒
行銷企畫經理 呂妙君
行銷企畫主任 許立心
行政專員 呂瑜珊

印務部經理 王竟為